स्वातंत्र्योत्तर ओड़िया और हिन्दी उपन्यासों में ग्राम जीवन

डॉ. दयानिधि सा

Pustak-Bharati
Toronto, Canada

Author : डॉ. छयानिधि सा

Book Title : स्वातंत्र्योत्तर ओड़िया और हिन्दी उपन्यासों में ग्राम जीवन

स्वातंत्र्योत्तर ओड़िया और हिन्दी उपन्यासों में ग्राम जीवन'' एक साहित्यिक सेतु है, जो हमें आजादी के बाद के ओड़िया और हिन्दी उपन्यास साहित्य में अन्तर्निहित ग्राम जीवन के संपूर्ण स्वरूप से रूबरू कराता है। विश्वविश्रूत महाप्रभु जगन्नाथ के धर्मस्थल जगन्नाथपुरी का धराधाम'ओड़िशा प्रदेश' के रूप में परिचित है।इसी ओड़िशा प्रदेश का साहित्य 'ओड़िया साहित्य' का रूप धारण किया हुआ है। हिन्दी साहित्य की भांति ओड़िया साहित्य भी बांगला साहित्य से प्रभावित है। विशेष रूप से ओड़िया और हिन्दी उपन्यास साहित्य पर बांगला एवं अंग्रेजी उपन्यास साहित्य का गहरा प्रभाव पड़ा है। आजादी के पश्चात के ओड़िया और हिन्दी दोनों ही उपन्यास साहित्य में ग्राम जीवन का यथार्थ चित्रण हुआ है। इस पुस्तक में स्वतंत्रता के पश्चात के ओड़िया एवं हिन्दी उपन्यासों में दर्शित ग्राम जीवन दर्शन पर तुलनात्मक अनुशीलन किया गया है।दोनों ही उपन्यासों में गांव की जा `तस्वीर खींची गई है, वह आधुनिक भारत निर्माण के संकल्प का `साकार करती दिखाई पड़ती है।इसके साथ–साथ ओड़िया एवं हिन्दी की समकालीन कहानियों में चित्रित ग्राम परिवेश पर भी संक्षेप में दृष्टि डाली गई है, जो ग्रामीण भारत की जमीनी हकीकत बयां करती है।

Published by :
Pustak Bharati (Books India)
Toronto, Ontario, Canada, M2R 3E4
email : pustak.bharati.canada@gmail.com
Web : www. pustak-bharati-canada.com

ISBN :

अनुक्रम

भूमिका

भारतीय साहित्य में विशिष्ट स्थान के अधिकारी हिन्दी–ओड़िया साहित्य में उपन्यास साहित्य सर्वोत्तम लोकप्रिय गद्यात्मक विधा के रूप में प्रतिष्ठित है। इन दोनों उपन्यास साहित्य के क्षेत्र में बीसवीं सदी के मध्यम चरण से अर्थात् आजादी के बाद विषयगत एवं शिल्पगत विविधताएँ परिलक्षित होती हैं। ओड़िया–हिन्दी उपन्यास जगत में इसी कालावधि के कान्हुचरण महान्ती, गोपीनाथ महान्ती, विभूति पटनायक, सुरेन्द्र महान्ती, फणीश्वरनाथ रेणु, नागार्जुन, रामदरश मिश्र, उदयशंकर भट्‌ट सरीखे युग प्रवर्तक उपन्यासकर्मी के रूप से ख्याति प्राप्त हैं। इन उपन्यासकारों ने अपनी औपन्यासिक कृतियों से अपने–अपने उपन्यास साहित्य को ग्रामीण जीवन दर्शन के साथ जोड़कर ठोस उपलब्धियाँ हासिल की हैं।

ओड़िया उपन्यास साहित्य 19वीं सदी के अन्तिम चरण में ओड़िशा की पवित्र धरती से प्रादुर्भूत होकर निरन्तर प्रगति पथ पर गतिमान है और उत्तरोत्तर नयी–नयी उपलब्धियां हासिल कर रहा है। आजादी मिलने के बाद अनेकविध वैचारिक–शिल्पगत विविधताओं का जो ज्वार साहित्य में उमड़ा, उससे उपन्यास अछूता नहीं रहा। ओड़िया उपन्यास के क्षेत्र में नवीन भावबोध दिखाई पड़ने लगा। इसी समय ग्रामांचल के ओड़िया उपन्यास को स्वयंप्रभुता प्राप्त हुई और उसने ग्रामीण अंचल की ओर अपना रुख किया। ग्राम्यांचल के ओड़िया उपन्यास का एक सुसमृद्ध इतिहास हमारे पास मौजूद है।

ओड़िया उपन्यास की ही भाँति हिन्दी उपन्यास का प्रारंभ उन्नीसवीं शताब्दी के अन्तिम चरण में हुआ और तब से लेकर आज तक अनेक चुनौतियाँ पार करता हुआ अपनी विकास–यात्रा के पथ पर गतिमान है। हिन्दी उपन्यास ने अपने विकास पथ पर निरन्तर आगे बढ़ता हुए अनेक उपलब्धियाँ हासिल की हैं, जिनमें ग्रामीण जीवन दर्शन का विशिष्ट महत्व है। आंचलिक उपन्यास–लेखन–परम्परा के सूत्रपात से स्वातन्त्र्योत्तर हिन्दी उपन्यास को देश की वास्तविकता से परिचित होने का मौका मिला। ग्रामीण जीवन जिज्ञासाओं और जीवन समस्याओं से ओड़िया–हिन्दी उपन्यास साहित्य स्वयं सम्पूर्णता से विमण्डित है।

'विलेज कॉन्सियसनेस' से परिपूरित ओड़िया और हिन्दी के कथात्मक साहित्य भारतीय ग्रामांचल की बहुरंगी छटाओं को विश्व–क्षितिज पर बिखेरने में समर्थवान हैं। ओड़िया उपन्यास–संसार ओड़िशा के ग्रामांचल के आदिवासी–ग्रामीण जन समुदाय की सामाजिक, आर्थिक, राजनीतिक, सांस्कृतिक तथा धार्मिक प्रवृत्तियों के परिसर तक परिव्याप्त है। दूसरी तरफ हिन्दी का उपन्यास जगत भारत के गाँव की वास्तविक छवियों से समृद्ध है। ग्राम्य जीवन की अतल गहराई में उतर कर उन्होंने बड़ी जतन से ग्रामीण जीवन जिज्ञासा की मणिमुक्ताओं का संग्रह तो किया ही है, साथ ही साहित्य जगत को उनकी बहुमूल्य महत्ता से लाभान्वित किया है।

भारतीय गाँव सादगी, सच्चाई, सात्विकता, पवित्रता आदि का समाहार है। आज की पूँजीवादी–बाजारवादी सभ्यता ने हमारी सांस्कृतिक परंपराओं को धूलिसात करने में कोई कसर नहीं छोड़ी है। हमारा ग्रामीण भारत इस आर्थिक उदारीकरण की भीड़ में शामिल न होकर अपनी सांस्कृतिक विकास–परंपरा की समृद्धि में प्रयत्नशील है। ग्राम्य जीवन के उत्कर्ष से ही ग्रामीण भारत–निर्माण का विराट अभियान सार्थक हो सकता है। ग्रामीण बहुल राष्ट्र के रूप में हिन्दुस्तान का संपूर्ण विकास ग्राम्य

चेतना से ही संभव है। जन जागरण के बीजारोपण से ग्रामीण भारत–निर्माण अवश्यंभावी है।

ग्रामीण भारत–निर्माण का जयघोष दोनों ही साहित्य कृतियों में सुनाई पड़ता है। ओड़िया और हिन्दी दोनों ही उपन्यास कर्मियों ने अपनी–अपनी औपन्यासिक कृतियों के माध्यम से ग्राम जीवन में उत्कर्ष साधित करके राष्ट्र–निर्माण के विराट अभियान को साफल्य मण्डित किया है। उनके उपन्यास साहित्य भारतीय ग्राम जीवन के महाकाव्य हैं, जिनमें विराट फलक पर ग्राम जीवन प्रतिबिम्बित हुआ है। आधुनिक ग्रामीण भारत–निर्माण में दोनों ही साहित्य के लेखकों ने अपनी–अपनी सक्रिय भागीदारी दर्ज कराई है।

पिछले पन्द्रह–बीस वर्षों में जितनी तेजी से ग्लोबलाइजेशन के दुष्प्रभावों ने भारतीय समाज को अपनी गिरफ्त में लिया है, उससे भारतीय जन मानस आशंकित है। 'मॉडर्नाइजेशन'के चक्रवाती तूफान को तो झेलकर भारतीय जन मानस ने जिस–तिस रूप से आत्मसात कर लिया था, पर 'यूनिवर्सलाइजेशन' की आँधी में उसकी नींव पूरी तरह से उखड़ गयी है। प्राचीन जीवन–मूल्यों की धज्जियाँ उड़ रही हैं, और नवीन जीवन–मूल्यबोध का स्वीकार्य हमें दिगभ्रमित किया हुआ है। भूमण्डलीकरण के नाम पर सीधे–सीधे हमारा जो अमेरिकीकरण हो रहा है, वह हमारे लिए घातक सिद्ध होने लगा है। अतः हमें वैश्वीकरण के इस तूफान से ऊबर कर ग्राम्य जीवन की सात्विकता एवं नैसर्गिकता को मूल संबल मानकर राष्ट्र–निर्माण की ओर अग्रसरित होने की जरुरत है।

इतिहास गवाह है, हमने ब्रितानी हुकूमत की दमनकारी नीति व साम्राज्यवादी मनसूबों को नाकाम करते हुए हमारी जन्मभूमि को अंग्रेजों से मुक्त कराया था। भारतमाता के वीर सपूतों ने फिरंगियों की एक न चलने दी और आखिर उन्हें यहाँ से खदेड़ कर ही चैन की साँस ली। आज विकसित राष्ट्रों के 'कैपिटेलिष्टिक' तथा 'इम्पेरियलिष्टिक' वर्चस्व बनाए रखने के गलत इरादों को पैरों तले रौंदने का विप्लवी कदम हमें उठाना होगा। इस आर्थिक संकट से मानव सभ्यता को बचाने के लिए उपभोक्तावादी सभ्यता को नकारकर हमें सात्विक जीवन अपनाना होगा, जिसकी सूचना गाँधीजी ने हिन्द स्वराज में आज से सौ साल पहले अर्थात बीसवीं सदी के आरम्भ में दे दी थी।

डॉ. दयानिधि सा ने इस ग्रंथ में ग्रामीण भारत तथा आत्म निर्भर भारत निर्माण के संकल्प को साकार करते ओड़िया–हिन्दी कथाकृतियों का समन्वित तुलनात्मक अनुशीलन किया है। यहां तुलनात्मक अनुशीलन महज एक समन्वयात्मक सार्थक उपक्रम है दोनों ही कथात्मक कृतियों को एक ही प्लेटफार्म में प्रस्तुत करने का। अपने शिष्य तुल्य दयानिधि सा की इस साहित्य साधना की सराहना करते हुए उन्हें शुभाशीष प्रदान करता हूं कि उनकी साहित्य साधना सदैव गतिमान रहे।

डॉ. शंकरलाल पुरोहित
सेवानिवृत्त प्राध्यापक, हिन्दी विभाग
बी.जे.बी. कॉलेज, भुवनेश्वर, ओड़िशा

प्रस्तावना

तुलनात्मक साहित्य एक सेतु है जो दो तथा अनेक भाषा–साहित्य के बीच की दूरियां मिटाता है और उनके बीच एक समन्वय स्थापित करता है। जिस तरह से सेतु–निर्माण से नदी के दोनों किनारों के क्षेत्र विशेष के लोगों के बीच यातायात की सुविधा कायम होने से उनके सामाजिक–सांस्कृतिक सरोकारों का मेल मिलाप निश्चित हो पाता है, उसी तरह तुलनात्मक साहित्य–सृजन से अनेक भाषा–साहित्य के जरिए लोगों के सामाजिक–सांस्कृतिक सरोकार एकाकार हो पाते हैं। उनके बीच एक एकात्मबोध कायम हो जाता है। दो तथा ततोधिक भाषाओं के साहित्यकारों के सामाजिक–सांस्कृतिक चेतना प्रवाह को सम्मिलित करने का कार्य तुलनात्मक साहित्य द्वारा ही संभव है।

तुलनात्मक साहित्य का परिप्रेक्ष्य तथा परिदृश्य बहुआयामी, वैविध्यपूर्ण है। वह प्रादेशिक, राष्ट्रीय तथा अन्तर्राष्ट्रीय स्तरीय स्वरूप धारण किया हुआ है। किसी एक भाषा, साहित्य के एक ही साहित्यकार की साहित्य कृतियों, एक ही साहित्य के दो साहित्यकारों की साहित्यकृतियों पर तथा अनेक भाषा–साहित्य के साहित्यकारों की साहित्यकृतियों पर तुलनात्मक साहित्य सृजन अपेक्षित है। सन् 1907 में विश्व कवि रवीन्द्रनाथ ठाकुर ने विश्व साहित्य का उल्लेख करते हुए साहित्याध्ययन में तुलनात्मक दृष्टि की जरूरत पर जोर दिया था। बंकिमचन्द्र चटर्जी ने तुलनात्मक साहित्य के वैश्वक सन्दर्भ के आधार पर शेक्सपियर के 'टेम्पेस्ट' की तुलना कालिदास के 'शकुन्तला' से की थी। अंग्रेजी के विशिष्ट साहित्यकार मैथ्यू आर्नल्ड ने सन् 1848 में अपने एक पत्र में सबसे पहले 'कम्पेरेटीव लिटरेचर' का प्रयोग किया था। हिन्दी में तुलनात्मक साहित्य पर पहली पुस्तक सन् 1982 में तुलनात्मक साहित्य की भूमिका प्रकाशन में आयी, जिसके लेखक इन्द्रनाथ चौधुरी हैं।

तुलनात्मक साहित्य आज के दौर का प्रमुख लोकप्रिय विषय बन गया है। साहित्य को किसी क्षेत्रीय या प्रादेशिक भाषा के दायरे से बाहर निकाल कर राष्ट्रीय तथा वैश्विक स्तर पर प्रतिष्ठित करने में तुलनात्मक साहित्य का विशेष योगदान है। प्रादेशिक भाषाओं में रचे गये साहित्य को राष्ट्रीय स्तर पर तथा वैश्विक स्तर पर स्थापित करना तुलनात्मक साहित्य का ध्येय रहा है। तुलनात्मक साहित्य का मुख्य ध्येय सिद्ध करते हुए विशिष्ट समालोचक इन्द्रनाथ चौधुरी जी कहते हैं–"तुलनात्मक साहित्य एक ओर जहाँ एक साहित्याध्ययन को एक ऐसी पद्धति प्रदान करता है, जिससे परिप्रेक्ष्य का विस्तार हो सके, वहाँ दूसरी ओर प्रादेशिक या राष्ट्रीय परिधि की संकीर्णता को तोड़ता हुआ विभिन्न राष्ट्रीय संस्कृतियों से प्रभावित प्रवृत्तियों और आन्दोलनों की खोज करता है एवं मनुष्य की दूसरी ज्ञानात्मक क्रियाओं के साथ साहित्य के संबंधों को तोलता है।"

ग्राम्य जीवन दर्शन भारतीय साहित्य का मुख्य अन्तःस्वर है। भारतीय साहित्य के

अन्तर्गत जितने उपन्यास रचे गये हैं, उनमें कमोबेश ग्राम जीवन की तेजस ज्योति को प्रज्वलित किया गया है। भारतवर्ष जैसे ग्रामीण बहुल राष्ट्र के उपन्यास साहित्य में ग्रामीण जीवन दर्शन प्रज्वलित होना अत्यन्त स्वाभाविक व प्रासंगिक है। भारतीय साहित्य में वर्चस्व हासिल किया हुआ हिन्दी साहित्य के अन्तर्गत जितनी औपन्यासिक कृतियाँ सृजित हुई हैं, उनमें से बहुतायत उपन्यासों में भारतीय ग्राम जीवन की सच्ची तस्वीर उद्भासित हुई है। हिन्दी उपन्यास के प्राण प्रतिष्ठाता मुंशी प्रेमचन्द ने सर्वप्रथम हिन्दी उपन्यास को यथार्थ जीवन दर्शन के साथ जोड़ कर भारतीय जन जीवन का यथार्थपरक चित्रण किया तथा उसमें पर्याप्त सुधार की आवश्यकता पर जोर देते हुए स्वस्थ ग्रामीण भारत–निर्माण का अभियान चलाया। ठीक उसी तरह ओड़िया उपन्यास के क्षेत्र में ओड़िया उपन्यास सम्राट फकीरमोहन सेनापति जी ने उत्कलीय ग्राम जीवन–समस्याओं को लेकर सफल औपन्यासिक कृतियों का सृजन किया, जिनमें ग्रामजीवन दर्शन को नई ऊर्जा मिली।

कालान्तर में हिन्दी–ओड़िया उपन्यास के क्षेत्र में अनेकरूपता का समागम होने लगा। समाज की विविध समस्याओं को लेकर उपन्यास–सर्जकों ने विपुल परिमाण में उपन्यास–कला का निर्माण किया। हिन्दी उपन्यास के क्षेत्र में स्वतन्त्रता प्राप्ति के बाद आंचलिक उपन्यास लेखन प्रारंभ हुआ। उसी तरह ओड़िया उपन्यास साहित्य में भी आजादी के बाद ग्रामीण परिवेश को लेकर उच्च कोटि की औपन्यासिक कृतियां सरजी गई हैं।

ओड़िया उपन्यास के क्षेत्र में अनेक क्रान्तिदर्शी कथाशिल्पियों ने ओड़िशा प्रदेश के चिर अवहेलित, तिरस्कृत, पिछड़े हुए ग्रामीण अंचलों की जीवन जिज्ञासाओं को आधार बनाकर अनेक उत्कृष्ट उपन्यास कृतियाँ रचीं हैं। उनके उपन्यासों में ग्रामीण जीवन दर्शन को नयी पृष्ठभूमि प्राप्त हुई। सही मायने में यदि कहें तो दोनों ही भाषाओं के उपन्यासकारों ने भारतीय ग्राम्य जीवन की ऐसी समतल उर्वरा भूमि तैयार की, जिसमें ग्रामीण जीवन दर्शन फूलने–फलने लगा।

ओड़िया–हिन्दी उपन्यास साहित्य–जगत में आजादी के बाद के दौर में अनेक प्रतिभाशाली उपन्यास लेखक प्रादुर्भूत हुए, जिनके उपन्यासों में ग्राम जीवन की मशाल सदैव प्रज्वलित है। ओड़िया उपन्यास लेखकों में कान्हुचरण महान्ती, गोपीनाथ महान्ती, सुरेन्द्र महान्ती, विभूति पटनायक, कुंजबिहारी दाश, जमेश्वर मिश्र, प्रतिभा रॉय जैसे प्रातिभ उपन्यासकारों ने ग्रामीण जन जीवन पर आधारित उपन्यास शिल्प का निर्माण किया है। हिन्दी के उपन्यास सर्जकों में फणीश्वरनाथ रेणु, नागार्जुन, रामदरश मिश्र,शिवपूजन सहाय, अमृतलाल नागर, भैरव प्रसाद गुप्त, उदयशंकर भट्ट, रांगेय राधव, राजेन्द्र अवस्थी, देवेन्द्र सत्यार्थी, डॉ. नरेन्द्र देव वर्मा जैसे महान् विभूति संपन्न कथाकारों ने ग्राम जीवन को पाथेय बनाकर बहुचर्चित कथा कृतियाँ निर्मित की हैं। हिन्दी के ग्रामांचल के कथाशिल्पियों के कथाशिल्प तो भारतीय ग्राम्य जीवन की महागाथाएँ हैं।

इस ग्रंथ में ओड़िया के कान्हुचरण महान्ती, गोपीनाथ महान्ती, सुरेन्द्र महान्ती और विभूति पटनायक तथा हिन्दी के फणीश्वरनाथ रेणु, नागार्जुन,रामदरश मिश्र और उदयशंकर भट्ट की औपन्यासिक कृतियों में रुपांकित ग्राम जीवन–चित्रों को उभारने का प्रयास हुआ है। आकड़िया के कान्हुचरण महान्ती के 'बन गहनर तले', 'का', गोपीनाथ महान्ती के 'माटीमटाल', 'दिगदिहुड़ी', सुरेन्द्र महान्ती के 'कालान्तर' तथा विभूति पटनायक के 'एई गां एई माटी', 'वधू निरुपमा', 'चपलछन्दा' में अन्तर्निहित ग्राम जीवन दर्शन का निरीक्षण–परीक्षण हुआ है। हिन्दी के फणीश्वरनाथ रेणु के 'मैला आंचल','परती परिकथा',नागार्जुन के 'बलचनमा', 'वरुण के बेटे', 'नई पौध', रामदरश मिश्र के 'पानी के प्राचीर', 'जल टूटता हुआ' तथा उदयशंकर भट्ट के 'सागर लहरें और मनुष्य' के ग्राम जीवन के सुख–दुख को जानने–समझने का प्रयास किया गया है।

कान्हुचरण महान्ती (11 अगस्त 1906– 06 अप्रैल 1994, नागबाली, सोनपुर, ओड़िशा) ओड़िया कथा साहित्य के समर्थ कथाकार हैं। आधुनिक ओड़िया कथा साहित्य के स्वरुप निर्माण और विकास पथ को प्रशस्त करने में आपका विशेष योगदान रहा है। आपने छप्पन(56) उत्कृष्ट कोटि के उपन्यासों का सृजन करके ओड़िया उपन्यास साहित्य को समृद्ध करने के साथ साथ एक कीर्तिमान स्थापित किया था। आपने अपने इन उपन्यासों में ओड़िशा प्रदेश के विविध परिदृश्य को विविध परिप्रेक्ष्य में शब्दांकित किया है। साहित्य सृजन के लिए आपको केन्द्रीय साहित्य अकादमी सहित अनेक राष्ट्रीय–अन्तर्राष्ट्रीय पुरस्कारों से पुरस्कृत किया गया है। अपने छह दशक के साहित्यिक कैरियर में आपने जो ओड़िया कथा साहित्य की श्रीवृद्धि की है वह प्रशंसनीय है।

गोपीनाथ महान्ती (20 अप्रैल, 1914–20 अगस्त 1991, नागबाली, कटक) ओड़िया कथा साहित्य के प्रतिष्ठित विश्व विख्यात साहित्यकार हैं। आपने 'मन गहनर चाष' से लेकर तक चौबीस(24) उपन्यासों की सर्जना करके आधुनिक ओड़िया कथा साहित्य की नींव मजबूत की थी। इसके अलावा आपने दस लघुकथा संग्रह, तीन नाटक, दो आत्मकथाएं, दो आलोचनात्मक निबंध और पांच आदिवासी भाषा–संस्कृति संबन्धी पुस्तकें आदि के माध्यम से ओड़िया साहित्य को समृद्ध हिया है। लिओ टॉलस्टॉय के 'War & Piece'का ओड़िया अनुवाद तीन खण्डों में 'युद्ध और शांति' के रूप में करके अपनी विराट साहित्य प्रतिभा का परिचय दिया था। आपकी इस साहित्य साधना के लिए आपको सन 1955 ई. में 'अमृतर संतान' के लिए केन्द्रीय साहित्य अकादमी पुरस्कार एवं सन 1973 ई. में 'माटीमटाल' के लिए ज्ञानपीठ पुरस्कार से नवाजा गया था। भारतीय साहित्य के प्रति विशिष्ट योगदान के लिए 'पद्मभूषण' से विभूषित किया गया था।

विभूति पटनायक (25 अक्तूवर 1937, जगतसिंहपुर) स्वातंत्र्योत्तर ओड़िया कथा साहित्य केमहान विभूति हैं। आपने लगभग पचास उपन्सास लिखकर ओड़िया उपन्यास के

क्षेत्र में कीर्तिमान स्थापित किया है। अभिमान, अचिन्हा आकाश, आदिम अरण्य, महिषासुर मुंह, वधू निरुपमा, चपलछन्दा, एईगां एई माटी आदि कथाकृतियों के माध्यम से आपने ओड़िया कथा साहित्य को समृद्ध किया है। साहित्य साधना के लिए आपको सारला पुरस्कार, अतिबड़ी जगन्नाथ पुरस्कार, ओड़िशा साहित्य अकादमी पुरस्कार, केन्द्रीय साहित्य अकादमी पुरस्कार जैसे प्रतिष्ठित पुरस्कारों से पुरस्कृत किया गया है।

सुरेन्द्र महान्ती (21 मई 1922– 21 दिसम्बर 1990) ओड़िया के ऐसे कथाकारों में से हैं जो आजादी के बाद तेजी से ओड़िया कथा साहित्य के क्षेत्र में उभरकर सामने आए। आपने उपन्यास, कहानी, यात्रावृत्त, आलोचना, नाट्य रुपक, जीवनी साहित्य के रुप में पचास से अधिक पुस्तकें लिखी हैं। आपकी अद्वितीय रचनाधर्मिता के लिए आपको केन्द्रीय साहित्य अकादमी पुरस्कार, पद्मश्री सम्मान से नवाजा गया है। ओड़िया दैनिक समाचार 'सम्बाद' के प्रतिष्ठाता व प्रधान संपादक के रुप में भी आपने विशेष योगदान दिया था।

हिन्दी आंचलिक उपन्यास के प्राण प्रतिष्ठाता बाबा नागार्जुन उर्फ वैद्यनाथ मिश्र (सन 1911–सन 1998)ने बिहार प्रान्त के चिर अवहेलित, अनुन्नत मिथिलांचल की ग्रामीण जीवन–समस्याओं को लेकर अनेक उत्कृष्ट कोटि के आंचलिक उपन्यासों का सृजन–सिंचन किया, जिनमें ग्राम्य चेतना को नयी त्वरा प्राप्त हुई। बाबा नागार्जुन ने ग्राम जीवन को लेकर चौदह आंचलिक उपन्यास सरजे हैं, जिनमें रतिनाथ की चाची, बलचनमा, नई पौध, दुखमोचन, वरुण के बेटे, उग्रतारा, बाबा बटेसरनाथ आदि विशेष उल्लेख्य हैं। इसके अलावा युगधारा 1953 से लेकर अपने खत में 1997 तक चौदह कविता संग्रह, भस्मांकुर और भूमिजा (प्रबन्ध काव्य), आसमान में चन्दा तैरे (1982) (कहानी सग्रह) ,चित्रा, पत्रहीन नग्न गाछ, पका है यह कटहल (मैथिली कविता सग्रह), कुछ बाल साहित्य, संस्कृत के मेघदूत, गीत गोविन्द (अनुवाद) सरीखे रचनाओं से हिन्दी, मैथिली और संस्कृत साहित्य को समृद्ध किया है। 'पत्रहीन नग्न गाछ' के लिए आपको केन्द्रीय साहित्य अकादमी पुरस्कार से सम्मानित किया गया था। इसके अलावा भारत भारती सम्मान, मैथिलीशरण गुप्त सम्मान, राजेन्द्र शिखर सम्मान, सर्वोच्च फेलोशिप सम्मान, राहुल सांकृत्यायन सम्मान जैसे साहित्यिक सम्मानों से आपको नवाजा गया था।

फणीश्वरनाथ रेणु (1921– 1977, ग्राम–औराही हिंगना, फारबिसगंज, बिहार) द्वारा रचित मैला आंचल, परती परिकथा, जुलूस, दीर्घतपा, कितने चौराहे, पलटू बाबू रोड़ बहुचर्चित उपन्यास हैं। एक आदिम रात्रि की महक, ठुमरी, अग्निखोर, अच्छे आदमी (कथा संग्रह), ऋणजल धनजल, नेपाली क्रान्ति कथा, वनतुलसी की गंध, श्रुत अश्रुत पूर्वे (रिपोर्ताज) आदि साहित्य कृतियों के लिए आपको पद्मश्री से सम्मानित किया गया था। आपके अंदर ग्राम जीवन के प्रति जो आकर्षण था उसे आपने अपने कथा साहित्य में बड़ा ही सर्जनात्मक प्रयोग

किया है।

रामदरश मिश्र (15 अगस्त सन् 1924,गोरखपुर, उत्तर प्रदेश) एक प्रसिद्ध कथाकार, कवि, निबंधकार, संस्मरणकार के रूप में प्रतिष्ठित हैं। आपके द्वारा सृजित पानी के प्राचीर, जल टुटता हुआ, बीच का समय, सूखता हुआ तालाब, अपने लोग, रात का सफर, आकाश की छत, आदिम राग, बिना दरवाजे का मकान, दूसरा घर आदि कुल तेरह उत्कृष्ट उपन्यास कृतियां हैं। इसके अलावा खाली घर, सर्पदंश, विरासत केरुप में बारह कहानी संग्रह, 'पथ के गीत'से लेकर 'बारिश में भीगते बच्चे' तक नौ कविता संग्रह, 'हंसी ओठ पर आंखें पम हैं', 'बाजार को निकलते हैं लोग', 'तू ही बता ए जिन्दगी' गज़ल संग्रह, 'स्मृतियों के छन्द' से लेकर 'कच्चे रास्तों का सफर' तक पांच संस्मरण, 'कितने बजे हैं', 'बबूल और कैक्टस', 'घर परिवेश', 'छोटे–छोटे सुख'निबन्ध संग्रह, 'सहचर के दिन' और 'फुरसत के दिन' आत्मकथा के जरिए हिन्दी साहित्य को सवंर्धित किया है।आपकी साहित्य साधना के लिए 'व्यास सम्मान' सहित कई सम्मानों से सम्मानित किया गया है।

उदयशंकर भट्ट (1898–1966, इटावा, उत्तर प्रदेश) हिन्दी के प्रख्यात विद्वान, लेखक तथा कवि थे। अपने संघर्षमय जीवन में भट्ट जी ने अनेक चुनौतियों से लड़ते हुए महारत हासिल की थी। कवि के रुप में आपने तक्षशिला, राका, मानसी आदि ग्यारह बहू चर्चित काव्य–कविताएं निर्मित की हैं। हिन्दी नाट्य साहित्य के क्षेत्र में विक्रमादित्य, कमला, अश्वत्थामा, अंधकार और प्रकाश जैसे इक्कीस सार्थक नाट्य कृतियां रचीं हैं। हिन्दी उपन्यास में वह जो हमने देखा, नए मोड़, सागर, लहरें और मनुष्य, लोक–परलोक, शेष–अशेषजैसे पांच प्रख्यात उपन्यास कृतियां आपने लिखीं हैं। आपकी साहित्य साधना के लिए अपको राष्ट्रीय तथा अन्तर्राष्ट्रीय स्तर के अनेक सम्मान–पुरस्कारों से नवाजे गए हैं।

ओड़िया उपन्यास के अलावा ओड़िया कहानी साहित्य में भी ग्रामीण परिवेश का सूक्ष्मातिसूक्ष्म चित्रांकन हुआ है। मनोज दास की 'समुद्र की प्यास', 'लक्ष्मी का अभीसार', 'जलमग्न टापू', सुरेन्द्र महान्ती की 'कैदी', डॉ. प्रतिभा रॉय की 'बाघ' इत्यादि कहानियों में गांव परिवेश की जो तस्वीर खींची गई है, उसका यहां संक्षेप में मूल्यांकन किया गया है। हिन्दी कहानी के फणीश्वरनाथ रेणु की 'पंचलाईट', 'लालपान की बेगम', 'तीसरी कसम', नागार्जुन की 'ममता', 'जेठा', 'भूख मर गई थी', भीष्म साहनी की 'नीली आंखें', 'गंगो का जाया', 'डायन' तथा मार्कण्डेय की 'गुलरा के बाबा', 'महुए का पेड़', 'दौने की पत्तियां' आदि कहानियों में देश के विविध ग्राम परिवेश का जो स्क्रीन शॉट लिया गया है उसकी संवेदनाओं को महसूस करने का प्रयास हुआ है।

विश्वविद्यालय अनुदान अयोग, नई दिल्ली(U.G.C. New Delhi) द्वारा अनुमोदित इस लघु शोध परियोजना (Minor Research Project)को पुस्तक का कलेवर प्रदान करना मेरे लिए हर्ष का विषय है। इस शोध को संपूर्णता प्रदान करने में महात्मा गांधी स्नातक

महाविद्यालय, भुक्ता की प्राचार्या श्रीमती कल्पना मिश्र सहित सभी प्राध्यापक बन्धुओं ने विशेष सहयोग दिया है, उनके प्रति मैं हुदय से आभारी हूं। मेरे गुरुदेव डॉ. बिहारीलाल साहू, पूर्व प्राचार्य, शासकीय कन्या महाविद्यालय, रायगढ़ और डॉ. रामनारायण पटेल, एसोसिएटप्रोफेसर, हिन्दी विभाग, दिल्ली विश्वविद्यालय, दिल्ली, ने इस लघु शोध प्रबन्ध को पूर्ण करने में मार्ग दर्शन किया है, आप दोनों गुरुजनों के प्रति हृदय से आभारी हूं। हमारे महाविद्यालय के ग्रन्थपाल श्री चण्डीराम नायक के प्रति कृतज्ञता ज्ञापन करता हूं, जिन्होंने पुस्तक संबन्धी सारे सहयोग दिया है।

अन्त में विद्या प्रदायिनी माता सरस्वती के चरण कमलों में यह पुस्तक समर्पित करता हूं। पाठक समाज द्वारा यह पुस्तक समादृत होने पर मैं अपना श्रम सार्थक समझूंगा।

श्रीराम नवमी　　　　　　　　　　　　　　दयानिधि सा
02.04.2020, गुरूवार

1. ओड़िया और हिन्दी उपन्यास : एक सिंहावलोकन

साहित्य अपने बहुआयामी स्वरूप को लेकर समृद्ध है। विश्व की अन्य समस्त कलाओं में साहित्य–कला श्रेष्ठ है एवं उसकी लोकप्रियता की परिसीमा विस्तृत है। साहित्य गद्य एवं पद्य दोनों अंगों को लेकर संपुष्ट है। साहित्य की गद्यात्मक विधाओं में उपन्यास का सर्वोत्कृष्ट स्थान। उपन्यास एक सर्वोत्तम गद्यात्मक साहित्य विधा है, जिसकी लोकप्रियता की परिसीमा विस्तृत है। उपन्यास विश्व के समस्त साहित्यों में एक सर्वोत्कृष्ट लोकप्रिय तथा समृद्ध गद्यात्मक साहित्यिक–विधा के रूप में प्रतिष्ठित है। अन्तर्राष्ट्रीय स्तर पर सर्वप्रिय समृद्ध गद्यविधा के अधिकारी होने के साथ–साथ राष्ट्रीय तथा प्रादेशिक स्तर पर भी वह समृद्धमय है। समस्त भारतीय साहित्य में उपन्यास–साहित्य का विशाल व समृद्धमय भण्डार मौजूद है। हिन्दी उपन्यास विश्व के अन्य समस्त समृद्ध उपन्यास–साहित्य की भाँति सर्वोत्तम लोकप्रिय साहित्यिक विधा है। कथा साहित्य के अन्तर्गत वह अपने आत्मिक व आंगिक–वैभव के साथ समृद्ध है।

पाश्चात्य साहित्य से प्रभावित हिन्दी उपन्यास साहित्य सर्व प्रमुख लोकप्रिय गद्य–विधा के रूप में प्रतिष्ठित है एवं हिन्दी कथा–साहित्य का प्रमुख अंग है। वह पूरे भारत वर्ष के तथा विशाल भारतीय समाज की यथार्थ स्थिति का सजीव चित्र प्रस्तुत करने में समर्थ है। हिन्दुस्तान के पूर्वी–तट पर बसा हुआ ओड़िशा प्रदेश अपनी संस्कृति व साहित्य के लिए परिचित है। हिन्दी साहित्य की भाँति ओड़िया साहित्य भी गद्य और पद्य दोनों प्रमुख अंगों को लेकर संपुष्ट है। ओड़िया कथा साहित्य को लेकर ओड़िया गद्यात्मक साहित्य संवर्धित है। ओड़िया उपन्यास अपनी उदात्त प्रवृतियों से संपुष्ट है। वह अन्य गद्य विधाओं में सर्वोच्च स्थान का अधिकारी है। अर्थात् ओड़िया एवं हिन्दी उपन्यास का अपने–अपने साहित्य में स्वतंत्र परिचय निर्मित हुआ है। दोनों ही सर्वोत्कृष्ट लोकप्रिय एवं सशक्त कथात्मक गद्य विधाएँ हैं।

ओड़िया उपन्यास उत्कलीय समाज व संस्कृति का यथार्थ चित्र प्रस्तुत करके राष्ट्रीय स्तर पर ओड़िया साहित्य को प्रतिष्ठित कराने में समर्थ है। भगवान महाप्रभु श्री जगन्नाथ जी की पवित्र भूमि ओड़िशा प्रदेश के जन मानस में महाप्रभु श्री जगन्नाथ जी की मनोहर छवि रची–बसी है। उनकी असीम कृपा से ओड़िशा प्रदेश की पावन धरा पर अनेक सरस्वती पुत्रों का जन्म हुआ है, जिन्होंने अपनी अथक साहित्य–साधना से ओड़िया उपन्यास साहित्य को प्रादेशिक, राष्ट्रीय तथा अन्तर्राष्ट्रीय स्तर पर प्रतिष्ठित किया है। वैसे ही हिन्दुस्तान की पावन धरती पर अनेक मानस पुत्र प्रादुर्भूत हुए हैं, जिनकी अथक साहित्य–साधना के फलस्वरूप हिन्दी उपन्यास साहित्य ने राष्ट्रीय तथा अन्तरराष्ट्रीय स्तर पर अपनी स्वतन्त्र पहचान बनाई है।

उपन्यास का स्वरूप–

उपन्यास मानव जीवन का महाकाव्य है। वह अपने विराट फलक पर मानव का यथार्थ जीवन चित्र प्रस्तुत करता है। मानव जीवन की विचित्रता उपन्यास के नूतन प्रवाह में अन्तर्निहित होती है। उपन्यास समाज तथा व्यक्ति के जीवन–संग्राम व साधना स्थल से नवीन जीवनानुभूतियों का आत्म प्रसाद लाने में सक्षम होता है। उपन्यास एक प्रवाहमान जीवनधर्मी सारस्वत कला है। पौराणिक आख्यानों तथा अन्य कल्पित सन्दर्भों में अलौकिक संसार के काल्पनिक जीवन–सन्दर्भों का वर्णन किया होता है, जिसका संबन्ध सांसारिक जीवन से बिल्कुल नहीं होता। परन्तु उपन्यास संसार की मिट्टी, हवा आकाश तथा जल आदि तत्वों से मिश्रित क्रिया कलापों, पाप–पुण्यों का समन्वय तथा जीव–जन्तुओं व मनुष्यों की यथार्थ कहानी को नया स्वरूप प्रदान करता है। अतः साहित्य जगत में उपन्यास एक जीवनधर्मी कला के रूप में प्रतिष्ठित है।

''उपन्यास आज के साहित्य की सबसे अधिक लोकप्रिय और सशक्त विधा है। क्योंकि उपन्यास में मनोरंजन का तत्व तो अधिक रहता ही है, साथ ही साथ जीवन को उसकी बहुमुखी छवि के साथ व्यक्त करने की शक्ति और अवकाश होता है। साहित्य की समस्त सर्जनात्मक विधाओं में उपर्युक्त दोनों गुण विद्यमान रहते हैं, किन्तु अन्य विधाएँ अपने–अपने विशिष्ट स्वरूप के कारण इन दोनों तत्वों का प्रस्फुटन उतना नहीं कर पातीं जितना उपन्यास कर पाता है।''[01]

उपन्यास एक सारस्वत साहित्य–कला है। साहित्य के अन्य अंगों की तरह उपन्यास का मानव जीवन के साथ घनिष्ठ संबंध है। उपन्यास यथार्थ एवं संपूर्ण जीवन की काल्पनिक गद्य कहानी है। उपन्यास से मानव–जीवन की समस्त उपलब्धियाँ तथा उपभोग कर पाने का सामर्थ्य हासिल हो पाने के कारण इसे आधुनिक एपिक या महाकाव्य कहते हैं। कुछ विद्वान इसीलिए इसे पाकेट थिएटर भी कहते हैं। उपन्यास मानव जीवन की समालोचना मात्र नहीं प्रत्युत वह जीवन की नवीन सृष्टि है। उपन्यास कला की सृष्टि में मानव जीवन के समस्त मूल्य बोधों को सम्मान प्रदान किया जाता है। अंग्रेजी के प्रसिद्ध साहित्यकार मैथ्यू ऑर्नोल्ड ने लिखा है–"The Novel is not a criticism of life in Arnold's sence of the term, but a recreation of life in which all its values are given due place."[02](उपन्यास केवल जीवन की समालोचना नहीं प्रत्युत वह जीवन का पुनर्सृजन है, जिसमें मानव जीवन की महत्ता उचित मूल्यों के साथ प्रतिफलित होती है।)

जीवन जिज्ञासा प्रत्येक साहित्य–कृति का मानदण्ड है। जीवन की गहरी अनुभूतियों को जितनी गहनता से अभिप्रेरित किया जाता है वह साहित्य सृष्टि उतनी सारस्वत तथा कालजयी बन पाती है। साहित्यकार दूर दृष्टि संपन्न एवं महत् विचारवाला युग पुरुष होता है। वह अपनी साहित्य कृतियों में समस्त जीवन जिज्ञासाओं को यथार्थ रूप से चित्रित करता

है। उसकी दृष्टि व्यापक तथा अन्तर्भेदी होती है। कोई भी बाह्य वस्तु उनकी पैनी दृष्टि को रोक नहीं पाती। समय के दुर्भेद्य प्राचीर को भेदकर जीवन की अन्तहीन चेतना को जिसकी रचना जितना ज्यादा स्पर्श करती है, उसका साहित्य उतना कालजयी एवं चिरन्तन बन पाता है। उपन्यास–साहित्य इसका अपवाद नहीं है। उपन्यासकार जीवन की गहराइयों को परख कर काल विशेष की दीवार को फाँदकर जीवन समस्या को अपने उपन्यासों का विषय बनाता है और उत्कृष्ट कोटि की औपन्यासिक कृतियों का सृजन करता है।

औपन्यासिक साहित्य कृतियों में आंगिक और आत्मिक दोनों गुणों का मणिकांचन संयोग अनिवार्य होता है। एक के बिना दूसरा अधूरा रह जाता है। किसी एक के अभाव में औपन्यासिक कृति नीरस तथा निकृष्ट हो जाती है। आंगिक तत्वों से परिपूर्ण उपन्यास साहित्य रम्य रचना की तरह होता है। वह कागज के फूल की तरह होता है, जिसमें जीवन का रूप–रस–गन्ध नहीं होता जबकि उत्कृष्ट उपन्यास रचना प्राकृतिक फूल की तरह होती है, जिसमें यथार्थ जीवन दर्शन तथा जीवन का रूप–रस–गन्ध विद्यमान होता है। उपन्यास में चित्रित घटनाओं का विस्मय–बोध समसामयिक रूप से पाठक समाज को अभिभूत करता है। परन्तु जीवन के ताप का विस्मय–बोध तथा यथार्थ जीवन–बोध पाठक समाज के लिए जीवन–जिज्ञासा में अभिनवत्व ला देता है। अतः जीवन का उत्ताप ही कथा साहित्य की प्रथम एवं अन्तिम कथा है। जीवन जिज्ञासा उपन्यास की मूल पूंजी है।

उपन्यास समाज का स्वच्छ दर्पण है। उपन्यास तत्कालीन समाज का यथार्थ चित्र प्रस्तुत करता है। उपन्यासकार सबसे पहले उपन्यास में अपना प्रतिरूप देखता है। वह केवल अपने विस्तृत दृष्टिकोण की चेतना ही प्रस्तुत नहीं करता प्रत्युत उसके साथ स्तरीय चेतना(Three dimensional consciousness)का निर्माण करता है। वह स्वप्नलोक में विचरण न करके यथार्थ संसार के वैचित्र्य एवं वैविध्य को स्वीकार करता है। अपने उपन्यासों में वह यथार्थ जीवन–सत्य को दर्शाता है। पाश्चात्य विद्वान व समालोचक कॉलिन विलसन की दृष्टि में–"The Novel is an attempt to create a mirror, in which the novelist will be able to see his own face, it is fundamentally an attempt of it self creation."(उपन्यास समाज का स्वच्छ दर्पण है, जिसमें उपन्यासकार अपनी निजी जीवनानुभूति को यथार्थ रूप से प्रतिफलित करने का प्रयास करता है। आत्म सृजन ही उसका मूल भूत प्रयास है।)[03]

अबाध गति से प्रवाहित किसी स्रोतस्विनी को जब नियन्त्रित करने का प्रयास किया जाता है जब उसके सहज प्रवाह तथा उच्छवास जिस तरह से प्रतिहत होता है उसी प्रकार किसी कला को संज्ञा द्वारा परिभाषित करने से उसके अन्तराल में प्रकाशित होने की प्रतीक्षा कर रहे प्राण धर्म एवं नूतन दिग्दर्शन जानने में निरर्थक अवहेलना सृष्टि होती है। इसी तरह की आशंका से मुक्ति पाने के लिए उपन्यास को एक सारस्वत कलासृष्टि के रूप में अभिहित किया गया है। उपन्यास स्वप्नधर्मिता (romance)एवं(non-fiction) दोनों के सम्मिश्रण से

नूतन जीवन मूल्यबोध को उज्जीवित करता है। उपन्यासकार अपने जीवनानुभव के द्वारा बर्हिगत अर्थात् समाज, व्यक्ति तथा उसके परिवेश से ग्रहण किया हुआ ज्ञान को अन्तर्जगत के प्रज्ञाशील विचारबोध एवं चिन्तनशीलता द्वारा उपन्यास–शिल्प का निर्माण करता है। अन्तर्जगत एवं बहिर्जगत का समन्वय जितना मधुर एवं शिल्प सम्मत होगा औपन्यासिक कृति उतनी ही कालजयी होगी।

डॉ. श्यामसुन्दर दास के अनुसार– ''मनुष्य के वास्तविक जीवन की काल्पनिक कथा ही उपन्यास है।''[04] हिन्दी साहित्य के मूर्धन्य समालोचक बाबू गुलाब राय उपन्यास को इस तरह से परिभाषित करते हैं– ''उपन्यास कार्य–कारण श्रृंखला में बँधा हुआ वह गद्य कथानक है जिसमें अपेक्षाकृत अधिक विस्तार तथा पेचीदगी के साथ वास्तविक जीवन का प्रतिनिधित्व करने वाले व्यक्तियों से सम्बंधित वास्तविक काल्पनिक घटनाओं द्वारा मानव जीवन के सत्य का रसात्मक रूप से उद्घाटन किया जाता है।''[05] सुप्रसिद्ध ओड़िया समालोचक डॉ. बाऊरी बन्धु कर के मतानुसार– ''उपन्यास एक सृजनशील सृष्टि या निर्माण कला है, जो भाषा के माध्यम से जीवन को देखता है। वह जीवन के साथ विश्व का नित्य संपर्क स्थापित करता है। यह जीवन की तरह दिगन्त विस्तृत है। जीवन के नित्य नूतन परिवर्तन एवं बहु वैचित्रय से यह स्वयं सम्पूर्ण है।''[06] हिन्दी तथा ओड़िया के इन भारतीय विद्वानों के महत् विचारों से उपन्यास की महत्ता तथा गरिमा निश्चित रूप से निखर कर सामने आयी है।

उपन्यास आधुनिक गद्य साहित्य की सर्व प्रमुख विधा है। अठारवीं सदी के अंतिम चरण में उपन्यास कला का जन्म विश्व के पाश्चात्य देशों में हुआ था। अंग्रेजी उपन्यास साहित्य के इतिहास के पर्यवेक्षण से पता चलता है कि यूरोपीय देशों में चौदहवीं सदी में ही उपन्यास सृष्टि के लिए क्षेत्र तैयार होना शुरु हो गया था। इंग्लिश लिटरेचर में बोकेसियो की कहानियों को प्रथम गद्य– 'डॉन कुइसिटा', मैडम डिला फयाटे के 'ला प्रिन्सेस दि क्लिभस', सुईप्टस के 'गालिभर्स ट्रावल्स' तथा रॉबेला के 'गारगान्टस' आदि कथा कृतियों को प्रारम्भिक यूरोपीय कथा साहित्य के रूप में ग्रहण किया जा सकता है।

विश्व साहित्य का प्रतिनिधित्व करने वाले इंग्लिश लिटरेचर में सामुएल रिचर्डसन (1680–1761) द्वारा रचित 'पामेला' (1740) है। इसमें एक गरीब, निःसहाय कृषक बालिका की ट्रेजेडी चित्रित है। इसकी नायिका दासी पामेला के प्रति गृह स्वामी की लोलूप दृष्टि तथा उससे बचने के लिए पामेला की प्रचेष्टा अत्यन्त ह्रदय स्पर्शी बन पड़ी है। इसके बाद इंग्लिश नॉवेल के इस अंकुर को पल्लवित, पुष्पित तथा फलवती बनाता हुआ अनेक उत्कृष्ट कोटि के उपन्यासों का सृजन–सिंचन किया। उन उपन्यासों में फील्डिंग के 'टॉम जोन्स' (1747) गोथे के 'वारदार' (1774), ऑस्टीन के 'प्राइज एण्ड प्रेजुडिस' (1813), बॉल जॉक के 'पेरे गोरियट' (1734), चार्लट ब्रेन्ट के 'फेन इएर' (1847), थाकेरे के 'भेनिटी फेयर' (1848),डिकेन्स के 'डेभीड़ी कॉपर फील्ड' (1849) हयूगो के 'लॉ मिजेरेबल' (1862) टॉलस्टाय के 'वर एण्ड पीस'

(1864) एवं डी.एच. लॉरेन्स के 'सन्स एण्ड लवर्स' (1913) आदि विशेष उल्लेख्य हैं।

इंग्लिश नॉवेल के प्रभाव से अन्य यूरोपीय नॉवेल राईटर्स ने अनेक अनूदित एवं मौलिक औपन्यासिक कृतियाँ रची हैं। रोमान्सधर्मी उपन्यास लेखन में जिस तरह पुरुष लेखकों ने चरम सार्थकता हासिल की है उसी प्रकार नारी उपन्यासकारों ने प्रेमाख्यानक उपन्यास लिख कर नारी–प्रतिभा की शिनाख्त कराई है। जापान की लेखिका मुरासाकी ने 'गेन्जी' नामक उपन्यास की सर्जना करके विश्व की प्रथम नारी उपन्यासकार का गौरव प्राप्त किया है। उसी प्रकार फ्रान्स की लेखिका मिने डेला फॉयटे नामक महिला ने 'लॉ प्रिन्सेस डी क्लेभ्स' नामक बहुचर्चित उत्कृष्ट कोटि का उपन्यास लिख कर अनेक शोहरत हासिल की है। इनके अलावा इंग्लैण्ड की जेन आस्टीन, चार्लट ब्रन्ट आदि अनेक लेखिकाओं ने उत्कृष्ट कोटि के उपन्यास रच कर यूरोपीय उपन्यासों को समृद्ध किया है।

यूरॉपिय साहित्य में उपन्यास लेखन की शुरुआत भले ही अठ्ठारवीं शताब्दी में हुई हो पर भारतीय साहित्य में उपन्यास का उन्मेष उन्नीसवीं सदी के दूसरे चरण में हुआ था। आधुनिक समाज में व्यक्ति स्वातंत्र्य के उन्मेष से उपन्यास की सृष्टि संभव हो सकी। ब्रिटिश शासन के प्रसार एवं अंग्रेजी भाषा के प्रचार से इण्डियन लिटरेचर में उपन्यास कला का जन्म हुआ। भारतीय साहित्य में उपन्यास सृष्टि के पीछे भले ही पाश्चात्य साहित्य का प्रभाव रहा हो पर उनमें भारतीयता स्पष्ट रूप से परिलक्षित होती है। इस संबन्ध में ओड़िया साहित्यकार तथा समालोचक डॉ. कृष्णचरण बेहेरा जी का कथन समुचित लगता है– "हमारे देश में उपन्यास की सृष्टि कुछ परिमाण में पाश्चात्य साहित्य के प्रभाव के फलस्वरूप भले ही हुई हो फिर भी इसे देशज कहना यथार्थ और तर्क संगत होगा।"[07]

प्राचीन भारतीय साहित्य संस्कृत साहित्य के बाणभट्ट कृत 'कादम्बरी' को कुछ विद्वानों ने संस्कृत साहित्य ही नहीं बल्कि समग्र प्राच्य साहित्य के प्रथम उपन्यास के रूप में ग्रहण किया है। इस औपन्यासिक कथा–कृति में पवित्र प्रेम, स्नेह, ममता आदि का सूक्ष्मता पूर्वक चित्रण किया गया है। इसके अलावा आचार्य दण्डी का 'दश कुमार चरित', सुबन्धु का 'वासवदत्ता' आदि कपोल कल्पित कथा–कृतियाँ हैं। इसी संस्कृत साहित्य में 'पंच तन्त्र', हितोपदेश', 'कथा सरित सागर' आदि कथाओं में उपन्यास के लक्षणों का आभास होता है। प्राचीन ऋग्वेद तथा उपनिषदों में अनेक मनोरम, जीवन धर्मी एवं नीतिपरक कथाएँ परिलक्षित होती हैं, भले ही वेद–वर्णित कथाएँ पद्यात्मक हों।

भारतीय साहित्य में ओड़िया साहित्य का अपना विशिष्ट महत्व है। ओड़िया साहित्य में उपन्यास लेखन का प्रारम्भ उन्नीसवीं सदी के अन्तिम चरण में हुआ। ओड़िया उपन्यास साहित्य पर उसके पड़ोसी साहित्य बंगला उपन्यास साहित्य का पूर्णतः प्रभाव परिलक्षित होता है। आधुनिक ओड़िया उपन्यास की सृष्टि के पूर्व ओड़िया साहित्य में अनेक कहानियाँ, कथाएँ लोक कथाएँ प्रचलित थीं। जिनमें गोपाल चन्द्र प्रहराज द्वारा रचित 'उत्कल कहानी', एक

महिला द्वारा रचित 'कथा लहरी', राधाचरण महापात्रजी का 'उत्कल कहानी दर्पण' तथा डॉ. कुंज बिहारी दाश का 'लोक गल्प संचयन' आदि उल्लेखनीय है।

ओड़िशा प्रदेश में सोमनाथ ब्रत, सावित्री व्रत, सुदशा व्रत कथा आदि ओषा–व्रत कथाओं का प्रचलन था। इसके पश्चात् नारायणानन्द अवधूत स्वामी की 'रुद्र सुधानिधि', ब्रजनाथ बड़जेना की 'चतुर विनोद कथा' एवं शिवराज जी की 'बत्तिश सिंहासन कथा', 'श्री बेताल पंच बिंशती कथा' आदि लोक कथा कृतियाँ प्रचलित थीं। आगे चलकर मधुसूदन राओ का 'प्रणयर अदभुत परिणाम' (1873), राधानाथ राय का 'इटालीय युवा' आदि कथा कृतियाँ विशिष्ट स्थान की अधिकारिणी हैं। इन्हीं कथा–कृतियाँ की गोद में आधुनिक ओड़िया उपन्यास कला विकसित हुई। ओड़िया उपन्यास के प्रारम्भिक चरण में रामशंकर राय की 'सौदामिनी', 'विवासिनी', श्री छदमनाम धारी उपन्यासकार की 'अनाथिनी' 'मठर संवाद', उमेशचन्द्र सरकार की 'पद्‌ममाली', गोपाल बल्लभ दाश की 'भीमा भूयाँ' आदि उपन्यास कृतियाँ विशिष्ट हैं। रामशंकर राय के 'सौदामिनी' उपन्यास को सर्व प्रथम ओड़िया उपन्यास के रूप में परिगणित किया गया है।

कुछ विद्वान 'सौदामिनी' को असंपूर्ण उपन्यास मान कर उमेशचन्द्र सरकार द्वारा रचित 'पद्‌ममाली' को प्रथम ओड़िया उपन्यास मानते हैं। ओड़िया कथा सम्राट फकीर मोहन सेनापति ने अपने 'उत्कल भ्रमण' ग्रन्थ में रामशंकर राय को प्रथम ओड़िया उपन्यासकार का गौरव प्रदान किया है। डॉ. कुंज बिहारी दाश इस उपन्यास की उत्कृष्टता सिद्ध करते हुए लिखते हैं–''सौदामिनी उपन्यास पुस्तकाकार रूप में प्रकाशित नहीं हो सका, अतः इसे प्रथम उपन्यास के रूप में मान्यता प्रदान न करना असंगत है। ओड़िया उपन्यास के प्रथम उपन्यास के प्रथम मन्दिर के शिखर की कलश की स्थापना नहीं हो सकी या फिर गिर गयी, इसके लिए उपन्यासकार दोषी नहीं हो सकता। भग्नावस्था में होने पर भी कोणार्क मन्दिर का गौरव समाप्त नहीं हुआ है। बल्कि वह असंपूर्ण महा–यात्रा के गौरवमय पड़ाव का अधिकारी है। 'पद्‌ममाली' के दस वर्ष पूर्व रामशंकर राय ने सन् (1878) में ओड़िया उपन्यास के आदि ओंकार का उच्चारण कर किया था। ओड़िया उपन्यास का आद्य अर्घ्य उनका प्राप्य है।''[08]

हिन्दी साहित्य भारतीय संस्कृति की मूल धरोहर है। भारतीय संस्कृति के प्रति अगाध निष्ठा रखनेवाले विद्वान हिन्दी साहित्य की लगभग प्रत्येक विधा का उद्‌गम उत्स ऋग्वेद से निकालते हैं। अतः उन्होंने हिन्दी उपन्यास का भी आधार ऋग्वेद में पाये जाने वाले यम–यमी, पुरुरवा–उर्वशी आदि के संवादों को स्वीकार किया है, तो इसमें आश्चर्य ही क्या है। ये विद्वान संस्कृत साहित्य की 'पंचतन्त्र', 'जातक कथा साहित्य', 'दश कुमार चरित', 'वासवदत्ता', 'हर्ष चरित', 'कादम्बरी', 'कथा सरित सागर' आदि कथा कृतियों को हिन्दी उपन्यास सृष्टि का उत्स मानते हैं। परन्तु वस्तु स्थिति यह है कि ओड़िया उपन्यास साहित्य की भाँति हिन्दी उपन्यास ने भी प्रारम्भिक अवस्था में बंगला उपन्यासों से सामग्री ग्रहण की

है। भारत में इस्ट इण्डिया कंपनी की सत्ता स्थापना तथा इंग्लिश लेंग्वेज के प्रचार के परिणाम स्वरूप इंग्लिश से बंगला और बंगला से हिन्दी में उपन्यास लिखने का श्रीगणेश हुआ।

हिन्दी उपन्यास के प्रारम्भिक चरण में बंकिमचन्द्र, रमेशचन्द्र दत्त, चण्डीचरण सेन आदि बंगला उपन्यासकारों के उपन्यासों का अनुवाद किया गया तथा कुछ मौलिक उपन्यास भी लिखे गये। श्री निवास दास ने 'परीक्षा गुरु' (1882) नामक मौलिक हिन्दी उपन्यास की रचना करके उसकी नींव मजबूत की। उनके पूर्व पं. श्रद्धाराम फुलौरी की 'भाग्यवती' (1877). भारतेन्दु हरिश्चन्द्र की 'एक कहानी कुछ आप बीती कुछ जग बीती' नामक कथा कृति सृजित हुई थी, लेकिन उसमें मौलिकता का अभाव परिलक्षित होता है। इंग्लिश नॉवेल की पेटर्न पर रचित 'परीक्षा गुरु' को प्रथम हिन्दी उपन्यास स्वीकारा गया है।

ओड़िया एवं हिन्दी उपन्यास–साहित्य आधुनिक साहित्य की महत्वपूर्ण उपलब्धियाँ हैं। अंग्रेजी उपन्यास को जिस तरह वैश्विक औपन्यासिक स्वरूप मिला है, उसी तरह राष्ट्रीय तथा प्रादेशिक स्तर पर हिन्दी तथा ओड़िया उपन्यास–साहित्य का स्वरूप निर्मित हुआ है। उन्नीसवीं शताब्दी के अन्तिम चरण में प्रादुर्भूत ओड़िया एवं हिन्दी उपन्यास आधुनिक ओड़िया–हिन्दी–साहित्य की अत्यन्त लोकप्रिय, सशक्त गद्य विधाएँ हैं। उपन्यास–साहित्य आधुनिक मानव जीवन के यथार्थ चित्र को सजीले ढंग से चित्रित करता है। अतः उपन्यास निश्चय ही मानव जीवन का महाकाव्य है। ओड़िया–हिन्दी उपन्यास साहित्य इसका अपवाद नहीं है।

स्वातन्त्र्योत्तर ओड़िया उपन्यास–

स्वातन्त्र्योत्तर ओड़िया उपन्यास–साहित्य पर विशद अनुशीलन के पूर्व स्वाधीनता पूर्व ओड़िया उपन्यास पर संक्षिप्त दृष्टिपात करना समीचीन होगा। ओड़िया उपन्यास उन्नीसवीं सदी के अन्तिम चरण में प्रादुर्भूत होकर निरन्तर अबाध गति से अपने गन्तब्य पथ पर गतिशील है। ओड़िया उपन्यास की विकास–यात्रा में ओड़िया उपन्यास सम्राट फकीरमोहन सेनापति की औपन्यासिक कृतियों का विशिष्ट महत्व है। उनके द्वारा रचित 'छअ माण आठ गुण्ठ', (1897) 'लछमा' (1914), 'मामु' (1913), 'प्रायश्चित' (1915) आदि औपन्यासिक कृतियाँ उत्कलीय ग्राम्य जीवन के महाकाव्य हैं। उन्होंने उपन्यास को यथार्थ जीवन से जोड़कर उत्कलीय समाज व संस्कृति का जीवन चित्र प्रस्तुत किया तथा कलात्मक ढंग से उपन्यास का सृजन किया।

सेनापति जी के उपन्यासों की उत्कृष्टता व्यक्त करते हुए डॉ. कृष्णचरण बेहेरा लिखते हैं– ''प्रत्येक देश की मिट्टी में जिस प्रकार एक विशेष प्रकार का फूल विशेष रूप–रंग धारण करता है उसी प्रकर प्रत्येक देश के साहित्य में उस देश के स्वतन्त्र जीवन और समाज की

छवि अंकित होती है। साहित्य सभ्यता व संस्कृति का सुन्दर फूल है। फकीरमोहन जी का उपन्यास साहित्य हमारी सभ्यता और संस्कृति का सरस, सतेज फूल है।"[09]

स्वतन्त्रता पूर्व ओड़िया उपन्यासकारों में नन्दकिशोर बल (कनकलता), रामचन्द्र आचार्य (कमल कुमारी), कुन्तला कुमारी (रघु अरक्षित), गोदाबरीश महापात्र (बन्दीर माया), कालिन्दी चरण पाणिग्राही (माटी र मणिष), हरे कृष्ण महताब (प्रतिभा), नित्यानन्द महापात्र (जिअन्ता मणिष), महापात्र नीलमणी साहू (तामसी राधा) आदि के नाम विशेष उल्लेखनीय हैं। स्वतन्त्रता पूर्व ओड़िया उपन्यास–साहित्य की विकास–धारा को आदि पर्व (उन्मेषकाल), मध्य पर्व या (विकास काल) के रूप में अभिहित किया गया है। इन दोनों पर्वों में ओड़िया उपन्यास के क्षेत्र में अनेक प्रतिभावान उपन्यास लेखकों ने विपुल संख्या में कालजयी औपन्यासिक कृतियाँ रच कर ओड़िया उपन्यास–साहित्य के विकास के नूतन द्वार खोले हैं।

आजादी के बाद ओड़िशा ही नहीं समग्र भारतवर्ष में राजनीतिक संकट, सांप्रदायिक संघर्ष, संशय, अन्तर्जातीय भाव–स्पन्दन, विशेषतः 'वेस्टर्न मेटेरियलिष्टिक थॉट' यानी पश्चिमी वस्तुवादी सोच का प्रभाव परिलक्षित होता है। द्वितीय महासमर की ध्वस्त–विध्वस्त भावधारा ने ओड़िया के बुद्धिजीवी जनमानस को प्रपीड़ित किया। सन् 47 के सांप्रदायिक संघर्ष ने स्वातन्त्र्योत्तर भारतीय जनता में नूतन मानवतावादी चिन्ताधारा जाग्रत कराई। नूतन शिक्षित समाज का अभ्युदय, उनकी जनसम्पर्क हीनता, विदेशी चिन्ताधारा के साथ सीधा संपर्क तथा यौन उत्पीड़न जैसी अनेक समस्याएँ स्वातन्त्र्योत्तर युगीन उपन्यासों में देखने को मिलती हैं। स्वातंत्र्योत्तर ओड़िया उपन्यास साहित्य के संबंध में एक समालोचक लिखते हैं–"विश्व साहित्य के उपन्यास की प्रगति के साथ ओड़िया उपन्यास भले ही समकक्ष न हो सका हो, समतल भाव वलय को भेद कर नूतन क्रान्ति सृष्टि करने में भले ही समर्थ न हो सका हो फिर भी स्वाधीनता के बाद के ओड़िया उपन्यास में नूतन संभावनाएँ हैं, इस बात को अस्वीकार नहीं किया जा सकता।"[10]

स्वातन्त्र्योत्तर ओड़िया उपन्यास वैविध्यपूर्ण है। स्वाधीनता के पश्चात देश में अनेक सामाजिक परिवर्तन तथा नूतन मूल्यबोध परिलक्षित होने लगा। ओड़िया साहित्य के मूर्धन्य उपन्यास लेखकों ने समसामयिक समस्याओं को लेकर अनेक कालजयी कथा–कृतियों की सर्जना की एवं उनके निराकरण के लिये भरसक प्रयास किया। स्वतन्त्र ओड़िशा प्रदेश की सामाजिक, राजनीतिक, आर्थिक, सांस्कृतिक तथा धार्मिक परिस्थितियों को लेकर उपन्यासकारों ने समस्या–परक उपन्यास रचे एवं उत्कलीय जन मानस में नवीन आशा का संचार किया।

स्वतंत्रता प्राप्ति के पश्चात भारतीय समाज कई समस्याओं से घिर गया। ओड़िया लेखकों ने तत्कालीन ओड़िशा प्रान्तीय समाज की समस्याओं को लेकर अनेक सामाजिक उपन्यासों की रचना की। स्वातन्त्र्योत्तर युग के ओड़िया उपन्यासकारों में कान्हुचरण महान्ती

जी का नाम अन्यतम है। उन्होंने अनेक उत्कृष्ट कोटि के सामाजिक उपन्यास रच कर स्वातन्त्र्योत्तर ओड़िया उपन्यास को समृद्ध किया है। उनके द्वारा रचित शास्ती (1947), झंझा (1949), बज्रबाहू (1958) आदि प्रमुख उपन्यासों में उत्कलीय समाज की यथार्थ स्थिति का मार्मिक चित्र प्रस्तुत हुआ है। गोपीनाथ महान्ती जी ने 'दादी बुढ़ा', 'परजा', 'अमृतर सन्तान' 'अपहन्च', 'शिबभाई', 'दिग दिहुड़ी', 'माटी मटाल' आदि उत्कृष्ट उपन्यास कृतियों में ओड़िशा के सामाजिक जीवन चित्र का जीवन्त चित्रण किया है। इस समय हिन्दू–मुस्लिम संघर्ष एक विराट सामाजिक समस्या थी। इसी सांप्रदायिक संघर्ष का मार्मिक चित्र प्रस्तुत करने वाले उपन्यासों में प्राण कृष्ण सामल का 'प्रेम', कान्त कवि लक्ष्मीकान्त जी का 'कणा माँमु', कमलाकान्त दाश का 'अजान्', कान्हुचरण महान्ती का 'तमसा तीरे', ज्ञानीन्द्र वर्मा की 'भूमिका' एवं सेख मतलूब अली का 'झेलम तीरे' आदि उल्लेखनीय हैं।

स्वातंत्र्योत्तर ओड़िशा प्रदेश में गरीब मजदूरों की जीवन समस्या एक बड़ी सामाजिक समस्या थी। अनेक उपन्यासकारों ने इस समस्या को अपने–अपने उपन्यासों में उद्घटिता किया है। इन उपन्यासों में लक्ष्मीधर नायक के 'हायरे दुर्भागा देश' 'मो स्वप्न र शहर', ब्रजमोहन महान्ती का 'अरक्षित उपनिषद', नित्यानन्द महापात्र के 'हिड़माटी', 'भंगा हाड़', 'घर डिह' आदि महत्वपूर्ण हैं। इस युग में अनेक रूपकधर्मी सामाजिक उपन्यासों की भी रचना हुई है। उन उपन्यासों में दीनानाथ पाढ़ी के 'पुनर्नवा', 'मंगला चरण', मनोज दास के 'बुलडोजर्स', 'प्रभंजन', 'आकाश र ईशारा', 'अमृतर फल' आदि बहु चर्चित कथा कृतियाँ हैं। प्रख्यात ओड़िया उपन्यासकार श्री रामचन्द्र बेहेरा के 'अभिनय परिधि', 'धूसर सूर्यास्त', 'मुक्ति र रूप रेख', 'किपरी निआ जाए निष्पत्ति' आदि उपन्यासों में मानवीय संवेदनाओं की मार्मिक अभिव्यक्ति हुई है।

आजादी के बाद का भारतीय राजनीतिक परिदृश्य अत्यन्त वैविध्यपूर्ण एवं संकटापन्न था। आजादी के फल स्वरूप देश में शासन व्यवस्था की पहल तथा विदेशी सत्ता की परिसमाप्ति से हमारी राजनीतिक व्यवस्था कुछ हद तक कलुषित हो गई थी। आजादी के बाद के राजनीतिक परिदृश्य तथा ओड़िया उपन्यास के स्वरूप के बारे में अपना मत व्यक्त करते हुए डॉ. वैष्णव चरण सामल कहते हैं, "स्वाधीनता के पश्चात के ओड़िया उपन्यासों में सत्तारूढ़ राजनीति की उद्भट चेतना का स्वरूप उद्घाटन तथा अनेक राजनीतिक मतवाद के प्रभाव का परिणाम विश्लेषण आदि प्रवृत्तियाँ देखने को मिलती हैं। स्वाधीनता के बाद आदर्श उपन्यास का विषय नहीं रह गया, यथार्थ मुख्य विषय बन गया। आदर्श की आड़ में हमारी राजनीति को कलंकित कर रही यथार्थवादी चेतना को लेकर उपन्यास लेखक जन जागरण खड़ा कर रहे हैं।"[11]

ओड़िया उपन्यास के क्षेत्र में इसी समयावधि में रचित राजनीतिक उपन्यासों में उस समय की राजनीतिक स्थिति का मर्मस्पर्शी चित्रण हुआ है। डॉ. हरेकृष्ण महताब का 'प्रतिभा'

प्रथम ओड़िया राजनीतिक उपन्यास है। उनके द्वारा रचित 'अव्यापार', 'टाउटर', 'नूतन धर्म', 'तृतीय पर्व', कालिन्दी चरण पाणिग्राही का 'लुहार मणिष', सुरेन्द्र महान्ती का 'अन्ध दिगन्त', गोपीनाथ महान्ती का 'अपहन्च', लक्ष्मीधर नायक का 'मो स्वप्नर शहर' आदि उपन्यासों में तत्कालीन कलुषित राजनीति चित्रित है। इनके अलावा शान्तनु कुमार आचार्य का 'शकुन्तला', ब्रजमोहन महान्ती का 'निशब्द आकाश ओ अंधार पृथिबी', गणेश्वर मिश्र का 'नेता', विभूति पटनायक का 'चपल छन्दा', यमेश्वर त्रिपाठी का 'एकाल से काल अन्य काल' सरीखे उपन्यासों में उस समय की राजनीतिक चेतना उद्घटित हुई है।

ओड़िया उपन्यास साहित्य में ऐतिहासिक उपन्यास लेखन परंपरा का श्रीगणेश भले ही हो गया हो लेकिन इस युग में उसकी विकास धारा तीव्र गति से प्रवाहित होने लगती है। प्रारम्भिक उपन्यासकारों में रामचन्द्र राय, उमेशचन्द्र सरकार, फकीर मोहन सेनापति ने जिस ऐतिहासिक उपन्यास धारा को प्रवाहित किया था, उसे इस युग के उपन्यासकारों ने गतिशील बनाया। इस युग के अनेक उपन्यास स्रष्टाओं ने ऐतिहासिक प्राण स्पन्दन को लेकर उपन्यास कला कोणार्क सरजा है। रामचन्द्र महापात्र ने 'रोढ़ंग बकसी', 'सत्यवती', सुरेन्द्र महान्ती ने 'नील शैल', 'नीलाद्री विजय', 'कृष्णा बेणी र संध्या', मुरलीधर मल्लिक ने 'रक्त शपथ', 'मंगले अइला ऊषा', 'रजनी जाऊछी बीती', 'छद्म बेशरे सुभाष' आदि बहुचर्चित उच्च कोटि के उपन्यासों में ऐतिहासिक ओड़िशा प्रदेश की अस्मिता परि प्रकाशित की है।

समकालीन ओड़िया ऐतिहासिक उपन्यासों में विभूति पटनायक के 'चपल छन्दा', 'सुलताना' विशिष्ट उपन्यास हैं। इसी कालावधि के अनादी साहू के 'राका रॉय', 'छिन्न नाभ', 'रानी कर्पूर श्री', डॉ. प्रतिभा रॉय के 'शीला पद्म', 'कोणार्क', नृसिंह चरण पण्डा के 'धर्मा शोक', 'चण्डा शोक', 'सप्त सिन्धु', 'रबा र बेल' डॉ. अर्जुन शतपथी जी का 'अग्निपुत्र' आदि विशिष्ट हैं। शतपथी जी के 'अग्निपुत्र' में देश के सर्व प्रथम स्वतन्त्रता सेनानी वीर सुरेन्द्र साय के संघर्षमय जीवन के अनेक अनजान प्रसंगों पर प्रकाश डाला गया है। देश की मुक्ति–प्राप्ति के पूर्व भले ही मनोवैज्ञानिक उपन्यास का सूत्रपात हो गया हो पर ओड़िया उपन्यास के क्षेत्र में यह परंपरा मुक्ति प्राप्ति के अनन्तर जीवन्त हो सकी है। विश्व साहित्य में 1913–14 ई. में मनोवैज्ञानिक उपन्यास की सर्जना हो गई थी। फ्रान्स के मार्सल प्राउस्ट नामक उपन्यास लेखक ने सर्व प्रथम 'स्मृति अतीत की' (Remebrance of things past)नामक मनोवैज्ञानिक उपन्यास की रचना की थी। पाश्चात्य मनोवैज्ञानिक सिगमण्ड फ्रायड की मनोवैज्ञानिक चिन्ताधारा का प्रभाव इस उपन्यास पर पड़ा है। स्वाधीनता के बाद के ओड़िया उपन्यासों में फ्रायडीय मनोविज्ञान का विश्लेषण देखने को मिलता है।

इस कालावधि में व्यक्ति के मानसिक कार्यकलाप, यौन उत्पीड़न, मानसिक अन्तर्द्वन्द्व आदि को लेकर अनेक मनोवैज्ञानिक उपन्यास–धारा को उज्जीवित किया गया है। प्रस्तुत कालखण्ड के उपन्यासों में गोपीनाथ महान्ती के 'राहुर छाया', 'लय विलय', 'अनल नल',

'आकाश सुन्दरी' कान्हुचरण महान्ती के 'का', 'तुण्ड बाईद', 'क्षण क्षणके आन' शान्तनु कुमार आचार्य के 'शताब्दीर नचीकेता', 'नर किन्नर', विभूति पटनायक के 'एई मन बृन्दाबन', 'नायिकार नाम श्रावणी', 'केशबती कन्या', 'बधू निरूपमा' राज किशोर पटनायक के 'जीअन्ता मणिष', 'चला बाट', 'संजबती', कृष्ण प्रसाद मिश्र के 'मृग तृष्णा', 'सिंह कटी' आदि में मनोवैज्ञानिक विश्लेषण को आधार बनाया गया है।

स्वातन्त्र्योत्तर युगीन ओड़िया उपन्यास के क्षेत्र में कथाकारों ने नारी की मनःस्थिति, द्वन्द्व–संघर्ष, दैहिक कामना तथा यौन प्रवृत्ति को लेकर उपन्यासों की सर्जना की है। ब्रज मोहन महान्ती के 'बिन्दुएं निआँ, 'तक्षक मुँ कृष्ण', 'काहाणी तीनी बन्धर' आदि उपन्यासों में नारी और पुरुष के मन की आदिम कामना की चिन्ता तथा संघर्ष का चित्ताकर्षक रूप देखने को मिलता है। इसके अलावा दशरथ सामल के 'योगा योग', प्रसन्न कुमार मिश्र के 'असुर', नबकिशोर राय के 'स्मृति विस्मृति' आदि उपन्यासों में नारी तथा पुरुष की हिंसक मनोवृत्ति का मनोवैज्ञानिक चित्रण है। इस तरह से आलोच्य युग में विपुल परिणाम में मनोवैज्ञानिक कृतियाँ हुई हैं, जो ओड़िया उपन्यास के वैविध्यपूर्ण स्वरूप को संवलित करती हैं। इसके अलावा विवेच्य काल में ग्रामांचल को लेकर अनेक उत्कृष्ट उपन्यास रचे गए हैं, जिसका विस्तृत अध्ययन अगले अनुच्छेद में किया जाएगा।

ग्रामांचल के ओड़िया उपन्यास

हिन्दुस्तान के पूर्वी–तट पर बसा हुआ ओड़िशा एक ग्रामीण–आदिवासी बहुल राज्य है। इस प्रदेश में आदिवासी संप्रदाय के लोगों की तादाद ज्यादा है। उत्कलीय ग्राम संस्कृति की अपनी एक स्वतन्त्र पहचान है। उपन्यास सर्जकों ने अपने उपन्यासों के माध्यम से उत्कलीय जनमानस में बसी हुई ग्रामीण संस्कृति के प्रति सच्ची निष्ठा प्रतिष्ठापित की है। स्वाधीनता के बाद के उपन्यासों में ग्राम्य जीवन की सुन्दर झांकियाँ देखने को मिलती है। इस कालावधि में नित्यानन्द महापात्र ने 'हिड़माटी', 'भंगा हाड़', 'घरडिह' आदि उपन्यासों में ग्राम्य जीवन के चित्त संघर्ष को सुन्दर ढंग से चित्रित किया है। कान्हुचरण महान्ती जी ने 'शास्ती', 'बज्रबाहू', 'क्षण–क्षण के आन', 'छुटिले घट' आदि उपन्यासों में ओड़िशा प्रान्तीय ग्रामीण संस्कृति की मनोरम छवि प्रस्तुत की है।

ग्रामांचल के ओड़िया उपन्यास साहित्य में कान्हुचरण महान्ती के उपन्यासों का विशिष्ट महत्व है। उनकी औपन्यासिक कृतियों में तत्कालीन ओड़िशा प्रदेश के ग्रामीण जीवन की यथार्थ स्थिति के चित्रण के साथ–साथ ग्राम जीवन की सात्विकता उजागर हुई है। ग्रामांचल के उपन्यासों में 'मन गहन र तले' और 'तमशा तीरे' दोनों उपन्यासों में ग्राम्य जीवन दर्शन अति प्रांजलता से मुखरित हुआ है। कान्हुचरण महान्ती की अद्वितीय रचना

धर्मिता अध्यापक श्री नित्यानन्द नायक के इन शब्दों से समझी जा सकती है, ''कान्हुचरण जी का चिन्ताराज्य विस्तृत तथा उनका दृष्टिकोण अन्तर्भेदी है। पारंपरित सृजनशीलता से बाहर निकल कर उन्होंने नवीन ढंग से स्वतंत्र रूप से अपनी साहित्य कृतियों का सन्धान किया है। जीवन की समस्त विस्मृत अनुभूति एवं असामंजस्यता उनके उपन्यासों में एक सुमधुर एकरसता में परिवर्तित होकर सत्य, शिव एवं सुन्दर का रूप धारण की हुई है। अतः वास्तव में वे एक अमर कथा शिल्पी हैं।''[12]

स्वर्गीय कान्हुचरण महान्ती के 'बन गहन र तले' ओड़िशा प्रान्तीय आदिवासी जीवन पर आधारित बहु चर्चित उपन्यास है। घने जंगल में सरल, निरानन्द जीवन जीने वाले कन्ध जाति के लोगों को जीवन दर्शन उपन्यास में चित्रित है। प्रकृति की गोद में बसे हुए आदिवासी जन समुदाय के प्रेममय जीवन प्रवाह का सूक्ष्म निदर्शन यहाँ हुआ है। आदिवासी समुदाय के प्रेमी–प्रेमिका का पवित्र प्रेम–स्रोत अबाध गति से प्रवाहित हुआ है। उनकी अद्वितीय कथा कृति 'तमसा तीरे' में तमसा नदी के तट पर एक शरणार्थी शिविर में शरणार्थी के रूप में जीवन व्यतीत कर रहे एक जन समूह का जीवन चित्रित है। स्वतन्त्रता कालीन साम्प्रदायिक दंगा–फिसाद के शिकार हुए हिन्दू लोगों की ट्रेजेडी वर्णित है। पूर्वी बंगाल के धर्मान्ध मुसलमानों द्वारा पीड़ित, अत्याचारित, वास–विहीन हिन्दू समुदाय की जीवन–व्यथा मार्मिकता से वर्णित है। इस उपन्यास में यह सिद्ध हुआ है कि पराया व्यक्ति कभी अपना नहीं हो सकता। वह हमेशा पराया ही रहेगा। कर्तव्य और कृतज्ञता के अभिनय करने से हो सकता है आन्तरिकता की भावना अंकुरित हो जाय पर वहाँ स्वाभाविकता–सात्विकता की भावना प्रस्फुटित नहीं हो सकती।

कथाशिल्पी गोपीनाथ महान्ती के 'दादी बूढ़ा', 'परजा', 'अमृतर सन्तान', 'अपहंच', 'शिबभाई'', 'माटी मटाल', 'दिगदिहुड़ी', आदि उत्कृष्ट कोटि के उपन्यासों में उत्कलीय ग्राम्य आदिवासी संस्कृति की मार्मिक अभिव्यक्ति हुई है। ग्रामीण जीवन पर आधारित 'परजा', 'माटी मटाल','दिगदिहुड़ी' आदि उपन्यास ग्राम्य जीवन के महाकाव्य हैं। ''गोपीनाथ महान्ती ने आदिवासी जीवन धारा को लेकर अनेक उपन्यासों की रचना की है। उन्होंने गदबा, कोल्ह, कन्ध, परजा आदि आदिवासी जातियों के सामाजिक एवं सांस्कृतिक जीवन संपर्क में आकर उनसे घनिष्ट संबंध स्थापित किया है। उन्होंने उनकी भाषा सीख कर उनके साथ भाव–विनिमय किया है।.......उलग्न धरती की प्रकृति की सन्तानों के जीवन–संघर्ष, द्वन्द्व इनके ऊपर हो रहे अन्याय, अत्याचार, शोषण, उत्पीड़न, कलेजे को दहला देने वाली चीत्कार आदि घटनाओं को महान्ती जी ने मर्मस्पर्शी ढंग से अपने उपन्यासों में चित्रित किया है।''[13]

आलोच्य कालावधि में सुरेन्द्र महान्ती ने 'कालान्तर', 'अन्धदिगन्त'– जैसे उपन्यासों में उत्कलीय ग्रामीण जीवन के परिवर्तित परिवेश का जीवन्त चित्र प्रस्तुत किया है। स्वातन्त्र्योत्तर ओड़िया उपन्यास के क्षेत्र में सुरेन्द्र महान्ती का अतुलनीय योगदान रहा है।

उन्होंने आजादी के बाद ओड़िया उपन्यासों को समृद्ध किया है। उनके द्वारा रचित 'अंध दिगन्त' एवं 'कालांतर' उपन्यासों में उत्कलीय ग्राम्य चेतना के स्वर स्पष्ट सुनाई पड़ते हैं। 'अन्ध दिगन्त' स्वतंत्रता कालीन ग्रामीण जीवन का चरम निदर्शन है। ग्रामीण जीवन व्यतीत करने वाले सत्य प्राण लोगों की कर्तव्य परायणता, देश भक्ति, आत्म बलिदान, त्याग आदि मानवीय प्रवृत्तियों का सफल निदर्शन इसमें हुआ है। सच्चा देशभक्त निधि दास का त्याग एवं बलिदान इस उपन्यास का मुख्य कथ्य है। इस उपन्यास की उत्कृष्टता श्री भोलानाथ राऊत यों सिद्ध करते हैं, " 'अंध दिगन्त' एक समस्या प्रधान उपन्यास है, भले ही इसकी मुख्य समस्या स्वाधीनता प्राप्ति के लिए जन आन्दोलन है। इसमें अन्तर्निहित समस्या बाह्य स्वाधीनता नहीं, बल्कि मनुष्य के अन्तर्मन की स्वाधीनता की समस्या है। इसमें परतंत्र भारत वर्ष की राष्ट्रीय समस्या के साथ अनेक सामाजिक समस्याएँ जड़ित हैं। सांप्रदायिक भेदभाव तथा पद–प्रतिष्ठा के प्रति स्वार्थपरता, उपभोगवादी मनोवृत्ति आदि समस्याएँ 'अन्ध दिगन्त' की आत्मा है, कहने से अत्युक्ति नहीं होगी।"[14]

समकालीन ओड़िया उपन्यास साहित्य में डॉ. विभूति पटनायक एक महान विभूति हैं। वे आधुनिक ओड़िया उपन्यास–साहित्य के विलक्षण प्रतिभा संपन्न कथाकार हैं। उनकी औपन्यासिक कृतियों के बिना ग्राम्यांचल के ओड़िया उपन्यास असंपूर्ण हैं। बीसवीं शताब्दी के प्रथमार्ध के पश्चात जो गिने–चुने प्रतिभावान उपन्यासकारों ने उपन्यास सृजन किया, उनमें विभूति जी अन्यतम हैं। उनकी उत्कृष्ट उपन्यास–कृति 'एई गाँ एइ माटी' ग्राम जीवन की मिट्टी से पल्लवित हुई है। इसमें स्वातन्त्र्योत्तर ओड़िशा प्रदेश के ग्राम्य जीवन में आये उत्तरोत्तर परिवर्तन तथा विकासशील परिदृश्य चित्रित हुआ है। आधुनिकतावादी सभ्यता एवं शिल्प–उद्योग के प्रचार–प्रसार से ग्रामीण जनता के चरित्र स्खलन तथा प्रकृति की गोद में बसे हुए ग्रामीण जन जीवन के सरल, निष्कपट, स्वर्गीय जीवन के विनाशकारी परिणाम का जीवन्त चित्र इसमें प्रस्तुत है।

पटनायक जी की अन्य उत्कृष्ट कथाकृति 'चपल छन्छा' स्वतंत्रता पूर्व ओड़िशा प्रदेश के गड़जात अंचल की सामाजिक जीवन को उजागर करने वाली समस्या प्रधान तथा चरित्र प्रधान रचना है। उपन्यास में गड़जात अंचल के प्रजा आन्दोलन, तत्कालीन भ्रष्ट शासन व्यवस्था एवं अकथनीय अन्याय–अत्याचार को चित्रित किया गया है। साथ ही अनेक महान् चरित्रों का निर्माण किया गया है, जो तत्कालीन समाज व्यवस्था में क्रान्ति लाने में कमर कसते दिखाई पड़ते हैं। 'सेकेण्ड वर्ल्ड वॅर' के समय के गड़जात अंचल की प्रजा की करुण जीवन गाथा एवं राजाओं की प्रजाओं के प्रति अमानुषिक बर्बरता का मार्मिक चित्रण उपन्यास को चित्ताकर्षक बनाता है। 'एइ गां एई माटी', 'ओदा माटिर स्वर्ग', 'हस–कान्दर छन्द' जैसे उपन्यास ग्रामीण जनता की मर्म वेदना की महा गाथाएँ हैं।

इसी श्रृंखला की शान्तनुकुमार आचार्य की 'शकुन्तला', लोकरत्न कुंज बिहारी दाश की

'मशाणी तुलसी' (1980) दाशरथी नन्द के 'एइ पथ', गायत्री वसु मलिक की 'काबेरी' (1979) कनकलता महान्ती की 'अनुराधा', डॉ. प्रतिभा राय की 'पुण्यतोया', 'अपरिचिता', 'उत्तर–मार्ग', पद्मचरण महापात्र के 'दग्ध दिगन्त' आदि महत्वपूर्ण कड़ियाँ हैं। इसी दौर की महिला उपन्यासकर्मी बसन्त कुमारी पटनायक के 'अमड़ा बाट' एवं 'चोराबाली' उपन्यासों पर भी प्रकाश डाला जा सकता है जो शहरी जीवन पर आधारित होने पर भी ग्राम्य–जीवन के नारी–पुरुष के अन्तर्सम्बन्धों को चित्रित करते हैं।

इसी समयावधि में रचित यदुनाथ महापात्र दाश के 'ग्राम्य नदीर तीरे' एक बहुचर्चित ग्राम्यांचल का उपन्यास है। इस तरह से स्वतन्त्रता प्राप्ति से लेकर अब तक ओड़िया उपन्यास साहित्य में अनेक क्लासिक 'विलेज रिजीनॅल नॉवेल' सृजित हुए हैं। जिनमें ग्राम्य परिवेश की चित्ताकर्षक झांकियाँ प्रस्तुत हुई हैं। इसी कड़ी के ज्ञानेन्द्र वर्मा द्वारा रचित कथा कृति 'अरण्यर कुज्झटिका', 'ड्रामा' उपन्यास आदिवासी युवती के अनासक्त यौन विलास की मर्मवाणी है।

साठोत्तरी ओड़िया उपन्यास जगत में एक विशिष्ट नारी उपन्यासकर्मी के रूप में डॉ. प्रतिभा राय अपनी उपस्थिति दर्ज कराती हैं। उनकी उत्कृष्ट कोटि के उपन्यासों में से 'पुण्यतोया' में ओड़िशा के एक गाँव विशेष की एक ग्रामीण नारी मेघमाला की जीवन गाथा चित्रित है। यह उपन्यास 'मेन डोमीनेटेड सोसाईटी' में नारी की दहशत को चरितार्थ करता है। एक ग्रामीण नारी अपने जीवन पथ पर किस प्रकार एकाकिनी होकर भी तमाम चुनौतियों को पछाड़ कर आगे बढ़ती है और पुरुष समाज के आधिपत्य पर प्रश्न चिह्न लगा देती है, इसका मर्मस्पर्शी चित्रण उपन्यास–नायिका मेघमाला के माध्यम से हुआ है। मेघमाला के जीवन संघर्ष एवं अन्तर्द्वन्द्व के चित्रण के साथ नारी को पवित्र जल धारा के रूप में चित्रित करते हुए उसे पुण्यतोया कहा गया है।

डॉ. प्रतिभा राय की अन्य सफल औपन्यासिक कृति 'अपरिचिता' में एक ग्रामीण नारी की दुर्द्धर्षमय जीवन गाथा वर्णित है। उपन्यास में एक आदर्श नारी की शिनाख्त हुई है, जो उसकी उत्कृष्टता का परिचायक है। इसमें चिर प्रेमिका मल्लिका के जीवन संघर्ष तथा उस पर उसके प्रेमी शतमन्यु का अविश्वास रेखांकित है। प्रेमिका मल्लिका की विवशता पाठक के हृदय को स्पर्श करती है तथा प्रेमी शतमन्यु की संदेहास्पद संकीर्ण मानसिकता के प्रति पाठक का तीव्र आक्रोश फूट पड़ता है।

आदिवासी–अंत्यजों की जीवन–जिज्ञासाओं–जीवन समस्याओं को ओड़िया उपन्यासों में उकेरा गया है। जमेश्वर मिश्र के 'खमारी', 'गड़तिया' में पश्चिम ओड़िशा के श्रमजीवी मनुष्य के सामाजिक–सांस्कृतिक जीवन तथा उनके प्रति साहूकार महाजन का शोषण मार्मिक रूप से चित्रित है। यमेश्वर मिश्र के 'सामुद्रिक' उपन्यास में पुरी बेला–भूमि के झाऊँ जंगल में निवास कर रहे नोलिया जाति के लोगों की जीवन–समस्या चित्रित है। इसके अलावा डॉ.

प्रतिभा राय के 'अरण्य र कुहरा', ब्रज मोहन महान्ती के 'सपुआ', डॉ. हृषिकेश पण्डा के 'सुना पुटर लोके' आदि उपन्यास आदिवासी समुदास की जीवन–जिज्ञासाओं के जीवन्त दस्तावेज हैं।

स्वातन्त्र्योत्तर हिन्दी उपन्यास

भारतीय मुक्ति संग्राम का महा अध्याय खत्म होते ही हमारा सामाजिक, राजनीतिक, आर्थिक तथा सांस्कृतिक परिदृश्य परिवर्तित होने लगा। पराधीन भारतवर्ष की विड़म्बनाएँ समाप्त होने के साथ–साथ स्वतन्त्र भारतवर्ष में अनेक सामाजिक–राजनीतिक समस्याएँ उत्पन्न होने लगीं, जिनमें साम्प्रदायिक संघर्ष, वर्ग–संघर्ष, आधुनिक सभ्य समाज की विड़म्बना तथा मध्य वर्गीय परिवार के घुटन–टूटन, नारी–समाज की विद्रूपताएँ आदि प्रमुख हैं। स्वतन्त्रता प्राप्ति के बाद की विड़म्बनाओं को समालोचक डॉ. रणवीर शाँघ्रा के इन शब्दों में भली भाँति समझ सकते हैं– "अहिंसा हमारा मूल मंत्र था, पर देखते ही देखते हिंसा का नग्न नृत्य होने लगा और अहिंसा बेचारी निसहाय खड़ी ताकती रही। स्वतंत्रता प्राप्ति के बाद का सत्य इतना भयानक था कि हम उसे ग्रहण न कर सके। आजादी हमें हार मान लेने पर मिली थी, पर हम उसे अपने विजय मान बैठे। खण्डित भारत को स्वीकार करके भी हम अखण्डता को अलापते रहे, हिंसा की ओर झुक कर भी हम अहिंसा का नारा लगाते रहे। इस प्रकार आत्म प्रवंचना का युग शुरू हुआ।"[15]

आजादी से भारतीय समाज में विराट परिवर्तन परिलक्षित होने लगा। स्वराज प्राप्ति के संबन्ध में डॉ. नीलम मैगजीन गर्ग का कहना है–"भारतीय स्वतंत्रता कई अर्थों से महत्वपूर्ण है। देश की जनता ने काफी संघर्ष एवं बलिदान के पश्चात स्वतन्त्रता प्राप्त की। इससे अन्य अनेक राष्ट्रों के लिए स्वाधीनता का मार्ग प्रशस्त हुआ। भारतीय स्वतन्त्रता के पश्चात एशिया और अफ्रीका के अनेक देश शताब्दियों की पराधीनता के बाद साम्राज्यवाद के चंगुल से मुक्त हुए। इस स्वतन्त्रता ने इन देशों में एक नयी चेतना को विकसित करने में महत्वपूर्ण योगदान दिया।"[16]

हिन्दी उपन्यास आधुनिक युग की महत्वपूर्ण उपलब्धि है। आधुनिक काल के अन्तर्गत भारतेन्दु युग से लेकर अद्यतन युग तक हिन्दी उपन्यास लेखन की परंपरा अबाध गति से गन्तव्य की ओर गतिशील है। हिन्दी उपन्यास के क्षेत्र में विपुल संख्या में प्रतिभावान उपन्यास लेखकों का प्रादुर्भाव हुआ, जिन्होंने अपनी औपन्यासिक कृतियों से देश की तमाम परिस्थितियों पर प्रकाश डाला एवं उपन्यास साहित्य को समृद्ध किया। हिन्दी कथा सम्राट प्रेमचन्द्र का हिन्दी उपन्यास की समृद्धि में अप्रतिम योगदान है। उन्होंने हिन्दी उपन्यास को यथार्थ रूप दिया। उन्होंने हिन्दी उपन्यास को काल्पनिकता के मायाजाल से मुक्त कराकर यथार्थ जीवन दर्शन से जोड़कर उसकी सार्थकता सिद्ध की। एक समालोचक ने ठीक ही

लिखा है– ''प्रेमचन्द के पदार्पण के पूर्व तक हिन्दी उपन्यास मानो किसी अविकसित कलिका की भाँति मौन, निष्पन्द एवं चेतना हीन सा हो गया था। दिवाकर की प्रथम रश्मियों की भाँति प्रेमचन्द की पावन कला का पुनीत स्पर्श पाकर मानो वह जाग उठा, खिल उठा और मुस्कुराने लगा।''[17]

हिन्दी उपन्यास आधुनिक हिन्दी साहित्य की सर्वप्रमुख गद्यात्मक विधा है। वह साहित्य की सार्थकता सिद्ध करने में समर्थ होकर मानव जीवन की समस्त गतिविधियों को अपने आप में समाहित कर चुका है। उपन्यास विधा की उत्कृष्टता तथा उसकी नयी सहज आत्मीयता को आचार्य हजारी प्रसाद द्विवेदी इस तरह से व्यक्त करते हैं– ''उपन्यास आधुनिक युग की देन है। नये गद्य के प्रचार के साथ–साथ उपन्यास का प्रचार हुआ है। यह आधुनिक व्यक्तिवादी दृष्टिकोण का परिणाम है। इसमें लेखक अपना एक निश्चित मत प्रकट करता है और कथानक को इस तरह सजाता है कि पाठक अनायास उसके उद्देश्य को ग्रहण कर सके और उससे प्रभावित हो सके। लेखकों का इस प्रकार का व्यक्तिगत दृष्टिकोण ही नये उपन्यास की आत्मा है।''[18]

आजादी के बाद के हिन्दी उपन्यासकारों में यशपाल एक महान कथाकार हैं। उनके द्वारा रचित 'पार्टी कॉमरेड', 'मनुष्य के रूप', 'झूठा सच', 'मेरी तेरी उसकी बात' आदि बहुचर्चित उपन्यास हैं। इसके अलावा आपने 'दिव्या' और 'अमिता' नामक दो ऐतिहासिक उपन्यासों का सृजन करके हिन्दी उपन्यास–कला को परिपक्वता दी है। कथाकार यशपाल की उपन्यास परंपरा के उपन्यासों में रामेश्वर शुक्ल के 'चढ़ती धूप', 'नई ईमारत', 'उल्का', 'मरु प्रदीप' आदि प्रमुख हैं। इसी दौर के भगवती चरण वर्मा के 'टेढ़े मेढ़े रास्ते', 'आखिरी दाँव', 'भूले बिसरे चित्र', उपेन्द्रनाथ अश्क के 'गिरती दीवारें', 'शहर में घूमता आईना', 'एक नन्हीं कन्दील', 'गर्म राख' आदि प्रेमचन्द परंपरा के लोकप्रिय सफल औपन्यासिक कृतियाँ हैं।

इसके अनन्तर हिन्दी उपन्यास के क्षेत्र में अनेक प्रतिभावान उपन्यासकारों का प्रादुर्भाव हुआ, जिन्होंने समसामयिक आधुनिक युगबोध को लेकर अनेक उपन्यास रचे हैं। आधुनिक युगबोध के उपन्यासों में अमृतलाल नागर के 'सेठ बाँकेलाल', बूँद और समुद्र', 'हाथी के दाँत' लक्ष्मीनारायण लाल के 'मन वृन्दावन', 'धरती की आँखें', 'काले फूल का पौधा' राजेन्द्र यादव के 'उखड़े हुए लोग', 'एक इंच मुस्कान', भारती जी का 'सूरज का सातवाँ घोड़ा', 'प्रभाकर माचवे के 'परन्तु', 'साँचा', 'द्वाभा', 'दर्द के पैबन्द', मोहन राकेश के 'अन्धेरे बन्द कमरे', 'न आने वाला कल' तथा नरेश मेहता के 'यह पथ बन्धु था', 'नदी यशस्वी है' आदि विशेष रूप से उल्लेखनीय हैं।

आधुनिक युगबोध के हिन्दी उपन्यास साहित्य में लेखिकाओं के उपन्यासों का विशिष्ट महत्व है। हिन्दी उपन्यास की इस कड़ी में मन्नू भण्डारी के 'आपका बंटी', 'महाभोज', 'गोबर गणेश', कृष्ण सोबती के 'जिन्दगीनामा', 'मित्रो मरजानी', 'डार से बिछुड़ी', 'सूरज मुखी अंधेरे

के', ऊषा प्रियंवदा के 'पचपन खम्भे लाल दीवारें', मृणाल पाण्डे के 'एक चूहे की मौत', मेहरुन्निसा परवेज के 'आँखों की दहलीज', 'उसका घर' आदि अत्यन्त लोकप्रिय उपन्यास हैं। इसी दौर की उपन्यास लेखिकाओं ने नारी मुक्ति की समस्याओं को विविध दृष्टिकोणों से औपन्यासिक रूप दिया है। उन महिला कथाकारों में ममता कालिया, राजी सेठ (तत्सम) नासिरा शर्मा (सात नदियाँ एक समन्दर), शशि प्रभा शास्त्री, चन्द्रकान्ता (अपने–अपने कोणार्क), मृदुला गर्ग (कठ गुलाब), मैत्रेयी पुष्पा (इन्दनममः), प्रभा खेतान (पीली आँधी, छिन्नमस्ता), निरुपमा सेवती आदि स्मरणीय हैं।

अद्यतन हिन्दी उपन्यास के क्षेत्र में फणीश्वर नाथ रेणु के जुलूस, कितने चौराहे, कलंक मुक्ति, रामदरश मिश्र के 'जल टूटता हुआ', 'सूखता हुआ तालाब', भीष्म साहनी की 'कड़ियाँ', 'तमस', कमलेश्वर के 'डाक बंगला', 'तीसरा आदमी', 'काली आँधी', श्रीलाल शुक्ल के 'राग दरबारी', 'आज्ञातवास', 'आदमी का जहर', श्रीकान्त वर्मा के 'दूसरी बारी' आदि उत्कृष्ट औपन्यासिक कला सृष्टियाँ हैं। इनमें आधुनिक समाज के अनेक पहलुओं पर प्रकाश डाला गया है। इसके अलावा गिरिराज किशोर ने 'मात्राएँ', 'युगलबन्दी', 'चिड़ियाघर' तथा काशीनाथ सिंह ने 'अपना मोर्चा' आदि उपन्यासों में दलित छात्रों के साथ हो रहे अत्याचार तथा छात्र–आन्दोलन की तस्वीर खींची है। कथाकार नरेन्द्र कोहली ने 'दीक्षा', 'अवसर', संघर्ष की ओर, 'तोड़ो' आदि उपन्यासों में भारतीय सांस्कृतिक चेतना को मुखरित कराया है।

आजादी के बाद के हिन्दी उपन्यास साहित्य में मनोवैज्ञानिक उपन्यास अपनी खास भूमिका निभाते हैं। अनेक उपन्यासकारों ने फ्रायडीय मनोविज्ञान तथा मनोविश्लेषणवाद से प्रभावित होकर अनेक उत्कृष्ट कथा–कृतियाँ रची हैं। उनके उपन्यासों में जैनेन्द्र जी के 'कल्याणी', 'सुखदा', 'जयवर्धन', अज्ञेय के 'नदी के द्वीप', 'अपने अपने अजनबी', इलाचन्द्र जोशी के 'मुक्ति पथ', सुबह के भूले, 'जहाज का पंछी', डॉ. देवराज के 'पथ की खोज', 'बाहर भीतर', भारती जी के 'गुनाहों का देवता', 'सूरज का सातवाँ घोड़ा', नरेश मेहता के 'डूबते मस्तूल' आदि सफल मनोवैज्ञानिक उपन्यास हैं। इसी कड़ी में गिरधर गोपाल के 'चाँदनी के खण्डहर', प्रभाकर माचवे के 'द्वाभा', 'साँचा' आदि प्रमुख मनोवैज्ञानिक उपन्यास हैं, जिनमें व्यक्ति के मानसिक हलचल का मनोवैज्ञानिक चित्रण है।

ग्रामांचल के हिन्दी उपन्यास

भारत एक ग्रामीण बहुल राष्ट्र है। यहाँ की तीन चौथाई आबादी गाँव में निवास करती है। भारतीय ग्रामीण संस्कृति एवं सभ्यता अपना अलग महत्व रखती है। भारतीय ग्रामीण संस्कृति विश्व की प्रमुख संस्कृतियों में अपना स्वतन्त्र अस्तित्व बनाई हुई है। हमारी भारतीय संस्कृति की गरिमा विश्व के समस्त देशों की संस्कृतियों में प्रकाशमान है। भारत की आत्मा गाँव में बसती है। अतः ग्रामीण समाज तथा ग्राम्य–जीवन के चित्रण बिना भारतीय साहित्य

का कोई महत्व नहीं रह जाता। ग्रामीण संस्कृति तथा ग्राम्य–जीवन को लेकर हिन्दी उपन्यास–साहित्य समृद्ध है। ग्रामीण परिवेश तथा ग्राम–समस्या को लेकर हमेशा से ही उपन्यास कला की सृष्टि हुई है। गौरतलब है कि विश्व का प्रथम उपन्यास 'पामेला' में ग्रामीण परिवेश का चित्रण है।

फिलिस वेण्टली 'रिजिनल नावेल्स' के बारे में लिखते हैं "It is a Novel, which consentring on a particular part, a particular reason of a nation, tipics the life of that reason in such a way that the reader is conscious of the character ticks his and unique to that reason and differenciet it from other in the common mother land.") आंचलिक उपन्यास वह है, जो किसी अंचल विशेष या वर्ग विशेष पर संकेन्द्रित हो। आंचलिक उपन्यास के पात्रों के सूक्ष्म निरीक्षण से पाठक उस अंचल के जन जीवन की सच्ची तस्वीर पाता है और उसके अभिनवत्व से परिचित होता है, जो उसके चिर परिचित अंचल से बिल्कुल अलग होता है।)[19]

ग्रामीण जीवन को लेकर उपन्यास–सृजन–परंपरा की शुरूआत के संबंध में डॉ. नीलम गर्ग का कहना है–"साहित्य के सृजन में युगीन–संवेदना से संपन्न लेखक का गहन सामाजिक लगाव ही मूल कारण होता है। इस लगाव के अभाव में सफल आंचलिक रचना की निर्मिति असंभव है। देश की स्वाधीनता के पश्चात सामाजिक बोध से सम्पन्न साहित्यकारों का ध्यान अविकसित एवं नैसर्गिक जीवन शक्ति से संपन्न अंचलों की ओर गया। विशाल भारत देश में इस प्रकार के अंचलों का अभाव नहीं है।"[20] डॉ. विद्याधर द्विवेदी का कथन भी दृष्टव्य है, "आंचलिक उपन्यासकार एक गाँव, एक प्रान्त, एक जाति तथा एक व्यवसाय के लोगों को अपने उपन्यास का विषय बना सकता है। उसे कथा क्षेत्र की लोक कथाएँ, लोक परंपराएँ, रीति–रिवाज, आचार–विचार, समाज–व्यवहार, भाषा–बोली, व्यक्ति–समाज का अत्यन्त घनिष्ठ सम्बन्ध अनिवार्य है।"[21]

हिन्दी उपन्यास में ग्रामीण परिवेश को लेकर प्रेमचन्द ने सर्वप्रथम औपन्यसिक कृतियों का निर्माण किया एवं ग्राम्य–जीवन की समस्याओं का जीवन्त चित्र प्रस्तुत किया। उन्होंने 'गोदान' में भारतीय गरीब किसान की संघर्षमय जीवनगाथा की मार्मिक तस्वीर उतारी। उनके पश्चात वृन्दावन लाल वर्मा ने ग्रामांचल के उपन्यासों का निर्माण करके ग्रामीण परिवेश का सफल चित्रण किया। हिन्दी उपन्यास के क्षेत्र में ग्रामांचल के उपन्यास को समृद्ध करनेवाले उपन्यास लेखकों में नागार्जुन, फणीश्वरनाथ रेणु, रांगेय राघव, उदयशंकर भट्ट, रामदरश मिश्र आदि के नाम विशेष रूप से उल्लेखनीय हैं।

ग्रामांचल के हिन्दी उपन्यास के क्षेत्र में पदार्पण करनेवाले प्रथम उपन्यासकार हैं–बाबा नागार्जुन। आपने सर्वप्रथम ग्रामाचंल को लेकर आंचलिक उपन्यासों का सृजन करके उसकी नींव मजबूत की और स्वरूप निर्धारित किया। आपके द्वारा रचित रतिनाथ की चाची,

बलचनमा, नई पौध, दुख मोचन, वरुण के बेटे, बाबा बटेश्वर नाथ, उग्रतारा, इमरतिया, कुम्भीपाक, जमनिया का बाबा, अभिनन्दन या हीरक जयन्ती आदि उत्कृष्ट कोटि की औपन्यासिक कृतियाँ हैं। इन कथा कृतियों में बिहार प्रदेश के मिथिला अंचल के सामाजिक, राजनीतिक, आर्थिक तथा सांस्कृतिक जीवन स्पन्दन भास्वर हैं।

'बलचनमा' में नागार्जुन ने दरभंगा जिले के एक गरीब ग्रामीण लड़के के संघर्षमय जीवन की तस्वीर उतारी है। इसमें ग्रामीण गरीब जनता की त्रासदीमय जीवन व्यवस्था, जमींदारी प्रथा, किसान मजदूर की दुर्दशा, राजनीतिक चेतना तथा गरीब लोगों की आर्थिक दुरावस्था का मार्मिक चित्रण हुआ है। 'रतिनाथ की चाची' में तरकुलवा शुभंकरपुर की गौरी नामक एक विधवा की ट्रेजेडी चित्रित है।

'नई पौध' नौगछिया गाँव की नई पीढ़ी के क्रान्तिदर्शी रवैये के साथ–साथ बेजोड़ विवाह–समस्या के निर्मूलन पर प्रकाश डालता है। 'बाबा बटेसर नाथ' एक सशक्त कथात्मक औपन्यासिक कृति है, जिसमें रूपउली गाँव की तीन पीढ़ी की कारूणिक कथा बटेसर वृक्ष के मुख से कहलवाई गई है। 'दुख मोचन' में टमका कोइली गाँव की यथार्थ स्थिति का चित्रण तथा दुखमोचन का उदात्त चरित्र प्रकाश्य है। 'वरुण के बेटे' में मलाही, गोढ़ियारी के मछुआरों की सामाजिक, आर्थिक तथा राजनीतिक स्थिति चित्रित है। 'उग्रतारा' में मढ़िया सुन्दरपुर की उगनी नाम की एक युवती की विघटन भरी जिन्दगी की मार्मिक अभिव्यक्ति हुई है।

नागार्जुन के उपन्यास साहित्य के अध्येता डॉ. दिलीप भस्मे के कथनानुसार, ''नागार्जुन ने मिथिला अंचल के धार्मिक अन्ध विश्वास, धार्मिक मान्यताओं, कुप्रथाओं, रीति रिवाजों, सनातन परम्पराओं, रूढ़ियों, जाति–पाँति–भेद तथा धार्मिक आड़म्बरों के विरुद्ध वैज्ञानिक दृष्टिकोण रखते हुए लेखन किया है। उन्होंने मिथिला अंचल के ग्राम जीवन में धर्म के दोनों रूपों को अनुभव किया है। पुरानी पीढ़ी को सनातन धर्म के समर्थक के रूप में देखा है, तो नई पीढ़ी को ऐसी मान्यताओं से संघर्ष करते हुए अनुभव किया है।''[22]

प्रथम आंचलिक उपन्यास के प्रणेता फणीश्वर नाथ रेणु के 'मैला आँचल' एवं 'परती परिकथा' क्रान्तिकारी औपन्यासिक कृतियाँ हैं। रेणु जी ने 'मैला आँचल' में 1942 ई. से लेकर गाँधी जी के निधन तक के मेरीगंज की सामाजिक, धार्मिक तथा राजनीतिक परिस्थितियों का जीवन्त चित्र प्रस्तुत किया है। वहाँ के लोगों की लोक संस्कृति, लोककथा तथा जीवन संघर्ष का सजीव चित्रण इस उपन्यास की अप्रतिम देन है। 'परती परिकथा' में पूर्णिया जिले के परानपुर नामक गाँव तथा उसके आस पास के ग्रामीण अंचल की सामाजिक एवं राजनीतिक जीवन व्यवस्था का चित्र दर्शाया गया है। ''फणीश्वर नाथ रेणु के उपन्यासों में गाँव की छोटी–छोटी घटनाओं, आचार विचार, रीति रिवाज, रूढ़ी, अन्ध विश्वास, राजनीतिक उथल पुथल तथा शोषण आदि के इतने सही और चलते फिरते चित्र मिलते हैं कि सम्पूर्ण ग्रामांचल

मुखर हो उठता है।''[23]

ग्रामीण अंचल को लेकर लिखे गये उपन्यासों में देवेन्द्र सत्यार्थी का 'ब्रह्म पुत्र' अपना एक अलग महत्व रखता है, जिसमें ब्रह्मपुत्र नदी के तटवर्ती इलाके के लोगों के जन जीवन और वहाँ की भौगोलिक स्थिति का जीवन्त चित्रण है। इसी दौर के समर्थ उपन्यासकार रामदरश मिश्र के 'पानी के प्राचीर', 'जल टूटता हुआ', 'सुखता हुआ तालाब' आदि उपन्यास हैं। 'पानी के प्राचीर' में उत्तर प्रदेश के गोरखपुर के राप्ति और गोर्रा नदियों से घिरे हुए भूभाग के कल्पित गाँव पाण्डेपुरवा की कथा तथा सामाजिक, सांस्कृतिक जीवन चित्र कुमायुँ के उपन्यास अपनी एक अलग पहचान के साथ प्रतिष्ठित हैं। उनके उपन्यासों में उत्तर प्रदेश के गोरखपुर, देवरिया जिले के आस–पास के गाँव की कथा–व्यथा मुखरित है। विशिष्ट समालोचक सूर्यदीन यादव के मन्तव्यानुसार, ''रामदरश मिश्र का लेखन ग्रामीण क्षेत्रों की समस्याओं को उजागर करने तथा व्यवस्था की दहलीज तक दबी शोषित, पीड़ित जनता की आवाज पहुँचाने के उद्देश्य से ओत–प्रोत हैं। उनके लेखन की आधार भूमि देवरिया जनपद है। उनके लेखन का यह क्षेत्र नेपाल की तराई का इलाका पड़ता है। जहाँ की हवा में नमी है, जहाँ गरीबी है।''[24]

रांगेय राघव द्वारा रचित 'कब तक पुकारुँ' में नटों के जीवन चित्र चित्रित है तथा 'पत्थर बोलते हैं' और 'कालाजल' में बस्तर के मुस्लिम परिवारों की विवशता उभारी गई है। हिन्दी आंचलिक उपन्यासों में पण्डित उदय शंकर भट्ट के उपन्यासों का अपना एक अलग महत्व है। उनके उपन्यासों में भारतीय ग्राम्य संस्कृति की यथार्थ सामग्रिक स्थिति का चित्राण है। 'सागर, लहरें और मनुष्य' हिन्दी के आंचलिक उपन्यासों में विशिष्ठ स्थान का अधिकारी है। इसमें बम्बई महानगरी के पश्चिमी तट पर बसा हुआ बरसोवा गाँव के मछुओं की ट्रेजेडी वर्णित है। समुद्र की गोद में बसे हुए, लहरों के साथ खेलते हुए तथा समुद्र में मछली पकड़ कर अपनी जीविका चलाने वाले मछुआरों की जीवन समस्या इसमें मुखरित हुई है। ग्राम्य संस्कृति की अस्मिता इसमें शब्दांकित है।

ग्राम्यांचल की हिन्दी उपन्यास–परंपरा में राही मासूम रजा के 'आधा–गाँव', शिव प्रसाद सिंह के 'अलग–अलग वैतरणी', हिमांशु श्रीवास्वत के 'रथ के पहिये', भैरव प्रसाद गुप्त के 'सती मैया का चौरा', राजेन्द्र अवस्थी के 'जंगल के फूल', 'जाने कितनी आँखें', सच्चिदानन्द धूमकेतु के 'माटी की महक', कमलेश्वर के 'एक सड़क और सत्तावन गलियाँ, अमृतलाल नागर के 'बूँद और समुद्र', 'नाच्यो बहुत गोपाल', 'मानस का हंस', 'खंजन नयन' तथा डॉ. नरेन्द्र देव वर्मा का 'सबुह की तलाश' आदि ग्राम्यांचल के उपन्यास हैं। इन कथा कृतियों में ग्रामीण संस्कृति तथा लोक जीवन की सुन्दर झाँकियाँ दर्शनीय हैं।

भैरव प्रसाद गुप्त की कथात्मक कृतियाँ भारतीय ग्रामीण जीवन का यथार्थ चित्रण करने में समर्थ हैं। 'गंगा मैया' में बलिया जिले के किसी गाँव की जमीदारी प्रथा, राजनीतिक

समस्या एवं गाँव के बड़ी जाति के लोगों में परिव्याप्त विधवा विवाह की सामाजिक समस्या का चित्रण है। जमीदार–किसान के संघर्ष को उचित दिशा देने के लिए, समाज की प्राचीन रूढ़ियों में सुधार लाने के लिए कथाकार ने एक ग्रामीण व्यक्ति मटरु के माध्यम से ग्रामीण लोगों के साहसिक और निर्भीक कार्यकलापों पर बल दिया है। 'सती मैया का चौरा' में ग्रामीण जन जीवन में परिव्याप्त सांप्रदायिक भेद भाव तथा धार्मिक जड़ता उभारी गई है। उनके प्रमुख उपन्यासों में समाज के अनेकविध पक्षों, समस्याओं का चित्रण देखने को मिलता है।

लक्ष्मी नारायण लाल के 'बया का घोंसला और सांप' में नारी जीवन के विघटनों को उद्घटित किया गया है। 'धरती की आँखें' में जमींदार–किसान संघर्ष रूपायित हुआ है। कथाकार हर्षनाथ के 'टूटते बन्धन' में किसान–मजदूरों के श्रम की शक्ति और श्रम जीवियों के संगठन का महत्व प्रतिपादित है। 'करुम और जगनी' में चमार नामक निम्न जाति की एक दम्पत्ति के जीवन संघर्ष का चित्रण है। साथ ही 'उड़ती धूल' में समाज के पुनर्निर्माण में नारी एवं पुरुष दोनों के सम्मिलित प्रयास पर बल दिया गया है। इसमें नारी के दोनों पक्षों को उद्घटित करते हुए दिखाया गया है कि चूड़ियाँ पहनकर घर में काम काज करने वाली स्त्रियाँ बाघिन बनकर अत्याचारियों पर टूट पड़ने का सामर्थ्य रखती हैं। यज्ञ दत्त शर्मा द्वारा रचित 'इन्साफ', 'बाप बेटी', 'महल और मकान', 'झुनियाँ की शादी 'मधु', 'परिवार', 'बदलती राहें', 'मंगलू की माँ' आदि उपन्यासों में गरीब ग्रामीण जनता की विविध समस्याओं को ऊभारा गया है एवं उसके निराकरण की आवश्यकता पर बल दिया गया है।

हिन्दी और ओड़िया साहित्य में उपन्यास एक प्रमुख लोकप्रिय गद्यविधा के रूप में पूर्णतः प्रतिष्ठित है। ओड़िया एवं हिन्दी उपन्यास–साहित्य अपनी समस्त कलात्मकता तथा युगबोध के साथ समृद्ध है। ग्राम्यांचल के ओड़िया उपन्यास अपने आप में समृद्ध है और अपने उद्देश्य की प्रतिष्ठा में पूर्णतः सफल हो सका है। वह ग्रामीण संस्कृति तथा ग्राम्य जीवन की यथार्थ स्थिति को उजागर करने में समर्थ हो सका है। निसन्देह स्वातन्त्रयोत्तर ओड़िया उपन्यास साहित्य में ग्राम्यांचल के उपन्यासों का विशिष्ट महत्व है। इसके बिना वह संपूर्णता को प्राप्त नहीं कर सकता।

स्वातन्त्रयोत्तर हिन्दी उपन्यास अपनी विविध कला कौशलता और विविध स्वरूपों को लेकर समृद्ध है। हिन्दी के मूर्धन्य उपन्यास लेखकों ने तत्कालीन समाज तथा व्यक्ति की जीवन समस्या को आधार बनाकर बड़ी संख्या में उत्कृष्ट औपन्यासिक–कला–कृतियों का निर्माण किया है। हिन्दी उपन्यास–लेखन–परंपरा आज अबाध गति से निरन्तर प्रगतिशील है और अपनी लोकप्रियता व उत्कृष्टता में नये अध्याय जोड़ रही है। हिन्दी के उपन्यासकार आज अपने उत्तदायित्व का निर्वहन करता हुआ आधुनिक युग बोध तथा यथार्थ जीवन दर्शन

को पाथेय बनाकर उत्कृष्ट उपन्यास–कला–निर्माण में प्रवृत्त हो रहे हैं। अर्थात् हिन्दी उपन्यास का भविष्य उज्वल है।

हिन्दी उपन्यास की भाँति ओड़िया उपन्यास भी अपनी समग्रता को लिए हुए संपूर्णता को प्राप्त करने में शतसः सफल हुआ है। स्वातन्त्रयोत्तर ओड़िया एवं हिन्दी उपन्यास अपनी कला निपुणता तथा लोकप्रियता के बल पर आज साहित्य की सर्वोत्तम गद्य विधा के रूप में प्रतिष्ठित है। ओड़िया एवं हिन्दी दोनों ही उपन्यास साहित्य सर्वोत्कृष्ट सर्जनात्मक औपन्यासिक कृतियों से ओतप्रोत हैं। दोनों ही अत्यन्त लोकप्रिय साहित्यिक गद्य–विधाएँ हैं।

सन्दर्भ ग्रन्थ सूची–

1. हिन्दी उपन्यास : एक अन्तर्यात्रा, रामदरश मिश्र, पृष्ठ –11
2. दि नॉवेल एण्ड सोसायटी, एन. एलिजाबेथ मोनरो, पृष्ठ –15
3. दि क्राफ्ट ऑफ दि नॉवेल, कॉलिन् विलसन, पृष्ठ –221
4. साहित्यालोचन, श्यामसुन्दर दास, पृष्ठ –180
5. काव्य के रूप, गुलाब राय, पृष्ठ – 155
6. ओड़िया साहित्य र आलोचनात्मक इतिहास, बाऊरी बन्धु कर, पृष्ठ –392
7. ओड़िया उपन्यास, कृष्ण चरण बेहेरा, पृष्ठ –89
8. समालोचना, कुंज बिहारी दास, पृष्ठ –38
9. ओड़िया उपन्यास, कृष्णचरण बेहेरा, पृष्ठ –184
10. स्वाधीनता परवर्ती ओड़िया उपन्यास, वैष्णव चरण सामल, पृष्ठ –308
11. स्वाधीनता परवर्ती ओड़िया उपन्यास, वैष्णव चरण सामल, पृष्ठ –335
12. ओड़िया उपन्यास साहित्य र परिचय, सं. पठाणी पटनायक, पृष्ठ –401–402
13. ओड़िया उपन्यास : एक दिगदर्शन, सं. राघवानन्द नायक, पृष्ठ –71
14. ओड़िया उपन्यास साहित्य र परिचय, सं. पठाणी पटनायक, पृष्ठ –649–650
15. हिन्दी वाङमय : बीसवीं शताब्दी, सं. नगेन्द्र, पृष्ठ –181
16. आंचलिक कथा प्रयोग, नीलम गर्ग, पृष्ठ –01
17. बृहत साहित्यिक निबन्ध, रामसागर त्रिपाठी, पृष्ठ –781
18. हिन्दी साहित्य, हजारी प्रसाद द्विवेदी, पृष्ठ –413–414
19. दि इंगलिश रिजिनल नॉवेल, फिलिस बैंटली, पृष्ठ –6
20. आंचलिक कथा प्रयोग, नीलम गर्ग, पृष्ठ –17

21. हिन्दी के आंचलिक उपन्यास, विद्याधर द्विवेदी, पृष्ठ –14
22. नागार्जुन के आंचलिक उपन्यास, दिलीप भस्में, पृष्ठ –22
23. रामदरश मिश्र के उपन्यासों में ग्रामीण परिवेश, अनिल विश्वनाथ काले, पृष्ठ –47
24. कथाकार रामदरश मिश्र, सूर्यदीन यादव, पृष्ठ –247

2. स्वातन्त्र्योत्तर ओड़िया उपन्यासों में ग्राम जीवन

स्वातन्त्र्योत्तर ओड़िया उपन्यास साहित्य का सफर बहुत ही वैविध्यपूर्ण रहा है। आजादी मिलने के बाद जिस तरह से भारतीय समाज के सामाजिक,राजनीतिक,आर्थिक तथा सास्कृतिकं परिदृश्य में विराट पैमाने पर बदलाव दिखाई पड़ने लगा साहित्य भी अपना रुप बदलने लगा। ओड़िया उपन्यास साहित्य की यदि बात करें तो आजादी के बाद के ओड़िया उपन्यासों में ओड़िशा प्रदेश का संपूर्ण जीवन दर्शन यथार्थ परक ढंग से चित्रित होने लगा। स्वतंत्र देश में स्वतंत्र रुप से साहित्यकारों को देश के बारे में, देश की जनता के बारे में सोचने, चिन्तन करने तथा देश के भविष्य गढ़ने का अवसर मिला। ओड़िशा के उपन्यासकारों का ध्यान समग्र ग्राम परिवेश की ओर गया और ग्राम जीवन को लेकर पर्याप्त संख्या में उपन्यास लिखे गए।

आजादी के बाद ओड़िया उपन्यास के क्षेत्र में ग्रामीण जीवन चित्र प्रस्तुत करने में जिन लेखकों ने सक्रियता दिखाई उनमें कान्हुचरण महान्ती, गोपीनाथ महान्ती, सुरेन्द्र महान्ती, विभूति पटनायक, कुंजबिहारी दाश, प्रतिभा रॉय, नित्यानंद महापात्र, गायत्री बसु मलिक सरीखे लेखकों के नाम उल्लेख्य हैं। आजादी हासिल होने के बाद भारतीय ग्राम जीवन का किस तरह भाग्योदय हुआ, ग्राम परिवेश में किस तरह से आधुनिकता का समावेश हुआ, ग्रामीण क्षेत्रों में शिक्षा, स्वास्थ्य, बिजली, यातायात आदि की सुविधाएं किस तरह से पहुंचने लगीं, इन्हीं विषयों को लेकर बड़ी संख्या में ओड़िया उपन्यास सरजे गए। उपन्यास लेखकों ने ग्रामीण क्षेत्रों का रुख किया और किसी अंचल विशेष या अंचल के वर्ग विशेष के सामाजिक जीवन को लेकर उत्कृष्ट उपन्यास लिखे, जिन्हें आंचलिक उपन्यास के दायरे में रखा गया। जबकि आजादी के पहले भी अंचल विशेष के जन जीवन को लेकर उपन्यास लिखे जा रहे थे, चाहे वह ग्रामांचल हो या शहरांचल।

स्वातंत्र्योत्तर ओड़िया उपन्यास आजादी से लेकर आज तक कई पड़ाव से होकर गुजरा है। आजादी के बाद बहुत बड़ी संख्या में ओड़िया उपन्यास सृजित हुए हैं, जिनमें ग्राम जीवन मुखर है, जिन्हें स्वाधीनोत्तरी, साठोत्तरी, सतरोत्तरी, समकालीन, इक्कीसवीं सदी के उपन्यास के रुप में कई पड़ावों में रखा गया है। स्वाधीनोत्तरी ओड़िया उपन्यास से लेकर साठोत्तरी ओड़िया उपन्यास अर्थात सन 1947 से लेकर 1960 तक बारह–तेरह वर्षों में ओड़िया उपन्यास में हिन्दी उपन्यास की तरह विपुल परिमाण में उपन्यास लिखे गए हैं, जिनमें उत्कलीय ग्राम जीवन मुखर हो उठा है।

'ग्रामीण जीवन दर्शन' भारतीय साहित्य का प्राण तत्व है। इसका प्रत्यक्ष प्रभाव ओड़िया साहित्य पर पड़ना स्वाभाविक है। ओड़िया कथा साहित्य में ग्रामीण परिवेश को लेकर

पर्याप्त उपन्यास लिखे गए हैं। ओड़िया कथा सम्राट फकीर मोहन सेनापति ने सर्वप्रथम उत्कलीय ग्रामीण जीवन समस्या को औपन्यासिक रूप दिया। उनके उपन्यासों में स्वतंत्रता पूर्व ओड़िशा प्रान्त का ग्रामीण जीवन बड़ी प्रांजलता से चित्रित है। उन्होंने पहली बार ग्रामीण जीवन समस्याओं को औपन्यासिक रूप देकर गरीब किसानों–मजदूरों की विड़म्बनापूर्ण जीवन गाथा को हृदयस्पर्शी अभिव्यक्ति दी है। परतंत्र भारत वर्ष में अंग्रेजों की दमनकारी नीति एवं जमीदारों–साहूकारों के गरीब किसानों के प्रति अमानुषिक अत्याचार बड़ी मार्मिकता से शब्दांकित हुआ है।

स्वतंत्रता प्राप्ति के पश्चात देश की सामाजिक, सांस्कृतिक, आर्थिक एवं राजनीतिक परिस्थितियों में विराट परिवर्तन देखने को मिला। स्वतंत्र भारत वर्ष की परिस्थितियाँ परिवर्तित होने के साथ ही साहित्य सृजन का पथ प्रशस्त हुआ। देश के साहित्य साधकों को स्वतंत्र चिन्तन–मनन से साहित्य सृजन का अवसर मिला। पराधीन काल में साहित्य चिन्तकों की कलम स्वच्छंद रूप से साहित्य–शिल्प का निर्माण करने में असमर्थ थी। क्योंकि विदेशी शासन तंत्र की बेड़ियों से वह आबद्ध थी। किन्तु आजादी के पश्चात उन्मुक्त रूप से साहित्य चिन्तन का मौका पाकर ग्रामीण भारत–निर्माण के महान उद्देश्य लेकर साहित्यकारगण ग्रामीण जीवन परक साहित्य–संरचना में जुट गये। ओड़िया उपन्यासकारों ने भी विराट पैमाने पर ग्रामीण जीवन जिज्ञासा एवं जीवन समस्या परक साहित्य का निर्माण किया।

उत्कलीय ग्राम्य चेतना जाग्रत करने एवं ग्राम्य जीवन में सुख–समृद्धि लाने का सराहनीय कार्य ओड़िया उपन्यासकारों ने उपन्यासों के माध्यम से किया। ग्रामीण जन जीवन को लेकर पर्याप्त मात्रा में उपन्यासों का निर्माण हुआ। कान्हुचरण महान्ती, गोपीनाथ महान्ती, सुरेन्द्र महान्ती, विभूति पटनायक, डॉ. कुंजबिहारी दाश, शान्तनु कुमार आचार्य, डॉ. प्रतिभा राय आदि उपन्यास लेखकों ने उत्कलीय ग्राम्य जीवन की समसामयिक समस्याओं को आधार बनाकर उत्कृष्ट कोटि के उपन्यासों का निर्माण किया है। इनके उपन्यासों में ओड़िशा प्रान्त का ग्रामीण जन जीवन अतिरंजित शैली में चित्रित हुआ है।

उत्कलीय ग्रामीण संस्कृति–

संस्कृति मानव समाज का जातीय स्मारक है। वह मानव समाज की संचित अमूल्य निधि है। संस्कृति ही मनुष्य को समस्त प्राणियों से श्रेयस्कर प्राणी के रूप में प्रतिष्ठित कराती है। मनुष्य अपनी सांस्कृतिक विरासत को लेकर संपूर्ण संसार में श्रेष्ठ सामाजिक प्राणी का गौरव प्राप्त किया हुआ है। संस्कृति के सहस्र अंगों में साहित्य एक प्रमुख अंग है। विश्व की संस्कृतियों में भारतीय संस्कृति सर्वोच्च स्थान की अधिकारिणी है। भारतीय संस्कृति अध्यात्म प्रधान धार्मिक संस्कृति है। धर्म ही हमारी संस्कृति का मूल प्राण है। अध्यात्मवादी

चिन्तन हमारी संस्कृति को मूल संबल प्रदान करता है। धार्मिक सरोकारों के बिना वह अधूरी मानी जाएगी।

उत्कलीय संस्कृति ग्रामीण–आदिवासी संस्कृति है। ओड़िशा एक ग्रामीण बहुल प्रदेश है। अतः ग्रामीण–आदिवासी संस्कृति उत्कलीय संस्कृति की मूल पहचान है। ओड़िशा के ग्रामीण जन जीवन के सामाजिक जीवन प्रवाह, धर्म विश्वास, रीति–रिवाज मांगलिक उत्सव, तीज–त्योहार, रहन–सहन आदि सांस्कृतिक सरोकारों को लेकर ओड़िया उपन्यास सृजित हुए हैं। फकीर मोहन सेनापति, कान्हुचरण महान्ती, गोपीनाथ महान्ती, सुरेन्द्र महान्ती, विभूति पटनायक, कुंजबिहारी दाश आदि प्रमुख उपन्यासकारों ने उत्कलीय ग्राम्य संस्कृति एवं ग्राम्य जीवन को लेकर अनेक कथा कृतियां सरजी हैं।

कथाशिल्पी गोपीनाथ महान्ती ने ग्राम जीवनधारा को लेकर अनेक औपन्यासिक शिल्प का निर्माण किया है। गदबा, कोल्ह, कन्ध, परजा आदि उत्कलीय आदिवासी लोगों के सामाजिक–सांस्कृतिक जीवन से वे पूरी तरह से परिचित थे। उन्होंने आदिवासी भाषा सीखकर उनके साथ भाव विनिमय किया था। खुली धरती के नीचे निरानन्द जीवन व्यतीत करनेवाले इन प्रकृति की सन्तानों का जीवन–संघर्ष, अन्तर्द्वन्द्व, इनके प्रति सभ्य शिक्षित समाज का शोषण, उत्पीड़न, अन्याय, अत्याचार आदि का उन्होंने अत्यन्त मर्मस्पर्शी ढंग से अपने उपन्यासों में चित्रित किया है।

डॉ. वृन्दावन चन्द्र आचार्य के कथनानुसार, ''ओड़िया उपन्यास संसार में गोपीनाथ महान्ती जी की प्रतिभा एकान्त विस्मय जनक है। उन्होंने देश के अवहेलित आदिवासी हरिजन, परजा, शबर, कन्ध, कोल्ह आदि अनुसूचित जन–जाति के लोगों के सबंन्ध में समाज के सम्भ्रान्त वर्ग के लोगों को पहले से सचेतन करा दिया था। आदिवासी जीवन चरित्र अंकित करने में उनका औपन्यासिक दृष्टिकोण आदिवासी जीवन को शिल्प संगत रूप देने में एक विशेष प्रकार की शिल्प सफलता हासिल किया हुआ है। उत्कलीय ग्रामीण संस्कृति अपनी सात्विक, परिमार्जित सामाजिक जीवनादर्श से परिपुष्ट है।''[01]

जगन्नाथ महाप्रभु की पवित्र पुण्य भूमि ओड़िशा की ग्रामीण संस्कृति पूरे भारत वर्ष ही नहीं वरन् विश्व स्तर पर सुपरिचित है। ओड़िशा भूमि अपनी कला एवं संस्कृति से परिपूर्ण है। यह कला एवं कलाकारों की पुण्य भूमि है। उत्कलीय ग्रामीण परिवेश अपने आदर्श–यथार्थ सांस्कृतिक सरोकारों से ओत–प्रोत है। यहाँ के जनमानस में बारह महीनों में तेरह पर्व मनाने की सुन्दर सांस्कृतिक परम्परा प्रचलित है। धार्मिक यज्ञानुष्ठानों, तीज–त्योहारों, उत्सवों, मांगलिक उत्सवों की गूँज बारह महीने वहाँ के धरती–आसमान में गुंजती रहती है। विश्व प्रसिद्ध जगन्नाथ महाप्रभु की पवित्र रथ यात्रा सदियों से ओड़िशा की पावन धरा पर पालित होती आ रही है।

महान्ती जी ने अपने उपन्यासों में ग्रामीण संस्कृति के आदर्शवादी–यथार्थवादी

सांस्कृतिक पहलुओं को उद्घाटित किया है। अध्यात्मवादी ग्रामीण समाज के धार्मिक विश्वास, एकात्मबोध, वसुदेव कुटुम्बकम की भावना, ईश्वर विश्वास, मूर्तिपूजा, मांगलिक उत्सव, सांस्कृतिक पर्व, जन्मोत्सव पर्व आदि सांस्कृतिक सरोकारों का अति सुन्दर चित्रण उनके उपन्यासों में हुआ है। ग्रामीण जनमानस में धर्म के प्रति, ईश्वर के प्रति एक अटूट विश्वास होता है। 'रिलिजियस फेथ'यानी धार्मिक विश्वास उनके अन्दर इस कदर बलवती होता है कि किसी भी संकट की घड़ी में ग्रामीण लोग अपने धर्म को डूबने नहीं देते। चाहे इसके लिये उन्हें कितनी बड़ी चुनौतियों से जूझना क्यों न पड़े। ग्रामीण जन जीवन एकात्मबोध के पवित्र बन्धन में बन्धा हुआ होता है। आत्मीयता से बँधे हुए ग्रामीण जन अपने सामाजिक जीवन को परिवार तुल्य गढ़कर एक सुन्दरमय जीवन जीने की कला का आविष्कार करते हैं। 'विलेज कल्चर' का सच्चा आदर्श रूप 'माटीमटाल' एवं 'दिगदिहुड़ी' में दृष्टिगोचर होता है।

'माटीमटाल' में रवि एक आदर्श ग्रामीण समाज के निर्माण में अपना सर्वस्व न्योच्छावर करने का निश्चय किया हुआ है। ग्रामीण समाज में प्रेम, सौहाद्रता, आपसी सहयोग, नवीन भाव–स्पन्दन का प्राण संचार करके कलुषित ग्राम्य संस्कृति को परिमार्जित, सुसंस्कृत करके प्रगति के अनेक द्वार रवि के माध्यम से उपन्यासकार ने खोले हैं। रवि एवं छवि के सामूहिक प्रयास से ग्रामीण परिवेश के वैमनस्य भाव, आपसी कलह, धर्मान्धता, धार्मिक जड़ता आदि को मिटाकर एक प्रगतिशील ग्रामीण समाज–निर्माण का प्रशंसनीय कार्य सम्पन्न हुआ है।

उपन्यास का अन्य प्रमुख पात्र आरत पण्डा के माध्यम से लेखक ने प्रगतिशील ग्राम्य संस्कृति की झलक प्रदान करते हुए लिखा है, "चालघर भांगी कोठाघर तोलिले दोष नाहीं, से अधीक रु अधीक किन्तु कोठा घर र सुविधा गाँ जाकर लोके समस्ते पाइबा उचित, खालि जणें दी जण नुहें। आऊ से कोठा घरे रहिले बी मणीष टी रहिबा उचित स्नेह प्रीति, नीति ओ आदर्श, समस्ते मिशी एक परिवार सुखर–दुखर साथी एकाठी रहीबे, बांटी–खुंटी खाइबे, निज स्वार्थ भुली आग भाबीबे अन्यमानांर हित, सतरे चालिबे।" (झोपड़ी घर तोड़कर पक्का मकान या भवन निर्माण करने से कोई दोष नहीं है। पर उस भवन का उपयोग पूरे गाँव के लोग कर पायें, एक या दो व्यक्ति नहीं। उस भवन में रहने वाले लोगों में मानवता की भावना विद्यमान होनी चाहिए। उनमें स्नेह, प्रीति, नीति तथा आदर्श होना चाहिए। सभी लोग मिल कर एक परिवार, सुख–दुख के साथी के रूप में एक साथ काम करेंगे। बांट–खोंट कर खाएंगे। अपना स्वार्थ भूलकर दूसरों के हित के बारे में सोचेंगे, सत्य के मार्ग पर चलेंगे।)[02]

'माटीमटाल' ग्राम्य जीवन का 'महापर्व' है। उपन्यास में भारतीय ग्राम्य जीवन का सच्चा स्वरूप चित्रित है। ग्रामीण परिवेश के सामाजिक जीवन प्रवाह की गतिशील धारा में प्रवाहित त्रुटियाँ एवं खूबियाँ इसमें रूपायित हुई हैं।" 'माटीमटाल' में ओड़िशा प्रान्तीय समाज अपनी तमाम त्रुटियों एवं विच्युतियों को लेकर विश्वस्त भाव के साथ मूर्त रूप में विद्यमान है। ओड़िशा की ध्यान–धारणाएँ, पूजा पर्व, राजनीति, कुसंस्कार, एवं आदर्शों के सजीले रूपों से

'माटीमटाल' जीवन्त हो उठा है। ग्राम जीवन का अन्ध विश्वास, कुसंस्कार, सांस्कृतिक एकता, सामाजिकता तथा उसके समस्त वैचित्र्य एवं वैभव को उपन्यास में दर्शाया गया है।''[03]

आदर्श ग्रामीण संस्कृति की झलक 'दिगदिहुड़ी' में दिखाई पड़ती है। भारतीय ग्रामीण परिवेश के परिवर्तनशील यथार्थ परिदृश्य इसमें रूपायित हुए हैं। एक आदर्श भारतीय नारी के रूप में रमा अपने कर्ममय जीवन में आगे बढ़कर ओलांगा आश्रम के कर्मी कुशल बाबू, राधि नानी के साथ जन सेवा करती हुई ग्रामीण सात्विक संस्कृति की जोत पूरी भारत भूमि पर जलाती है। रमा अपने वैधव्य जीवन की बीहड़ परती जमीन पर नई हरित क्रान्ति का बीजारोपण करके अपने जीवन की सही दिशा तलाशती है। ग्रामीण सांस्कृतिक चेतना का एकात्मबोध रमा के मुख से इस तरह से व्यक्त हुआ है, ''आनन्द की प्राप्ति के लिए मनुष्य का जन्म हुआ है। आनन्द कभी भी मनुष्य की पहुँच से दूर नहीं हो सकता। सोचने से ही वह मिल गया। हमारी पहुँच में सभी तरफ आनन्द विद्यमान है। खुले आकाश में, हवा में, प्रकाश में जिसकी जितनी इच्छा हो ले सकता है। एक ही परिस्थिति, एक ही उपकरण के बीच आनन्द प्राप्त करने वाला व्यक्ति आनन्द प्राप्त करता है।''[04]

स्वर्गीय कान्हुचरण महान्ती स्वातन्त्र्योत्तर ओड़िया कथा साहित्य के अग्रणी कथाकार हैं। उनका कथा साहित्य ओड़िशा प्रान्तीय ग्राम जीवन की सार्थक अभिव्यक्ति है। उन्होंने आजादी के पहले और बाद के ओड़िशा के ग्राम परिवेश को लेकर बहुचर्चित उपन्यास लिखे हैं। उनका उपन्यास साहित्य ओड़िशा के ग्राम जीवन की ऐसी तस्वीर खींचता है, जो अनेक समस्याओं से घिरा हुआ है। एक समर्पित साहित्यकार के रुप में आपने ओड़िया उपन्यास साहित्य की जो साधना की है वह अविस्मरणीय है। स्वातन्त्र्योत्तर ओड़िया उपन्यास साहित्य के एक यशस्वी हस्ताक्षर के रुप में हमेशा याद किए जाते हैं। ''ओड़िशा के गांव के उपेक्षित, सरल, निराडम्बर जीवन से लेकर शिक्षा, औद्योगिक प्रतिष्ठान और संस्कृति संपन्न शहरी जीवन की पृष्ठभूमि में कान्हुचरण जी ने अपना कला–कोणार्क निर्माण किया है। कथा–विन्यास, चरित्र–निर्माण, परिवेश–निर्माण, जीवन–दर्शन तथा भाषा–शैली की दृष्टि से आपने फकीरमोहन सेनापति के बाद एक युग का निर्माण किया है। उनके द्वारा रचित उपन्यास मुख्यतः समस्या प्रधान एवं संस्कार धर्मी हैं। वैयक्तिक और सामाजिक जीवन के शब्दांकन में उनके उपन्यास शतत् मुखर हैं।''[05]

'बनगहनर तले' दक्षिण ओड़िशा प्रान्तीय आदिवासी–पहाड़ी लोगों की जीवन जिज्ञासा को साकार करता एक लघुकाय उपन्यास है। इस उपन्यास में आदिवासी समुदाय का सामाजिक जीवन स्पन्दन बड़ी मार्मिकता से स्पन्दित है।घने जंगल की गोद में बसे हुए किनाम, सीपी, पुची, बड़गुड़ा आदि पहाड़ी गांवों में निरानन्द जीवन जीनेवाले आदिवासी–अंत्यजों की जीवन–गाथा चित्रित करनेवाला यह उपन्यास हमें उन आदिम आदिवासी लोगों की दिनचर्या से परिचित कराता है। किनाम गांव के कन्ध जाति

धांगड़ा–धांगड़ी युवक–युवती चैत्र माह में चैत पर्व के अवसर पर सज–धज कर नाच–गान में मगन हो जाते हैं। "युवतियां कन्धा पकड़कर, हाथ पकड़कर नाचने लगती हैं, युवक भी गीत का अनुकरण करते हुए बाजा बजाते हुए नाचने लगते हैं।"[06] किनाम गांव के कन्ध धांगड़ा मागता और पुची गांव के कन्ध जाति के उलुकी बासु की बेटी लता एक साथ हाथ पकड़कर नाचने लगते हैं।

किनाम गांव के कन्ध जाति के युवक मागता अपनी जाति–बिरादरी को लेकर गर्व करता है। वह अपने गांव के नाईक यानी गौंटिया का बेटा है, इसी बात का घमण्ड है उसे। वह सीपी गांव के नाईक काड्राका भेड़िका की बेटी सुना से प्यार करता है और उसे अपनी पत्नी बनाना चाहता है। मागता एक आलसी, घमण्डी और शराबी युवक है जो युवतियों को गलत निगाह से देखता है। सुना जब बाया का हाथ पकड़कर नाचने लगती है, मागता उसे छुड़ाकर अपने साथ नाचने को कहता है। इस पर सुना शिकायत भरे स्वर में कहती है– "कैसी बेढंगी बातें करता है मागता। यह हमारा चैत पर्व नाच है। इस पहाड़ के नीचे जंगल के भीतर हम सब एक हैं। यहां किसी को नाईक का बेटा या जानी यानी गौंटिया की बेटी कहने से नहीं चलेगा। हम सब एक हैं, हम सभी इसी पहाड़ी, जंगली अंचल की बेटियां हैं। देख तो सही, कितनी खुशी से लता तेरा हाथ पकड़ी हुई थी, तूने मेरा हाथ खींच लिया। तूने लता को दुख पहुंचाया है।"[07]

पहाड़ी जंगली जीवन जीनेवाले आदिवासी लोग अन्ध विश्वासी हैं। वे लोग पुनर्जन्म या पूर्वजन्म पर विश्वास करते हैं। उनकी धार्मिक मान्यताएं सामान्य जनों से बिल्कुल अलग होती हैं। किनाम गांव के जानी मिलिका नोका को गांव का दिशारी यानी पुरोहित समझाता है कि सीपी गांव के जानी यानी गौंटिया उर्लुका बासु की बेटी का रिश्ता अपने बेटे मागता के लिए मांग ले। दोनों एक ही बिरादरी के हैं, दोनों ही अपने अपने गांव के जानी हैं। मिलिका नोका दिशारी से मागता और लता का राशि–वर्ग मेल कराता है। दिशारी शराब नशे में डूबा हुआ छोटी–छोटी आंखें करता हुआ कहता है, "कल की बात जैसी लग रही है, लता के पिताजी ने मुझे बुलाकर कहा, दिशारी जी, बेटी जो मेरी पैदा हुई है, वह किसकी डुमा में वर्ग में ? मैंने कहा था– बिल्ली की डुमा वर्ग में। उर्लुका बासु का चूहा डुमा हुआ था। बासु हड़बड़ा गया। मैंने उसे भुलाने में कहा, अरे तेरा डुमा पहाड़ी चूहा है, बड़ा चूहा। तेरी बेटी बिल्ली डुमा हुआ तो क्या हुआ ? बारह साल नहीं गुजरा, लता उसे खा गई।"[08]

मागता और लता की शादी कराने की बात बड़े बुजुर्ग सोचते हैं। शादी की रस्में पूरी करने की तिथि तय करते हैं। पर मागता लता से शादी करना नहीं चाहता। वह सुना से शादी करना चाहता है, उससे प्यार करता है। लेकिन सुना को यह रिश्ता मंजुर नहीं है। वह तो बाया से प्यार करती है, उसीसे शादी करना चाहती है। बाया यद्यपि गरीब लड़का है, पर नेक दिल है। वह सुना से बहुत प्यार करता है, शादी भी करना चाहता है, पर उसकी गरीबी

आड़े हाथों आ जाती है। बाया अपनी चहेती सुना से कहता है, ''मागता से तू शादी करले, खुश रहेगी। देख–नोका नाईक का बड़ा घर है, जमीन–जायदाद है। कितने गाय–भैंसें, बैल, नौकर–चाकर। ये सब तेरा होगा। तू वहां खुश रहेगी। नाईक मुझे खम्हारी नौकर रखने के लिए खबर भिजवाई है। तू मागता घर में बहू बनके जा, वहां मैं तुम्हारा बनूंगा। तेरी भलाई के लिए मैं जान दे दूंगा–सुना। तेरे हाथों से बना पेज यानी रसीली चावल खाउंगा, नहीं देगी क्या ?''[09] बाया की आंखें भर आती हैं। सुना खुद को रोक नहीं पाती। दोनों एक–दूसरे को बाहों में भर लेते हैं। बाया अपनी प्रेमिका सुना को वचन देता है कि मरते दम तक वह सुना के साथ रहेगा, उसके हर सुख–दुख का भागीदार होगा।

लता के पिताजी उर्लुका बासु जब जिन्दा थे, मागता–लता की शादी तय हो गई थी। उर्लुका बासु ने गांव भर को भोजी भात खिलाया था, शराब पिलाई थी, भैंसा, सूअर, मुर्गा सब कुछ खिलाया था। बासु ने पूरे गांव के सामने मागता को अपना दामाद बनाया था। उर्लुका बासु की मौत के बाद लता अकेली पड़ गई थी। घर की सारी संपत्ति गायब हो गई थी। जमीन–जायदाद कुछ भी नहीं बचा था। इसीलिए मागता के परिवार वाले लता को अपनाने से इन्कार करने लगे हैं। लता बिल्कुल अकेली पड़ गई है। वह अपने लिए एक जीवन साथी की तलाश में दर–दर की ठोकरें खा रही है। लता को पत्नी के रुप में स्वीकार करने को मागता कतई राजी नहीं है। पर लता जब ठकुराईन माता का भय दिखाती है, जब मागता डर जाता है और लता के साथ शादी करने को तैयार हो जाता है।

लता गांव की बूढ़ी ठकुराईन का भय दिखाकर कहती है–''सभी देवी–देवताओं में से जो बड़ी ठकुराईन–झांखरीन ठकुराईन है वह सब कुछ देख रही है। मेरे पिताजी जब जीवित थे, उन्होंने सभी देवी–देवताओं को शराब दी थी, पोढ़ यानी भैंसा, सूअर, मुर्गा दिया था। कहा था– मागता लता का पति होगा। तेरे पिताजी ने सुना है, गांव वालों ने सुना है। तू भले ही भूल जाएगा, तेरे पिताजी भले ही भूल जाएंगे, मेरे पिताजी की मौत के बाद भले ही वे मुझे बहू के रुप में स्वीकार नहीं करेंगे। पर ठकुराईन मां क्या भूलेगी ? सभी माताएं देख रही हैं। यदि तू मुझे नकार देगा, वे तेरे बाप को नहीं छोड़ेगी, खा जाएगी। मैंने उनसे कह रखा है, झांखर को भी कह रखा है।''[10] पर लता की इन बातों का मिलिका नोका पर कोई प्रभाव नहीं पड़ता। वह दिशारी बूढ़ा पुरोहित के साथ मिलकर मागता की शादी सुना के साथ करने की योजना बनाते हैं।

बाया किसी भी तरह से अपने प्यार को पाना चाहता है। वह सुना से शादी करने के लिए 'झोला टंका' यानी सगुन के तौर पर दिए गए रुपये का इन्तजाम करने में जुट जाता है। अपने ही गांव के डम्ब जाति के बुद्धि डम्ब की साजिश का शिकार होकर वह बड़गुड़ा गांव के साहूकार गुरुमूर्ति के पास जाकर कर्ज की गुहार लगाता है। साहुकार के कर्ज के बदले में दस साल तक बधुंआ मजदूरी करने की शर्त रखता है। फिर भी जब साहूकार कर्ज

नहीं देता तो उनके घर में चोरी करने की बुद्धि डम्ब की साजिश में बाया फंस जाता है। बुद्धि डम्ब और साहूकार की साजिश का शिकार होकर बाया चोरी करते पकड़ा जाता है और छह साल की सजा काटने के लिए जेल चला जाता है। जेल की सजा काटकर जब वह वापस आता है, सुना को मागता की पत्नी के रुप में पाता है, जहां सुना बहुत दुखी है। बाया के दिल में सुना के लिए आज भी उतनी ही जगह है, जितनी पहले थी। वह सुना को इस हालत में देख नहीं सकता, सुना को साथ लेकर पहाड़ की ओर निकल पड़ता है। बाया और सुना दोनों सुखद वैवाहिक जीवन की शुरुआत करते हैं। मागता की संपत्ति या जमीन–जायदाद सुना के दिल को जीत नहीं पाती, आखिर प्यार की ही जीत होती है।

आजादी के बाद के ग्राम जीवन में पारिवारिक रिश्तों की अहमियत सिद्ध करनेवाला 'का' एक सामाजिक उपन्यास है। केवल दो सौ सोलह 216 पृष्ठ के कलेवर में निर्मित यह उपन्यास भारतीय ग्राम संस्कृति की महानता सिद्ध करने में सफल हुआ है। अक्सर हम देखतें हैं कि सौतन घर में आ जाय तो तूफान खड़ा हो जाता है। सौतन काठ की हो तो भी बुरी होती है, पुरानी कहावत है। किसी औरत की जिन्दगी में सौतन आ जाय तो उस पर मुसीबत का पहाड़ टूट पड़ता है। उसका वैवाहिक जीवन अभिशप्त हो उठता है। उस औरत के जीवन में इतनी दहशत भर जाती है कि उसे सौंतिया डाह सहनी पड़ती है। जिस घर में सौतन आ खड़ी होती है, वह घर झगड़ा फिसाद का गढ़ बन जाता है। उस घर में गाली–गलौज, मार–पीट का माहौल हमेशा बना रहता है।

'का' उपन्यास में इस सामान्य मान्यता को झूठा बतलाने का प्रयास किया गया है। लेखक ने यहां यह दिखाने की कोशिश की है कि सौतन बुरी नहीं होती, सौतन बहन होती है, सहोदरा जैसी हो सकती है हमदर्द हो सकती है। सौतन कभी बहन भी हो सकती है, यह अनोखी बात लेखक ने कर दिखाया है। यह क्रान्तिकारी प्रयास उपन्यास को अभिनवत्व प्रदान करता है। उपन्यास में कटक नगर से महज पांच मील दूरी पर बसे किसी गांव विशेष के एक शिक्षित परिवार को केन्द्र में रखा गया है। नन्दिका उपन्यास की केन्द्र नारी पात्र है। नन्दिका अपनी सासु मां अभया की खुशी के लिए अपने पति सुनन्द की दूसरी शादी करा कर परिवार को एक वारिस दिलाना चाहती है। वह जानती है कि घर में सौतन खड़ा करना गले पर फंदा डालना है। फिर भी परिवार की खुशी के लिए वह इस जहर का घूंट पीने को तैयार है।

नन्दिका घर की बड़ी बहू है। उसके सिर पर घर का बोझ सासु मां ने लाद दिया है। सासु मां अभया का विश्वास उन्होंने जीत लिया है। सुबह से शाम तक नन्दिका घर के काम काज में जुटी रहती है। उनके पति सुनन्द कटक में रहकर व्यापार संभालते हैं। नन्दिका कभी भी अपने पति के साथ शहर में रहने की जीद नहीं करती, गांव में रहकर सास की सेवा करती है, दूसरे सदस्यों को साथ लेकर चलती है। लेखक के शब्दों में,

"घन्टे–दो घन्टे का समय उसे दोपहर को आराम करने के लिए मिलता है। दोपहर ढलते ही दरवाजा खोलकर उसे फिर काम पे जाना है। पूरे घर का काम उसी के कन्धे पर, आराम कहां ? सासु मां ने पूरा घर उसे सौंप दिया है। वह घर की लक्ष्मी है। अपने खुद के हाथ में सब कुछ करना गृह लक्ष्मियों का कर्तव्य है।"[11]

नन्दिका को उस घर में सब कुछ मिला है, अच्छा पति, अच्छी सास, अच्छी ननद, देवरानी, देवर, नौकर–चाकर सभी लोग अच्छे हैं। उनके पति सुनन्द उन्हें बहुत प्यार करते हैं, उनकी हर छोटी बड़ी जरुरत पूरी करते हैं। पर नन्दिका के मन में एक बात का दुख है कि अब तक उसकी गोद सुनी है, अभी तक कोई औलाद उसकी गोद में नहीं खेल पाया है। गांव की औरतें नन्दिका को लेकर तरह–तरह की बातें करने लगी हैं। शादी के सात साल हो चुके हैं। नन्दिका के मां–बाप स्वर्ग सिधार गए हैं। उनके दोनों भाई नौकरी कर रहे हैं शहर में। एक पुलिस इन्स्पेक्टर हैं और एक एक्साइज सब इन्सपेक्टर। दोनों भाई अपनी–अपनी दुनिया में मस्त हैं, बहन नन्दिका के लिए उनके पास समय नहीं है उनके सुख–दुख में भागीदार होने के लिए। नन्दिका को अब गांव की औरतें बांझ कहने लगी हैं, ताने देने लगी हैं। क्योंकि शादी के सात साल गुजर चुके हैं, अब तक उनकी गोद सुनी है, कोख खाली है। इसी बात को लेकर नन्दिका अकेले में आंसू बहाती रहती है दुख जताती रहती है। सुख–समृद्धमय उसके परिवार में यह दुख उसे पहाड़ जैसा विशाल लगता है।

सुनन्द अपनी पत्नी नन्दिका से बहुत प्यार करते हैं, उसे अपने दिल की मलिका बनाए हुए है। उनके मन में बेऔलाद रहने का कोई गम नहीं है। अभया भी अपनी बहू को घर सौंप कर निश्चिन्त हो गई हैं। घर की नौकरानी कनी भी नन्दिका को भाभी को मान–सम्मान देती है। वह घर की सदस्य के रुप में कई वर्षों से रह रही है। जब से उसके पति बाउरी बन्धु ने उसे छोड़कर दूसरी शादी कर ली है, तब से कनी इनके घर में रह रही है। नन्दिका के अन्दर ग्राम संस्कृति की सात्विकता भरी हुई है। शर्म और हया नन्दिका के आस पास घुमा करती है। सुनन्द नन्दिका की सुन्दर तस्वीर को सीने से लगाकर मन ही मन कह उठते हैं– "तुम स्वर्ग युग की देवी हो, जिस युग में पत्नी जननी की तरह सामने प्रकट होती है, स्नेह करती है, जीद करती है, सुख–दुख बांटती है। बहन की तरह क्रीडा करती है, झगड़ा करती है, अभिमान करती है। बेटी की तरह प्यार करती है, आदर–सम्मान चाहती है। तुम मेरी जीवन संगिनी हो, तुम प्रिया हो। मैं अनुतप्त हूं।"[12]

नन्दिका हमेशा एक अच्छी बहू बनने की कोशिश करती है। वह सभी लोगों का खयाल रखती है। पूरे गांव में नन्दिका को एक अच्छी बहू के रुप में जानते हैं। वह सभी लोगों से प्रेम भाव रखती हुई लोगों का दिल जितने में कामयाब हुई है। गांव की कुछ मुंहफट औरतें नन्दिका को लेकर अनाब–सनाब बातें करती हैं, जो नन्दिका के कानों तक पहुंच जाती है। गांव की औरतें उसे बांझ कह कर उलाहना देती हैं। इससे नन्दिका के

दिल को बड़ी ठेंस पहुंचती है। वह रात को बिना कुछ खाए सोने को चली जाती है। कनी जब अपनी नई बहू को ढूंढती हुई अभया के पास आती है तब जाके उसे पता चलता है कि बहू आज खाना नहीं खाई है। अपनी बहू के खाना न खाने की खबर सुनकर अभया का मन भर जाता है। वह तुरन्त नन्दिका को बुलाती है। "अभया पलंक पर बैठ जाती है। सोचने लगती है, नन्दिका ने खाना नहीं खाया है। घर की लक्ष्मी उपवास है। इस घर में विपत्ति आ खड़ी हुई है ? उसने सबकुछ जाना है ? इसीलिए उसका मन विचलित हो रहा है ?"[13] अभया अपनी बहू को खाना खिलाकर ही चैन की सांस लेती है। अगले दिन कटक जाकर नन्दिका का डॉक्टरी इलाज कराने की योजना बनाकर अभया सोने की कोशिश करती है।

सुनन्द नन्दिका को सान्त्वना भरे स्वर में कहते हैं, हमें कोई सन्तान नहीं चाहिए। किसी की औलाद किसी को स्वर्ग लेकर नहीं गई है। जान बुझकर हमारे सुख–संसार में जटिलता प्रवेश कराना नहीं चाहते नन्दिका, उससे क्या मिलेगा ? हमारी किस्मत में सन्तान नहीं है। भगवान को यदि यही मंजूर है तो, उसमें बाधा कौन देगा ? मां एक पोते के लिए मर रही है। पोता तो पा नहीं सकती आंख मूंदेगी। मूंदने दो। इतना तुम क्यों सोचती हो ? क्यों सोच–सोच कर अपनी हालत बिगाड़ रही हो।"[14] पर अभया को अपनी वारिस की ज्यादा चिन्ता है। वह किसी भी तरह से अपने परिवार को आगे बढ़ाना चाहती है। वह नन्दिका से कहती है कि सुनन्द से बात करके किसी का बच्चा गोद ले सकते हैं। सासु मां की मुराद पूरी करने के लिए नन्दिका अपने पति की दूसरी शादी कराके नई बहू घर में लाने की जीद पकड़ बैठती है। वह अपनी ननद शोभा की ननद ललिता को अपने पति की दूसरी पत्नी के रुप में इस घर में लाना चाहती है और बूढ़ी सासु को एक पोता दिलाना चाहती है, परिवार को एक वारिस दिलाना चाहती है।

नन्दिका अपने पति को इन शब्दों में मनाती है," जिस घर में बच्चे नहीं है, वह घर घर नहीं, श्मशान घाट है। दूसरे के खून के बच्चे को अपनाने से बाहरी तौर पर दिखाने के लिए मन मान सकता है, आत्मा कभी स्वीकार नहीं करेगी। तुमने सपना देखा है। तुम्हारा सपना सच होगा। मेरी मनो कामना पूरी होगी। तुमने मुझे वचन दिया है। उसी भरोसे से मैंने सब कुछ ठीक किया है। तुम्हारे मुंह से ना शब्द सुनने के लिए मेरे पास धैर्य नहीं है।"[15] आधी रात को नन्दिका अपने पति को मनाने में जुटी हुई है। नन्दिका की उम्र केवल चौबीस साल और सुनन्द की पैंतीस। इस उम्र में सुनन्द और दूसरी शादी करके गले में फंदा डालना नहीं चाहते। सुनन्द इस उम्र में घर में नन्दिका की सौतन बिठाकर झगड़ा–फिसाद का अखाड़ा बनाना नहीं चाहते। पर नन्दिका की जीद के सामने आखिर हार मानकर सुनन्द दूसरी शादी की रजामन्दी दे ही डालते हैं।

कटक शहर में सुनन्द बाबू का व्युजनेश है। वह अपने भाई राजीव लोचन के साथ मिलकर शहर में व्युजनेश करते हैं। अतनु बाबू उनके दोस्त हैं। उनका एक थिएटर है, जहां

फिल्में चलाई जाती हैं। अतनु बाबू की पत्नी तुहिना सुनन्द से चुस्की लेते हुए कहते हैं कि एक गांव में रहेगी तो दूसरी शहर में। बार–बार गांव दौड़ने की जरुरत अब नहीं पड़ेगी। नन्दिका देवी जैसी रुपवती–गुणवती पत्नी के होते हुए दूसरी शादी के बारे में सोचना भी सुनन्द के लिए पाप है। तुहिना के इन कटाक्ष भरे शब्दों में पुरुष जाति की निष्ठुरता, भोग विलास पर सीधा प्रहार है–"पुरुष जाति ही इतनी निष्ठुर एवं निर्बोध है। नन्दिका देवी जैसी पत्नी जिसके पास है, वह व्यक्ति और एक पत्नी लाने के लिए व्याकुल है। एक दिन आखिर यही होगा, मैं बहुत दिन पहले ही जान चुकी थी, सुनन्द बाबू।"[16]

घर में सौतन का आ जाना किसी भी औरत के लिए सबसे बड़ी दुख की बात है। नन्दिका अपनी सासु के चेहरे पर खुशियां लाने के लिए सुनन्द बाबू को दूसरी शादी के लिए मना तो लेती है, पर सौतन पालने का दंश उसे असह्य लगता है। किसी भी तरह से नन्दिका अपने मन को समझाती है कि आखिर उसे भी तो अपने बुढ़ापे का सहारा चाहिए। ललिता की औलाद उसका भी सहारा होगी, अन्तिम समय में गले में पानी देकर तर्पण करेगी। ललिता भी तो आखिर घर की ही लड़की है, उनकी ननद शोभा की ननद है। मां–बाप बचपन में ही गुजर गए हैं, भाई ही अकेले उसके सुख–दुख का सहारा है। यहां आकर नन्दिका को बड़ी दीदी के रुप में पाकर उसका प्यार–दुलार पाकर, अपनापन पाकर ललिता खुद को बड़ा सौभाग्यशाली मानती है। अभया जैसी सासु मां, जो मां की तरह ममता न्योच्छावर करती है, वह बड़े ही आनन्द से रहती है।

नन्दिका अपनी सासु मां की सेवा में कोई कमी नहीं करती। रात को भोजन के बाद उनके हाथ–पांव दबाती है, तेल मालिश करती है। अभया भी अपनी नन्दिका को बहू की तरह नहीं बेटी की तरह रखती है, उसे कभी भी मां–बाप की कमी महसूस नहीं होने देती। वह नन्दिका का दुख देखकर खुद विचलित हो उठी है। उनकी इन बातों से बहू–प्रेम का अन्दाज लगाया जा सकता है–"मैं उसकी दया–सहानुभूति से शासन कर रही हूं, यह बात तुझे किसने बताई। किसे लेकर तू इतना अभिमान कर रही है, चोर के उपर मान करके खपरैल से खाना खाने जैसा ? मुझ पर मान कर रही है क्या ? तेरे मुंह की भाषा तो मैंने सुनी, पर मन की भाषा तो नहीं सुन सकी। मुझे देख, तेरी बात सोच–सोचकर मैं क्षीण होती जा रही हूं। तेरा सूखा हुआ मलिन चेहरा देख–देख कर मेरे प्राण निकले जा रहे हैं। इस लोक में मैं छटपटा रही हूं। उस लोक में भी छटपटाउंगी। मुझे पोता नहीं चाहिए। तेरी जैसी बहू की मुझे जरुरत है।"[17] सासु मां से इतना प्यार–दुलार देखकर नन्दिका की आंखों से खुशी के आंसू बहने लगते हैं।

नन्दिका अपनी छोटी बहन की तरह ललिता को अपने पास रखती है। ललिता की गोद का बच्चा नन्दिका की जिन्दगी में खुशियां भरेगा, इसी उम्मीद के साथ नन्दिका जिन्दगी जी रही है। नन्दिका ललिता को अपनी सौतन नहीं, छोटी बहन मानती है, उसे बड़ी

बहन का प्यार देती है। नन्दिका को उनकी सासु मां ने घर की चाबी थमा दी थी घर की सारी जिम्मेदारी सौंप दी थी। घर की उसी चाबी को अब नन्दिका ललिता की कमर में झूलता हुआ देखना चाहती है। वह ललिता को घर की जिम्मेदारी सौंपकर शान्ति से जिन्दगी जीना चाहती है। ललिता की गोद का बच्चा वह खुद लालन–पालन करके बड़ा करके सुनन्द का वंश आगे बढ़ाना चाहती है।

"बीसवीं शताब्दी के ओड़िया उपन्यास साहित्य के युगांतकारी रचनाकार के रुप में सुरेन्द्र महान्ती परिचित हैं। जीवन की अनेकविध दिशाओं को लेकर उन्होंने उपन्यास कला का सृजन किया है। भारत के अतीत के गौरवमय इतिहास, सांस्कृतिक धरोहर, अतीत की गौरवगाथा आदि को लेकर उन्होंने जो उपन्यास कला की सर्जना की है,वह ओड़िया उपन्यास साहित्य में स्वतंत्र रुप से प्रतिष्ठित करती है। विषयवस्तु, भाषा शैली और युगबोध की गहराई की दृष्टि से विचार करने पर उनके अधिकतर उपन्यास गद्यात्मक महाकाव्य हैं।"[18]

'कालान्तर' सुरेन्द्र महान्ती का एक लघुकाय सामाजिक उपन्यास है, जो आजादी के बाद के ओड़िशा प्रान्त की सामाजिक जीवन समस्याएं उजागर करता है। आजादी के बाद के ओड़िशा के ग्राम जीवन के बदलते रुप तथा कालान्तर का सफल रुपांकन सुरेन्द्र महान्ती जी ने इस उपन्यास में किया है। आधुनिक जीवन की सांस्कृतिक मूल्य हीनता के प्रति लेखक की संवेदना बड़ी प्रखरता से शब्दांकित हुई है। प्राकृतिक प्रकोप किस तरह ओड़िशा प्रान्तीय समुद्र तटवर्ती अंचलों में ताण्डव लीला का रुप धारण करता है और उससे आम जन जीवन किस प्रकार बुरी तरह से तहस–नहस हो जाता है, उसका जीता जागता रुप इसमें चित्रित है।

मुक्तापुर गांव। हरिपुर के बस स्टेन्ड से बस छोड़कर पाटजोड़ी नदी पार करके पैदल चलने पर मुक्तापुर गांव में पहुंचना होता है। वहां की प्राकृतिक सुषमा अत्यन्त मनोहारी है। शरत ऋतु में सरस्वती जी की पूजा बड़ी धूम धाम से मुक्तापुर के लोग सदियों से मनाते आ रहे हैं। नीलाम्बर दोल दादी मुक्तापुर गांव के प्रमुख व्यक्ति हैं। नीलाम्बर पूरे गांव में दोल दादी के नाम से जाने जाते हैं। दोल दादी और गोप दादी दोनों के बीच वैचारिक टकराहट बनी रहती है। गांव भर में उन दोनों की टकराहट की चर्चा होती रहती है। दशहरा पर्व की धूम हर साल इस छोटे से गांव में मचती है। मुक्तापुर गांव के महान्ती मुहल्ले के शास्त्रज्ञ व्यक्ति निशामणी महान्ती ने दशहरा के अवसर पर महिषा मर्दिनी दूर्गा की पूजा के स्थान पर मृण्मयी देवी सरस्वती की पूजा शुरु की थी। निशामणी जी ने श्रद्धा से नहीं बल्कि जीद से अपने मुहल्ले में मृण्मयी जी की पूजा प्रारम्भ की थी। जब उन्हें चौधरी जी के चौपाल में मान–सम्मान नहीं मिला तो उन्होंने अपने मुहल्ले में सरस्वती पूजा मनाने की मुहिम छेड़ दी थी। तभी से महान्ती मुहल्ले में हर साल शरद के समय में सरस्वती पूजा होती आ रही है।

मुक्तापुर में एक अश्लील घटना घटती है। किसी ने एक नवजात शिशु की हत्या

करके गांव किनारे झुरमुट में फेंक दिया है। इस घटना ने पूरे गांव में सनसनी फैला दी है। दोल गोविन्द, योगी महापात्र, गोपीनाथ, चन्द्रमणी आदि लोग इस घटना की छानबीन करने लगते हैं। सभी लोगों की शक ब्राह्मण मुहल्ले की विधवा औरत केतकी महापात्र की तरफ जाता है, पर कोई खुलकर कुछ नहीं कह पाता। नछीपुर के सरल व्यक्तित्व के चन्द्रमणी दोल गोविन्द जैसे इज्जतदार व्यक्ति के असली चेहरा जानकर कहता है, ''तो फिर क्या व्यक्ति की असली पहचान नहीं है ? चेहरा केवल मुखौटा है। योगी महापात्र के बाबाजी वेश एवं लम्बी दाढ़ी देखकर चन्द्रमणी के मन में उनके प्रति एक संभ्रम, एक गंभीर विश्वास पैदा हो गया था। लेकिन दोल दादी की सारी बातों पर उन्होंने धूल उड़ा दी। मुखौटा के अन्दर के असली चेहरे को समझना बड़ा कठिन है। गांव की यह सुन्दर हरीतिमा लेकिन इसके नैपथ्य में जाने कितनी क्रूर निर्मम विभीषिका, कितनी तुच्छता, कितनी हीनता भरी पड़ी है। षष्ठी की सुबह ही शिशु की हत्या कितनी बड़ी विड़म्बना है।''[19] चन्द्रमणी का मन इस परिवेश से विषाक्त हो उठता है।

मुक्तापुर गांव के बाबा अनाम दास एक सिद्ध पुरुष हैं। बाबाजी वेश धारण करके गांव–गांव घूमा करते हैं। गीत गाते, खंजनी बजाते ग्राम परिवेश की असलियत पर हमेशा कटाक्ष करते दिखाई पड़ते हैं। वह शास्त्रज्ञ, धर्म परायण, ज्ञानी व्यक्ति हैं। नदी किनारे के नन्दी मठ में बाबा अनाम दास शरण लिए हुए हैं। लोग उन्हें ज्ञान पागल, भक्ति पागल कह कर उनसे पिण्ड छुड़ाते रहते हैं। पर अनाम दास के महाज्ञानी प्रखर तेजस्वी व्यक्तित्व के प्रति आदर भाव भी रखते हैं। गांव में एक नवजात शिशु की हत्या देखकर बाबाजी कोपाकुल हो उठते हैं। उधर दोल गोविन्द अपने बरामदे में बाबाजी को गांजा पीते देखकर वहां से गाली देते हुए भगाते हैं। वहां तेज गति से भागते हुए अनाम दास एक गीत छेड़ देते हैं–

''सभी अबला नारियां
रास्ते पर, घाट पर रमण करेंगी।
धन लोभ से जाति डुबोएंगी,
चाण्डालों के साथ रति क्रीडा करेंगी।''[20]

ओड़िशा प्रान्त के तटवर्ती इलाकों में समुद्री तूफान विध्वंस की विभीषिका बनकर आता है। यहां के लोगों को हमेशा चक्रवाती तूफान तहस–नहस करके ही छोड़ता है। आंधी–तूफान की दहशत के नीचे यहां के लोग आफत भरी जिन्दगी जीते हैं। कब इनकी जिन्दगी में तूफान दहशत बन कर आ जाय और सब कुछ बर्बाद करके चला जाय, कहा नहीं जा सकता। बंगाल की खाड़ी में कम दबाव का क्षेत्र बनने पर ओड़िशा, बंगाल, आन्ध्रप्रदेश आदि दक्षिण के राज्यों तथा उत्तर पूर्वी रात्यों में तूफान आने का शंका बनी रहती है और तेज हवा के साथ मुसलाधार बारिश होने लगती है। विशेष रुप से उत्तर–पूर्वी ओड़िशा एवं बंगाल के दक्षिणी अंचलों में चक्रवाती तूफान का प्रभाव पड़ता है। चक्रवर्ती

तूफान का रुप धारण करके प्रकृति अपना कहर बरपाती है, अपनी ताण्डव लीला दिखाती रहती है। इस चक्रवाती तूफान की दहशत का विस्तृत चित्रण इस उपन्यास में हुआ है। तूफानी दहशत के शिकार मुक्तापुर गांव के लोग आपसी मेल–मिलाप के साथ जीवन जीने की बजाय आन्तरिक द्वेष के शिकंजे में फंसे हुए हैं। उन लोगों में आपसी मनमुटाव हमेशा बना हुआ है।

विभूति पटनायक के उपन्यासों में भारतीय ग्राम जीवन का यथार्थ चित्र खींचा गया है। पटनायक जी को ओड़िशा के गांव परिवेश के बारे में यौवनावस्था से ही श्री सारंगधर दास की प्रतिष्ठित पत्रिका 'कृषक' के संपादन के दौरान परिचित होने का अवसर मिल गया था। गांव परिवेश की सच्चाइयों से बखूबी परिचित हो गए थे। विशिष्ट समालोचक प्रो. बाउरीबन्धु कर के शब्दों में "ग्राम्य जीवन में परिव्याप्त छुआछूत का भेदभाव, सरल सात्विक जीवन जीनेवाले लोगों के उपर शैतान दिमाग वाले लोगों के शोषण–उत्पीड़न, सर्वहारा वर्ग के प्रति पुंजीपति वर्ग का अत्याचार, ग्रामोद्धार योजनाओं का गलत इस्तमाल आदि अनेकविध समस्याओं का मार्मिक चित्रण विभूति जी के उपन्यासों में मुखर हो उठे हैं।"[21]

'एई गां एई माटी' यानी 'यही गांव यही माटी' डॉ. विभूति पटनायक का एक सार्थक उपन्यास शिल्प है। ग्राम संस्कृति का आधुनिक रुप उपन्यास में रुपांकित है। आजादी के बाद भारतीय या ओड़िशा प्रान्तीय ग्राम संस्कृति का सात्विक रुप एवं उसके बदलते परिदृश्य इसमें चित्रित है। आजादी के बाद देश के गांव की तस्वीर किस प्रकार बदलने लगी, ग्रामीण संस्कृति के रुप रंग कैसे रुपान्तरित होने लगे, इसका जीता–जागता रुप यह उपन्यास बयां करता है। गांव के लोगों के अन्दर अपने गांव और गांव की माटी मां के प्रति स्नेह–प्रेम उज्जीवित रहता है। गांव की माटी की महक, माटी की खुशबू लोगों को अनायास अपनी तरफ खींच लिया करती है। गांव की अबो हवा में जो पवित्रता, स्निग्धता होती है वह ग्राम जनों के मन को अनायास मोह लेती है। ग्राम जन प्रकृति की गोद में सात्विक निरानन्द जीवन जीते हैं, गांव के सुरम्य परिवेश में गीत गाते हुए काम करते हुए सुख– दुख बांटते हुए आनन्दमय जीवन व्यतीत करते हैं।

गांव की माटी की महक तुलसीवन (तुलसीबण) गांव के मन्दिर के महन्त भक्त चरण कृष्ण चन्द्र दास और विनोदिनी के रग रग में बसी हुई है। विनोदिनी इस उपन्यास की अभिनव चरित्र है। विनोदिनी के अन्दर ग्राम जीवन की त्यागमय भावना, परोपकारी भावना एवं सात्विकता की भावना ओत प्रोत है। उसका जीवन चुनौतियों से भरा हुआ है। फिर भी जीवन संघर्ष में न हार कर वह आगे बढ़ती है, गांव के मठ में पुजारिन के रुप में सारा जीवन व्यतीत कर देती है। पूरे उपन्यास में विनोदिनी ग्राम जीवन की सात्विक सांस्कृतिक धरोहर को धारण की हुई हमारे सामने मौजूद है। यद्यपि ग्राम परिवेश की बदलती संस्कृति लोगों के आधुनिक उन्नत संस्कार उसकी भावनाओं को ठेस पहुंचाते हैं, फिर भी गांव के

बदलते स्वरुप को स्वीकारने में उसे हिचकिचाहट नहीं होती।

उपन्यास में ग्राम संस्कृति की धारा कई उपधाराओं में निरन्तर प्रवाहित होती है। मठ के महन्त महाराज और विनोदिनी प्राचीन ग्रमीण संस्कृति के पक्षधर हैं तो विनोदिनी की पालिता पुत्री अनुराधा, पुलिस इन्सपेक्टर शरतबाबू, केतकी, यदुनन्दन आदि आधुनिक ग्राम संस्कृति के समर्थक। एक तरफ गांव के जमींदार नबघन सामन्तरॉय, मिछु महान्ती, उत्तर सिंह, विकास खण्ड अधिकारी बी.डी.ओ., दनेई मलिक, सनई मलिक सरीखे पुरातन पन्थी, अवसरवादी, स्वार्थी मनोवृत्ति वाले लोग हैं, जो ग्राम संस्कृति को कलुषित करते हैं तो दूसरी तरफ पुष्पा, रघुमणी जैसे उन्नत खयालात वाले लोग, जो शहर से गांव आकर गांव में डिस्पेन्सरी खोलकर लोगों की चिकित्सा सेवा करते हैं। इन्हीं सभी लोगों को लेकर तुलसीवन गांव बसा हुआ है जहां प्राचीन आधुनिक ग्राम जीवन की आत्मा बसी हुई है। लेखक उपन्यास के आरम्भ में ही भाव विह्वल होकर कह उठते है–'' एई गां एई माटी, एई राधा माधव एई मठ। आउ से......... महन्त महाराज भक्त चरण कृष्ण चन्द्र दास'' (यही गांव, यही मिट्टी यही राधामाधव, यही मन्दिर और वही महन्त पुजारी महाराज भक्त चरण कृष्णचन्द्र दास।)[22]

उपन्यास की शुरुआत आधुनिक ग्राम संस्कृति के बीजारोपण से होती है। तुलसीवन गांव में जाति भेद के विरुद्ध शोभा यात्रा निकाली जाती है। जात–पांत के भेदभाव हटाना अछूतोद्धार, अछूतों का मन्दिर प्रवेश, अछूतों की सामाजिक प्रतिष्ठा आदि की मांग लेकर गांव के निम्न दबके के लोग जन–जागृति अभियान चलाते हैं। सनेई मलिक की अगुआई में यह शोभा–यात्रा निकाली जाती है। गांव के प्राचीन खयालात के लोग जमींदार नबघन सामन्तरॉय, महन्त कृष्णचन्द्र दास आदि उनका विरोध करते हैं। विरोध के बावजूद हरिजन लोग गांव के राधा माधव मन्दिर में प्रवेश करते हैं। मन्दिर के पुजारी कृष्णचन्द्र दास के मन में सन्देह होता है कि हरिजनों के मन्दिर में प्रवेश कर देने से राधामाधव भगवान मन्दिर छोड़कर कहीं चले गए होंगे। हरिजनों के मन्दिर प्रवेश से मन्दिर अपवित्र हो गया है।

पुजारी के मन का भ्रम दूर करती हुई विनोदिनी कहती है–''पत्थर की मूर्ति में राधा माधव विराजमान नहीं हैं महाराज। भगवान तो भक्तों के हृदय में बसे हुए हैं। जहां मन वहां वृन्दावन......... राधामाधव के वंशी स्वर के साथ खुद को डूबो पाने से मन–वृन्दावन में मनमोहन श्रीकृष्ण की सुन्दर मूर्ति अविभूति हो जाती है।''[23] ईश्वर की सच्ची भक्ति से अपने हृदय में समाहित किया जा सकता है। भगवान कभी भी उंच–नीच, अमीर–गरीब, छुत–अछूत के बीच कोई भेदभाव नहीं रखते। वह तो हर इनसान के पवित्र हृदय में बसते हैं। हरिजनों के मन्दिर में प्रवेश करने मात्र से न तो मन्दिर अपवित्र हो सकता है और न ही भगवान। भगवान के दरबार में सभी एक ही ईश्वर के सन्तान हैं। गांव का सनेई मलिक मन्दिर के आस–पास के खेतों में मेहनत मजदूरी करता है, दिन रात खटता रहता है। जब उसे अपनी बेटी केतकी की पढ़ाई के लिए रुपए की जरुरत पड़ती है तो वह महन्त महाराज के पास

आकर गिड़गिड़ाने लगता है। महन्त महाराज तो रुपया देने से साफ इनकार कर देते हैं, पर विनोदिनी के कहने पर कुछ रुपए देने को तैयार होते हैं।

तुलसीवन गांव में उत्तरसिंह का परिवार एक इज्जतदार, नामदार परिवार है। पूरे गावं में उनकी इज्जत है, मान–सम्मान है। उत्तरसिंह की दो बहुएं हैं–विष्णुप्रिया और पुष्पा। बड़ी बहू विष्णुप्रिया गांव की बेटी है, दूसरे गांव से इस गांव में बहू बनकर आई है। उनमें गांव के संस्कार हैं, इसीलिए वह आस–पड़ोस के लोगों की बड़ी इज्जत करती है। जबकि छोटी बहू पुष्पा शहरी लड़की है, पढ़ी लिखी है, गांव में बहू बनकर आयी है, जो दूसरों की कद्र करना नहीं जानती, दूसरों की इज्जत करना नहीं जानती। यहां दोनों बहुओं के बीच ग्रामीण और शहरी संस्कृति आपस में टकराती है। वह छोटी बहू से पान बनाने को जब कहती है, वह एक बंगाली उपन्यास में डूबी हुई है, अतः पान बनाने से इनकार कर देती है। वही बड़ी बहू विष्णुप्रिया सील पर बेसन पीसने के बाद गेल्हेई दीदी के लिए पान भी बनाती है और उनकी अच्छी खातीरदारी भी करती है।

देवदासी विनोदिनी राधा माधव की सेवा में समर्पित है। मन्दिर ही उसका घर–संसार है, राधामाधव ही उसके सुख–दुख के साथी हैं, उसके धर्ता कर्ता हैं। इसी राधामाधव मठ में महन्त महाराज और अपनी पालित पुत्री अनुराधा के साथ जीवन जी रही है। विनोदिनी की जिन्दगी चुनौतियों से भरी हुई है। उसके आगे पीछे कोइ नहीं है, सिवाय राधामाधव के भगवान की सेवा भक्ति में ही वह खुद को समर्पित की हुई है। उसकी पालित पुत्री अनुराधा अब बड़ी हो गई है जवान हो गई। अनुराधा को विनोदिनी ने लावारिश बच्ची के रुप में उठा लाई थी। एक निर्जन जगह पर वह पड़ी हुई रो रही थी उसकी मां उसे छोड़ चली गई थी। बारिश से भीगती उस बच्ची को विनोदिनी उठा लाई थी अपने पास और उसे पाल पोस कर बड़ी की हुई है। अब अनुराधा का शरीर यौवन भार से लद चुका है। उसका पूरा अंग खिल उठा है। अनन्त यौवना से वह परिपूरित हो चुकी है। अब वह शादी लायक हो चुकी है।

पर विनोदिनी की किस्मत ही कुछ और थी। वह बहू के रूप में वहां टिक न सकी उसका नारीत्व सार्थक न हो सका, उसका मातृत्व सफल न हो सका। पलित पुत्री अनुराधा उसकी बेटी है। उसकी जिन्दगी है। उसका इकलौता सहारा है। शादी के सात साल बाद भी जब वह मां न बन सकी तो ससुराल वालों के अत्याचार से हार मानकर मायके आ गई और वहीं रहने लगी। चन्द्रभागा दर्शन के लिए अपने गांव साथी के साथ जाती हुई रास्ते में कोणार्क में वह गुम हो गई, साथियों से वह बिछड़ गई, अन्धेरी बारिश की रात में भटक रही थी । तभी उसे एक नव जात शिशु के रोने की आवाज सुनाई पड़ी। विनोदिनी जाकर देखती है कि एक बच्ची जमीन पर पड़ी रो रही है, किसी की गोद में जाना चाहती है।

अनुराधा अब बड़ी हो गई है। विनोदिनी के सामने ही अनुराधा कब बड़ी हो गई, जवान हो गई उसे पता ही न चला। अनुराधा के सीने में किसी का दिल धड़कने लगा है।

वह एन्डोमेन्ट पुलिस इन्सपेक्टर शरतबाबू से प्रेम करने लगी है। शरतबाबू सरकारी अफसर बनकर मठ का कागजात जांच करने के लिए आते हैं और रात को उसी राधामाधव मठ में रात को ठहरते हैं। इसी बीच रात को बगीचे में खुली चांदनी में अनुराधा और शरतबाबू का पहला मिलन हो जाता है। दोनों एक–दूसरे की तरफ आकर्षित होने लगते हैं, दोनों के बीच जान–पहचान बढ़ती है और फिर उन्हें एक–दूसरे से प्यार हो जाता है। उन दोनों के मिलने का सिलसिला चलता है और आखिर एक दिन दोनों शादी करने का निश्चय कर लेते हैं। गंवई संस्कृति में यह अन्तर्जातीय विवाह 'इन्टरकास्ट मैरेज' बिल्कुल अनोखी बात है, इस विवाह को न तो विनोदिनी स्वीकार कर सकती है और न ही महन्त कृष्णचन्द्र दास।

तुलसीवन गांव के सनेई मलिक की बेटी केतकी मलिक मैट्रिक पास करके ग्राम सेविका बन गई है। ग्राम सेविका के रुप में ग्राम जनों की सेवा करना केतकी का जीवन लक्ष्य है। केतकी भले ही हरिजन, निम्न परिवार में पैदा हुई है, पर उसके संस्कार–विचार उन्नत परिमार्जित हैं। वह केतकी फूल की तरह सुन्दर सुवासित है। उसकी खुबसूरती और सादगी ने गांव के जमींदार नबघन सामन्तराय के इकलौते बेटे यदुनन्दन को अपनी तरफ खींच लिया है। यदुनन्दन भी पढ़ा लिखा नौजवान है जो शहर जाकर उच्च शिक्षा हासिल किया हुआ है। यदुनन्दन और केतकी एक–दूसरे से प्रेम करने लगते हैं और शादी करने का फैसला कर लेते हैं। सामन्तराय इस फैसले को सुन कर क्रोधित हो उठते हैं और किसी भी कीमत पर इस शादी न हो पाने की चेतावनी देते हैं। सामन्तराय कड़े शब्दों में आखिर फैसला सुना देते हैं कि चाहे उन्हें अपना बेटा त्यागना क्यों न पड़ जाय इस शादी की रजामन्दी नहीं दे सकते।

यदुनन्दन को ब्लॉक ऑफिस में क्लर्क की नौकरी मिल जाती है। यदुनन्दन और केतकी दोनों शहर में रहते हैं और कोर्ट मैरेज करने का फैसला लेते हैं। कोर्ट में शादी करके दोनों आशीर्वाद लेने के लिए गांव में आते हैं, पर सामन्तराय उन्हें घर में घुसने नहीं देते, बाहर निकाल देते हैं। सामन्तराय अपने बेटे यदुनन्दन को नाजायज औलाद करार देकर उनके धन–दौलत, जमीन–जायदाद सब कुछ से बेदखल कर देते हैं। दोनों पति–पत्नी शहर में किराए के मकान पर रहकर आनन्दमय जीवन जीते हैं। कुछ ही महीनों बाद यदुनन्दन केतकी पर पाबन्दी लगाने की कोशिश करने लगता है, ब्लॉक ऑफिसर के घर ज्यादा आने जाने से रोकता है। उसकी इस तरह की बातों से केतकी के दिल को ठेस पहुंचती है क्योंकि केतकी का मन–चरित्र बिल्कुल साफ है, नदी की जल धारा की तरह स्वच्छ–निर्मल है।

लेखक केतकी के बारे में लिखते हैं,''कौन अच्छा, कौन बुरा, यह बात सोचने के लिए केतकी के पास समय नहीं है। जिस किसी से स्नेह श्रद्धा के अमृत की एक बूंद भी पाई है, वह उसकी तरफ झूक गई है। युग युगों तक उसके मन में अछूत का कलंक परत दर परत

जम चुका था, शिक्षा आधुनिक सभ्यता के प्रकाश से जमी हुई बर्फ की परत पिघलने लगी है। यदुनन्दन तुलसीवन गांव का पहला व्यक्ति है, जो आज दिल खोल कर बात कर रहा है।"[24]

यदु–केतकी के प्यार और फिर शादी की चर्चा पूरे गांव में होने लगती है। गांव के पुराने खयालात के बड़े बुजुर्ग इस अन्तर्जातीय विवाह को कबूल नहीं कर पाते वे लोग तरह तरह की बातें करने लगते हैं। सामन्तरॉय की सारी प्रतिष्ठा इज्जत–आबरु धूलिसात हो जाती है। वह अपने बेटे की करतूत से गांव में सर उठाकर चल नहीं पाते, गांव की औरतें तरह तरह की दकियानुसी बातें करने लगते हैं। यदु–केती दोनों गांव में टिक नहीं पाते, शहर में किराए के मकान पर शहरी जीवन जीते हैं, क्योकि शहर में न तो जात–पांत का भेद भाव है और न ही उंच–नीच की दीवार। सभी लोग समतुल्य जीवन जीते हैं, छुत–अछूत के लिए वहां कोई स्थान नहीं है।

भारतीय संस्कृति अध्यात्मवादी संस्कृति है। भारतीय जनमानस में धर्म का सबसे उंचा स्थान है। धर्म को हम सर्वोपरि मानते हैं। अध्यात्मवादी चेतना से पोषित जनमानस ईश्वरीय सत्ता को सर्वशक्तिमान मानता है। ईश्वर कृपा को ही जीवन का मुख्य आधार मानता है। मध्यकालीन भारतीय समाज में जिस आध्यात्मिक चेतना का पूरजोर समर्थन किया गया ,वही चेतना अद्यावधि भारतीय जनमानस में विद्यमान है। धार्मिक जड़ता अन्ध विश्वास के साए में आज भी यहां का जनमानस रुढ़ीवादी, दकियानुसी जीवन जी रहा है। अध्यात्म का अर्थ हम लोगों ने ईश्वर भक्ति मान ली है, जबकि उसका व्यापक अर्थ मानवता है, जो पूरे विश्व को एक सूत्र में पिरोती है। मानवता का धर्म ही सबसे बड़ा धर्म है, जो पूरे मानव समाज को एक ही छत के नीचे खड़ा करता है। पर हम आज भी उसी मध्ययुगीन धार्मिक जड़ता, संकीर्ण मानसिकता से ग्रसित है, उससे उबर नहीं पा रहे हैं।

विनोदिनी इसी धार्मिक संकीर्णता का शिकार होती है। एन्डोमेन्ट इन्सपेक्टर द्वारा मठ की तहकीकात, महन्त की स्वायत्तता छीनने तथा हरिजनों के मन्दिर प्रवेश से मन्दिर कलुषित हो जाता है। हरिजनों का मठ–मन्दिर में प्रवेश वर्जित है। वे लोग दूर से ही भगवान राधा माधव का दर्शन करेंगे, अन्दर प्रवेश करके भगवान को स्पर्श करके पूजा–अर्चना नहीं कर सकते। लेकिन इस भेद भाव को दूर करने के लिए सरकारी हस्तक्षेप से हरिजन लोग मन्दिर में घुस कर भगवान का दर्शन करने लगते हैं। मठ संचालन का दायित्व सरकार अपने हाथ में ले लेती है, मन्दिर सरकारी संपत्ति बन जाती है।

विनोदिनी के इन शब्दों से इस बात का खुलासा हो जाता है–"अब यहां क्या आकर्षण रह गया है महाराज! सारी संपत्ति तो सरकार अपने हाथ में ले चुकी है, हमारा यहां कुछ नहीं है। जिस राधा माधव के मोह में यहां रह रहे थे, मुझे लगता है वे अब यहां नहीं हैं। मैं अब कभी उन्हें सपने में नहीं देख रही हूं। वह वुन्दावन, वह यमुना, वह नित्य चक्र,

अब कुछ भी मुझे सपने में दिखाई नहीं पड़ता। कल ही एक सपना मैंने देखा, चन्दन तालाब की लहरों में एक सद्यजात शिशु बहता चला जा रहा है। ओह कितना डरावना सपना है। मुझे कुछ भी अच्छा नहीं लग रहा है महाराज! राधा माधव जरुर यह मठ छोड़कर जा चुके हैं।"[25] धार्मिक जड़ता का इससे बड़ा सबूत क्या हो सकता है।

'वधू पिरुपमा' विभूति पटनायक जी का एक लघु उपन्यास है, जो एक ग्रामीण वधू यानी बहु का चरित्र प्रस्तुत करता है। यह एक सामाजिक उपन्यास है, जो गांव परिवेश का चित्र अंकित करता है। गांव परिवेश में घर परिवार में सारी जिम्मेदारी निभाती है, अपने पति के प्यार का खयाल रखने के साथ–साथ सासु मां की सेवा को विशेष ध्यान देती है। एक लड़की जब शादी करके दूसरे घर में आती है, दूसरी दुनिया में आती है, उसे अनेक प्रतिकूल परिस्थितियों से गुजरना पड़ता है। मायके की लाड़ली ससुराल में आकर पूरा घर सम्भालती है। उसके कन्धे पर घर की सारी जिम्मेदारी आ जाती है। मायके में सुबह के सात बजे तक फुर्सत सोने वाली बेटी ससुराल की बहू बनने के बाद प्रातः पांच बजे उठ जाती है और कामकाज में लग जाती है। सास–ससुर, दादा–दादी, देवर–देवरानी जेठ–जेठानी, ननद–भाभी, भतीजे– भतीजियों आदि अनेक रिश्ते एक साथ उसे निभाने पड़ते हैं। सभी के बीच प्यार–विश्वास का ऐसा महीन धागा बूनती है कि पूरा परिवार एक मन्दिर का रुप धारण कर लेता है।

'वधू निरुपमा' की नायिका निरुपमा एक ऐसी ही वधू है, जिसके कन्धे पर पूरे घर की जिम्मेदारी है। निरुपमा एक पढ़ी लिखी लड़की है, जो उच्च शिक्षा प्राप्त करके आधुनिक खयालात के साथ जिन्दगी जीते हैं। निरु और निर्मल दोनों सहपाठी हैं और कॉलेज के दिनों से ही एक–दूसरे से प्यार करते हैं। दोनों ने 'ट्रेडिशनल मैरेज' की जगह 'लव मैरेज' कर लिया है। निर्मल आचार्य परिवार का लड़का है, जबकि निरु पंडा परिवार की लड़की। निर्मल और निरु दोनों ही आधुनिक विचार–दृष्टि संपन्न व्यक्ति हैं। जाति–बिरादरी, उंच–नीच, छोटे–बड़े की दीवार को तोड़कर दोनों ने प्रेम विवाह करके इतिहास रचा है। किन्तु दोनों का लव मैरेज निर्मल के परिवार के लिए अग्राह्य हो जाता है। निर्मल डिप्टी कलक्टर की नौकरी पाने के बाद निरु से लव मैरेज करके घर में ले आता है तो निर्मल की मां के सिर पर पहाड़ टूट पड़ता है। निर्मल बाबू की मां हेमांगिनी इस रिश्ते को स्वीकार नहीं कर पाती। गांव भर में उसकी बेइज्जती हो जाती है, लोग उन पर कीचड़ उछालने से पीछे नहीं हटते। हेमांगिनी का परिवार आचार्य परिवार का पूरे गांव में बड़ा मान है, सम्मान है। गांव भर के लोग उनकी बड़ी इज्जत करते हैं, उनका सम्मान करते हैं।

हेमांगिनी अपने बेटे निर्मल के इस कार्य से नाखुश होती है। इस प्रेम विवाह को लेकर पूरे गांव में चर्चा होने लगती है। लोग तरह–तरह की बातें करने लगते हैं। गांव के लिए यह बिल्कुल नई बात है। निर्मल और निरु दोनों कोर्ट में शादी करके सीधा गांव में

आए हैं। उनकी शादी की खबर न हेमांगिनी को थी और न ही निरु के मां–बाप को। दोनों इतना बड़ा फैसला कर लिया बड़ों की सलाह लेना भी मुनासीब न समझा। हेमांगिनी के लिए निरुपमा को बहू के रुप में स्वीकार करना नांगवार गुजरा। यद्यपि हेमांगिनी सिरे से उन्हें नकार न सकी, पर निरु के प्रति वैमनस्य भाव रखने लगती है। आचार्य परिवार में पण्डा परिवार की कोई लड़की बहू बनकर आए, यह उनके लिए गले से उतरनेवाली बात नहीं हो सकती थी। निरुपमा बड़ी मुश्किल से आचार्य परिवार की बहू के रुप में खुद को प्रतिष्ठित कर पाती है, इसके लिए उसे कई मुसीबतों से गुजरना पड़ता है।

इस उपन्यास में गांव–शहर दोनों को केन्द्र में रखा गया है। इसमें ग्रामीण परिवेश के साथ–साथ शहरी वातावरण का भी चित्र खींचा गया है। हेमांगिनी का आचार्य परिवार और दिगम्बर बाबू का पण्डा परिवार दोनों गांव में ही रहते हैं। निर्मल और निरु गांव में पैदा होकर गांव की हवा पानी से ही बड़े हुए हैं। उनकी स्कूली शिक्षा भी गांव में ही संपन्न हुई है, पर उच्च शिक्षा के लिए उन्हें शहर जाना पड़ा है। शहरी माहौल में रहकर दोनों ही गांव के रहन–सहन, आचार–विचार, से अनजान बन गए हैं। शहरी सभ्यता की चकाचौंध के प्रति आकर्षित होकर आधुनिक जीवन शैली अपना कर ग्रामीण संस्कृति के एकात्मबोध को भुला दिया है। निरु के प्रति निर्मल के इस कथन से ग्राम–शहर के प्रति मिला जुला प्रेम दिखाई पड़ता है–"अठारह वर्षों के ग्राम्य परिवेश के अतीत को महज चार वर्ष का यह शहरी जीवन किस तरह से आत्मसात कर चुका है। गांव में कुछ दिन बिना ठहरे गांव के बारे में कुछ भी कल्पना नहीं की जा सकती। निरु, आदर्श की दृष्टि से गांव अच्छा है, जबकि यथार्थ की दृष्टि से शहर।"[26]

हेमांगिनी अपने बेटे निर्मल के इस लव मैरेज से गांव में सर उठा कर चल नहीं पाती। गांव के लोग उन पर कीचड़ उछालने में कोई कसर नहीं छोड़ते। हेमागिंनी गांव की औरतों की ताने झेलने की मानसिक स्थिति मजबूत करने की सोचती है। वह अपने बेटे निर्मल के इस प्रेम विवाह को देखकर अपने दिन याद करने लगती है। उन्होंने भी अपने पिताजी के खिलाफ जाकर अपनी मर्जी से नुपूर से शादी की थी और आचार्य परिवार की बहु बनी थी। इस सदमे से बाहर न निकल पाकर उनके पिताजी ने आत्महत्या कर ली थी। नूपुर के साथ उन्होंने सुखद वैवाहिक जीवन व्यतीत किया है। अभी उसी का बेटा जाति बिरादरी की जंजीरें तोड़ कर प्रेम विवाह कर रहा है तो इसमें बुराई क्या है। वह अन्तर्विरोध के इस भंवर में फॅसी हुई है, तय नहीं कर पा रही है कि क्या करे, किसे अपनाएं, जाति–बिरादरी की पुरानी जंजीरों को या आधुनिक तौर तरीकों को।

हेमांगिनी की मनोदशा का चित्र प्रस्तुत करते हुए लेखक लिखते हैं, "खोई हुई आशा, मरे हुए विश्वास को फिर से ढूंढने के लिए मन में उन्होंने गांठ बांध ली। मनुष्य की अन्तिम सांस तक आशा जिन्दा रहती है, जब आशा मर जाती है तो जीकर भी मनुष्य मर जाता है।

आशा वैतरणी नदी है। आशा की वैतरणी धारा कभी सूखती नहीं।''[27] इसी वैतरणी नदी की आस लिए हेमांगिनी जिन्दगी जीने लगती है। अपने पति नूपुर की मौत के बाद निर्मल ही उनका इकलौता सहारा है, जीवन सम्बल है। निर्मल ही उनकी आशा प्रतिरुप कार्य करके उनकी भावनाओं को ठेस पहुंचाई है।

निरुपमा दूसरी बिरादरी की बेटी ही सही, पर उनकी बहू बनकर अपनी जिम्मेदारी निभाएगी। निर्मल निरु को मां के पास छोड़कर ड्यूटी के लिए शहर चला जाता है। शहर में वह अपने मित्र प्रो. अनिरुद्ध के पास ठहरता है। अनिरुद्ध और निर्मल दोनों सहपाठी हैं, दोनों की पढ़ाई स्कूल से लेकर कॉलेज तक एक साथ हुई है। बचपन के दिनों में निर्मल की मां ने अनिरुद्ध की बड़ी मदद की है, इसीलिए अनिरुद्ध ने अपने मित्र को अपने ही घर में साथ रखा है, ताकि उसे किसी भी तरह की परेशानी न हो। अनिरुद्ध अपनी पत्नी श्यामली के साथ सुखद जीवन जी रहा है। उन दोनों के प्रेम देख कर निर्मल सोचने लगता है–''जीवन के सारे दुख–सन्ताप बीवी के मुस्कुराहट भरे चेहरे को देख कर दूर हो जाते हैं। बीबी का प्यार अवसाद ग्रस्त मन में नई जीवनी शक्ति का संचार करता है। अनिरुद्ध इस मामले में किस्मतवाला है। जबकि वह खुद अकेला है।''[28]

निरुपमा गांव में सासु मां के साथ उनकी सेवा करती हुई पति वियोग की व्यथा सह रही है। अभी अभी उनकी शादी हुई है और दोनों एक–दूसरे से अलग रह रहे हैं। गांव में निरु अकेली है और अपने पति की विरह वेदना में जल रही है तो उधर निर्मल भी निरु से मिलने के लिए तरस रहा है। निरु के प्रति उनकी सासु मां ईर्ष्या से जल रही है और किसी भी तरह से घर से निकालने की फिराक में रहती है। पांच सौ रुपए की चोरी का झूठा इल्जाम निरु के माथे मल दिया जाता है और चोरनी करार देकर उसे घर से निकाल दिया जाता है। निरु इस अपमान को सह नहीं पाती और मायके चली जाती है। मायके में पिता दिगम्बर बाबू, मां हरप्रिया बेटी को ज्यादा दिनों तक अपने पास रखना नहीं चाहते। जब उन्हें सारी बातें पता चलती हैं, अपनी बेटी निरु पर बिगड़ते हैं और समझाने लगते हैं कि हेमांगिनी को अकेली छोड़कर उसे यहां नहीं आना चाहिए। हरप्रिया निरु को जल्दी ही ससुराल भेजने की योजना बनाती है। क्योंकि शादी के बाद ससुराल ही बेटी का असली घर है, सही ठिकाना है, मायके के लिए तो वह महज मेहमान है कुछ दिनों की।

ओड़िशा के ग्राम परिवेश में शादी के बाद मायके की तरफ से बेटी के लिए कई संस्कार किए जाते हैं। सगुन के तौर पर मायके से ससुराल के लिए कई कार्यक्रम किए जाते हैं। बेटी जब भी मायके से ससुराल जाती है सगुन के तौर पर कुछ सामान, रोटी, पकवान साथ में लेकर जाती है। वह कभी भी खाली हाथ ससुराल नहीं जाती। अनेक पर्व–त्यौहार के अवसर पर मायके से सगुन के सामान रोटियां भेजे जाते हैं। शादी के बाद पहली बार बेटी जब मायके आती है और कुछ दिनों बाद फिर ससुराल जाती है तो

'पुआणीसज' यानी सजे सजाए सगुन के सामान बेटी के साथ भेजे जाते हैं। मायके की हालत खराब होने पर भी किसी भी तरह से पैसे का बन्दोबस्त करके व्यवस्था की जाती है। बेटी किसी भी कीमत पर सगुन के भार के साथ ससुराल जाती है,क्योंकि यह मायके और ससुराल दोनों कुल की इज्जत प्रतिष्ठा का सवाल है।

'चपल छन्दा' विभूति पटनायक जी की एक सार्थक उपन्यास कृति है, जिसे हम नारी प्रधान उपन्यास के रुप में ग्रहण कर सकते हैं। यद्यपि ओड़िया के विशिष्ट साहित्यकार महापात्र नीलमणी साहू ने इस उपन्यास का शीर्षक 'चपल छन्दा' के स्थान पर 'अन्धेरीगढ़ की अंतकथा' रखने की सलाह विभूति जी को दी थी। यह सलाह उपन्यास के ऐतिहासिक तथा इतिवृति की ओर ईशारा करती है, जिसमें आजादी के पहले और बाद के ऐतिहासिक तथ्यों को कल्पना के सहारे संजोया गया है। यह उपन्यास दो भागों में बंटा हुआ है, पहले भाग में आजादी के पहले के अन्धारीगढ़ के काले कारनामे और द्वितीय महायुद्ध की भीषण विभीषिका चित्रित है तो दूसरे भाग में आजादी के बाद का सामाजिक, राजनीतिक परिदृश्य चित्रांकित है। स्वतंत्रतापूर्व और स्वातन्त्र्योत्तर भारतीय समाज की सच्ची तस्वीर इसमें चित्रित है।

'चपल छन्दा' उपन्यास की नायिका तोफानी उर्फ चपल छन्दा एक तूफान बन कर आती है और बैरीगंजन के अन्धेरीगढ़ को उड़ा ले जाती है। नारी शक्ति की पराकाष्ठा सिद्ध करता यह उपन्यास नारी जीवन की त्रासदी का चित्र खींचता है। तोफानी एक गरीब गरजमन्द औरत है। एक जंगली देहाती औरत के रुप में वह हमारे सामने आती है, जिसमें आधुनिक नारी के गुण बल मौजूद है। तोफानी के प्रति अन्धेरीगढ़ के राजा बैरीगंजन की लोलूप दृष्टि अन्धेरीगढ़ की बर्बादी का कारण बनती है। तोफानी को अपनी हवस की शिकार बनाने के लिए बैरिगंजन एक बड़ी साजिश रचते हैं। तोफानी के पति भजराम को छल से मरवा कर बुखार से मरने की झूठी खबर फैला देते हैं। तोफानी मजबूर होकर राज प्रसाद में शरण लेती है और खुद को राजा बैरीगंजन के हवाले कर देती है। बैरीगंजन तोफानी को अपनी गिरफ्त में फंसाने के लिए दीवान विश्वेश्वर पटनायक, सेनापति सुर्यमणी आदि लोगों की सहायता से राजनर्तकी पद प्रदान करने की लालसा दिखाते हैं। तोफानी राजनर्तकी के लोभ में पड़कर अपना पति खो देती है और पागल होकर बर्बाद हो जाती है।

द्वितीय विश्वयुद्ध की पृष्ठभूमि पर रचित यह उपन्यास विश्व में उस महासमर की भयावहता का चित्र प्रस्तुत करता है। दूसरा महासमर चल रहा है। पूरा विश्व दो हिस्सों मे बंटा हुआ है। एक तरफ अमेरिका है तो दूसरी तरफ सोवियत रुस। बाकी के देश उन्हें समर्थन कर रहे हैं। तत्कालीन इंग्लैंड के प्रधानमंत्री चेम्बरलैन के भारतीय प्रतिनिधि वायसरॉय लीनलिथगो घोषणा करते हैं कि विश्वयुद्ध के उस महायज्ञ में इंग्लैण्ड की तरफ से भारत भी उस हवन कुण्ड में घी डालेगा। इस घोषणा ने भारतीय जनता के अन्दर भीषण यातना

भर दी। भारतीय जनता महसूस करने लगी कि वह किसी तरह अनजाने में ही आग के दरिया में धकेला जा रहा है। उस महासमर की विभीषिका लेखक की कलम से इस तरह से व्यक्त हुई है "विश्व के सभी लोगों के मन में आतंक, हताशा, निराशा का अन्धेरा छा गया है। किस मुहूर्त में पृथ्वी घ्वंस हो जाएगी, सभी उसी अशुभ मुहूर्त का इन्तजार कर रहे हैं। मृत्यु की धारदार तलवार सिर के उपर झूल रहा है। सभी लोगों की यही धारणा, वह तलवार अब गिरा कि तब गिरा......।"[29]

दूसरा विश्वयुद्ध के भयावह परिवेश में अन्धेरीगढ़ राज्य की क्रूरता, बर्बरता का मार्मिक चित्रण उपन्यास का सार्थक सम्प्रेषण है। अन्धारीगढ़ का क्रूर अत्याचारी राजा बैरीगंजन अंग्रेजी सत्ता का खरीदा हुआ गुलाम है। अंग्रेजी सरकार तथा अधिकारियों को संरक्षण देना, देश–शासन के लिए उचित अवसर मुहैया कराना बैरीगंजन की नियति है। विश्वस्तरीय भयावहता तथा देश में ब्रिटिश शासन के अत्याचार से बैरीगंजन को कोई चिन्ता नहीं है। वह अन्धेरीगढ़ में अपना रावणराज इस तरह से फैलाए हुए हैं कि प्रजाओं में आतंक का माहौल है। राजा के अन्याय–अत्याचार के खिलाफ जो भी व्यक्ति आवाज उठाता है उसे 'ढोल घर' यानी अपराधियों को जहां दण्डित किया जाता है, में इतनी बेरहमी से पिटाई करते हैं कि दोबारा आवाज उठाने की जुर्रत नहीं कर पाता।

राजा बैरिगंजन एक भोग विलासी, ऐयासी, अत्याचारी, क्रूर शासक है। नारी अपहरण और नारी–रमण राजा का शौक है। कोई भी खूबसूरत नारी राजा की वासना की शिकार से बच नहीं पाती। पद प्रलोभन तथा अर्थ प्रलोभन देकर राजा खूबसूरत नारियों को अपनी हवस की शिकार बनाते हैं और वासना पूर्ति के बाद राजमहल से धक्का मारकर निकाल देते हैं। उसी अन्धेरीगढ़ की एक खूबसूरत औरत तोफानी जो गांव–गांव तमाशा दिखाकर अपने पति भजराम के साथ सुख–चैन की जिन्दगी जीती है। तोफानी के खूबसूरत बदन पर जिस दिन से बैरिगंजन की नजर पड़ी है, उसी दिन से तोफानी की जिन्दगी को ग्रहण लग जाता है। तोफानी राजमहल की राज नर्तकी बन गई है। उस्ताद रुस्तम खां तबला वादन में नर्तकी तोफानी झूम उठती है, अति सुन्दर नृत्य परिवेषण करती है।

तोफानी के बदलते रुप पर प्रकाश डालते हुए लेखक लिखते हैं, "भजराम की पत्नी घास–फूंस की झोपड़ी में रहनेवाली बहू केलुणी तोफानी नहीं, अन्धारीगढ़ राज प्रासाद की राजनर्तकी चपलछन्दा तोफानी। उसके शरीर पर रेशमी कपड़े। शरीर पर झलकते स्वर्ण अलंकार पांव में पायल, हाथ में सोने के कंगन। उसकी आंखों में करोड़ों सपने संजाए हुए हैं, शरीर पर अनन्त यौवन की अपूर्व शोभाश्री शोभित है। नृत्य–छन्दों में यौवन का आमंत्रण है।"[30]

राजा बैरीगंजन पूरे राज्य की खूबसूरत औरतों से अपनी वासना तृप्त करते हैं। उनके अन्दर काम–वासना की आग हमेशा भड़कती रहती है। किसी खूबसूरत नारी के प्रति

वासना–तृप्ति के लिए वह सारे हथकण्डे अपनाने को तैयार रहते हैं। किसी नारी को पाने के लिए वह शाम, दाम ,दण्ड, भेद सबकुछ अपनाने को तैयार रहते हैं। सोना, चांदी, हीरा, मोती सारी मुल्यवान वस्तुएं उसके पैरों में लुटा देते हैं। अपनी हवस की गिरफ्त में लाने के बाद राजमहल की दासियों की भीड़ में धकेल देते हैं, या फिर बाहर निकाल देते हैं। नारियां अपना सर्वस्व दान करने के बाद राजा बैरिगंजन के दिल की रानी बनने का सपना देखने लगती हैं, पर उनका सपना कभी पूरा नहीं होता।

लेखक के इन शब्दों से राजा बैरीगंजन के काले कारनामे उजागर होते हैं–"उन नारियों के शरीर की चमक मलिन पड़ते ही राजा सारे गहने उतारकर फिर बक्से में रख देते हैं। जाति कुल डुबो देने के बाद गहना प्रिय नारियां जब अपनी गलती समझने लगती हैं, उस समय अपने कुल परिवार में वापस आने के लिए और कोई रास्ता नहीं होता । आंखों के आंसू साड़ी के छोर पर पोंछती हुई वे रानी के रंगमहल में दासी बनने के लिए चली जाती हैं। वहां उनकी पीठ पर परिचारिका लावण्य के हाथों झाडू का प्रहार पड़ता है।"31 बेचारी औरतें मजबूर होकर झाडू की मार खाने के लिए मजबूर होती हैं, क्योंकि उनके लिए समाज के सभी दरवाजे हमेशा के लिए बन्द हो जाते हैं।

राजा बैरीगंजन जब तोफानी को तिरस्कृत कर देते हैं, उनके साथ जबरदस्ती यौन–शोषण करके उनके अनिंद्य सौन्दर्य का उपभोग करते हैं और जब उनका मन भर जाता है, राजमहल से बाहर निकाल देते हैं। तोफानी अपने पति की मौत और राजा द्वारा किए गए बलात्कार का सदमा बर्दास्त नहीं कर पाती और अपना मानसिक सन्तुलन खो बैठती है। वह पागल हो जाती है और इधर–उधर की ठोकरें खाने लगती है। उधर राजा के अत्याचार के प्रति विद्रोह का स्वर मजबूत होने लगता है। राज्य के कृषक मजदूर तथा व्यापारी बैरीगंजन की कठोरवादी नीति, प्रजा विरोधी शासन तन्त्र के खिलाफ संघर्ष करने की सोचते हैं, आन्दोलन खड़ा कर दिया जाता है। राज्य भर में विद्रोह का स्वर बुलन्द होने लगता है, राजशाही शासन व्यवस्था को समूल खत्म करने का मुहिम छेड़ा जाता है। इस जन आन्दोलन का नेतृत्व सूर्यमणी विश्वेश्वर जैसे जागरुक नेता लेने लगते हैं।

उपन्यास के दूसरे तथा अन्तिम भाग में स्वतंत्र भारत की तस्वीर खींची गई है। आजादी हासिल होने के बाद देश में स्वदेशी शासन की परिसमाप्ति होती है, जिसका विरोध बैरीगंजन जैसे अत्याचारी अन्याय प्रिय राजा करते हैं और अन्ततः हार स्वीकार करते हैं। स्वतन्त्र देश के पहले आम चुनाव में बैरीगंजन विधान सभा सीट के लिए चुनाव लड़ते हैं और धनबल से चुनाव जीत कर मंत्री पद भी हासिल कर लेते हैं। कालान्तर में बैरीगंजन का व्यक्तित्व परिवर्तन होता है। वह राष्ट्र सेवा तथा जन सेवा की ओर आकृष्ट होते हैं। गांधीवादी विचारधारा से प्रभावित होकर खादी कपड़ा, खादी टोपी धारण करते हैं। जनता–जनार्दन की सेवा करके अपने पाप कर्मों का प्रायश्चित करना चाहते हैं। अन्धारीगढ

की प्रजा की अन्तरात्मा को उन्होंने जितना रुलाया है, नारियों की असमत के साथ जितना खिलवाड़ किया है कि बाकी की जिन्दगी पुण्य कर्मों में व्यतीत होने पर भी उनका पाप का घड़ा कम नहीं होगा।

अन्धारीगढ़ विधान सभा क्षेत्र के विधायक तथा ओड़िशा सरकार के जल संसाधन मंत्री बैरीगंजन सिंह के चरित्र परिवर्तन से उनकी पत्नी मुक्तामाला सन्तुष्ट होती हैं। शहरी जीवन की चकाचौंध तथा घुटन से छुटकारा पाने के लिए वह सूर्यमणी के साथ ग्रामांचल की सैर करती है। ग्राम जीवन की स्वच्छता एवं सात्विकता मुक्तामाला को भा जाती है। भारतीय ग्राम जीवन के प्रशंसक हमदर्द गांधी जी के महान व्यक्तित्व पर दृष्टिपात करते हुए सूर्यमणी कहते हैं– "मनुष्य के अन्दर कभी भी देवत्व का अवतरण होता है। उस समय वह असाधारण बन जाता है। मानव न कह कर उसे लोग महामानव कहते हैं। गांधी जी को आप महामानव कह सकती हैं। मैं उसी महामानव का जीवन पथ अनुसरण करते हुए आज यहां तक पहुंचा है।"[32] मुक्तामाला भी सूर्यमणी के व्यक्तित्व से प्रभावित होकर सत्य–अहिंसा के मार्ग पर चलने का दुढ़ संकल्प लेती हैं। गांव–देहात के कृषक मजदूर जनों की सेवा करके स्वाधीन भारत की जिम्मेदार नागरिक बनना चाहती है।

ग्रामीण जीवन दर्शन–

ग्रामीण जीवन दर्शन हमारे सामाजिक जीवन का मूल स्रोत है। ओड़िशा प्रान्त एक ग्रामीण आदिवासी बहुल अंचल होने के कारण ग्रामीण जीवन दर्शन यहाँ का मूल प्राण है। राष्ट्रपति महात्मा गाँधी का यह कथन "भारत की आत्मा गाँव में बसती है" उत्कलीय ग्रामीण जीवन दर्शन का उज्वल उदाहरण है। ओड़िया समाज में सात्विकता, एकात्मबोध, सामूहिक, सरलता, सहजता आदि मानवीय गुणों का समावेश उसे महान बनाया हुआ है। ओड़िया साहित्य उत्कलीय ग्रामीण जन जीवन का स्वच्छ दर्पण है। इसमें उत्कलीय ग्राम्य जीवन का यथार्थ परिदृश्य प्रतिबिम्बित है।

ग्रामीण जीवन दर्शन को लेकर भारतीय साहित्य सुसमृद्ध है। ओड़िशा के लोक जीवन के यथार्थ रूप का दर्शन लोक साहित्य में होता है। लोक साहित्य ग्रामीण जन जीवन की सरल–निरानन्द जीवन तरंग से तरंगायित है। उसमें सरल निष्कपट लोक जीवन का प्राकृतिक जीवन दर्शन स्वच्छता पूर्वक प्रतिबिम्बित होता है। लोक साहित्य का महत्व डॉ. अजय कुमार मिश्र इस तरह से निर्धारित करते हैं "लोक साहित्य में लोक जीवन ही प्रमुख होता है। यह साहित्य लोक जीवन की हँसी रुलाई, जीवन के सन्ताप आदि जीवन के प्रत्येक मुहूर्त्त को आलोकित करता है। लोक जीवन इसमें प्रमुख वर्ण्य विषय होता है। सरल एवं अनलंकृत वर्णन शैली इसकी विशेषता है। इसमें व्यवहृत भाषा सामान्य ग्रामीण जनता की

भाषा है। सरल, निराडम्बर, सरस, कृत्रिमता–विहीन मनुष्य की आत्मा की वाणी इसमें मुखरित होती है। ग्राम्य जीवन की सात्विकता एवं बौद्धिकता की समर्थ आत्म लिपि इसमें वर्णित होती है।"[33]

ओड़िया उपन्यास साहित्य में ग्रामीण जीवन दर्शन का सूत्रपात करने वाले उपन्यासकार के रूप में फकीर मोहन सेनापति जी पूर्णतः प्रतिष्ठित हैं। उन्होंने सबसे पहले ओड़िया कथा साहित्य में ग्रामीण जीवन जिज्ञासा को लेकर क्लासिक कथाकृतियाँ सरजी थीं। उनकी इस कथा–यात्रा को गतिशील बनाने का श्रेय गोपीनाथ महान्ती को प्राप्त है। उन्होंने उत्कलीय आदिवासी ग्रामीण जीवन को लेकर अनेक उत्कृष्ट कोटि की कथा कृतियाँ निर्मित की हैं। आजादी के पहले और बाद के ओड़िशा प्रदेश के ग्रामीण लोक जीवन की समस्याओं का सजीव चित्रण उनके उपन्यास में चित्रित है एवं उनके निराकरण के उपायों पर भी विशेष बल दिया गया है।

ग्राम्य जीवन 'वसुधेव कुटुम्बकम' की सात्विक भावना से संप्रेषित है। उसमें मनुष्य की सामाजिक चेतना एवं सौहाद्रता मौजूद होती है। वह हमेशा अपने सामूहिक जीवन प्रवाह में सार्थकता हासिल करने में समर्थ होता है। उसमें वैयक्तिक स्वार्थी मनोवृत्ति के लिये कोई स्थान नहीं होता है। "गाँव में चाहे जो हो उसमें सभी लोग भागीदार होंगे। पाप–पुण्य, सत्य–असत्य, न्याय–अन्याय, धर्म–अधर्म आदि कर्मों में सभी लोग सहयोग के लिए बाध्य हैं। गोपीनाथ महान्ती ने इस बात को अनेक बार महसूस किया है। उन्हें मालूम है कि इस कन्ध जाति के गाँव के सुन्दर कुटीर से एक दिन विश्वव्याप्त राजनीतिक चेतना का स्फुरण होगा। कन्ध भाइयों की सामूहिक रूप से निष्पति ग्रहण करने की प्रवृत्ति ही इस चेतना के विकास का प्रथम सोपान है। इससे उनका महान त्याग उजागर होता है।"[34]

स्वातन्त्र्योत्तर ओड़िशा प्रान्तीय ग्राम्य जीवन अनेक संगतियों–विसंगतियों का सम्मिलित रूप है। आजादी के पश्चात भारतीय ग्रामीण समाज को शहरी सभ्यता के सन्त्रास का शिकार होना पड़ा था। शहरी सभ्यता की विद्रूपताएँ धीरे–धीरे ग्रामीण परिवेश में समाहित होने लगीं, जिससे ग्राम्य जीवन की पवित्रता, स्वच्छता कलुषित होने लगी। हमारे गाँव ने जिस शहरी रिश्ते को बनाना और निभाना चाहा है, उससे गाँव का सांस्कृतिक विघटन बढ़ा है। गाँव की मिट्टी से उत्पन्न नवयुवकों ने अपनी जन्म भूमि के आँचल को बेदाग करने के लिए नव निर्माण का विराट अभियान शुरु कर दिया। 'विलेज सोसाइटी' के सच्चे कारीगरों के अथक परिश्रम, सच्ची निष्ठा से गाँव की सच्ची तस्वीर निर्मित हो सकी। देश का ग्रामीण जन जीवन अपनी खोई हुई प्राचीन अस्मिता को पुनः प्राप्त करने में सफल हो सका।

ओड़िशा एक कृषि प्रधान राज्य है। वहाँ के लोगों की मुख्य जीविका कृषि है। वहाँ की मिट्टी की सोंधी महक से ग्राम्य जीवन ओतप्रोत है। ग्रामीण जनमानस में अपनी मिट्टी के प्रति अगाध प्रेम, सच्ची निष्ठा बरकरार है। आधुनिक सभ्य शिक्षित समाज के आधुनिक

मूल्य बोध के सामने ग्राम्य जीवन मलिन सा होने लगा है। 'वेस्टर्न सिविलाइजेशन' से अनुप्राणित 'अरवन सिविलाइजेशन' की चकाचौंध ने गाँव के परिवेश को कलुषित करने में कोई कसर नहीं छोड़ी है। 'माडर्न सिविलाईज्ड एजुकेटेड सोसाइटी' के इसी खोखलेपन को यहाँ दर्शाया गया है साथ ही ग्रामीण युवकों में मिट्टी–कीचड़ के प्रति प्रेमाकर्षण जाग्रत हुआ है। ग्रामीण जीवन सात्विक मनोभाव, सादगीमय जीवन प्रवाह एवं निस्वार्थ सेवापरायण का संगम स्थल है।

'माटीमटाल' में लेखक ने ओड़िया ग्रामीण जीवन के द्वन्द्व, हताशा, समन्वय एवं मानवता को वर्णनात्मक शिल्प कला के माध्यम से प्रस्तुत किया है। इसमें स्वातन्त्र्योत्तर ओड़िशा प्रान्त के ग्रामीण समाज के सामाजिक एवं सांस्कृतिक विच्छिन्नताबोध की सच्ची तस्वीर खींची गई है। उपन्यास नायक रवि की सात्विक मनोभाव के सुखद परिणाम स्वरूप आदर्श ग्रामीण समाज निर्माण का सफल रूपायन हुआ है। बई मलिक के सामने रवि अपने विराट अभियान की मकसद स्पष्ट करता हुआ कहता है, "सिर्फ कहने से नहीं होगा, सोचने से नहीं होगा, कर्म करना होगा। कौन करेगा ? हम लोग करेंगे। प्रत्येक घर हिंसा से मुक्त एक पवित्र निर्मल दुर्ग होगा, प्रत्येक मनुष्य शान्ति एवं मैत्री का अग्रदूत होगा। एक विराट भातृ प्रेम एवं सौहार्द्र भाव घर–घर में, गाँव–गाँव में निर्मित होगा। सिर्फ मुँह से कह देने से नहीं होगा, कार्य करके दिखाना होगा। सुख–दुख में, सम्पत्ति–विपत्ति में सभी लोग भाई–भाई हैं, एक हैं।"[35]

ग्राम जीवन के सुख–दुःख, स्वार्थवादिता, बन्धुत्व–प्रेम आदि केवल बाह्य रंग है। ग्रामीण जनता में जीवन की अखण्ड आनन्द की भावना जीवन्त रूप में मौजूद है। यहाँ लेखक ने जीवन को एक संग्राम के रूप में ग्रहण किया है और परिस्थिति से अविरल संघर्ष करता हुआ मनुष्य का असली रूप दिखाने के लिए व्यग्र हो उठा है। साथ ही इस जीवन संग्राम के पीछे अन्तर्निहित सामाजिक, आर्थिक, राजनीतिक एवं आध्यात्मिक कारणों को उद्घाटित करने के लिए लेखक आगे बढ़ा है और इसमें सतशः सफल भी हुआ है।

"दिगदिहुड़ी' स्वातन्त्र्योत्तर कालीन परिवर्तनशील ग्रामीण समाज की प्रतिछवि है। पहले जिस कुलीन आभिजात्य परिवार की बहू–बेटियाँ घर के अन्दर अधिष्ठात्री देवी के रूप में बैठी रहती थीं। परन्तु आज की नारियों ने परिवर्तनशील समाज के नूतन प्रकाश में जीवन जीने का नवीन पथ ढूँढ़ निकाला है।"[36] ग्रामीण समाज में निम्न मध्यमवर्गीय परिवार की नारी घर की चारदीवारी में कैद होकर सारे पारिवारिक संतापों, विड़म्बनाओं को सहती है और घर के अन्दर अधिष्ठात्री देवी बनकर रह जाती है। जिससे उसका परिवार विनाश की अन्तिम कगार तक पहुँच जाता है। जबकि नारी घर की प्राचीन परम्परा की लक्ष्मण रेखा पार करके अपने परिवार की सुख–समृद्धि में महत्वपूर्ण भूमिका निभा सकती है।

'दिगदिहुड़ी' में एक विधवा नारी रमा देवी और उनकी विधवा बेटी रमा घर की चार

दीवारी फाँदकर घर से बाहर निकलती है एवं परिवार के भरण पोषण का भार अपने कन्धे पर लेती है, जिससे परिवार की आर्थिक धुरी मजबूत हो पाती है। मायादेवी की आर्थिक दुरावस्था दूर करने के लिए मुहल्ले की रेवती, मुषा की पत्नी, अधरी बोऊ, शान्ती बोऊ आदि औरतें उन्हें उचित सलाह देती हैं। मायादेवी सारी ग्रामीण प्राचीन रूढ़िवादी परम्पराओं को तोड़कर हुमुरा गाँव के योगेस्वर चौक में एक भोजनालय खोलती है, जिससे उसके परिवार का भरण पोषण हो पाता है। वह अपने वैधव्य के विड़म्बनापूर्ण जीवन में सुख–समृद्धि की नई दिशा निर्धारित करती है। ग्रामीण औरतों का आन्तरिक चित्त संघर्ष, आपसी कलह, ईर्ष्यालु मनोवृत्ति के साथ–साथ उनकी सहयोग मनोवृत्ति, उचित मार्गदर्शन, उन्नत सुधारवादी विचारों का समन्वित रूप उपन्यास में दृष्टिगोचर होता है।

ग्रामीण लोगों में शिल्पोद्योग के प्रति तीव्र आक्रोश दृष्टव्य है। गाँव में धान मील की प्रतिष्ठा से ग्रामीण महिलाओं की प्राचीन मान्यताओं, धर्मान्धता को एक विधवा औरत पेची बोऊ के माध्यम से लेखक ने प्रस्तुत किया है। पेची बोऊ गाँव की ठकुराईन देवी के सामने अपने बाल खोल कर सिर पटकती हुई कहती है "माँ! से जन्तरटा आम दाना मारुछि, ताकु एमिती मन्तर करिदे जेमिती से अचल होई पड़ी रहिब जे हलर–हलर कण टीके बोली चंकिब नाहीं।" (माँ! वह मशीन हमारी रोजी छीन रही है। उसे ऐसा मंत्रा लगादे जिससे वह अचल होकर पड़ी रहेगी और हलर–हलर की आवाज करती हुई धान की पिसाई नहीं कर सकेगी।)[37]

'बन गहनर तले' अर्थात घने जंगल के नीचे निरानन्द जीवन जीने वाले पहाड़ी आदिवासी अंत्यजों का प्रेम संबन्ध उपन्यास में चित्रांकित है। दो आदिवासी प्रेमी युगल मागता–लता और बाया–सुना के प्रेम संबन्ध को लेकर उपन्यास आगे बढ़ता है। आदिवासी जनों के सात्विक प्रेम सम्बन्ध का चित्र खींचता यह उपन्यास किनाम, पुची, सीपी और बड़गुड़ा गांव के सामाजिक जीवन से हमें परिचित कराता है। आधुनिक सभ्यता संस्कृति से दूर घने जंगल में, पहाड़ प्रदेशों में, प्रतिकूल परिवेश में सघर्षमय जीवन जीने वाले आदिवासियों का सात्विक जीवन हमारी पुरानी आदिम संस्कृति के करीब हमें ले जाता है। उन आदिवासियों के जीवन में आधुनिक सभ्यता का खोखलापन, अधूरापन तथा अविश्वास बोध नहीं है। उनका जीवन सात्विक, निरानन्द, विश्वास बोध, एकात्म बोध से परिपूरित है।

पहाड़ी अंचल के गांव में पर्व–त्योहार मनाने की सात्विक परंपरा गतिशील है। आदिवासी समुदाय के लोग हर पर्व को बड़ी धूम धाम से हर्षोल्लास से मनाते हैं। चैत पर्व फाल्गुन पर्व, नुआ खाई, मेरिया पर्व, जुड़ो पर्व आदि के अवसर पर युवक–युवतियां, बूढ़े–बूढ़ियां, बच्चे–बच्चियां सभी मिलकर भाव विभोर होकर नाच–गान में मशगुल हो जाते हैं। चैत पर्व के अवसर पर शाम को कन्ध जाति के आदिवासी लोग खुले जगह पर इकट्ठे होते हैं, रात भर नाच–गान होता है, बाजे–गाजे बजते हैं, शराब पीते हैं, नशे में झूमते हुए

अपने हृदय के उच्छवास व्यक्त करते हैं। चैत पर्व का अति सुन्दर चित्र यहां लेखक ने खींचा है–'' एक तरफ से कुछ कन्ध युवक और दूसरी तरफ से कुछ कन्ध युवतियां गीत गाती हुई आगे बढ़ती हैं। सिर पे रंग–बिरंगे फूल खोंसे हुए हैं। रंगीन देसी कपड़े पहने हुए हैं। युवक हाथ में सांगू, डुंग डुगा और वंशी आदि आदिवासी वाद्य यंत्र पकड़े हुए हैं। सिर में, हाथ में जंगली पेड़ के पत्ते, रंग बिरंगे कपड़े। युवक–युवतियां सभी लोग पैरों में धुंगरु बांधे हुए हैं।''[38]

सीपी गांव के स्वर्गीय मेसाका पेंगु के लड़का बाया, एक गरीब घराने का नेकदिल इनसान है। बचपन में ही उसके मां–बाप चल बसे हैं। बाप को बाघ ने खाया तो उसकी आत्मा बाघ डुमा बन गई और मां को सांप ने कांटा तो उसकी आत्मा सांप डुमा बन गई। मां–बाप के चले जाने के बाद बाया अकेला एक झोपड़ी में रहता है, मेहनत–मजदूरी करके रोजी रोटी चलाता है। बाया पुची गांव के जानी यानी गौंटिया प्रमुख काझाका भेड़िका की बेटी सुना से प्यार करता है। यद्यपि बाया निम्न घराने का गरीब लड़का है, जो सुना की बराबरी नहीं कर सकता। पर अनजाने में ही उसे सुना से प्यार हो गया है। सुना जीद पकड़ के बैठ गई है कि वह बाया से ही शादी करेगी, किनाम गांव के जानी प्रमुख मिलिका नोका के बेटे मागता से नहीं।

बाया अपनी प्रेमिका सुना को समझाता हुआ कहता है–'' क्या कहूंगा मैं सुना ? मेरा दुख तू क्या समझेगी ? गर्मी के दिनों में– इस कुड़िया के नीचे जहां चूहे बील बनाते हैं, उन्हीं बीलों में से छोटे–छोटे मुंह उठाकर, जलन भरी आंखों से सांप निहारने लगते हैं। एक दिन, इन्हीं सांपों में से एक सांप ने मेरी मां को कांटा। मेरी मां मर गई। रात को डर के मारे मैं बाहर निकल आता हूं। कितने दुख है मेरे जीवन में। तुझे क्या बताउं सुना ? जंगली जानवर, जंगली कन्दमूल, फल मूल, काई, उइटांकु, जंगली फल मेंढक, यही मैं खाता हूं। कभी कभार मैं पेज (रसीला चावल) पकाता हूं।''[39]

बाया उसे समझाता है कि उसके पास रहने के लिए न तो अच्छा घर है और न खाने के लिए अनाज–चावल। सुना उसके साथ शादी करके सुख भोग नहीं सकेगी, उसे दर–दर की ठोकरें ही खानी पड़ेगी। सुना अपनी प्रतिक्रिया इन शब्दों में जाहिर करती है–''सकूंगी, तुम्हारे साथ रहकर सारा दुख–संताप सह लूंगी। पहाड़ के उस तरफ निमगिरि पर्वत पर जो कन्ध जाति के लोग घर बसाए हुए हैं, वे कैसे हैं। हम पहाड़–जंगल में आग लगाएंगे। हम दोनों मिलकर (पोडु चाष) जंगली जमीन जलाकर खेती करेंगे। यही अच्छा होगा बाया। तू आगे आगे चलेगा, तेरे पीछे–पीछे मैं चलूंगी, मैं तेरा हाथ पकड़कर चलूंगी। हमारा घर कितना बड़ा है, हमारा राज्य कितना बड़ा है। देख चारो तरफ को। ओह, नजरें नहीं फिर रही हैं।''[40]

बड़गुड़ा गांव के साहुकार गुरुमूर्ति पूरे पहाड़ी इलाके में अपनी साहूकारी की जाल

बिछाते हैं। गरीबों का, आदिवासी निरक्षर लोगों का शोषण–दोहन में उनके मुनसिर पी. पटनायक उनका साथ देते हैं। पूरे इलाके के आदिवासी लोग साहूकार से कर्ज के बदले में जमीन लिखवा देते हैं, अपनी ही जमीन पर मेहनत–मजदूरी करके आदिवासी लोग सारा अनाज साहूकार के घर पहुंचा देते हैं। बिरसू कन्ध एक ऐसा ही गरीब–कर्जदार आदिवासी है जो साहूकार गुरुमूर्ति के पास वर्षों से मेहनत मजदूरी कर रहा है। उसके बाप ने साहूकार से तीन सौ रुपए कर्ज लेकर सारी जमीन लिखवा दी है। बिरसू साहूकार के चंगुल से अपनी जमीन छुड़वाने के लिए साहूकार के पैर पकड़ता है, गिड़गिड़ाता है, तब जाकर साहूकार उस पर तरस खाता है, उसकी जमीन वापस करता है।

लेखक की कलम से,"बिरसू लम्बा होकर जमीन पर साहूकार के पैरों तले लेट गया। जमीन पर लेटा हुआ विनती करने लगा, मर जाउंगा साहूकार, कोर्ट में दावा–आपत्ति कर देंगे तो मर जाउंगा, आपके खिलाफ केस नहीं लड़ पाउंगा। मेरी पहाड़ी जमीन मुझे दे दे। मैं खेती करुंगा। तेरा धर्म होगा।"[41] साहूकार बिरसू पर थोड़ा तरस खाता है, उसे जमीन तो वापस करता है, पर सलाना दस पुटी पाची यानी दस बोरा अनाज देने की शर्त रखता है और जमीन की मालगुजारी खुद जमा करने को कहता है। इतने पर भी साहूकार उसे चार दिन बाद फिर गवाह लेकर आने की बात करता है तब कागजी कार्यवाही करके जमीन वापस करने को राजी होता है।

किनाम गांव का सारका पेंगु साहूकार के पास जाकर कर्ज के तौर पर कुछ रुपए के लिए गिड़गिड़ाता है। साहूकार गुरुमूर्ति का मुनसिर पी. पटनायक उर्फ जग्गा राओ सारका पेंगु को अपनी जाल में फंसाता है। सारका साहूकार से तीन कोड़ी यानी साठ रुपए कर्ज लेता है और बदले में अपनी जमीन लिखवा देता है। सारका छह वर्ष तक साहूकार के पास मेहनत–मजदूरी करेगा। हर साल दस रुपए के हिसाब से कर्ज के रुपए कटेंगे। जब तक सारे रुपए कट नहीं जाते, सारका साहूकार के पास खम्हारी नौकर के रुप में काम करता रहेगा। मुनसिर पटनायक सारका पेंगु और गवाहों के सामने पद्दु बॉण्ड पढ़ कर सुनाते हैं, सभी लोगों के अंगुठा निशान लिए जाते हैं, फिर सारका साठ रुपए लेकर वहां से रवााना होता है।

सारका पेंगु को जाल में फंसाते हुए पी. पटनायक कहते हैं–सुना पेंगु, यदि दूसरे घर में व्याज लेकर पेट पोषना चाहता है तो, मैं जो बोल रहा हूं, सुन। तेरी जमीन तेरे पास रहेगी। तू उस पर खेती करके खाएगा। रुपए लेगी, इधर–उधर भटक कर दूसरों के घर काम क्यों करेगा ? ठण्ड है, बारिश है, सेहत है। जिस दिन काम पर नहीं जाएगा, उस दिन उपवास रहेगा।"[42] पटनायक सारका के प्रति झूठी सहानुभूति व्यक्त करते हुए उसे साहूकार के चंगुल में फंसाते हैं ताकि सारका जिन्दगी भर साहूकार के घर में बन्धुआ मजदूरी करता रहे, जानवरों की तरह खटता रहे। और अन्ततः सारका की जमीन पर साहूकार का अधिकार

हो सके, उनके नाम पर पट्टा बन्दी हो सके।

बाया अपनी प्रेमिका सुना को पाने के लिए (टंका झोला) सगुन के रुपए एवं भोजी भात का इन्तजाम करने लगता है। बुधिया डम्ब के साथ साहूकार के पास जाकर कर्ज के लिए गुहार लगाता है, साहूकार के पैरों तले गिरकर गिड़गिड़ाता है। पर साहूकार उस पर तरस नहीं खाता और वहां से भगा देता है। बाया निराश होकर बुधिया के साथ घर लौटता है, रास्ते में बुद्धि उसे एक योजना बताता है कि क्यों न साहूकार के घर चोरी करके टंकाझोला के लिए रुपए इकट्ठे कर लिए जाएं। सुना के प्यार में पागल बना बाया बुद्धि के साथ मिलकर साहूकार के घर चोरी करने को तैयार हो जाता है।

बाया और बुद्धि साहूकार के घर चोरी करके रुपए, भैंसा, बकरी आदि उठा ले आते हैं। पुलिस की जांच–पड़ताल से डरकर बुद्धि डम्ब चोरी का इल्जाम बाया के सिर पर मढ़ देता है। बाया पुलिस के डर से घर से भाग जाता है और सुना को साथ लेकर उपर पहाड़ी की ओर चढ़ जाता है। सुना चोरी की बात सुनकर डरने लगती है कि कहीं बाया पकड़ा न जाय और उसे (शिक्षा) जेल न हो जाय। बाया उसे आस्वासन भरे स्वर में कहता है– तू क्यों डर रही है। मैंने चोरी नहीं की है। बुधिया मुझे बुलाकर ले गया था। मैं उसके साथ दाकालगुड़ा गांव गया था। बनमाली साहूकार के घर चोरी करने बुधिया गया था। मैं नहीं गया था। पेड़ के नीचे मैं खड़ा था। उसने चोरी की। मैं उसके साथ में था। उसने मुझे सबकुछ थोड़ी न दिया ? सबकुछ उसने ले लिया। मुझे थोड़ा सा दिया।''[43]

बुधिया डम्ब यहां एक बहुत बड़ा खेल खेलता है। वह किनाम गांव का बारिक (नाई) है। स्वभाव से चतुर और तिकड़मबाज है। लोगों को फंसाना, आपस में लड़ाना और अपना काम निकालना उसका काम है। बुद्धि सारका पेंगु पुलकी को बहला फुसलाकर मागता के साथ भागकर शादी करने को उकसाता है। दूसरी तरफ बाया को चोरी केस में फंसाकर जेल भेजने और मागता सुना की शादी कराने की योजना बनाता है। मागता उसकी बातों में आकर झूठी गवाही देकर बाया को शिक्षा कराने यानी जेल भेजने की साजिश रचता है। बुद्धि मागता को झूठी गवाही देने के लिए इस तरह से प्रलोभन दिखाता है कि वह नकार नहीं सकता, पुलिस के सामने झूठी गवाही देकर बाया को जेल भेज देता है।

बुद्धि डम्ब चालाकी से मागता को अपनी गिरफ्त में ले लेता है। मागता सुना को पाने के लिए बुद्धि की बातों में आकर झूठी गवाही देने के लिए तैयार हो जाता है। उधर बाया को सुना को पाने की लालसा दिखाकर चोरी करने के लिए बहकाते हैं। सुना को लेकर बाया और मागता दोनों गलत रास्ता अख्तियार कर लेते हैं। मागता बुद्धि के सामने कहता है–''हां, मैंने समझ लिया। हमने उसे पूछा, उसने कुछ नहीं कहा। बारिक के हाथ से हाथ छुड़ाकर वह भागने लगा। यही कहने की बात तूने सिखाई न बारिक ? मैं भूल जाउंगा क्या ? बाया चोर हो जाएगा, बाया को (मुनसी) पुलिस पकड़ ले जाएगा। (शिक्षा) जेल

कराएगा। सुना मेरी धांगड़ी पत्नी होगी। नहीं क्या बारिक ? पुंगी के साथ पुलकी रहे।''[44]

बाया के जेल चले जाने से सुना के सपनों का संसार उजड़ जाता है, सब कुछ बर्बाद हो जाता है। सुना की शादी मागता के साथ कर दी जाती है। मागता के साथ शादी करके सुना खुश नहीं रह पाती है। वह हमेशा अपने प्रेमी बाया के लिए मरती रहती है। मागता शराब के नशे में दिन भर झूमता रहता है, आलसी होकर इधर–उधर घुमता रहता है, मेहनत–मजदूरी कुछ नहीं करता, दूसरी औरतों–लड़कियों की तरफ बूरी नजर गाड़े रहता है। सुना का वैवाहिक जीवन दुखमय हो गया है, उसे मागता रुपी खुटे पर बांध दिया गया है और सुना गरीब गाय बनकर दहशत भरी जिन्दगी जीने को मजबूर है।

'का' एक पारिवारिक उपन्यास है। इसमें गांव विशेष की पारिवारिक जीवन जिज्ञासाओं का सफल रुपांकन हुआ है। गांव देहात के सात्विक उन्नत जीवन आत्मियताबोध तथा विश्वासबोध का चित्रण मनोवैज्ञानिक ढंग से हुआ है। अभया की पुत्रवधू नन्दिका को केन्द्र में रखकर उपन्यास का ताना बाना बुना गया है। ग्रामीण परिवार में सास–बहू के बीच, ननद–भाभी के बीच, पति–पत्नी के बीच, सौतन–सौतन के बीच के प्रेममय सम्बन्ध का सुन्दर रुपांकन हुआ है। नन्दिका अभया की बड़ी बहू है, घर की लक्ष्मी है। वह घर की सारी जिम्मेदारी बड़ी होसियारी से निभाती है। वह गांव–परिवार में निम्न मध्यम वर्गीय परिवार में पली–बढ़ी है। वह मायके में घर–गृहस्थी का सारा कामकाज सिख कर ससुराल में आयी है। गांव की माटी की महक को नन्दिका ने बखूबी महसूस किया है।

गांव–देहात में पहले लड़कियों को स्कूल भेजने की एक मर्यादा होती थी। बारह–तेरह वर्ष की उम्र तक ही लड़कियां स्कूल जाती थीं, तत्पश्चात उनकी पढ़ाई वहीं से बन्द कर दी जाती थी। जवान लड़कियों के हाथों में चुड़ियां और पैरों में पायल धारण कराकर उनके हाथ–पांव बांध दिए जाते थे। आजादी के आस–पास के समय में हमारे देश के गांव–देहात में लड़कियों की उच्च शिक्षा पर पाबन्दी लग जाती थी। लड़कियां घर की चार दीवारी में कैद रहकर घर–गृहस्थी की चक्की में पिसती रह जाती थीं, बाहरी दुनिया से बिल्कुल अनजान होकर चुल्हा–चौका तक ही सीमित रह जाती थीं। पर जैसे–जैसे युग बदलता गया, आधुनिकता का समावेश ग्राम जीवन में होता गया, गांव की तस्वीर बदलने लगी। लड़कियां बड़ी होकर, जवान होकर भी स्कूल–कॉलेज जाने लगीं, उच्च शिक्षा हासिल करने लगीं।

आजादी के आस–पास के ग्राम जीवन में विशष रुप से ओड़िशा के ग्राम जीवन में नारी की स्थिति का जीक्र करते हुए लेखक लिखते हैं–'' गांव–गलियां में मुहल्लों के छोटे–छोटे बच्चे लड़के–लड़कियां धूल खेलते खुशी मनाते हैं, गाली–गलौज, हंसी–रुलाई किया करते हैं। गांव के स्कूल में पढ़ाई–लिखाई, शिक्षकों का स्नेह, अनुशासन। गांव में धागा तैयार करना, कपड़ा बुनना, बगीचे के पेड़–पौधे में पानी देना जैसे काम लड़कियां किया

करती हैं। दसवें के बाद ग्यारहवें साल चलते ही लड़कियों की पढाई पर पाबन्दी लग जाती है। लड़कियां फ्रॉक पहना छोड़कर साढ़ी पहनना शुरु कर देती हैं, उनमें शर्म–हया का संचार होने लगता है। घर के अन्दर घर–गृहस्थी और सांसारिक शिक्षा। हमेशा डाट–डपट जैसा बर्ताव।''[45]

अभया अपने तीनों बच्चों–सुनन्द, आभा और शोभा को लेकर घर–गृहस्थी सम्भालने लगी। गांव वालों की कुदृष्टि के बावजूद अभया ने घर को संभाला, खेती बाड़ी करके, अच्छी फसल पैदावार कराके घर की आर्थिक धुरी को मजबूत बनाया। बच्चे बड़े होने लगे। अभया ने खेत में नारियल साग–सब्जी, कीमती पेड़–पौधे के साथ–साथ अनाज की अच्छी पैदावार कराकर आर्थिक हालत में विशेष सुधार किया। उन्होंने दोनों बेटियों की शादियां करकर ससुराल भेजीं। उपरवाले की कृपा से सुनन्द की शादी भी नन्दिका से तय हुई। नन्दिका जैसी सुशील, सरल स्वभाव की लड़की को बहू के रुप में पाकर अभया बहुत खुश हो गई। वह नन्दिका को बहू की तरह नहीं बेटी की तरह बड़े ही स्नेह से प्यार–दुलार से रखती है।

अभया का परिवार अब सुख–समृद्धमय हो गया है। घर में धन–संपत्ति, रुपए–पैसे की कोई कमी नहीं है। सुनन्द अब अपने चचेरे भाई राजीव के साथ शहर में कारोबार बढ़ाने लगा है। घर में नौकर– चाकर हैं काम करने के लिए। नन्दिका घर की सारी जिम्मेदारी निभाती है। घर की लक्ष्मी के रुप में वह सभी का खयाल रखती है, सुख–दुख समझती है। उसके पास सबकुछ होते हुए भी एक चीज की कमी है– औलाद की। नन्दिका की कोख अब तक शादी के सात–आठ साल बाद भी सुनी है, अब तक कोई बच्चा उसकी गोद में नहीं खेल पाया है। अभया के पोता–पोती का अरमान अब धीरे धीरे क्षीण होने लगा है। आखिर एक दिन वह बहू नन्दिका से सुनन्द की दूसरी शादी कराने की मनसा जाहिर कर ही डालती है।

अभया अपने बेटे सुनन्द के सामने उसकी दूसरी शादी कराने की बात तो कहने की हिम्मत नहीं जुटा पाती, बहू नन्दिका को कह डालती है। सुनन्द की दूसरी शादी की बात सुनकर नन्दिका बिफर पड़ती है। ''नन्दिका का विद्रोही तेवर सिर उठाने लगा। धैर्य की मजबूत खूंट उखाड़ने लगी, मानों कोई सांड तगड़ी रस्सी तोड़कर नुकीली सींगों से अभया का शरीर फाड़ डालेगा। अरी दुनिया की यही दस्तुर है। आठ साल की सेवा, भक्ति, भल मनसिहत, सर्वसहा गुणों का यही परिणाम ? किस्मत पिछड़ गई तो क्या ये लोग भी डटेंगे, यातना देंगे ? देखते ही देखते उसकी सासु मां उसे बीच मझधार में धकेल देगी। बेटे के सामने मन की बात कहने की हिम्मत नहीं है, दूसरे की बेटी का सर्वनाश करने के लिए उसे ही दूतिका बनाएगी, उसी का इस्तमाल करेगी।''[46] आखिर अभया अपनी बहू को राजी कर ही लेती है कि दूसरी पत्नी आएगी और अपने वंश को आगे बढ़ाएगी। अभया को अपने वंश को आगे बढ़ाने की फिक्र है, जबकि नन्दिका के लिए यह जहर का घूंट पीने जैसा ही

आत्मघाती फैसला है।

विशिष्ट समालोचक डॉ. विभूति पटनायक के अनुसार–''कान्हुचरण महान्ती एक आत्ममग्न कथाशिल्पी हैं। वह ओड़िशा के गांव परिवेश के कथाकार हैं। 'छ माण आठ गुंठ', मामुं, लछमा, कनकलता, मलाजन्ह, माटीर मणिष आदि उपन्यासों में ओड़िशा के ग्राम जीवन का चित्र जीवन्त हो उठा था, उन्हीं समस्याओं से घिरे हुए गांव, वहां निवास कर रहे विभिन्न समुदाय के गरीब, निम्न मध्यम वर्गीय परिवार के लोगों के सुख–दुख,हंसी–रुलाई आदि कान्हुचरण महान्ती के उपन्यासों में नए रुप में चित्रित हैं। काल्पनिक एवं यथार्थबोध की अपेक्षा आत्मानुभूति परक यथार्थता उनके उपन्यासों का मूल संबल है।''[47]

'कालान्तर' उपन्यास समुद्र तटवर्ती ग्रामीण इलाकों के संघर्षमय जीवन का जीवन्त दस्तावेज है। चक्रवाती तूफान का संत्रास झेल रहे मुक्तापुर, हरिपुर जैसे गांव की यथार्थ तस्वीर यहां खींची गई है। मुक्तापुर के सरस्वती मण्डप के इर्द गिर्द ही पुरा उपन्यास चक्कर काटता है। वहां के लोगों के आपसी संघर्ष, वैमनस्य भाव, सांस्कृतिक मूल्य हीनता को उजागर करता यह उपन्यास एक युग के अन्त का संकेत देता है। उपन्यास के प्रारंभ में ही मुक्तापुर गांव की सरस्वती पूजा का सात्विक वातावरण चित्रित है।''महान्ती टोली के सरस्वती मण्डप में, दूसरे वर्षों की सरस्वती के चक्षुदान के लिए, अभी से बाजे गाजे वालों का नगाड़ा, ढोल, शहनाई आदि की शुरुआत में 'धीरे धेन कानन रे कृष्ण बिलम्बित' की रागिनी राग अलापने लगती है। नगाड़े को आग से सेकते हुए बजानेवाले एक–दो प्रहार कर रहे हैं। फिर गहरी नींद की तन्द्रा कुछ पल के लिए छा जाती है।''[48]

सागर तट में बसा हुआ मुक्तापुर गांव तूफान की साया में धिरा रहता है। जब देखो वहां तूफान की विनाश लीला होती रहती है। तूफान का संकेत पाकर दोल गोविन्द अपना सारा सामान समेट कर सुरक्षित जगह में चले जाने की योजना बना रहे हैं। नौकर कुलमणी उर्फ कुलिया को डांटते हुए दोल दादी वहां से जल्द से जल्द चले जाने को कहते हैं। कुलिया मवेशी खाने में घुस कर दोल दादी बीड़ी ढूंढने लगता है। मवेशीखाना में बीड़ी ढूंढते हुए कुलिया कहता है– ''तुम्हारे हाथ में तो घड़ी है, हम लोग अपने–अपने हाथ में घड़ी क्या पहन रखी है ? अभी तो सुबह हुई है। भोर से ही तो मेघ–हवा–पानी।''[49] बारिश का पानी अभी छत से थप–थप गिर रहा है। कुलिया बीड़ी को कान में खोंसता हुआ अपने कुवड़े पांव बढ़ाता हुआ गांव–गली में तेजी से चलने लगता है।

केतकी इस उपन्यास की एक अभिनव चरित्र है। मुक्तापुर गांव में अपने मायके में ही दहशत भरी जिन्दगी जीने के लिए वह मजबूर है। उनके पिताजी हर शतपथी के स्वर्गवास हो जाने के बाद वह बिल्कुल अकेली पड़ गई है। उसकी थोड़ी सी जमीन है, जिसे हथियाने के लिए उसके चाचा–चाची तथा परिपार के लोग कई तरह की तिकड़मबाजी खेलते हैं। दामोदार शतपथी अपने बारह साल के बेटे रामचन्द्र को केतकी की गोद में बिठाकर उसकी

सारी जमीन–जायदाद हथियाना चाहते हैं। लेखक के शब्दों में, ''कानून के साथ खिलवाड़ करके कई लोगों ने केतकी की भाव प्रवणता का नाजायज फायदा उठाना चाहा। हर शतपथी दौड़–धूप करने लगे, उनके इलाज के बारे में क्या उन्होंने कभी सोचा ? हर शतपथी की मौत से उनकी अरथी उठने के बाद उनकी पत्नी यानी दाम शतपथी की भाभी बिना खाए–पीए घन्टों तक आंगन में बुरी हालत में पड़ी रही। दाम शतपथी या उनकी पत्नी किसीने भी उनका खयाल नहीं रखा, मुंह पर एक बूंद पानी तक नहीं दिया। अब संपत्ति के लोभ से दाम और उनकी पत्नी केतकी को याद करने लगे हैं।''[50]

मुक्तापुर गांव में पुराणपंथी पुराने खयालात के लोगों की कोई कमी नहीं है। अनाम दास बाबाजी भविष्य वाणी करते हैं कि बहुत ही जल्द सुनामी आने वाली है। पुराणपंथी–ज्योतिष अर्जुन पटनायक एवं ग्रहविप्र गणिनाहक दोनों ही अपना–अपना पाण्डित्य बखानने में कोई कसर नहीं छोड़ते हैं। गांव के मुकुन्द प्रधान, गन्धर्व, गजि राउत, गोविन्द स्वाईं जैसे उदण्ड प्रकृति के लोग अनाम दास को गधे के पीठ पर बिठा कर गांव का चक्कर लगा देते हैं। बाबाजी के इस अपमान से गांव में तूफान आ खड़ा हुआ है, तबाही मची हुई है। ज्योतिष लोग इस तूफान को पूर्व निर्धारित, ज्योतिष शास्त्र उल्लिखित बताते हैं। इसका विरोध गन्धर्व के इस कथन से स्पष्ट हो जाता है–'' पांजी–पोथी की सारी बातें गंजेड़ी बातें हैं। पांजी–पुराण में लिखे होने की बात क्यों कह रहे हो। मैंने क्या रेडियो से नहीं सुना था कि बालेश्वर से सौ मील दूर बंगाल की खाड़ी में कम दबाव का क्षेत्र बना हुआ है। एक सौ बीस किलोमिटर रफ्तार से हवा बहने की खबर रेडियो से प्रसारित हुई थी।''[51]

विभूति पटनायक के ग्रामांचल के उपन्यासों में ओड़िशा के ग्रामीण परिवेश का सूक्ष्म चित्रण हुआ है। ओड़िया के विशिष्ट साहित्यकार सारंगधर दास के प्रतिष्ठित पत्रिका 'कृषक' के संपादक के रुप में काम करते हुए आपको ओड़िशा के गांव देहात में जाने, गांव के लोगों के साथ सुख–दुख होने का अवसर मिला था। इस संदर्भ में डॉ. बाउरीबन्धु कर का कथन गौरतलब है–''गांव के लोगों की जीवन प्रणाली से विभूति पटनायक संपूर्ण रुप से परिचित थे। उनो 'एई गां एई माटी', 'एई मन बृन्दाबन', 'हस कान्दर छन्द' सरीखे उपन्यासों के ग्राम परिवेश का प्राकृतिक चित्र प्रभावशाली बन पड़ा है। गांव देहात के छुआ–छूत भेद भाव, सरल प्राण लोगों के प्रति साहूकार–महाजनों का शोषण–उत्पीड़न, गरीबों के प्रति अमीरों के अत्याचार, ग्रामोन्नति की कार्य योजनाओं में अनियमितता–घुयखोरी आदि समस्याओं का सफल रुपांकन विभूति पटनायक के उपन्यासों में हुआ है।''[52]

'एई गां एई माटी' विभूति पटनायक जी का एक ऐसा उपन्यास है जो आजादी के बाद के बदलते गांव का असली स्वरुप प्रस्तुत करता है। आजादी के बाद गांव–देहात में शिक्षा का प्रचार–प्रसार, आधुनिक कृषि प्रणाली की बहाली, औद्योगिक प्रतिष्ठानों की स्थापना से गांव की जो तस्वीर बदलने लगी, उसी तस्वीर का सुन्दर रुपांकन इस उपन्यास में हुआ

है। गांव में स्कूल की स्थपना से बच्चे पढ़ने लगते हैं, बढ़ने लगते हैं। पढ़ लिख कर नौकरी करने लगते हैं, व्यापार करने लगते हैं। केवल कृषि पर आधारित न रह कर अन्य क्षेत्रों में भी काम करने लगते हैं। जिससे ग्रामीण जीवन में तरक्की होने लगती है, आर्थिक सामाजिक जीवन स्तर सुधरने लगता है। लोग उन्नत जीवन जीने की शुरुआत करते हैं। जमींदार–साहुकार, मठ–महन्तों के शोषण–दोहन से मुक्त होकर स्वतन्त्र जीवन जीने लगते हैं।

राधा माधव मठ के महन्त कृष्ण चन्द्र दास पूरे गांव में अपनी धार्मिक प्रभुसत्ता कायम किए हुए हैं। पूरे गांव तथा आस पास के कई गांव के लोग इस धार्मिक स्थल पर आकर ईश्वर का पूजन–अर्चन करते हैं। गांव के हरिजनों को मन्दिर प्रवेश का निषेध है। कोई भी हरिजन मठ में प्रवेश नहीं कर सकता, बाहर से ही भगवान राधा–माधव की पूजा अर्चना करेगा। हरिजन अछूत जाति के लोग किसी धार्मिक सांस्कृतिक कार्यक्रम में भी शामिल नहीं हो सकते, दूसरे लोगों के साथ एक साथ बैठकर भोजी–भानस में भोजन नहीं कर सकते। हरिजन बच्चे स्कूल में दूसरे बच्चों के साथ बैठकर एक साथ पढ़ाई नहीं कर सकते, कक्षा में एक तरफ किनारे पर बैठकर पढ़ाई करेंगे । सनेई मलिक की बेटी केतकी मलिक स्कूल में पढ़ाई करके मैट्रिक पास कर चुकी हे। बेटी की पढ़ाई के खर्च के लिए सनेई महन्त महाराज के पास रुपए जब पैसे की सहायता की गुहार लगाता है, महन्त आश्चर्य चकित हो जाते हैं।

गांव में आए इस परिवर्तन से विक्षुब्ध होकर महन्त जी मन ही मन सोचने लगते हैं– ''यही कुछ दिनों से शिक्षा सभी घरों में पहुंच चुकी है। शिक्षा रुपी राहू जिन लोगों के घरों में प्रवेश कर रहा है, उन लोगों के अन्दर से धर्म भावना बिलुप्त होती जा रही है। क्या वह इस धर्म विरोधी भावों की बढ़ोतरी में सहायक हो सकेंगे।''[53]गांव में अब शहरी परिवेश की तरह सुख सुविधाएं होने लगी हैं। गांव में शिक्षा का प्रसार होने लगा है। गांव के लड़के लड़कियां अब स्कूल–कॉलेज में पढ़ाई करने लगे हैं। गांव में शहरों की तरह हैण्ड पम्प होने लगे हैं, हॉस्पिटल खुलने लगे हैं, स्कूल–कॉलेज खुल गए हैं, पक्की सड़कें बनने लगी हैं। गांव के लोग अब हैण्डपम्प से पानी निकालकर व्यवहार करने लगे हैं, पहले तालाब का पानी ही पीने के लिए इस्तेमाल करते थे। जिससे कई तरह की संक्रामक बीमारियां फैलती थीं।

कण्ठेश्वर भगवान के मन्दिर में नामयज्ञ का आयोजन हुआ है। पूरे इलाके के लोग नाम यज्ञ देखने आ रहे हैं। तुलसीवन गांव से भी औरतें यज्ञ देखने आई हैं। यज्ञ नहीं यह तो एक बड़ा मेला है, जहां जन–सैलाब उमड़ पड़ा है। गेल्हेई नानी, पदी बोउ, विनोदिनी, अनुराधा सभी औरतें यज्ञ देखकर वापस लौट रही हैं। शाम हो गई है, अन्धेरा अब होने लगा है, औरतें बतियाती हुई खेत की पगडण्डी पर पैदल जल्दी–जल्दी चलने लगी हैं। उन औरतों ने यज्ञ स्थल से कुछ से कुछ चीजें भी खरीदी हैं, जिन्हें हाथ में पकड़े हुए बातें करती हुई आगे बढ़ रही हैं। वहां का वातावरण कितनी सच्चाई से वर्णित है, –''पदी बोउ के

हाथ से गेल्हेई नानी कटहल और दही हण्डा ले लेती है। यज्ञ देखकर वापस आ रहे लोगों का काफिला आगे बढ़ रहा है। अब गेल्हेई नानी आगे बढ़ रही है। कन्धे में कटहल को रख कर बाएं हाथ में दही हण्डा को पकड़ी हुई पैदल चल रही है।"[54] गांव के दूसरे लोग भी उसी लय से आगे बढ़ने लगते हैं। यज्ञ देखने की इच्छा उनकी पूरी जो हुई, मन उनका पुलकित हो उठा है।

चांदनी रात है, आसमान साफ है। चांद आसमान में खिला हुआ अन्धेरे के साथ आंख मिचौनी खेल रहा है। शुभ्र चांदनी से धरती नहला रही है। अति शान्त–शीतल वातावरण है, कोई शोरगुल नहीं, कोई व्यतिक्रम नहीं। गांव के सरपंच मिछू महान्ती मिटिंग खत्म करके वापस घर में आए हैं। उनकी पत्नी सरधामणी से उनसे झगड़ने के मूड़ में रहती है। सरधामणी खाना खाकर सो चुकी है, दिन भर की मेहनत की थकान ने उसे नींद के आगोश में ले लिया है। मिछू महान्ती पत्नी से कहती है कि गांव में अब दूषित राजनीति प्रवेश कर चुकी है। गांव अब गुटों में बंटने लगा है, भेद भाव, विद्वेष भाव गांव के सात्विक वातावरण को दूषित करने लगे हैं। उनका बेटा रमेश पढ़ाई से ध्यान हटाकर सरफिरे लड़कों के साथ मिलकर क्लब गढ़ने में जुट गया है। रमेश मैट्रिक में फस्ट क्लास के साथ पास किया हुआ है, पर अब पढ़ाई से ध्यान हटाकर गांव की राजनीति में ध्यान देने लगा है। गांव के जागरुक शिक्षित व्यक्ति रघुमणी की प्रचेष्टा से नवयुवक क्लब का गठन हुआ है, जो गांव की उन्नति–प्रगति के लिए कार्य करने के लिए संकल्पबद्ध है।

गांव अब बदल चुका है। पुराने खयालात अब लोगों के दूर होने लगे हैं। प्राचीन संस्कार खत्म होकर अब आधुनिक–उन्नत संस्कार ग्राम–जनों में जाग्रत हो चुके हैं। गांव में अब गौंटिया–प्रजा, अमिर–गरीब, छुत–अछूत, जमीदार–किसान की दीवारें ढह चुकी है। तुलसीवन गांव में जमींदार उत्तरसिंह, महन्त कृष्ण चन्द्र दास का एकछत्र राज खत्म हो चुका है। देबी नदी की बाढ़ ने तुलसीवन गांव के सारे कूड़े–कचड़े साफ कर दिए हैं। साथ ही जमींदार नबघन सामन्तरॉय, उतरसिंह जैसे अमीर घरानों के मान–अभिमान, गर्व–घमण्ड सब कुछ खत्म हो गया है। उत्तरसिंह के बड़े बेटे दीनमणी को सरपंच चुनाव में करारी शिकस्त मिली है। उनके प्रतिद्वन्द्वी मिछू महान्ती चुनाव जीतकर सरपंच बने हैं, तब से उन दोनों के बीच दुश्मनी छिड़ गई है। गांव–देहात में पंचायती चुनाव से शत्रुता बढ़ गई है, मन मोटाव बढ़ गया है, आपसी संघर्ष बढ़ गया है।

लेखक इन्हीं बातों की ओर हमारा ध्यान खींचते हुए लिखते हैं–"जाति–पांति, वंश–परंपरा को लेकर जो गर्व–अहंकार उन लोगों में था, वह अब सात–स्वप्न हो गया है। इस साल सनेई मलिक की बेटी केतकी मैट्रिक पास करके ग्राम–सेविका बन गई है। कुशा कण्डरा का लड़का माधोई हाईस्कूल सार्टिफिकेट परीक्षा में सातवें स्थान रखकर स्कॉलरशीप पा रहा है। नीलकण्ठ मिश्र का बेटा चक्रधर चन्दर राउत की लड़की से शादी करके कटक

में रहने लगा है। कितने फेर बदल, कितने इधर–उधर हो गए हैं गांव में।''[55] गांव के लोगों की मानसिकता बदली है, जात–पात का भेदभाव अब मिटने लगा है। हरिजनों को अब तक जो अछूत माना जा रहा था, उनके साथ उठने–बैठने, मन्दिर में प्रवेश करने की चलन शुरु होने लगी है। जमींदारों–महाजनों के पैरों तले दहशत भरी जिन्दगी जीने वाले लोग अब पढ़ाई –लिखाई करके नौकरी करने लगे हैं, उन्नत जीवन जीने लगे हैं।

विनोदिनी अपनी पालित पुत्री अनुराधा के पास चली गई है। गांव–परिवेश के बदलते रुप को वह स्वीकार चुकी है। समय की मांग को वह बखूबी समझने लगी है। गांव अब उन्नत–आधुनिक होने लगा है। लोगों में उन्नत खयालात आधुनिक जीवन दर्शन समाहित होने लगा है। गांव में टाइल्स की फैक्टी स्थापित हो चुकी है। लोग उस फैक्टी में काम करने के लिए सुबह–सुबह पंक्तिबद्ध होकर निकलने लगे हैं। गंवई लोगों में सामाजिक–सांस्कृतिक–आर्थिक समृद्धि आई है। गांव से गरीबी, भुखमरी, आज्ञनता दूर हुई है, खुशहाली आई है। इसी समृद्धि–खुशहाली से पुरातन पन्थी महन्त कृष्ण चन्द्र दास हतप्रभ हैं। वे जमाने के साथ आगे बढ़ने में असमर्थ हैं, घायल पंछी की भांति उनके पंख टूट चुके हैं, उनकी हिम्मत टूट चुकी है। युग बदल चुका है, युग के साथ महन्त जैसे पुराने खयालाती लोगों को बदलना होगा, आगे बढ़ना होगा, अन्यथा जमाना आगे बढ़ जाएगा, वे लोग पीछे छूट जाएंगे। अब गांव की माटी गांव की हवा बदल चुकी है।

''उपन्यासकार विभूति पटनायक के 'एई गां एई माटी' में ग्राम जीवन की पंचवर्षीय योजना का प्रतिबिम्बन हुआ है। इसमें जाति भेद, अन्तर्जातीय विवाह, लोगों की आर्थिक दुरावस्था, महाजनों का गरीबों के प्रति शोषण, विवाहित नारियों के स्वभाव आदि यदुनन्दन, केतकी, इन्सपेक्टर शरत, देवदासी, अनुराधा, डक्टर रघुमणी, पुष्पा के प्रेम प्रणय के माध्यम से रूपायित हुए हैं। प्रगति के नाम पर अनैतिकता, स्वाधीनता के नाम पर स्वेच्छाचार, शिक्षा के नाम अपसंस्कृति, कानून और न्याय के नाम पर भय–शोषण, समाज सेवा के नाम पर स्वार्थी भावना आदि ने गांव के सरल, लाचार लोगों को प्रताड़ित किया है।''[56]

'वधू निरुपमा' आजादी के बाद के भारतीय ग्राम जीवन का जीवन्त दस्तावेज है। आजादी के बाद ग्राम जीवन में शिक्षा, प्रगति के प्रारंभिक दौर का चित्र दिखाई पड़ता है। निरुपमा गांव की बेटी है और गांव की बहू है। उसका पूरा बचपन गांव में व्यतीत हुआ है। शहर जाकर 'हॉयर स्टडिज' उसने जरुर हासिल की है पर ग्रामीण संस्कृति से पूरी तरह से ओत प्रोत है। यद्यपि निरु शहर में आधुनिक सभ्यता के संस्पर्श में आई है, फिर भी गांव–जीवन के सभी तौर तरीकों से परिचित है। निर्मल और निरु दोनों प्रेम विवाह करते हैं, जो गांव–परिवेश में ग्रहणीय नहीं है, उस समय भी और आज भी। गांव–देहात में ट्रेडिशनल मैरेज ही होते हैं, जहां जाति बिरादरी में ही संपन्न होते हैं। दूसरी जाति बिरादरी में शादी सामाजिक मान्यता के साथ संपन्न नहीं हो पाती। इस जाति बिरादरी के कड़े बन्धन को

निर्मल निरु दोनों ही तोड़ते हैं और संकीर्ण मानसिकता से ग्रामीण जनों को बाहर निकालने का काम करते हैं।

उपन्यास के आरम्भ में हम देखते हैं कि निर्मल शहर में कोर्ट मैरेज करके निरु को घर ले आया है। निर्मल के इस कोर्ट–मैरेज को गांव के लोग गलत नजर से देखते हैं, ब्राह्मण जाति के होने पर भी आचार्य और पण्डा बिरादरी को उंच–नीच के तराजू में तौलते हैं। गांव में उन दोनों की इस शादी के चर्चे होने लगते हैं। गांव के लोग इस प्रेम–विवाह को गलत नजर से देखते हैं क्योंकि गांव–देहात के लोगों में जात–पात का भेदभाव जड़ पकडा हुआ है। उसी गांव की एक औरत रावत घर की बड़ी बहू सुनेई गांव की सड़क पर गोवर इकट्ठा करती हुई रमा की मां से पूछती है,"क्यों रमा की मां (निम बोउ) निर्मल की मां चाची उस कॉलेज पढ़ी लिखी बहू के हाथ से पानी पी रही है ? कॉलेज में पढ़ाई के दौरान पठान क्रिश्चियन जाने कितनी जाति के लोगों के साथ मेल मिलाप हुआ होगा। कितनी छोटी जाति के लोगों का स्पर्श किया होगा। वही दूसरों से मेल मिलाप करनेवाली लड़की आकर पूजा घर में जाकर लोटा से पानी ढाल रही है। यह बात निम बोउ पता नहीं कैसे धैर्य धारण करके सह रहीं हैं ?"[57]

यहां निरुपमा घरेलु हिंसा की शिकार है। अपनी ही सास की ईर्ष्या–विद्धेष से पीड़ित निरु पति–वियोग के साथ–साथ सास के उत्पीड़न की मार झेलती है। अपने बेटे निर्मल की अनुपस्थिति में हेमांगिनी को अपनी बहू निरु के साथ बेटी जैसा बर्ताव करना चाहिए उसे बेटी की तरह प्यार दुलार देना चाहिए। लेकिन हेमांगिनी उल्टा निरु से जलती है और नीच घराने की बेटी मान कर उसका तिरस्कार करती है। वह बात–बात पर निरु को ताने मारती है। निरु को किसी भी कीमत पर बहू स्वीकारने को राजी नहीं हो पाती। निरु अपनी सासु मां के दिल में जगह बनाने के लिए हर संभव प्रयास करती है। अपनी सास की सेवा करती है, उसकी हर संभव मदद करती है। लेकिन हेमांगनी दिलो दिमाग में पुराने खयालात की जो परत जमी हुई है, वह निकल नहीं पाती। हेमांगिनी निरु को अपनी बहू के रुप में ग्रहण नहीं कर पाती। निरु को अपनी सासु मां से मां की ममता की अपेक्षा थी। निरु अपनी इसी आशा संजोए सास की सेवा करती रही कि आगे चलकर मां जी बदलेंगी और उन्हें बेटी की तरह प्यार करेंगी।

हेमांगिनी जब अपनी जीद पर अड़ी रहती है तो आखिर निरु अपने पति निर्मल के पास शहर चले जाने का निश्चय करती है। वह बड़ी कश्मकश में जिन्दगी जीती है, फैसला नहीं कर पाती कि उसे क्या करना है, सास की सेवा करे या पति के साथ सह जीवन व्यतीत करे। प्रेम विवाह करने के बावजूद वह गांव में रहकर सासु मां की सेवा करने, घर–गृहस्थी संभालने की जिम्मेदारी अपने कन्धे पर ले लेती है, पति के साथ शहर में एसो आराम की जिन्दगी जीना पसन्द नहीं करती।

तेरह–चौदह साल की एक लड़की उषा, जो हेमांगिनी के भाई चतुर्भुज मिश्र की बेटी है, उन्हीं के घर में रहती है, हेमांगिनी को घर के काम में मदद करती है, बुआ के साथ में सोती है। एक दिन उषा के पिताजी चतुर्भूज मिश्र उषा को देखने आते है और पांच सौ रुपए किसी भी तरह से जुगाड़ करने को कहते हैं। उषा मुश्किल में पड़ जाती है, क्योंकि मांगने पर तो हेमांगिनी बुआ उधार के तौर पर भी नहीं देगी फिर क्या किया जाय। आखिर उषा तय करती है कि बुआ के सन्दुक से पांच सौ रुपए निकाल लेगी और जब उनके पिताजी रुपए लौटा देंगे तो फिर उसी सन्दुक में रुपए रख देगी। हेमांगिनी बुआ को कानो कान खबर भी नहीं लगेगी। यही होता है, पूजा घर से भगवत पोथी के नीचे से चाबी निकालकर उषा पांच सौ रुपए निकाल लेती है और अपने पिताजी को दे देती है। कुछ दिनों बाद जब हेमांगिनी निरुपमा का बक्सा खोलती है तो पता चल जाता है कि बक्से में पांच सौ रुपए नहीं है। हेमांगिनी निरुपमा को शक करने लगती है कि उसी ने नाई के हाथों पांच सौ रुपए अपने मायके भेज दिए होंगे।

हेमांगिनी जब निरु को बुलाकर पांच सौ रुपए चोरी का इल्जाम उसके उपर लगाती है तो निरु इसे सिरे से नकार देती है। वह हेमांगिनी से कहने लगती है कि उसने पैसे चोरी का इल्जाम उनके माथे पर थोपने के बारे में सोचा भी कैसे। वह इतनी ओछी हरकत कभी कर ही नहीं सकती। हेमांगिनी निरु को खरी–खोटी सुनाने के साथ–साथ उसके मां–बाप को भी गाली देने लगती है, वंश डूब जाने का अभिशाप तक दे डालती है। मायके कुल का अपमान निरु सह नहीं पाती। निरु अपनी सासु मां के पैर पकड़कर विनती करती है कि वे उन्हें चाहे जितना गाली देना चाहे दे, पर उनके मां–बाप को न कोसें। पर इतने में हेमांगिनी नहीं मानती और निरु के मायके कुल को गाली देने लगती है।

'चपलछन्दा' यद्यपि चरित्र प्रधान उपन्यास है, जिसमें तोफानी नामक युवती का जीवन संघर्ष बड़ी मार्मिकता से चित्रित है। तोफानी किसी एक गांव की लड़की है, जो गांव–गांव घुमकर अपना तमाशा दिखाती है। उसके साथ उसका बचपन का साथी भजराम है, जो तोफानी से प्रेम भी करता है। भजराम और तोफानी दोनों सुख–दुख बांटकर, एक–दूसरे के हमदर्द बनकर गांव–गांव में बांश–खेल दिखाकर रोजी रोटी चलाते हैं। तोफानी बहुत ही खूबसूरत युवती है। वह जब अपने खूबसूरत चेहरा दिखाकर, घूंघट उठाकर, मुस्कुराहट भरे होठों पर गीत गाती है और नृत्य परिवेषण करती है तब दर्शक उसके अनुपम रुप सौन्दर्य और नाच–गान से खुश होकर रुपए–पैसे फेंकने लगते हैं। बाबू–भैया लोग तोफानी की खूबसूरत अदा पर फिदा होकर रुपए–पैसे की बौछार करने लगते हैं। भजराम के तमाशे में तोफानी के शामिल होने पर उनकी झोपड़ी में ढेर सारे रुपए–पैसे आने लगे हैं। दर्शकों के चेहरे पर खुशी देखकर तोफानी खुशी से फूले न समाती है, वह बहुत खुश हो जाती है।

भजराम मन ही मन अपने अन्दर एक सपना पाल रखा है कि वह तोफानी के साथ

एक सुन्दर घर–संसार करेगा, एक सुन्दर आशियाना बनाएगा, जहां दोनों एक साथ जिन्दगी जीएंगे। लेखक के शब्दों में, ''तोफानी को खुलकर नहीं कहने पर भी भजराम अपने अन्दर एक राज छुपा कर रखा हुआ है। उसकी इच्छा है कि ज्यादा पैसा होने पर वह बाबू–भैया लोगों की तरह एक सुन्दर घर बनाएगा। उस घर की दीवालों पर तोफानी अनेक चित्र बनाएगी। तब वह गांव–गांव घुम कर बांशरानी बनकर तमाशा नहीं दिखाएगी। जीवन को खतरे में डालकर रस्सी के उपर या बांश की छत पर जाकर वह खेल–तमाशा नहीं दिखाएगी।''[58] भजराम तोफानी को अपनी पत्नी बनाकर, पलकों में बिठाकर, खूब सारा सुख देना चाहता है। क्योंकि वह तोफानी से बहुत प्यार करता है, उस पर बहुत विश्वास करता है।

उपन्यास का पहला भाग द्वितीय विश्वयुद्ध के भयावह परिवेश एवं राजा बैरीगंजन के राजमहल, नगर पर पर्यवसित है। राजा बैरीगंजन का महल अन्याय–अत्याचार का गढ़ बन गया है। ढोल घर सजा घर वहां की प्रजा का नर्क घर है, जहां उन्हें अमानवीय यातनाएं दी जाती हैं। ढ़ोल घर के खम्भों पर नगघन दास, सर्वेश्वर धल, राघव गोछायत जैसे आन्दोलन कर्मियों को बांध कर बड़ी बेरहमी से महल के कर्मचारी पीटते हैं। उन्हें पीट–पीट कर बेहोश कर देते हैं। भजराम भी इसी यातना का शिकार होता है और मौत की गोद में हमेशा के लिए सो जाता है।

उपन्यास के भाग में अनेक जगहों पर स्वातंत्र्योत्तर ओड़िशा प्रान्त का ग्राम जीवन चित्रित है। आजादी के बाद 1952 के पहला आम चुनाव में राजा बैरीगंजन के साथ सूर्यमणी भी विधान सभा चुनाव जीत कर विधायक बनते हैं। सूर्यमणी एक आदर्श चरित्र वान व्यक्ति हैं, जिनमें ईमानदारी, सादगी भरी हुई है। उनके सरल, सहज तथा ईमानदार व्यक्तित्व से रानी मुक्तामाला प्रभावित है। सूर्यमणी के प्रति मुक्तामाला अनायास आकर्षित होती है और उन्हें शरीर दान देकर अपनी वासना तृप्ति करती है। नगर जीवन की जटिलता से बाहर निकलकर एक बार मुक्तामाला और सूर्यमणी प्रकृति की गोद में चैन की सांस लेने के लिए जंगल में पहुंचते हें। जंगल की प्राकृतिक सुषमा का आनन्द लेती हुई मुक्तामाला भाव–विभोर हो जाती है। दोनों वहां मन्दिर की सीढ़ी में जाकर कुछ पल विश्राम करते हैं। जिस दिन से सूर्यमणी ने रानी मुक्तामाला को सेर के पंझे से बचाया है, मुक्तामाला सूर्यमणी के प्रति कृतज्ञ हो उठी है। मुक्तामाला मुक्त मन से अपना सर्वस्व उन्हें सौंप चुकी है।

मन्दिर की सीढ़ी पर रात के अन्धेरे में मुक्तामाला सूर्यमणी के करीब बैठी हुई है। सूर्यमणी की बातें सुनकर मुक्तामाला मुस्कुराहट भरे स्वर में कहने लगती है, ''इस पहाड़ी –चट्टानी जमीन पर मुचुकुन्द के फूल खिले हुए हैं, उसकी सुगन्ध चारो तरफ को महका रही है। कठोर पत्थर की मिट्टी में मुचुकुन्द जैसे कोमल फूल कैसे खिल उठे हैं, कह पाओगे सूर्यमणी।''[59] सूर्यमणी विधान सभा सदस्य से इस्तीका देकर ग्राम–परिवेश की

सात्विकता की तरफ खींचे चले आए हैं। राजनीतिक भ्रष्टाचार, अनैतिक व्यवहार से असन्तुष्ट होकर सूर्यमणी ग्रामीण जीवन जीने वाले लोगों की सेवा करने की मकसद से ग्रामाभिमुखी हुए हैं। ग्रामीणों के जीवन में खुशहाली लाना, देश की मुख्य धरा के साथ उन्हें जोड़ना, किसाान आन्दोलन खड़ा करना सूर्यमणी का जीवन उद्देश्य है।

स्वतंत्र भारतवर्ष में देश की जनता की जिन्दगी में सुख–समृद्धि, खुशहाली लाने के उद्देश्य से मेहता कमेटी तैयार की जाती है। मेहता कमेटी के सदस्य गण गांव–गांव, शहर–शहर घूमकर लोगों की सामाजिक, सांस्कृतिक, आर्थिक परिस्थितियों का जायजा ले रहे थे। यह कमेटी अन्धारीगढ़ के इलाके में पहुंचते हैं और लोगों के सुख–दुख जानने की कोशिश करते हैं। अन्धारीगढ़ के अत्याचारी राजा, अब विधायक बनकर जनता का खून चूस रहे हैं। अन्धारीगढ़ के लोग मेहता कमेटी के सदस्यों के सामने अपनी स्थिति बताते हैं, बैरीगंजन के अत्याचार के सारे दास्तान एक–एक करके सुनाने लगते हैं। लावण्य, सुजन राउत की पत्नी मालती, तोफानी आदि औरतें बैरीगंजन के अत्याचार के खिलाफ गवाही देती हैं। बैरीगंजन के सारे अन्याय–अत्याचार का भण्डा फूट जाता है, उसका असली अपराधिक चेहरा मेहता कमेटी के सामने उजागर हो जाता है।

स्वाधीन भारत की कांग्रेस सरकार आम जनता की उम्मीदों पर खरी नहीं उतर पाती। जनता के सारे सपने महज सपने बन कर रह गए। आम जनता ने जनतंत्र की बहाली से राजतंत्र के आतंक से छुटकारा पाकर अपनी सरकार द्वारा शासित होकर खुशहाली की जिन्दगी जीने का जो सपना संजो रखा था, वह साकार न हो सका। आजादी के बाद आम जनता का स्वप्न भंग हुआ, सरकार पर से विश्वास टूट गया, भ्राष्टाचार ने भारतीय राजनीति पर अपना हाथ–पांव पूरी तरह से फैला दिया। आम लोगों के जीवन में कोई विशेष परिवर्तन नहीं आया। पहले विदेशी शासक के हाथों अत्याचारित हो रहे थे, अब स्वदेशी शासक के हाथों शोषित होते हैं। अन्धारीगढ़ की प्रजा जनतंत्र से अपना भरोसा तोड़ कर राजतंत्र की ओर झूकती दिखाई पड़ती है।

आधुनिक युगबोध–

आधुनिक समाज–निर्माण साहित्य का मुख्य उद्देश्य है। समाज की यथार्थ स्थिति का चित्रण करके आधुनिक युगबोध प्रदान करना साहित्यकार का मुख्य कर्म है। साहित्यकार अपने उन्नत विचार तथा नवीन भाव बोध के साथ प्रगतिशील चेतना से ओत–प्रोत होकर आधुनिक साहित्य सर्जता है, जिसमें आधुनिक भावधारा निरन्तर प्रभावित होती है। भारतीय साहित्य में आधुनिक युगबोध विश्व साहित्य की साम्यवादी चेतना, यथार्थवादी चेतना, प्रकृतिवादी चेतना आदि विशिष्ट साहित्यिक भावधाराओं के ऊपर प्रतिष्ठित है। भारतीय

आधुनिक चिन्ताधारा पर मार्क्सवादी दर्शन का गहरा प्रभाव पड़ा है। आधुनिक समाज व्यवस्था की विविध त्रुटियों, विच्युतियों को दर्शाकर प्रगतिशील सामाजिक क्रान्ति खड़ा करने में मार्क्सवादी चिन्तन का विशेष महत्व है। पूँजीवादी शासन व्यवस्था, आर्थिक शोषण का नग्न रूप प्रदर्शन तथा उसका विचार विश्लेषण साम्यवादी विचारधारा का प्रमुख विषय रहा है।

स्वाधीनता के बाद भारतीय ग्राम्य जीवन में विराट परिवर्तन देखने को मिला। ब्रिटिश शासन के समय से पूरे भारत वर्ष में अंग्रेजी भाषा का प्रचार–प्रसार, रेल लाईन का विस्तार, प्रेस की स्थापना, टेलीग्राम का विस्तार एवं सर्वोपरि पाश्चात्य शिक्षा पद्धति से ज्ञान अर्जित किये हुए शिक्षित वर्ग ने भारत में आधुनिकता का सूत्रपात किया। इस आधुनिक चिन्ताधारा का प्रकाश आजादी के पश्चात तीव्र गति से पूरे हिन्दुस्तान में फैलने लगा। शहर से होकर यह गाँव की ओर रूख किया और ग्राम्य जीवन में आधुनिकता का बीजारोपण हुआ। ग्रामीण परिवेश में किसानों की जीवन व्यवस्था में पर्याप्त सुधार देखने को मिला।

भारत वर्ष में आधुनिक भाव स्पन्दन का सूत्रपात भारतीय मुक्ति संग्राम के अग्रदूत गाँधीजी ने किया था। उन्होंने भारतीय जन जीवन में नूतन जीवन प्रवाह का नवीन वातावरण निर्माण किया। फलस्वरूव युगों–युगों तक हमारे मन में जो विषाद था वह समाप्त हो गया। गाँधीजी द्वारा प्रणीत सर्वोदय समाज, सत्याग्रह, ग्रामोद्वार अभियान तथा भूदान आन्दोलन जैसे समाज नियामक तत्वों के प्रभाव से उत्कलीय साहित्य को नया सम्बल तथा नया भाव स्पन्दन मिला। ''उत्कलीय नवजागरण के मूल में अंग्रेजी शिक्षा का प्रचार–प्रसार अन्तर्निहित है। विश्व की परिवर्तित, परिवर्धित चिन्ता धारा के साथ उसका सक्षात्कार हुआ। ज्ञान–विज्ञान के प्रकाश से उसका चैतन्योदय हुआ। निद्राभंग का वह समय संधिकाल था। पूरे ओड़िशा में प्राचीन भाव धाराओं के प्रति एक क्षीण जन जागरण क्रमशः निर्मित हुआ। सामाजिक रीति नीति में एक नवीन परिवर्तन की सूचना मिलने लगी थी।''[60]

भारतीय साहित्य के प्रगतिशील लेखक संघ से प्रभावित होकर ओड़िया साहित्य सर्जकों ने नव युग साहित्य संसद की प्रतिष्ठा की। यह साहित्य संसद ओड़िया साहित्य में आधुनिक युगबोध का वार्तावाहक था। नवीन भाव बोध के साथ समाज की यथार्थ स्थिति का सफल रूपायन करना इसका उद्देश्य था। पण्डित नीलकण्ठ दास की उक्ति गौरतलब है, ''विश्व के समस्त देशों के साहित्य सर्जकों ने मानव समाज की चिराचरित नीति, प्राचीन मान्यता, पूँजीभूत कुसंस्कार एवं चिन्तन शून्यता के विरुद्ध प्रबल अभियान प्रारंभ किया। हमारी अतीत–प्रीति को लेकर मानव सभ्यता की गतिशीलता के प्रति लक्ष्य न रखकर हमने अपने आपको संकुचित परिसर में आबद्ध करके रख लिया है। स्वाधीन चिन्ता धारा एवं उदार मनोभाव हमारे मूल अभाव हैं। अतः देश की नवीन संस्कृति एवं नवीन सभ्यता का स्रोत प्रवाहित करना ही साहित्य संसद का उद्देश्य है।''[61]

आजादी मिलने के बाद हमारे देश की परिस्थितियां जिस तरह से बदलने लगीं।

अपनी सरकार बनी। अपने ही देश के नेताओं, राजनीतिज्ञों द्वारा देश की कायापलट होने लगी। भारत जैसे गांव बहुल देश के लिए ग्रामीण अंचलो का सर्वांगीण विकास देश के कर्णधारों का मुख्य विषय बना। हमेशा से ही तिरस्कृत,अत्याचारित, अवहेलित,दलित किसान, मजदूर, श्रमिक की जीवन व्यवस्था में सुधार के लिए सरकार ने कई तरह की याजनाएं बनाईं और कुछ हद तक उनका विकास भी हुआ। साहित्यकारों का भी ध्यान ग्रामीण क्षेत्रों की ओर गया। ग्रामीण जनों की जीवन व्यवस्था को लेकर साहित्य सृजन जोर पकड़ने लगा। ग्रामीण जीवन जिज्ञासा भारतीय साहित्य का मुख्य विषय बना और देश की मुख्य धारा से ग्रामीण जनों को जोड़ने का काम किया गया।

ओड़िया कथा सम्राट फकीर मोहन सेनापति द्वारा प्रणीत आधुनिक कथा साहित्य की निर्माण–यात्रा को उन्होंने अपनी महत् कथा कृतियों से समृद्ध किया है। आधुनिक युग के वार्ताकार सेनापति जी के उपन्यास संसार को उन्होंने अधिक प्राणमय, व्यापक, गंभीर बनाया है। ओड़िया जीवन की चिन्ताधारा को विश्व–जीवन की पृष्ठभूमि में रखकर सनातन मनुष्य की अंधकारमय जीवन–यात्रा में प्रकाश की विजय यात्रा की कहानी महान्ती जी ने सुनायी है। उनकी कथाकृतियों के आधुनिक युगबोध को यतीन्द्र मोहन महान्ती के इन शब्दों से समझा जा सकता है- "Mr. Mohanty' awareness of the changing culture is a fundamental awareness of the present time & the expression of this awareness in his novel and short stories gives intricacies of the present technological age." (गोपीनाथ महान्ती की जन जागृति आज की परिवर्तशील मानव सभ्यता की मूल सचेतना है। उनके उपन्यासों तथा जन जागरण की भावना ने ओड़िया जन मानस को उद्वेलित किया था एवं आज की तकनीकी युग की जटीलता से मुक्त होने का पथ प्रशस्त किया था।) [62]

ग्रामीण जनजीवन में प्राचीनता के प्रति सम्मोहन देखने को मिलता है। ग्रामीण जनता प्राचीन कुसंस्कार, रूढ़ीवादी परंपराओं एवं धार्मिक जड़ता से इस कदर ग्रसित होती है कि आधुनिक जीवन मूल्य बोध को अस्वीकार करने से पीछे नहीं हटती है। आधुनिक युग के अत्याधुनिक वैज्ञानिक आविष्कार, उन्नत तकनीक कौशल की उपलब्धियों के बावजूद ग्रामीण समाज प्राचीन जड़ मान्यताओं के शिकंजे में कसा हुआ है। ग्रामीण परिवेश में नारी की स्थिति अत्यन्त हृदय विदारक है। सामाजिक बन्धन, पारिवारिक बंदिशें नारी को इस कदर त्रस्त की हुई हैं कि वह सारे दुख सन्ताप की कठपुलती बन कर रह गयी है। इक्कीसवीं सदी के प्रथम चरण में कदम रखने के बाद भी आज समाज में नारी की दयनीय दशा है। उन्हें आज भी दहेज की बलि चढ़नी पड़ती है। और शारीरिक–मानसिक यातनाओं से ऊबकर आत्महत्या की शिकार होनी पड़ती है।

गोपीनाथ महान्ती ने आधुनिक युग के नारी समाज को उन्नत चिन्तधारा से संप्रेषित बताया है। उनके औपन्यासिक नारी पात्रा उन्नत भाव स्पन्दन से ओत–प्रोत होकर आधुनिक

युग निर्माण में तत्पर हैं। स्वातन्त्र्योत्तर युगीन आधुनिक नारी समाज के नवीन भाव बोध का सजीव चित्राण 'दिगदिहुड़ी' में हुआ है। भारतीय नारी का आधुनिक रूप उपन्यास में उद्घाटित हुआ है। मायादेवी और रमा 'माडर्न एज' की माडर्न लेडी हैं, जो तमाम प्रतिकूल परिस्थितियों–प्रतिक्रियाओं की परवाह न करके अपनी जीवन–दिशा खुद निर्धारित करती हैं। गाँव में मशीन की स्थापना, उन्नत कृषि प्रणाली के सूत्रपात से आधुनिक युग चेतना जाग्रत हुई है।

ग्रामीण लोगों की ओर से शिल्पोद्योग तथा मशीनीकरण के प्रति तीव्र विरोध भी प्रदर्शित किया जाता है। गाँव की शान्ति बोऊ, कुलीया बोऊ, मागुणी, अधरी बोऊ आदि अशिक्षित औरतें धान पिसाई की मशीन एवं ट्रेक्टर को देखकर गरीबों की रोजी रोटी छीनने की बात करती हैं। उन औरतों को समझाते हुए दाम कहते हैं– लोग समझ नहीं रहे हैं, युग बदल रहा है। मशीनें, तकनीकी सरंजाम कितने तैयार हो गये हैं। मशीन हल आ गया है जो घंटों में इस बारह बिघा जमीन हल करता है उसके लिए क्या हल चलाने वाले हलवाहे आवाज उठायेंगे ? हवाई जहाज आ गया है तो क्या मोटर–बसें बन्द हो जायेंगी ? दूर जगह जाने के लिए लोग हवाई जहाज में सफर कर रहें हैं। इस तरह से चलता रहेगा, जिसकी पुरानी जीविका खत्म हो जायेगी, वे नई जीविका ग्रहण करेंगे। जैसे टांगेवाले में से कुछ रिक्शा चला रहे हैं, क्योंकि टांगा का प्रचलन खत्म होने लगा है।''[63]

'माटीमटाल' में रवि आधुनिक युगाबोध के अग्रदूत के रूप में हमारे समक्ष खड़ा होता है। उसके अन्दर आधुनिक युग–निर्माण तथा उन्नत समाज–निर्माण का विराट स्वप्न है। वह अपने पिताजी के विरुद्ध जाकर साहूकारी वृत्ति के प्रति घृणित नजर रखता हुआ एक शोषण मुक्त उन्नत ग्रामीण समाज निर्माण करने का निश्चय करता है। अपने भगीरथ परिश्रम एवं अजश्र विश्वास बोध के साथ वह आदर्श ग्राम–निर्माण का लक्ष्य निर्धारित करता है। फुलशरा गाँव के आपसी संघर्ष, भेदभाव, ऊँच–नीच को मिटाकर एक आदर्श ग्राम–निर्माण में वह सफल होता है। उपन्यास का अन्य प्रमुख पात्र विपिन भी अपने कर्ममय जीवन में समाज की प्रगति मूलक योजनाओं को कार्यान्वित करना चाहता है, परन्तु उसकी खोखली योजना ग्रामीण जनमानस की अन्तरात्मा को स्पर्श करने में असमर्थ होती है।

उपन्यास में शिल्पोद्योग की प्रतिष्ठा, आधुनिक कृषि प्रणाली, नारी समाज की प्रगति, देश के विकास के नए अवसर जैसे विकाशोन्मुखी कार्यकलापों पर विशेष बल दिया गया है। आधुनिक ग्राम समाज के पोषक रवि और छवि दोनों ही एक स्वर में कहते हैं– ''दुनिया में इतने दुखी गरीब लोग हैं, इतना अन्याय–अत्याचार है, उनके लिए क्या हमें कुछ नहीं करना है? सिर्फ जानवरों की तरह जिन्दगी जीना और मरजाना मानव जीवन का ध्येय नहीं है। हम एक ऐसे समाज का निर्माण करेंगे जहाँ अभाव, असमानता, आलस्य, अपमान, अन्याय कुछ नहीं रहेगा। कोई व्यक्ति खाली पेट नहीं सोयेगा। गाँव की सारी संपत्ति सभी लोगों की

होगी। सभी चीजों पर सभी लोगों का हक होगा। समस्त धन संपत्ति कुछ लोगों के नाम पर मुहर लगकर ढेर होकर नहीं रहेगी। उसे गाँव के सभी लोगों के काम में लगाया जाएगा।''[64]

ग्रामीण जनमानस में सदाचार, मानवीय भावना, उन्नत विचार बोध तथा नवीन जीवन मूल्यबोध विद्यमान होते हैं। मनुष्य का यह सद् विचार तथा सांस्कृतिक मूल्यबोध एक दिन आलोक की रश्मियों की तरह एकत्रित होकर पूरे ग्रामीण समाज को प्रकाशमय करने में समर्थ होगा। '' 'माटीमटाल' की भविष्य दृष्टि एक नूतन समाज गठन करना है, जिसमें सभी लोगों के लिए काम है। जहाँ कोई व्यक्ति अपने आपको उपेक्षित, अवहेलित नहीं समझेगा, सभी लोगों के जीवन में एक प्रयोजन है, समाज के समस्त अस्तित्व के बीच प्रत्येक व्यक्ति अपना स्वकीय कर्तव्य को महसूस कर पा रहा है, जीवन जी रहा है। समाज में सदिच्छा ही जीवन की सर्वमूल प्रेरणा के रूप में कार्य कर रही है।''[65]

'कालान्तर' किसी एक गांव की वह दहशत भरी कहानी का जीवन्त दस्तावेज है जो चक्रवाती तूफान की साया में बसा हुआ है। बारहों महीने वहां सुनामी, तूफान का कहर बरपा करता है। मुक्तापुर गांव के लोगों में जो वैमनस्य भाव भरा हुआ है और पश्चिमी तूफान की दहशत से लोगों में आत्मीयता का भाव पैदा होता है, लोग अन्ततः सरस्वती मण्डप में शरण लेते हैं, एक नए युग की शुरुआत होती है। ब्राह्मण टोली, पधान टोली, रावत टोली के लोग आपसी दुश्मनी भुलाकर मित्रता भाव के साथ जिन्दगी जीने का निर्णय लेते हैं। उपन्यास में ग्रामीण जीवन का जीता जागता चित्र खींचा गया है, आधुनिक युगबोध की झलक भी कहीं कहीं पर दिखाई गई है।

मुक्तापुर में केतकी हर सतपथी की बेटी है, जो विधवा हो चुकी है। हर सतपथी और उनकी पत्नी की मौत के बाद केतकी अकेली पड़ जाती है। केतकी के परिवार वाले यानी उनके चाचा–चाची उनकी जमीन–जायदाद हड़पना चाहते हैं। केतकी आधुनिक खयालात की औरत है। वह अपने भांजे या भतीजे को गोद लेने की बजाय दूसरी शादी करके अपना घर बसाना चाहती है। ब्राह्मण बिरादरी में विधवा विवाह वर्जित है। कोई औरत यदि विधवा हो गई तो उसे जिन्दगी भर वैधव्य जीवन का दंश भोगना पड़ता है। केतकी इस दंश से बचना चाहती है। वह मन ही मन सोचती है–''पुनर्विवाह में नुकसान क्या है ? कानून तो बन चुका है। ब्राह्मण समाज में भी कहीं कहीं विधवा विवाह शुरु होने लगा है। इस युग में यह एक सही विकल्प है। आखिर पोष्यपुत्र दूसरे का ही पुत्र है। वह कभी भी अपना बेटा जैसा नहीं हो सकता।''[66] केतकी वैधव्य जीवन की बिड़म्बना से बचना चाहती है, किसी आधुनिक चेता व्यक्ति से शादी करके एक नई जिन्दगी शुरु करना चाहती है। योगी महापात्र सामने आते हैं और केतकी का हाथ थमाने की हिम्मत रखते हैं। चाहे ब्राह्मण समाज और केतकी के परिवार वाले उनका कितना भी विरोध क्यों न करें।

योगी महापात्र केतकी को अशोकाष्टमी के अवसर पर दर्शन कराने की आड़ में

भुवनेश्वर ले चलते हैं। भुवनेश्वर में किसी लॉज में दोनों ठहरते हैं। योगी महापात्र केतकी से कहते हैं कि वह केतकी से प्रेम करते हैं, उसकी संपत्ति से नहीं। केतकी के वैधव्य जीवन की परती जमीन पर फसल की हरीतिमा लहराना चाहते हैं। लॉज के रुम में दोनों भाव विनिमय करते हुए अपनी मुराद पूरी करते हैं। योगी महापात्र केतकी को समझाते हैं कि ''तुम मुझे गलत समझ रही हो केती। मामा जी के पास कलकता चिट्ठी भेज चुका हूं। एक अनाथ विधवा के उद्धार फिर उसकी संपत्ति के उद्धार से बढ़कर और पुण्य कर्म क्या हो सकता है ? मामा जी भी सोलह आने राजी हो गए हैं। मामाजी कलकत्ते से आने के बाद शादी का झंझट खत्म हो जाएगा। भगवान के प्रसाद को साक्षी रखकर हम दोनों पति–पत्नी हो चुके हैं। सिर्फ दिखावे के लिए विवाह–विधि संपन्न करनी है। फिर मैं कौन, तुम कौन, मुक्तापुर की ब्राह्मण टोली कौन, सब को गोली मारो, हम दोनों को कोई अलग नहीं कर सकता।''[67]

'वधू निरुपमा' एक चरित्र प्रधान उपन्यास है। निरुपमा नाम की एक नारी पात्र को केन्द्र में रखकर उपन्यास कला का निर्माण हुआ है। निरुपमा को एक बहू के रुप में चित्रित करते हुए आदर्श–आधुनिक रुप को दर्शाया गया है। निरुपमा एक आधुनिक खयालात वाली पढ़ी लिखी शहरी लड़की है। उसका पूरा बचपन, कैशोर्य तथा जवानी शहर में ही व्यतीत हुआ है। शहरी सभ्यता की चकाचौंध में पली–बढ़ी निरुपमा अपने सहपाठी निर्मल से प्रेम करती है और शादी करके गांव में आती है। गांव की आबो हवा में खुद को ढालने में निरु को ज्यादा समय नहीं लगता। वह कुछ ही दिनों में घर के सभी लोगों तथा आस पड़ोस के लोगों का दिल जीत लेती है। वह ग्रामीण औरतों की तरह अपनी सास की सेवा करने के लिए गांव में रुक जाती है, अपने पति के साथ शहर में रहकर भोग विलासमय जीवन नहीं जीती ।

गांव देहात में ट्रेडिशनल मैरेज का ही प्रचलन है। गंवई लोग पारम्परित विवाह करके सामूहिक परिवार में रहकर सामूहिक जीवन जीते है। घर परिवार के सभी सदस्यों के साथ मिल जुल कर सुख–दुख के साथ सामाजिक जीवन व्यतीत करते हैं। गांव के लोग अपने से ज्यादा दूसरों के खयाल रखते हैं, पारिवारिक–सामाजिक रिश्तों का खयाल करते हैं। पूरी श्रद्धा व विश्वास के साथ प्राचीन परपंरा का निर्वाह करते हैं। बड़े–बड़ों का लिहाज करते हैं, उनका सम्मान करते है। घर के फैसले बड़े–बुजुर्ग लिया करते हैं। गांव घर में उनकी इज्जत की जाती है, मान–सम्मान किया जाता है। जबकि शहरी परिवेश में व्यक्तिवादी चिन्तन को प्राधान्य दिया जाता है। शहरी लोगों में आत्म कैन्द्रिक भाव रहते हैं, वे लोग अपने व्यक्तिगत जीवन के बारे में ज्यादा सोचते हैं। फैशन–परस्ती भरी जिन्दगी जीते हुए लोग दिखावे के चंगुल में फंसे रहते हैं। शिष्टता व औपचारिकता की परत उनकी जीवन शैली में पड़ी रहती है।

निर्मल और निरुपमा का लव मैरेज गांव–देहात के लोगों के लिए अग्राह्य हो जाता है। गांव के लोग इन्हें गलत नजर से देखते हैं। जबकि गांव परिवेश की जाति–प्रथा के विरुद्ध यह आधुनिकतावादी कदम है। ग्रामीण जनता के अन्दर जात–पांत के भेदभाव को दूर करते हुए दोनों ने इन्टरकॉस्ट मैरेज किया है और जातिगत संकीर्ण मानसिकता से उबारने का काम किया है। गांव में आकर निरुपमा गंवई लोगों की इस संकीर्णता देखकर शंकित हो उठती है। निरु निर्मल के हाथ में हाथ डालकर कहती है, "हमारे प्यार को कोई गलत करार देगा, इसे मैं सह नहीं सकती। हमारे प्रेम का अपमान मेरे लिए असह्य है। जीवन के बहु मूल्य देकर मैंने प्यार पाया है–उसे इतनी आसानी से छोड़ नहीं सकती। तुम इस कुल दीपक छुकर शपथ लो–जीवन में चाहे जितने आंधी–तुफान आए, अन्धेरा घेर ले, तुम मुझे अपने से दूर नहीं करोगे, अपने पास रखेगे।"[68]

निर्मल शहर में अपने दोस्त अनिरुद्ध के घर में ठहरा हुआ है। दोनों मित्र बचपन से एक साथ पढ़ लिख कर बड़े हुए हैं। एक डिफ्टी कलेक्टर बना है तो दूसरा प्रोफेसर। दोनों ही अपनी ड्यूटी के प्रति वफादार, ईमानदार हैं। निर्मल गांव में छोड़ आया है निरुपमा को मां की सेवा के लिए। निर्मल अनिरुद्ध के घर में एक मेहमान के तौर पर नहीं, एक सदस्य के रुप में रहते हैं। श्यामली कम पढ़ी लिखी लड़की है, अतः बिना सूझ–बूझ के वह कुछ भी बोल देती है। अनिरुद्ध से वह हमेशा नाखुश रहती है और बिना सोचे समझे कुछ भी बोल देती है। कम पढ़ी लिखी होने के कारण श्यामली में अच्छे लिहाज या संस्कार नहीं है। श्यामली बेवजह आधी रात को अनिरुद्ध से झगड़ा करना शुरु कर देती है। अनिरुद्ध उसे अफसोस भरे स्वर में कहते हैं–"आधी रात को पत्नी के साथ कलह करना व्यर्थ है। अगले कमरे में निर्मल सोया हुआ है। वह जब कलह के बारे में जानेगा तो अनर्थ हो जाएगा। जीवन में मैंने शादी की, पति बना, बाप बनने का सौभाग्य भी मिला। पर कभी प्रेमी नहीं बन सका........ किसी नारी से प्रेम नहीं कर सका। मरते समय मुझे इसी अफसोस के साथ मरना होगा श्यामली कि मैंने किसी नारी से कभी प्रेम नहीं किया ।"[69]

'चपल छन्दा' यद्यपि एक चरित्र प्रधान उपन्यास है, जो तोफानी नाम की युवती का जीवन–चरित्र रुपांकित करता है, फिर भी उपन्यास के उतरार्ध में आजादी के बाद ओड़िशा प्रान्तीय समाज में आधुनिक युग के सूत्रपात का संकेत मिलता है। उपन्यास में सुजन राउत नाम का एक पात्र है, जो पेशे से धीवर एवं नाविक है। वह नाव चलाकर नदी में मछली पकड़कर आजीविका चलाता है। सूर्यमणी, विश्वेश्वर जैसे देश भक्त नेताओं के संपर्क में आकर सुजन देश के लिए कुछ कर गुजरने को तत्पर होता है। वह बैरीगंजन के आतंक राज को खत्म करके वहां की प्रजा को बैरीगंजन के शोषण–उत्पीड़न से मुक्ति दिलाना चाहता है। वह बैरीगंजन के राज महल में मछली पहुंचाने से मना कर देता है और राजा के सैनिकों–कर्मचारियों को नदी पार कराने से भी इनकार कर देता है। वह अन्धारीगढ़ को

प्रकाशगढ़ के रुप में गढ़ने का संकल्प ले रहा है। अपनी भावी पीढ़ी को स्वतंत्र देश के जिम्मेदार नागरिक के रुप में जीवन जीने का स्वप्न संजो रहा है।

आजादी मिलने के बाद देश में जनतन्त्र की बहाली हुई। सन 1952 ई. में देश में आम चुनाव हुआ। राष्टीय स्तर पर लोक–सभा, राज्यसभा तथा प्रादोशिक स्तर पर विधानसभा के चुनाव में सदस्य चुन कर पार्लियामेन्ट तथा एसेम्बली में पहुंचे। राजनेताओं, नौकरशाहों की जिन्दगी में सुख–समृद्धि आई, वे फलने–फूलने लगे पर आम जनता की जिन्दगी में कोई तब्दीली नहीं आई। आम जनता का जीवन आजाद भारतवर्ष में भी वैसा ही रहा जैसा पराधीन भारत में था। इस मसले पर विश्वेश्वर और सूर्यमणी आपस में विचार–विमर्श करते दिखाई पड़ते हैं।

विश्वेश्वर कहते हैं, "स्वाधीनता में कोई नयापन कहां है ? मैं राजा का दीवान था। मेरे मतों से राजा शासन करते थे। अब तुम संबिधान सभा या विधायक दल का नेता बनोगे, तुम्हारे ईशारों पर मुख्यमंत्री चौधुरी साहब शासन करेंगे। फर्क केवल इतना है कि मैं सिल्क के कपड़े पहनता था, तुम खादी कपड़े पहनोगे। मैं महीने में एक हजार बेतन पाता था, तुम माह में डेढ़ हजार रुपए बख्सिश पाओगे। पहले राजाओं का शासन चलता था, अब आम लोगों का शासन चलेगा। पहले राजा ब्रिटिश सरकार के नाम पर फायदा उठाते थे, अब गांधीवादी लोग आम लोगों के सिर पर नारियल फोड़ेंगे।"[70]

सन सैंतालिस को देश आजाद हुआ। आजादी की स्वर्णिम किरणें भारत भूमि पर पड़ीं। सारा– देश हर्षोल्लास से परिपूरित हो गया। विश्वेश्वर, सुर्यमणी जैसे स्वाधीनता संग्रामियों के चेहरों पर आनन्द की चमक उद्भासित हो रहा है। विश्वेश्वर आकाश की ओर निहारते हैं तो कुछ पंछी नीले आकाश में पंख फैलाकर उड़ते जा रहे हैं। उन पक्षियों की तरह हिन्दुस्तान के लोग भी आज ब्रिटिश हुकूमत के बन्धन से मुक्त हुए हैं। लेखक इस स्वर्णिम अवसर का चित्रण इन शब्दों में करते हैं–"आज भारतवर्ष स्वाधीन हुआ है। जिन लोगों ने कभी आजादी नहीं चाही थी वे लोग भी आज स्वाधीन हो गए हैं। आजादी का महायज्ञ आज सपूंर्ण हुआ है। क्रान्ति के उस हवन कुण्ड से स्वाधीनता की देवी आज प्रादुर्भूत हुई है।"[71] विश्वेश्वर अपने पुत्र सूर्यमणी की निस्वार्थ सेवा, देश भक्ति से सन्तुष्ट हो रहे हैं। राजा और प्रजा आज एक हो गए हैं, समान अधिकार के हकदार हैं, देश के एक–एक नागरिक हैं।

वर्ग संघर्ष –

मनुष्य एक चेतनशील प्राणी है। वह अपने व्यक्तिगत एवं सामाजिक जीवन को सुन्दर–समृद्ध करने के प्रयास में निरन्तर प्रवृत्त रहता है। मानव समाज अमीर–गरीब, शिक्षित–अशिक्षित, किसान–साहूकार, पूँजीपति–मजदूर वर्गों का समाहार है। समाज में इन

वर्गों के बीच संघर्ष अपेक्षित है। जब अमीर पूँजीपति, साहूकार एवं शिक्षित वर्गों की तरफ से गरीब, मजदूर, किसान एवं अशिक्षित समुदाय के प्रति अन्याय अत्याचार, शोषण, उत्पीड़न विकराल रूप धारण करते हैं, तब शोषक वर्ग के विरुद्ध शोषित वर्ग अपनी आवाज बुलन्द करता है। शोषक वर्ग अपने शोषण के चक्रव्यूह में शोषित वर्ग को इस कदर फँसा लेता है कि चक्रव्यूह के भेदन के लिए शोषित वर्ग विराट पैमाने पर संघर्ष करता है। गरीब, मजदूर–किसानों के प्रति पूँजीपति–साहूकारों का शोषण समाज में वर्ग चेतना को जन्म देता है। बुर्जुआ समाज का शोषण एवं शोषण के विरुद्ध सर्वहारा वर्ग का जन आन्दोलन वर्ग संघर्ष का रूप धारण करता है।

वर्ग–संघर्ष मानव समाज के लिए एक कलंक है। समाज में प्रत्येक व्यक्ति को स्वतन्त्र जीवन जीने का अधिकार है। प्रत्येक व्यक्ति अपने मौलिक अधिकारों के साथ एक सुखद जीवन जीने का अधिकारी है। किसी भी कानून या शासन तन्त्र उसके मौलिक अधिकारों को सामान्यतः नहीं छीन सकता। परन्तु जब कोई व्यक्ति या वर्ग विशेष द्वारा व्यक्ति के जन्म सिद्ध अधिकारों को छीनने का दुस्साहस किया जाता है, तब जन आक्रोश पैदा होता है। यह जन आक्रोश आग की लपट की तरह पूरे समाज में फैल जाता है और विराट जन आन्दोलन के रूप में सक्रिय होता है। इससे व्यक्ति स्वातन्त्र्य साधित होने के साथ–साथ शोषक वर्ग का एकाधिपत्य खत्म होता है। फलस्वरूप समाज सन्तुलित होकर उत्कर्ष की ओर अग्रसरित होता है।

'ह्यूमन सोसाइटी' में सदैव क्लास स्ट्रगल की धारा प्रवाहित होती आ रही है। आदिम युग से लेकर अत्याधुनिक युग तक दो वर्गों के बीच स्ट्रगल चलता रहता है। वर्ग संघर्ष को दूर करने के लिए सैकड़ों संग्राम हुए हैं। फिर भी इसके विलय की संभावना दिखाई नहीं दे रही है। फिर भी विश्व के बुद्धिजीवियों, राष्ट्र निर्माताओं ने इस वर्ग संघर्ष के प्रतिरोध के निमित्त विभिन्न माध्यम से अपने ओजस्वी वाणी मुखरित कराई है। विशेष रूप से जिस समाज में एकछत्र शासन का लक्षण प्रस्फुटित होता है, वहाँ यह क्रान्तिकारी स्वर गंभीर रूप धारण करके शोषित, पीड़ित जनता के संघर्ष को परि प्रकाशित करने का सुगम पथ तलाशता है।

यूरोपिय देशों की धरती पर जर्मनी, इटली, फ्रान्स आदि देशों में सर्वप्रथम वर्ग संघर्ष का स्वर मुखरित हुआ था। तत्कालीन शासन तन्त्र के एकछत्रवाद के विरुद्ध जन आन्दोलन ने इसे जीवन्त रूप देने में अपनी महती भूमिका निभाई है। साम्यवाद की प्रतिष्ठा की भावना से प्रेरित होकर सर्व प्रथम कार्लमार्क्स ने शोषक वर्ग के विरुद्ध विराट क्रान्तिकारी आन्दोलन चलाया था। देखते ही देखते यह जन आन्दोलन विश्व के अनेक देशों में आग की लपट की तरह फैल गया था। प्राचीन भारत वर्ष के ओड़िशा प्रदेश में राजाओं, जमीदारों, सेठ–साहूकारों, महाजनों द्वारा गरीब जनता अत्याचारित एवं पद दलित हो रही थी। आजादी के पश्चात आधुनिक ओड़िशा प्रदेश में ग्रामीण गरीब जनता की व्यक्तिगत एवं सामूहिक

स्वतन्त्रता लुप्त प्राय हो रही थी।

"मनुष्य की 'परसनलिटी' और 'कम्पोजीट फ्रीडम' लुप्त हो जाने से वह पद दलित होता है एवं उसके लिए वह विद्रोह का डंका बजाता है। इस विद्रोह के स्वर ने सीधा ओड़िशा में नहीं, फ्रान्स, जर्मनी, अमेरिका, रुस होकर तत्कालीन परतन्त्रा भारतवर्ष तथा गड़ जात ओड़िशा प्रदेश में प्रवेश किया एवं ओड़िया साहित्य की धारा को एक क्रान्तिकारी चेतना का रूप देकर इसे प्राणवन्त किया।"[72] आधुनिक ओड़िया साहित्यकारों ने इस वर्ग संघर्ष को बड़ी प्रांजलता से चित्रित करने के साथ ही समाज में साम्य, शान्ति, सदाचार की प्रतिष्ठा पर जोर दिया है।

गोपीनाथ महान्ती प्रारंभ से ही शोषित, अत्याचारित लोगों के हम दर्द थे। उनके हृदय में सर्वहरा वर्ग के लिए अपार श्रद्धा एवं पूँजीपतियों के लिए तीव्र आक्रोश भरा हुआ था। इस संबन्ध में स्वयं लिखते हैं– "जिस परंपरा में मैं बड़ा हुआ था, दुःखी–दरिद्र, शेषित, अत्याचारित मानव समाज के प्रति सहानुभूति मेरी आन्तरिक कामना थी। मेरी कामना यही थी कि लोगों को उचित न्याय मिले, सत्य और न्याय की प्रतिष्ठा हो। अन्याय, अत्याचार, शोषण का विनाश हो। स्वामी विवेकानन्द, उसके बाद अन्य देश भक्तों और गाँधीवाद की हवा के बीच में बड़ा हुआ था। मैं हमेशा सर्वहारा वर्ग का पक्षधर रहा हूँ, भले ही मेरी वंश परंपरा पूँजीपतिओं की है।"[73]

'माटीमटाल' में ओड़िशा प्रान्त के ग्रामीण परिवेश के आत्म संघर्ष, आपसी कलह शिक्षित–अशिक्षित के बीच संघर्ष का चित्रांकन हुआ है। रवि अपने पिताजी बट महान्ती की साहूकारी वृत्ति त्याग कर गरीब जनता के सेवार्थ लोगों को प्रेरित करता है। ग्रामीण लोगों के बीच अन्तर्निहित आत्म संघर्ष, चित्त–संघर्ष के नाश के लिए रवि वचन बद्ध होता है। आपसी कलह की जड़ के रूप में प्रख्यात फुलशरा गाँव के पधान साही, जोगी साही, पाण साही आदि मुहल्ले के बीच उत्पन्न आत्म संघर्ष का मूलोत्पाटन करने में रवि अन्ततः सफल होता है। रवि अपने मित्र विपिन की स्वार्थी मनोवृत्ति तथा वैयक्तिक जीवन समृद्धि के स्थान पर सामूहिक जीवन समृद्धि पर विशेष महत्व देता है।

उपन्यास में विपिन और रवि तथा बट महान्ती और सिन्धु चौधुरी के माध्यम से ग्रामीण जनता की संघर्ष चेतना रेखांकित है। आज का ग्रामीण समाज आपसी कलह का गढ़ बन गया है। ग्रामीण लोगों में मनोमालिन्य तथा मन मतान्तर बलवती होने लगा है। घरेलु ईर्ष्या एवं पारिवारिक अन्तर्द्वन्द्व ग्राम परिवेश को दूषित करने लगा है। विशेष रूप से गाँव की औरतों में संकीर्ण मानसिकता और ईर्ष्यालु प्रवृत्ति इस कदर भरी हुई है कि किसी की सुख समृद्धि उनसे देखी नहीं जाती। ग्रामीण सभ्यता भी इतनी 'सेल्फ सेन्टर्ड़' हो गयी है कि एक दूसरे के सुख–दुख में भागीदार बनने से गाँव के लोग वंचित रह जाते हैं। ग्रामीणों में 'सेल्फ स्ट्रगल' इस कदर बलवती हो गया है कि किसी की एक जून की रोटी या चावल भी मुहैया

करा पाना मुश्किल होने लगी है।

'एई गां एई माटी' गांव की मिट्‌टी के बदलते स्वरुप पर आधारित एक मानवतावादी उपन्यास है। उपन्यास में ग्राम जीवन में आधुनिकता के समावेश से गांव की सात्विकता हनन हुई है। तुलसीवन गांव में वर्ग संघर्ष का पदचाप सुनाई नहीं पड़ता, आन्तरिक संघर्ष की ध्वनि कहीं कहीं सुनाई पड़ता है। तुलसीवन के सवर्ण और असवर्ण समुदाय के बीच अन्तर्विरोध का संकेत उपन्यास के आरम्भ में ही दिखाई पड़ता है। गांव के हरिजन टोली के लोग अपने सामाजिक हक के लिए संघर्ष करते दिखाई पड़ते हैं। उन हरिजनों को मन्दिर–प्रवेश पर रोक है, सामाजिक–सांस्कृतिक यज्ञ–अनुष्ठानों में उपस्थिति पर पाबन्दी है। गांव में जो भी धार्मिक अनुष्ठान होंगे, सांस्कृतिक कार्यक्रम होंगे, हरिजन समुदाय के लोग उसमें शामिल नहीं हो सकेंगे। उन्हें अलग–अलग रुप में रखा जाएगा। दूर से ही भगवान की पूजा–अर्चना कर सकेंगे, भोजी भात में सवर्ण लोगों के साथ बैठकर एक साथ भोजन नहीं कर पाएंगे।

भारतवर्ष में जमींदारी प्रथा प्रचलित थी। जमींदार लोग किसानों को खेती करने के लिए जमीन देते थे, किसान उत्पादित फसल का तीन–चौथाई हिस्सा जमींदारों को देते थे, बाकी जो भी बचता था, उसे अपने पास रखते थे। किसानों को कमरतोड़ मेहनत के बावजूद भरपेट खाना नसीब नहीं होता था। सारा अनाज जमींदारों की हवेली में चली जाती थी, किसान के घर तो खाली के खाली रह जाते थे। देश स्वाधीन हुआ, अंग्रेजी सत्ता गई, जमींदारी खत्म हुई, किसानों के जीवन में खुशियां लहराने लगी। जमींदारी प्रथा उच्छेद पर प्रकाश डालते हुए लेखक लिखते हैं–''बहुत सारे रुपए खर्च करने के बाद भी जमींदार उत्तरसिंह मुकदमा हार गए। उत्तरसिंह जमींदारी उच्छेद कानून के बल पर नहीं, कोर्ट की डिग्री राय अनुसार उनकी जमींदारी निलाम हो गई।''[74]

जमींदार नबघन सामन्तरॉय और उनके बेटे यदुनन्दन के बीच आत्म संघर्ष का चित्र उपन्यास में खींचा गया है। यदुनन्दन पिताजी के खिलाफ जाकर हरिजन लड़की केतकी से कोर्ट मैरेज कर लेता है, जिससे क्रोध में आकर सामन्तरॉय यदु को अपनी संपत्ति से बेदखल करते हुए त्याज्यपुत्र घोषित कर देते हैं। यदु शादी के बाद केतकी को साथ लेकर हवेली में प्रवेश करने का प्रयास करते हैं, तब उनका विरोध करते हुए सामन्तरॉय गरजते हुए कह उठते हैं–''तू जिस सरकार, कानून की बात कर रहा है, वह आज की बात है। किन्तु मैं जिस समाज की बात कह रहा हूं वह समाज सनातन है, अति प्राचीन है। कितनी सरकारें गई हैं, कितने इन्द्र गए हैं, पर वह समाज जीवित है, वह देवी सची जीवित है। आज का शासन कल बदल जाएगा, आज का कानून कल बदल जाएगा, किन्तु यह समाज, यह सामाजिक व्यवस्था........।''[75]

आजादी के बाद स्वतंत्र देश की सरकार ने भारतीय ग्राम जीवन में सुख–समृद्धि लाने

के लिए पंचायती राज व्यवस्था कायम की थी। भारत एक ग्रामीण बहुल राष्ट्र है, अतः ग्रामीण लोगों की जीवन व्यवस्था में पर्याप्त सुधार–समृद्धि से ही देश का उत्कर्ष साधित हो सकता है, इसी उद्‌देश्य से पंचायती राज शासन की बहाली हुई थी। पंचायत चुनाव के अच्छे परिणाम भी सामने आए। गांव–देहात का भाग्योदय हुआ, आधुनिक जीवन–दर्शन का बीजारोपण हुआ। पर धीरे धीरे पंचायत चुनाव के दुष्परिणाम सामने आने लगे। इसमें भ्रष्टाचार प्रवेश करने लगा, ग्रामीण लोगों में आन्तरिक संघर्ष बढ़ने लगा। सरपंच, पंच, उप सरपंच प्रत्यसियों के बीच अन्तर्विरोध खड़ा होने लगा। गांव में भाई–भाई के बीच, बाप बेटे के बीच, घर–परिवार के बीच, जाति–बिरादरी के बीच, टोली–मुहल्ले के बीच संघर्ष खड़ा होने लगा। स्थिति यहां तक बिगड़ी कि मार–काट तक की नौबत आ गई।

'चपल छन्दा' उपन्यास आजादी के पहले राजशाही शासन व्यवस्था और आजादी के बाद की राजा– प्रजा के बीच संघर्ष था तो आजादी के बाद सरकार–नागरिक के बीच संघर्ष आज भी दिखाई पड़ता है। राजाओं के शासन काल में प्रजा कई तरह से शोषित–पीड़ित होती थी। प्रजा आर्थिक–सामाजिक शोषण की शिकार थी तो नारी यौन उत्पीड़न का अभिशाप झेलने को मजबूर थी। आम जनता यानी गरीब किसान, मजदूर, श्रमिक वर्ग पूंजिपतियों, महाजनों, साहूकारों, जमीदारों, के हाथों शोषित–पीड़ित थे। स्वंय बैरीगंजन सिंहदेव इस शोषक वर्ग के प्रतिनिधि पात्र हैं। वह पूरे अन्धेरीगढ़ राज्य में अपने शोषण–उत्पीड़न का आतंक फैलाए हुए हैं। यौन उत्पीड़न की समस्या यहां मुख्य मुद्‌दा बना हुआ है। आर्थिक–प्रलोभन दिखाकर बैरीगंजन खूबसूरत औरतों, युवतियों का यौन शोषण करते हैं और स्वार्थ पूर्ति के बाद दासी के रुप में जिल्लत भरे जीवन जीने के लिए मजबूर कर देते हैं या राजमहल से धक्का मारकर बाहर निकाल देते हैं।

अन्धारीगढ़ राज्य का एक ग्रामीण युवक भजराम इसी शोषण का शिकार होता है। उसकी पत्नी तोफानी को पाने के लिए राजा बैरीगंजन आर्थिक प्रलोभन के साथ राज नर्तकी पद प्रदान करने का लालच दिखाते हैं। इस साजिश का विरोध करने पर भजराम को दण्ड महल में हाथ पांव को कड़ियों में बांध कर सहदेव धल जैसे पहलवानों–हैवानों द्वारा इतनी बेरहमी से पिटाई दी जाती है उसकी मौत हो जाती है। राज्य का कोई भी व्यक्ति राजा के अन्याय–अत्याचार के खिलाफ आवाज उठाता है या कर देने से इनकार करता है तो उसे इसी दण्ड महल ढोल घर के खम्भे में बांध कर उसकी बेरहमी से चाबूक से पिटाई होती है। महल की रमणियां उस अमानवीय दृश्य का लुप्त उठाती हैं, तालियां बजाकर अपनी खुशियां जाहिर करती हैं। ढोल, नगाड़े, झांझर, मान्दर आदि वाद्य–यंत्रों के स्वर पूरे राजमहल को मुखरित कर देते हैं।

तोफानी को हासिल करने के लिए राजा बैरीगंजन भजराम की हत्या करवा देते हैं। ढोल घर में उनके पहलवान उन्हें पीट–पीट कर मार देते हैं और बीमार से मर जाने का

अफवाह फैला देते हैं। मुगलबन्दी प्रजाओं को जब भजराम की हत्या की जोनकारी होती है, वे लोग राजा के अत्याचार के खिलाफ संघर्ष करने के लिए संगठित होते है। वन–जंगल, गांव–नगर सभी ओर राजा बैरीगंजन के खिलाफ विद्रोह का स्वर सुनाई पड़ने लगता है। डॉ. नृसिंह चरण साहु ने इस उपन्यास के राजा–प्रजा के बीच के संघर्ष को उदघाटित करते हुए लिखा है–''विभूति पटनायक के 'चपल छन्दा' उपन्यास में पतनोन्मुख राजतंत्र का चित्र अन्धारीगढ़ के राजा बैरीगंजन के चरित्र से मिलता है। अन्याय, अत्याचार, शोषण, यौन शोषण का जीवंत प्रतीक हैं राजा बैरीगंजन। अपने अधूरे दाम्पत्य जीवन से क्षुब्ध होकर वे न जाने कितनी युवतियों, बहुओं को उपभोग कर चुके हैं। यातना नगरी के ढोल घर में उनके नौकर–चाकरों ने राज्य की बहू बेटियों का बलत्कार किया है।''[76]

क्रान्तिदर्शी भावना–

साहित्यकार क्रान्ति का अग्रदूत होता है। साहित्य के माध्यम से वह समाज की विसंगतियों का चित्रण करके उसमें पर्याप्त सुधार का सतत् प्रयास करता है। सुधारवादी भावना के महत् उद्देश्य के साथ वह साहित्य सृजन की ओर अग्रसरित होता है। वह अपनी सत्य वृत्ति के साथ महत् प्रवृत्ति को सम्मिलित करके एक कुशल समाज–निर्माण के लिए प्रवृत्त होता है। वह अपने पारिपार्श्विक परिदृश्य का सजीव चित्रण करके उसमें पर्याप्त परिवर्तन तथा सुधार की माँग करता है। क्रान्ति की मशाल जला कर समाज के बाह्य–आभ्यन्तरिण परिवेश को प्रकाशित करने में उसका महत्वपूर्ण योगदान है। साहित्य स्रष्टा अपने इसी सुधारवादी दृष्टिकोण से प्रेरित होकर न केवल समाज के यथार्थ जीवन दर्शन की मार्मिक अभिव्यक्ति करता है प्रत्युत क्रान्ति का ओजस्वी स्वर मुखरित करता है।

मानवता के पुजारी महात्मागाँधी के आदर्शों से महान्ती जी पूरी तरह से प्रभावित हुए थे। गाँधी जी ने धर्म, मानवीय प्रेम को जीवन और जीविका के साथ जोड़ कर नवीन जीवन दृष्टि दी थी। उन्होंने भारतीय जन जीवन के नवीन मानवीय मूल्यबोध के प्रति पूर्ण विश्वास जगाया था। फलस्वरूप कई युगों तक हमारे अन्दर परिव्याप्त अंधकार, अवसाद का विलय हुआ। ओड़िया के विशिष्ट समालोचक डॉ. कार्तिकेश्वर साहू का मन्तव्य यहाँ द्रष्टव्य है, ''गाँधी जी ने शिक्षित युवाओं को ग्रामाभिमुखी होने के लिए और विशेष रूप से ग्राम बहुल भारत वर्ष के अनगिनत अशिक्षित, कुसंस्कार ग्रस्त कृषक मजदूरों को शोषण से मुक्ति दिलाने के लिए क्रान्ति के ओजस्वी गीत सुनाये हैं। ग्रामाभिमुखी समाज व्यवस्था के जरिए भारतीय समाज को उन्नत किया जा सकता है, इसमें उनका पूरा विश्वास था। कथाशिल्पी गोपीनाथ महान्ती गाँधी जी के इसी क्रान्तिदर्शी विचारों से अनुप्राणित हुए थे।''[77]

भारतीय ग्रामीण जीवनोद्धार तथा सर्वोदय समाज के नियामक गाँधीजी के ग्रामोद्धार

अभियान को कारगर बनाने का बीड़ा उनके परम शिष्य विनोबा भावे ने उठाया था। विनोबा जी ने पूरे भारत के ग्रामीण अंचलों में जाकर भूमिहीनों के लिए भूमिदान कराकर गरीबी हटाने तथा ग्रामीण जीवन में सुधार लाने का महत कार्य अपने कन्धे पर लिया था। ग्रामीण जन जीवन की आर्थिक, सामाजिक प्रगति से ही सर्वोदय समाज का निर्माण संभव हो सकता है। विनोबा जी के भूदान आन्दोलन से लेखक प्रभावित हुए थे। इस आन्दोलन का प्रभाव 'माटीमटाल' और 'शिब भाई' पर पड़ा है। यह आन्दोलन भारतीय इतिहास में एक क्रान्तिकारी जन आन्दोलन है, जो ग्रामीण समाज को सन्तुलित एवं विकसित कर सकता है।

ओड़िया कथा साहित्य में 'सोशलिज्म' के नूतन वार्ताकार के रूप में 'माटीमटाल' प्रत्येक साहित्य प्रेमी को प्रेरित करता है। आज का युग विज्ञान–तकनीकी कला कौशल का युग है। औद्योगिक क्रान्ति से वर्तमान कालीन समाज विकास की चरम सीमा पर पहुँच सकता है। इस क्रान्ति के प्रति विश्वस्त भाव रखता हुआ हमें प्रगति के पथ पर अग्रसरित होना चाहिए। हमें प्रगति के नये द्वार उन्मुक्त कराते हुए अमेरीका जैसे विकसित देशों के समकक्ष अपने भारत वर्ष को खड़ा करना होगा। यह हमारा राष्ट्रीय लक्ष्य होना चाहिए कि अपने देश को एक संपूर्ण विकसित राष्ट्र के रूप में प्रतिष्ठित कर सके।

ओड़िया जाति के उन्नत चरित्र निर्माण करने एवं जातीय जीवन–लक्ष्य निर्माण करने में यह उपन्यास अपना एक स्वतंत्र दायित्व निभाता है। यह उपन्यास प्रत्येक पाठक के हृदय में राष्ट्रीयता–जातीयता के जीवन मूल्यबोध से ओत–प्रोत प्राण–स्पन्दन प्रवाहित करता है। '' 'माटीमटाल' उपन्यास में गोपीनाथ ने स्पष्ट सूचना दी है कि देश में केवल समाजवाद द्वारा ही शोषण मुक्त समाज गढ़ा जा सकता है। इस समाज में प्रेम को उचित मर्यादा देनी होगी। फिर कोई व्यक्ति किसी के पास दलित–पीड़ित नहीं होगा। औद्योगिक विकास द्वारा समृद्ध भारत वर्ष का निर्माण होने से हमारी सामाजिक जीवन व्यवस्था बदलेगी, लेखक ने हमें इसमें सजग कराया है। लेखक ने हमारे सामाजिक जीवन में नूतन क्रान्ति लाने को स्वप्न देखा है।''[78]

ग्राम जीवन के क्रान्तिवीर रवि अपने अथक परिश्रम से एक शोषण मुक्त आधुनिक समाज गढ़ने में जिन्दगी की कसौटी पर खरा उतरता है। वह अपने पिताजी बट महान्ती का हृदय परिवर्तन कराकर, शोषण मुक्त समाज का गठन करके गरीब जनता के जीवन में प्रसन्नता के सतेज फूल खिलाने में समर्थ होता है। वह फूलसरा गाँव के पधान साही, जोगी साही और पाण साही के लोगों के आन्तरिक संघर्ष को मिटा कर सम्मिलित कृषिकार्य से एक नई हरित क्रान्ति का आह्वान करता है। रवि गाँव के लोगों में क्रान्ति के आगमन का शुभ संकेत देता हुआ कहता है– ''स्वराज आएगा, देश स्वाधीन होगा। अंग्रेज चले जाएंगे। लाल टोपी और लाल आँखें यहाँ नहीं रहेगी। यहाँ अनाचार–अत्याचार नहीं रहेंगे। अपने हित का विचार करके मनुष्य अपने आप पर खुद शासन करेगा। हमारे पुराने आचार विचार धर्म कर्म

फिर से चलेंगे। सभी लोग सुखद जीवन व्यतीत करेंगे। किसी के जीवन में दुख नहीं होगा। फिर से ओड़िया, संस्कृत भाषा–पाठ प्रारंभ होगा। फिर से हमारा कुटीर शिल्पोद्योग जीवित हो उठेगा, हमें किसी अन्य की शरण में जाना नहीं पड़ेगा।''[79]

देश की आजादी ने हमें उनके अन्त–बाह्य नवीन प्रवृत्तियों से विमण्डित कर दिया था। हमें अनेक नई उपलब्धियाँ हासिल हुई थीं। एक तरफ हमारे मन मस्तिक में नवीन प्राण स्पन्दन, नवीन जीवन मूल्यबोध, स्वतन्त्र जीवनी शक्ति का संचार हुआ तो दूसरी तरफ हमारे सामाजिक जीवन में आधुनिक युग बोध का समावेश हुआ। हमें स्वतन्त्र रूप से जिन्दगी जीने एवं अपने सामाजिक कर्तव्यों को निभाने का मौका मिला। हमारे देश को नये सिरे से गढ़ने, अपने व्यक्तिगत जीवन को उन्नत बनाने की खुली आजादी हमें मिली। प्राचीन रूढ़ीवादी परंपरा के प्रति हमारे मन में उदासीनता दिखाई देने लगी तो नवीन चिन्ता धारा से हमारा अच्छा संबन्ध बना। आधुनिक शिक्षा प्रणाली, नारी मुक्ति, समाजवाद की प्रतिष्ठा, गरीबों का उद्धार, किसान क्रान्ति के रूप में नयी 'ह्यूमनिस्टिक फिलिंग्स' हिन्दुस्तान की पवित्र धरती पर प्रवाहित होने लगी।

'वीमेन एम्पावारमेन्ट मिशन' 'दिगदिहुड़ी' में दर्शित है। नारी समाज की जीवन–यात्रा की शंख ध्वनि इसमें सुनाई पड़ती है। हमारे देश में नारी, पुरुष प्रधान समाज द्वारा शोषित, अवहेलित है। महिला सशक्तिकरण के अभाव में वह हमेशा पुरुष समाज पर निर्भर होती है और आत्म निर्भर होने से वंचित रह जाती है। नारी को अपने जीवन पथ पर अनेक घात–प्रतिघातों से जूझना पड़ता है। युग परिवर्तन के साथ नारी जीवन में भी विराट परिवर्तन आया है। आज की नारी आधुनिक युगबोध से विमण्डित होकर इन्डीपेन्डेन्ट होकर जीवन जी सकती है।

रमा अपनी क्रान्तिदर्शिता का परिचय देती हुई अपने जीवन की सही दिशा तलाशती है। वह अकेली अपने जीवन पथ पर आगे बढ़ कर सारी चुनौतियों को पछाड़ देती है। वह एक विरांगना नारी की भाँति समस्त विरोधी ताकतों को शिकस्त देती हुई अपने जीवन को सुखमय, आनन्दमय बनाने के साथ समाज कल्याण की जोत जलाकर मानव समाज को ज्योतिर्मय कर देती है। रमा अपनी निस्वार्थ सेवा द्वारा देश की स्वर्णिम बेला के आगमन का शुभ संकेत देती है– ''आजी ने हेऊ दिने ना दिने बढ़ी–बढ़ी चालिथिब जदि जगतर सेबा ओ त्यागर आदर्श, जगत सुना पालटिब।'' (आज न सही एक न एक दिन इस संसार में यदि सेवा एवं त्याग का आदर्श गतिशील होगा, तो यह संसार स्वर्णिम होगा।)[80]

ओड़िशा प्रदेश के समुद्री तटवर्ती इलाके में तूफान ध्वंस का ताण्डव खेल खेलता है। नीलाम्बर उस चक्रवाती तूफान की चपेट में आकर कड़ा संघर्ष करके घर पहुंचता है। उस महा विनाश की साया में पूरा इलाका भयभीत हो उठता है। मुक्तापुर गांव के सभी लोग सरस्वती मण्डप में आश्रय लेते हैं। नीलाम्बर रास्ते में फंस गया है। अनाम दास बाबा को घर

से निकालते–निकालते वह खुद मुसीबत में फंस जाता है। नीलाम्बर सड़क किनारे किसी पेड़ की ओट में छिपा हुआ देख रहा है– प्रकृति का विकराल रुप। लेखक के शब्दो में, ''मृत्यु का सम्भावित रुप नीलाम्बर ने इस तरह से कभी नहीं देखा था। संहार के उस विकराल रुप के बीच नीलाम्बर अगले ही क्षण देख रहा था हालात और सृजन की कल्याणकारी स्निग्ध मूर्ति। वह कल्याणकारी मुर्ति अपने दोनों हाथ बढ़ाकर तूफान और मौत के आर्तनाद के बीच घोषणा कर रही थी– माभै। माभै। भयभीत मत हो, भयभीत मत हो। यह नवीन सृजन की प्रसव वेदना है। यही कालान्तर है।''[81]

बाबाजी अनाम दास मुक्तापुर गांव के नदी किनारे कुटीर बनाकर एकान्त जीवन व्यतीत करते हैं। गांव के लोग उन्हें पागल करार देकर उनकी खिल्लियां उड़ाते हैं। पर अनाम दास गांव वालों की हरकतों से परेशान दिखाई नहीं पड़ते। वह अपने क्रान्तिकारी विचारों से लोगों को समझााने की कोशिश करते हैं, पर उनके विचार गांव वालों के गले नहीं उतर पाते। मौत के भयानक ताण्डव के बीच जो अपने दोनों हाथ हिला–हिला कर अभय दान दे रहा था, वह और कोई नहीं अनाम दास बाबा ही है। नीलाम्बर देखता है कि बाबा अनाम दास उस तूफान के बीच यह क्रान्तिदर्शी गीत गाता हुआ आगे बढ़ रहे हैं–

''मेरा–मेरा होकर मरेंगे सभी
अच्युतानन्द का क्या गया ?
जागे हुए पुरुष जागी हुई तरंगें
सोए हुए लोग मरेंगे।''[82]

रात के घने अंधेरे में तूफान से जूझते हुए लोग गांव के सभी लोगों को सुरक्षित–संगठित करने में लगे हैं। अनाम दास को बचाने के लिए नीलाम्बर उनकी कुटिया की तरफ दौड़ते हैं। उन्हें बचाते–बचाते वह खुद मुसीबत में फंस जाते हैं। नीलाम्बर चीत्कार करने लगते हैं। दोल गोविन्द, गोपीनाथ, चन्द्रमणी आदि सभी लोग नीलाम्बर को बचाने के लिए उनकी तरफ बढ़ते हैं। अन्धेरा अब छूटने लगा है, सुबह होने वाली है। एक नए काल का आगमन हो रहा है। कालान्तर का अभिनन्दन करने के लिए लोग आगे बढ़ रहे हैं।

'वधू निरुपमा' आजादी के बाद के भारतीय ग्राम जीवन एवं शहरी जीवन का चित्र खींचता है। गांव परिवेश में उस समय नारी की स्थिति तथा सास–बहू के बीच के सम्बन्ध को स्थापित करता यह उपन्यास नारी विमर्श की महागाथा के रुप में परिगणित हो सकता है। लेखक ने नारी जीवन की विड़म्बनाओं के बीच एक वधू यानी बहू की परिवारिक स्थिति का यथार्थ चित्र खींचा है और सास–बहू की खींचातानी के बीच बहू की लाइफ ट्रेजेडी प्रस्तुत की है। ग्राम–पविवेश में आजादी के ठीक बाद के समय में घर–परिवार में बहू की जो स्थिति थी, आज भी वही स्थिति बनी हुई है। आज भी घर में बहुएं सास द्वारा अन्य सदस्यों

द्वारा शोषित अत्याचारित हो रही है। वह घरेलु हिंसा की शिकार हो रही है। घर में उसे सास, ननद, ससुर यहां तक कि पति के शोषण का शिकार होना पड़ रहा है। वह घर–बाहर सभी जगह शारीरिक, मानसिक उत्पीड़न की शिकार हो रही है।

केवल नारी ही पुरुष प्रधान समाज में पुरुष द्वारा या नारी द्वारा शोषित हो रही है, अत्याचारित हो रही है, सो बात नहीं। पुरुष भी नारी द्वारा या पुरुष द्वारा शोषित हो रहा है। अनिरुद्ध एक ऐसा ही पुरुष चरित्र है, जो शिक्षित है, उन्नत खयालात का है, ईमानदार है, पर उसकी ईमानदारी, भलमनसी श्यामली के गले नहीं उतर पाती। श्यामली गांव की कम पढ़ी लिखी लड़की है जो शहर में अनिरुद्ध के साथ सिंगिल फैमिली लाइफ मैन्टेन करती है। वह बात बात पर अनिरुद्ध से बिगड़ती रहती है, झल्लाती रहती है। वह अनिरुद्ध से हमेशा झगड़ने के मूड में रहती है। अनिरुद्ध उससे तंग रहते हैं, एक तरह से देखा जाय तो उनका वैवाहिक जीवन सुखद नहीं है। अक्सर देखा जाता है कि गांव की बेटी शादी के बाद जब शहर में जाती है, तो वहां अपने अच्छे ग्रामीण संस्कारों को सहेजकर घर–परिवार को एक मन्दीर के रुप में तैयार करती है। वह अपनी ग्रामीण संस्कृति की सात्विकता के बल पर पूरे परिवार का दिल जीत लेती है, शहरी परिवार के एकाकीपन में एकात्मबोध की ऐसी महीन जाल बुनती है कि पूरा परिवार एक हो जाता है।

शहर की बेटी के साथ ऐसा नहीं हो पाता। शहरी सभ्यता की सुविधा परस्ती से निकलकर जब वह गांव परिवेश में आती है तो उसे कई अड़चनें आती हैं। वह गांव परिवेश की विविध समस्याओं को झेलने में अक्षम हो जाती है गांव की हवा पानी से नाता जोड़ नही पाती। शहरी लड़की गांव की बहू आसानी से बन नहीं पाती उसे बड़ी मुश्किलें होती है। उपन्यास में यहां उल्टी बात दिखाई पड़ती है। शहर की लड़की निरूपमा गांव में आकर सासु मां की सेवा में जुट जाती है। घर गृहस्थी संभालने लगती है। अपने पति निर्मल के शहर में रह कर सुविधा परस्त जीवन जीने की हठ नहीं करती । जबकि गांव की लड़की श्यामती शहर में जाकर स्वार्थी मनोवृत्ति की शिकार हो जाती है। और सिंगिल लाईफ जीती है। यह अस्वाभाविक बात जैसी लगती है।

निर्मल को जब अपनी मां की बीमार होने की खबर मिलती है, वह तुरन्त गांव के लिए निकल पड़ता है। गांव आकर देखता है कि मां बूरी तरह से बीमार है। मां की सेवा में निरुपमा लगी हुई है। शहरी लड़की की इस सेवा मनोवृत्ति देखकर निर्मल आत्म सन्तोष प्राप्त करता है। निर्मल अपनी पत्नी पर गर्व करने लगता है। रात को कमरे में निरु निर्मल से विनती करती है कि अब वह गांव में नहीं रहेगी, उनके साथ शहर जाएगी। उसने गांव में रहकर सासु मां की खूब सेवा की है, अब पति के साथ रहकर उनकी सेवा करेगी। उसने अपनी सासु मां का हृदय परिवर्तित करके उनके हृदय में अपने लिए जगह बना ली है। जो सास उसे बहू के रुप में भी स्वीकार करने को राजी नहीं थी, आज बहू तो क्या बेटी के रुप

में भी स्वीकार कर रही है। निरु अपने पति से अनुनय विनय करती है कि उसे अपने साथ शहर ले चलें। ''विभूति पटनायक जी ने अपने उपन्यासों में नारी को विशेष सम्मान दिया है। 'वधू निरुपमा' शिक्षित नारी की सांस्कृतिक चेतना, विचार दृष्टि एवं आदर्शवादी भावना को चरितार्थ करनेवाला सशक्त उपन्यास है। इस उपन्यास में नारी जागरण के निए कोई विशेष आह्वान नहीं है, लेकिन नारी शिक्षित होकर आदर्श गृहणी बन सकती है, इसका इशारा हुआ है। शिक्षित नारी हमारे परिवार, समाज की गौरव–गरिमा है, 'वधू निरुपमा' इस बात की शिनाख्त करती है।''[83]

'चपल छन्दा' अन्धारीगढ़ के अन्याय–अत्याचार की करुण कथा का ऐतिहसिक काल्पनिक दस्तावेज है। उपन्यास के दोनों खण्डों में राजा बैरीगंजन का शोषण–दोहन चित्रित है। उपन्यास के दूसरे खण्ड में विधायक तथा मंत्री बैरीगंजन के अन्याय, अत्याचार, भ्रष्टाचार के खिलाफ आन्दोलन करते लोग दिखाई पड़ते हैं। सूर्यमणी इस जन आन्दोलन का प्रतिनिधित्व करते हैं। सूर्यमणी पूरे अन्धारीगढ़ इलाके के लोगों को संगठित करके भ्रष्टाचार के खिलाफ मुहिम छेड़ता है। अन्धारीगढ़ की अन्धेरी रात के धूप अन्धेरे को हटाकर उजाला लाने का साहसिक आन्दोलन छेड़ते हैं सूर्यमणी। इस आन्दोलन से बैरीगंजन के रावणराज की धज्जियां उड़ने लगती हैं।

उपन्यास में लेखक ने एक असाधारण चरित्र का निर्माण किया है, वह चरित्र है–सुजन राउत। एक गरीब माझी, जो नाव चलाकर, मछली पकड़कर अपना गुजर–बसर करता है। उसके हृदय में देश प्रेम की भावना इतनी प्रखर है कि देश के लिए मर मिटने को तैयार है। वह सूर्यमणी के आह्वान से देश की आजादी के लिए आगे बढ़ता है। ब्राह्मणी नदी की बहती धारा में नाव आगे बढ़ाता हुआ सुजन अन्धेरी रात और भीषण बारिश में निडर होकर ओजस्वी गीत गाने लगता है। वह गीत के माध्यम से अपने ओजस्वी व्यक्तित्व को उजागर करता है। सुजन राउत ब्रिटिश हुकुमत का मूलोत्पाटन करने के लिए राजतंत्र को खत्म करने के लिए सजग हो उठता है। लेकिन राजा के कर्मचारियों के हाथों सुजन की हत्या हो जाती है, एक सजग प्रहरी मौत की गोद में सो जाता है।

सन 47 को देश आजाद हुआ। देश में खुशी की लहर दौड़ गई। पराधीनता का अन्धकार मिट गया, स्वाधीनता का प्रकाश चारो तरफ फैल गया। स्वाधीन भारत के आसमान में तिरंगा झण्डा फहराने लगा। आजादी का जश्न देश भर में मनाया गया। इस स्वर्णिम अवसर में क्रान्तिदर्शी जुझारु नेता सूर्यमणी के अन्दर खुशियों का अम्बार लगा रहा। सूर्यमणी के पिताजी विश्वेश्वर अपने घर की छत पर यूनियन जैक फहराए हुए थे, जिसे किसी भी कीमत पर हटाने को तैयार नहीं थे। सूर्यमणी अपने पिताजी के अंग्रेजों के प्रति इस आदर भाव का तिरस्कार करते हुए यूनियन जैक को निकालकर तिरंगा झण्डा फहराकर अपना साहसी व्यक्तित्व का परिचय देते हैं। सूर्यमणी मुस्कुराहट भरे स्वर में कहते हैं– ''आपके

जीवन काल में यह देश आजाद हो गया। आज ब्रिटिश हुकूमत की तरफ से लॉर्ड़ माउन्ट बेटन पण्डित नेहरु को स्वाधीनता के सनदपत्र लिख देंगे। भारत स्वाधीन हुआ बाबा। यह क्या कम गौरब की बात है।"[84]

आजादी हासिल होने के बाद देश में पहला आम चुनाव 1952 ई. में हुआ। कांग्रेस को बहुमत मिला और पण्डित जवाहरलाल नेहरु के प्रतिनिधित्व में कांग्रेस की सरकार बनी। सरदार बल्लभ भाई पटेल गृह मंत्री का पद अलंकृत करनेवाले मजबूत इरादों वाले नेता बने। उन्होंने देश से राजतंत्र को खत्म करने का साहिसिक कदम उठाया। देश में लोकतंत्र की प्रतिष्ठा पर जोर देते हुए आम जनता की सरकार बनाने और समान अधिकारों के साथ जीवन जीने का अवसर खड़ा किया गया । उपन्यास के द्वितीय भाग में लेखक आजादी का शुभ सन्देश के साथ लिखते हैं– "देश स्वाधीन हुआ है। सरदार पटेल गृह मंत्रालय के मंत्री बने हैं। मेहता कमेटी की रिपोर्ट ने देश भर में तहलका मचा दिया है। सरदार पटेल ने जिद पकड़ रखी है, सभी राज्य स्वाधीन होंगे। राजा अपने राज्य शासन त्यागेंगे। भारत सरकार का यही हुक्म है।"[85] सरदार पटेल के इस आह्वान से बैरीगंजन और मुक्तामाला व्यथित हो उठते हैं। बैरीगंजन अपने सभी अधिकार छीने जाने के भय से स्वतंत्र भारत की कांग्रेस सरकार के प्रति विद्वेष भाव व्यक्त करने लगते हैं।

ग्राम जीवन अनेक सामाजिक संगतियों–विसंगतियों का समाहार है। ग्रामीण जीवन जिज्ञासा अनेक आशाओं–निराशाओं का संगम स्थल है। गाँव में सात्विक मनोवृत्ति के साथ पाशविक चित्त वृत्तियों का भी बाहुल्य देखने को मिलता है। ग्राम्य–आरण्यक आदिवासी संस्कृति का आदर्श–यथार्थ रूप महान्तीजी के उपन्यासों में चिर भास्वर है। ग्राम्य संस्कृति के मनभावन रूपों से उनकी कथाकृतियाँ सुशोभित हैं। लोक जीवन के सादगीमय जीवन प्रवाह के साथ–साथ ग्रामीण परिवेश को कलुषित करने वाले असामाजिक तत्वों का यथार्थ रूप निर्मित हुआ है। परिवर्तनशील ग्रामीण समाज के बदलते परिदृश्य में आधुनिक युगबोध का सम्मिश्रण भी लेखक ने दिखाया है। ओड़िशा प्रान्त के अनुन्नत, अवहेलित आदिवासी जन समुदाय एवं लोक जीवन की अन्तरात्मा की पुकार को स्वर देकर उनमें उत्कर्ष का बीजारोपण करना कथाकार का मुख्य अभीष्ट रहा है।

स्वतंत्रता के बाद के ओड़िया उपन्यासों में ओड़िशा प्रदेश के ग्रामीण अंचलों का जो परिदृश्य प्रस्तुत हुआ है, उसमें आधुनिकता का वर्चस्व है। आजादी के बाद देश की तस्वीर जिस तरह से बदलने लगी, गांव में आधुनिकता का प्रकाश जिस तरह से फैलने लगा, उसका विषयांकन आजादी के पश्चात के ओड़िया उपन्यासों में हुआ है। कान्हुचरण महान्ती, गोपीनाथ महान्ती, सुरेन्द्र महान्ती, विभूति पटनायक, प्रतिभा रॉय सरीखे उपन्यास कर्मियों ने आजादी के बाद के ओड़िशा के सामाजिक, सांस्कृतिक, राजनीतिक, आर्थिक परिदृश्य का सफल रुपांकन अपने–अपने उपन्यासों में किया है। ओड़िशा के गांव परिवेश की धूल, मिट्टी,

कीचड़ की सोंधी महक उनके उपन्यासों में प्रस्फुटित है।

'बन गहन र तले', 'का', 'माटी मटाल', 'दिग दिहूड़ी', 'कालान्तर', 'एई गां एई माटी', 'चपल छन्दा', 'अपरिचिता', 'पुण्यतोया' सरीखे उपन्यासों में आजादी के बाद के ओड़िशा प्रदेश के ग्राम जीवन का जो चित्र खींचा गाया है, उससे ओड़िशा की नई तस्वीर उभर कर सामने आई है। आधुनिक भारत–निर्माण का अभियान इन उपन्यासों में साकार हुआ है। ग्राम परिवेश में आधुनिकता का जो बीजारोपण आजादी के समय हुआ था, उसका प्रगतिशील रुप इन उपन्यासों में दिखाई पड़ता है। ओड़िशा के लोगों में जन आन्दोलन खड़ा करने का आह्वान इन उपन्यासकारों ने अपने–अपने उपन्यासों के माध्यम से किया है।

संदर्भ ग्रन्थ सूची–

01. ओड़िया उपन्यास : एक दिग दर्शन, सं. राघवानन्द नायक, पृ.–61
02. माटी मटाल, गोपीनाथ महान्ती, पृ.–1011
03. गोपीनाथंक उपन्यास रे शिल्पकला, कार्त्तिकेश्वर साहु, पृ.–378
04. दिगदिहुड़ी, गोपीनाथ महान्ती, पृ.–394
05. ओड़िया उपन्यास र इतिवृत्त, रंजिता नायक, पृष्ठ–250
06. बन गहनर तले, कान्हुचरण महान्ती, पृष्ठ –01
07. बन गहनर तले, कान्हुचरण महान्ती, पृष्ठ –02
08. बन गहनर तले, कान्हुचरण महान्ती, पृष्ठ –06
09. बन गहनर तले, कान्हुचरण महान्ती, पृष्ठ –17
10. बन गहनर तले, कान्हुचरण महान्ती, पृष्ठ –28
11. का–कान्हुचरण महान्ती, पृष्ठ –112
12. का–कान्हुचरण महान्ती, पृष्ठ –2
13. का–कान्हुचरण महान्ती, पृष्ठ –34
14. का–कान्हुचरण महान्ती, पृष्ठ –66
15. का–कान्हुचरण महान्ती, पृष्ठ – 78
16. का–कान्हुचरण महान्ती, पृष्ठ –86

17. का–कान्हुचरण महान्ती, पृष्ठ –116
18. स्वाधीनता परबर्ती ओड़िया उपन्यास, बाउरीबन्धु कर, पृष्ठ –103
19. कालान्तर, सुरेन्द्र महान्ती, पृष्ठ –18
20. कालान्तर, सुरेन्द्र महान्ती, पृष्ठ –23
21. स्वाधीनता परबर्ती ओड़िया उपन्यास, बाउरीबन्धु कर, पृष्ठ –190
22. एई गां एई माटी, विभूति पटनायक, पृष्ठ –01
23. एई गां एई माटी, विभूति पटनायक, पृष्ठ –05
24. एई गां एई माटी, विभूति पटनायक, पृष्ठ –81
25. एई गां एई माट, विभूति पटनायक, पृष्ठ –88
26. वधू निरुपमा, विभूति पटनायक, पृष्ठ –17
27. वधू निरुपमा, विभूति पटनायक, पृष्ठ –67
28. वधू निरुपमा, विभूति पटनायक, पृष्ठ –121
29. चपल छन्दा, विभूति पटनायक, पृष्ठ –03
30. चपल छन्दा, विभूति पटनायक, पृष्ठ –32
31. चपल छन्दा, विभूति पटनायक, पृष्ठ –49
32. चपल छन्दा, विभूति पटनायक, पृष्ठ –240
33. ओड़िया लोकसाहित्य ओ लोकसंस्कृति, अजय कुमार मिश्र, पृ.– 02–03
34. गोपीनाथ परिक्रमा सं. रजनीकान्त दास, पृ.–62
(श्री गोपीनाथ महान्ती ओ ओड़िया गल्प कारिता– श्री चित्त रंजन दास)
35. माटीमटाल, गोपीनाथ महान्ती, पृ.–424
36. ओड़िआ उपन्यासकार समाज तात्विक रूपरेखा, विभूति पटनायक, पृ.–214
37. दिगदिहुड़ी, गोपीनाथ महान्ती, पृ.–135
38. बन गहनर तले, कान्हुचरण महान्ती, पृष्ठ –01
39. बन गहनर तले, कान्हुचरण महान्ती, पृष्ठ –16
40. बन गहनर तले, कान्हुचरण महान्ती, पृष्ठ –19
41. बन गहनर तले, कान्हुचरण महान्ती, पृष्ठ –32
42. बन गहनर तले, कान्हुचरण महान्ती, पृष्ठ –34
43. बन गहनर तले, कान्हुचरण महान्ती, पृष्ठ –50

44. बन गहनर तले, कान्हुचरण महान्ती, पृष्ठ –73
45. का–कान्हुचरण महान्ती, पृष्ठ –06
46. का–कान्हुचरण महान्ती, पृष्ठ –76
47. ओड़िया उपन्यासर समाज तात्विक रुपरेख, विभूति पटनायक, पृष्ठ –152
48. कालान्तर, सुरेन्द्र महान्ती, पृष्ठ –01
49. कालान्तर, सुरेन्द्र महान्ती, पृष्ठ –13
50. कालान्तर, सुरेन्द्र महान्ती, पृष्ठ –33
51. कालान्तर, सुरेन्द्र महान्ती, पृष्ठ –62
52. स्वाधीनता परबर्ती ओड़िया उपन्यास, बाउरीबन्धु कर, पृष्ठ –169
53. एई गां एई माटी, विभूति पटनायक, पृष्ठ –08
54. एई गां एई माटी, विभूति पटनायक, पृष्ठ –36
55. एई गां एई माटी, विभूति पटनायक, पृष्ठ –58
56. स्वाधीनता परबर्ती ओड़िया उपन्यास, नृसिंह चरण साहु,
57. वधू निरुपमा, विभूति पटनायक, पृष्ठ –28
58. चपल छन्दा, विभूति पटनायक, पृष्ठ –23
59. चपल छन्दा, विभूति पटनायक, पृष्ठ –121
60. ओड़िआ उपन्यासकार समाज तत्व, कैलाश पटनायक, पृ.–39
61. नब भारत– आलोचना, नीलकण्ठ दास (वर्ष– 06, क्रमांक– 07, पृ.–539)
62. देयर वेयर ट्रीज फ्लावर–ओरिया लिटेरेचर– 1950–1974 (एन ओवरव्यू)–यतीन्द्र मोहन महान्ती
63. .दिग दिहुड़ी, गोपीनाथ महान्ती, पृ.– 139
64. माटी माटल, गोपीनाथ महान्ती पृ.–665
65. स्वाधीनता परवर्त्ती ओड़िया उपन्यास, बाउरी बन्धु कर, पृ.–80
66. कालान्तर, सुरेन्द्र महान्ती, पृष्ठ –35
67. कालान्तर, सुरेन्द्र महान्ती, पृष्ठ –38
68. वधू निरुपमा, विभूति पटनायक, पृष्ठ –06
69. वधू निरुपमा, विभूति पटनायक, पृष्ठ –83
70. चपल छन्दा, विभूति पटनायक, पृष्ठ – 189

71. चपल छन्दा, विभूति पटनायक, पृष्ठ –194

72. सर्जना (पत्रिका) ओड़िया कविता रे शोषितर स्वर एवं स्वाक्षर, मित्रभानु साहू, पृ.–07

73. कलाशक्ति– शिल्पी ओ मणीष, गोपीनाथ महान्ती, पृ.–27

74. एई गां एई माटी, विभूति पटनायक, पृष्ठ –24

75. एई गां एई माटी, विभूति पटनायक, पृष्ठ –82

76. स्वाधीनता परबर्ती ओड़िया उपन्यास, नृसिंह चरण साहु , पृष्ठ –13,

77. गोपीनाथंक उपन्यासरे शिल्पकला, कात्तिकेश्वर साहु, पृ.–56

78. गोपीनाथ महान्ती, बाउरी बन्धु कर, पृ.–29

79. माटी मटाल, गोपीनाथ महान्ती, पृ.–183–184

80. दिगदिहुड़ी, गोपीनाथ महान्ती, पृ.–419

81. कालान्तर, सुरेन्द्र महान्ती, पृष्ठ –69

82. कालान्तर, सुरेन्द्र महान्ती, पृष्ठ –75

83. स्वाधीनता परबर्ती ओड़िया उपन्यास, बाउरीबन्धु कर, पृष्ठ– 41

84. चपल छन्दा, विभूति पटनायक, पृष्ठ – 174

85. चपल छन्दा, विभूति पटनायक, पृष्ठ – 177

3. स्वातन्त्र्योत्तर हिन्दी उपन्यासों में ग्राम जीवन

आजादी हासिल होने के बाद देश की तस्वीर जिस तरह से बदलने लगी, देश की जनता जिस तरह से आजाद देश में खुली सांस लेने लगी वह हम सब के लिए कम गौरव की बात नहीं है। आजाद देश में खुल कर कलम चलाने का मौका देश के कलमकारों को जब मिला, उनकी कलम खुलकर चलने लगी। हिन्दी के कलमकारों का ध्यान पहली बार पूरी तरह से ग्राम जीवन की ओर गया। गांव के लोगों के जीवन–दर्शन को लेकर विपुल परिमाण में साहित्य सरजे गए। यद्यपि आजादी से पहले भी गांव परिवेश को लेकर साहित्य सृजित हो रहे थे, पर गांव के लोगों के संपूर्ण जीवन का जीवन्त चित्र इस समय खींचा गया।

स्वातन्त्र्योत्तर हिन्दी उपन्यास साहित्य में ग्रामीण जीवन दर्शन को सार्थक स्वरूप प्राप्त हुआ। गुलामी के गरल पान करने के एक लम्बे अन्तराल के पश्चात हिन्दुस्तानी जनता को आजादी का अमृत पान करने का सौभाग्य प्राप्त हुआ। आजादी मिलने से सादियों से चली आ रही विदेशी शासन की करुण गाथा का अध्याय खत्म हुआ एवं नये मानवीय जीवन मूल्यबोध के साथ नये युग का शुभारंभ हुआ। हिन्दुस्तान का भाग्योदय हुआ, जिससे हिन्दुस्तानी जनता ने अपने देश में समृद्धि के नये प्रतिमान स्थापित करने का सकारात्मक कदम उठाया।

आजादी के अमरबेल ने देश की जनता और विशेष रूप से भारतीय साहित्यकारों के अन्दर नवीन आशा–विश्वास से परिपूर्ण जीवनी शक्ति का संचार किया। स्वतन्त्र भारत वर्ष के साहित्यकारों का ध्यान शहरी सभ्यता से हट कर ग्रामीण जीवन की ओर आकृष्ट होने लगा। भारतवर्ष एक ग्रामीण बहुल राष्ट्र होने के कारण ग्रामीण जीवन के उत्कर्ष से ही देश को समृद्ध किया जा सकता है, ऐसा अनुभव पहली बार साहित्यकारों को हुआ। भारतीय साहित्यकारों ने ग्राम्य जीवन दर्शन को लेकर साहित्य–निर्माण को देश की विकास–यात्रा में मील के पत्थर के रूप में ग्रहण किया और ग्राम्य जीवन को अपने साहित्य का वर्ण्य विषय बनाया।

स्वतंत्र भारतवर्ष की नई सरकार ने राष्ट्र नायक पण्डित जवाहरलाल नेहरू के प्रतिनिधित्व में एक उन्नत एवं प्रगतिशील राष्ट्र–निर्माण के उद्देश्य लेकर पचंवर्षीय योजना, औद्योगिकरण, ग्रामीण जीवन में सुधार, नगरीकरण आदि को बढ़ावा दिया। आजादी के बाद ग्रामीण जनता के सामाजिक, राजनीतिक, आर्थिक एवं सांस्कृतिक विकास के प्रति विशेष बल दिया गया है। "आजादी के बाद ग्रामीण क्षेत्र में सरकार की ओर से कई प्रकार ही संस्थाओं के विकास के लिए कदम उठाया गया है, जिनमें विकास–मण्डल, महिला–मण्डल, युवा–संगठन, ग्राम पंचायतें, किसान सभाएँ और ऐसी ही अन्य अनेक स्वैच्छिक समितियाँ

आती हैं।''[01]ग्रामीण जीवन व्यवस्था में सुधार से ही देश का काया पलट हो सकता है, ऐसी महत् धारणा देश के प्रमुख कर्णधारों एवं भारतीय साहित्य सर्जकों के अन्दर पैदा हुई। भारतीय ग्रामीण चेतना को मुखरित कराने में स्वातन्त्र्योत्तर हिन्दी उपन्यासकारों का विशिष्ट योगदान है।

ग्रामीण तथा आंचलिक हिन्दी उपन्यासकारों में फणीस्वरनाथ रेणु, रामदरश मिश्र, भैरव प्रसाद गुप्त, रांगेय राधव, उदय शंकर भट्ट, नरेन्द्र देव वर्मा, राजेन्द्र अवस्थी, देवेन्द्र सत्यार्थी, अमृत लाल नागर आदि के नाम विशेष रूप से उल्लेखनीय हैं। हिन्दी उपन्यास के क्षेत्र में भारतीय ग्रामीण जीवन को लेकर विराट पैमाने पर तबज्जो दिया गया। हिन्दी के उपन्यास लेखकों ने ग्राम परिवेश को लेकर सार्थक उपन्यास कृतियां रची हैं। फणीश्वरनाथ रेणु, नागार्जुन, रामदरश मिश्र, भैरवप्रसाद गुप्त, शिवपूजन सहाय, देवेन्द्र सत्यार्थी, राजेन्द्र अवस्थी सरीखे उपन्यास लेखकों ने भारतीय ग्राम जीवन प्रसंगों को लेकर उत्कृष्ट औपन्यासिक कृतियां रची हैं। उनके उपन्यासों में देश के विभिन्न ग्रामांचलों की जीवन जिज्ञासाएं पूरी सच्चाई से शब्दांकित हैं।

भारतीय ग्राम्य संस्कृति :

संस्कृति मानव जाति की बहुमूल्य नैसर्गिक संपदा है। संस्कृति मानव समाज़ को निसर्ग द्वारा प्रदान की गयी अमूल्य धरोहर है। निसर्ग ने मनुष्य को मूल रूप से तीन नैसर्गिक शक्तियाँ प्रदान की हैं। इन शक्तियों का संबन्ध मनुष्य के शरीर, मन और आत्मा से है। मानव जाति के शारीरिक, मानसिक एवं आत्मिक शक्तियों का विकास संस्कृति के माध्यम से होता है। संस्कृति से मानव समाज की उक्त तीनों शक्तियों का परिमार्जन होता है। संस्कृति मनुष्य के अन्तः और बाह्य दोनों गतिविधियों में नवीन प्राण संचार कराकर सौन्दर्य से ओत प्रोत कराती है। एक सामूहिक जीवन व्यतीत करता हुआ मनुष्य अपने मानवीय धर्म के पालन निमितार्थ सांस्कृतिक सरोकारों को चरितार्थ करता है।

संस्कृति में मानव समाज की उस स्थिति का बोध होता है, जिससे उसे सुधरा हुआ, ऊँचा, सभ्य आदि विशेषणों से विभूषित किया जा सकता है। आत्म दर्शन ही भारतीय संस्कृति का मूल तत्व है। आत्म शुद्धि, चरित्र निर्माण तथा धर्म पालन हमारे सांस्कृतिक सरोकार हैं। आत्म जागृति ही हमारी मूल पूँजी है। हमारी इस पवित्र भारत भूमि पर ध्रूव, प्रहल्लाद, महात्माबुद्ध, महावीर शंकराचार्य, कबीर, तुलसी, नरसिंह मेहता, तुकाराम, आदि महान आत्माएँ प्रादुर्भूत होकर आत्म जागृति की अलख सदा के लिए जगा गये हैं। जिसकी प्रदीप्त ज्योति आज भी हमारी धरती पर प्रज्वलित है। आज भी भारत का चरवाहा यह गीत गाता हुआ सुनाई पड़ता है ''प्यारे मन की गठरी खोल, उसमें लाल भरे अनमोल''। भारतीय संस्कृति के

अनुसार, "आत्मा को समझकर उसे जीवन मरण के बन्धन से मुक्त कराना ही मानव जीवन का एक मात्र ध्येय है। धर्म, अर्थ, काम, मोक्ष आदि की प्राप्ति के लिए ही मनुष्य को जीवित रहना चाहिए, न कि किसी देश–विदेश या राष्ट्र विशेष की राज्य पिपासापूर्ण महत्वाकांक्षाओं की तृप्ति के लिए। भारत के दर्शन, साहित्य, काव्य, कला, आदि इसी वर्ग चातुष्ट्य की प्राप्ति के लिए विकसित हुए थे।"[02]

ग्रामीण संस्कृति ही भारतीय संस्कृति का प्राण है। भारत एक ग्रामीण बहुल राष्ट्र होने के कारण हमारी समस्त सांस्कृतिक सरोकार ग्रामीण जीवन में ही परिव्याप्त है। संस्कृति ही वह आधार है, जिसके जरिए मनुष्य ज्ञान, कला, नैतिकता, परंपरा, धर्म आदि को सीखता है। संस्कृति एक सामाजिक विरासत है और धर्म के साथ उसका एक अटूट संबन्ध है। ग्रामीण जीवन में धर्म संस्कृति के बीच कोई विभाजक रेखा नहीं खींची जा सकती। मनुष्य जन्म से लेकर महा प्रयाण तक जीवन के विविध सोपानों में समाज की धार्मिक मान्यताओं को सहर्ष स्वीकार करता है। "धर्म वह अनुशासन है, जो अन्तरात्मा को स्पर्श करता है, और हमें बुराई और कुत्सितता से संघर्ष करने में सहायता देता है, काम, क्रोध, लोभ से हमारी रक्षा करता है, नैतिक बल को मजबूत करता है, संसार को बचाने का महान कार्य–साहस प्रदान करता है। धर्म समाज तथा राष्ट्र की नैतिकता एवं सांस्कृतिक सरोकारों को धारण करता है।"[03]

भारतीय ग्रामीण संस्कृति को उजागर कराने में हिन्दी आंचलिक उपन्यासों का महत्वपूर्ण योगदान है। भारत वर्ष के ग्रामीण अंचल के धार्मिक विश्वास, रीति–रिवाज, तीज–त्योहार, आस्था–अनास्था, अंध विश्वास, अंधश्रद्धा, धार्मिक जड़ता, लोकपर्व, लोक कथाएँ, लोक गीत, मांगलिक उत्सव, जन्मोत्सव पर्व आदि सांस्कृतिक गतिविधियों का विशिष्ट महत्व है। भारतीय ग्राम्य संस्कृति को उजागर करने में आंचलिक कथासाहित्य की विशिष्ट भूमिका है। भारत वर्ष के बिहार प्रदेश व उत्तरी बिहार के मिथिला ग्रामीण अंचल हिन्दी आंचलिक उपन्यास का उद्‌गम स्थल है। धर्म पालक, कर्मयोगी राजा जनक की पवित्र मिथिला भूमि अपनी पवित्रता एवं सात्विकता को पूर्णतः धारण की हुई है। मिथिला की इसी पावन धरा पर देवी सीताजी प्रादुर्भूत हुई थीं, जिन्होंने पूरे आर्यावर्त में अपनी जन्मभूमि की सांस्कृतिक तेजस्विता से नारी धर्म का प्रकाश फैलाया था।

इस अंचल की पवित्र भूमि से अनेक आंचलिक औपन्यासिक कृतियाँ निर्मित हुई हैं। उत्तरी बिहार के मिथिला जनपद की ग्रामीण संस्कृति की एक विशिष्ट अहमियत है। यह पिछड़ा हुआ, अनुन्नत ग्रामीण अंचल अपने सामूहिक ग्रामीण जीवन दर्शन को लेकर समृद्ध है। हिन्दी के आंचलिक उपन्यासकार बाबा नागार्जुन इसी मिथिला अंचल की ग्रामीण संस्कृति के सफल चितेरे हैं। इनकी कथा कृतियों में मिथिला जनपद के सांस्कृतिक सरोकार प्राणवन्त हो उठे हैं। मिथिला जनपद तथा दरभंगा जिले के इस अनुन्नत ग्रामीण अंचल को ग्रामीण जनता की सामाजिक जीवन जिज्ञासा, रहन–सहन, आस्था–विश्वास, धार्मिक विश्वास, प्रथा–परंपराएँ,

लोक गीत, लोक कथाएँ आदि मुखर हो उठी हैं।

नागार्जुन की औपन्यासिक कृतियों में मिथिला जनपद के ग्रामीण लोगों की सामाजिक जीवन जिज्ञासा एवं सांस्कृतिक सरोकार विशदता से मुखरित हुए हैं और वहाँ के लोगों की सामाजिक मान्यताएँ तथा धार्मिक गतिविधियाँ सक्रिय हो उठी हैं। नागार्जुन ने अपने उपन्यासों में मिथिला क्षेत्र के ग्रामीण लोगों की धार्मिक जड़ता, अन्धश्रद्धा के साथ ग्रामीण जन जीवन की सरल निष्कपट जीवन तरंगों को रुपायित किया है। डॉ. दिलीप भस्में के शब्दों में,''नागार्जुन ने मिथिला अंचल में धार्मिक अन्धविश्वास, मान्यताओं, कुप्रथाओं, रीति रिवाजों, सनातन परंपराओं, रुढ़ियों, जाति–पाँति भेद तथा धार्मिक आड़म्बरों के विरुद्ध वैज्ञानिक दृष्टिकोण रखते हुए लेखन किया है। उन्होंने मिथिला अंचल के ग्राम जीवन में धर्म के दोनों रूपों को अनुभव किया है। पुरानी पीढ़ी को सनातन मान्यताओं के समर्थक के रूप में देखा है, तो नई पीढ़ी को ऐसी मान्यताओं से संघर्ष करते हुए अनुभव किया है।''[04]

बिहार प्रदेश के मिथिला अंचल में भारतीय ग्रामीण अंचलों की भाँति धर्म का महत्वपूर्ण स्थान है। ग्रामीण जनता ज्ञान के प्रकाश से कोसों दूर रह कर अज्ञानतावश धार्मिक जड़ता, अन्धविश्वास व देवी–देवताओं की पूजा अर्चनादि करने में संपूर्ण आस्था समेटी हुई होती है। मिथिला के ग्राम्य जीवन में मांगलिक उत्सव, तीज–त्योहार, मेले आदि का विशिष्ट महत्व है। मकर सक्रान्ति, राम नवमी, भईया दूज आदि भारतीय ग्रामीण जन जीवन के तीज त्योहारों का चित्रण नागार्जुन के उपन्यासों में यत्किंचित मात्रा में हुआ है। ग्रामीण कृषक लोग कृषि कार्य करते समय भूमि–पूजा करते हैं। यहाँ तक कि हल–बैल के माथे पर टीका लगाकर तथा श्रीफल फोड़ कर उनकी पूजा की जाती है। अच्छी फसल की मिन्नतें तथा पूरे गाँव की खुशहाली के लिए ग्राम देवता की पूजा की जाती है।

'बलचनमा' में बलचनमा अपने गाँव के जमींदारों के घृणित कार्यकलापों से असन्तुष्ट होकर उनके प्रति आक्रोश व्यक्त करने लगता है। पर उसकी माँ के मन में उन जमींदारों के प्रति लेशमात्र अविश्वास नहीं है। वह उन्हें भगवान का रूप समझती है। इसी लिए वह कहती है, ''जिन लोगों का जूठन खाकर तू बड़ा हुआ है, उनके बारे में ऐसी बातें सोचता है ? अधरम होगा रे बलचनमा, अधरम। गोसैंया नाराज हो जाएंगे। शहर जाकर यही इलम सीख आया है। बूढ़े पुराने भी तो इन्हीं लोगों का जूठन खा कर, फेरन–फारन पहन ओढ़कर अपनी जिनगी गुदस्त कर गये। इतना उडाँत मत बन बेटा।''[05]

भारतीय 'ग्राम्य जीवन' में पारिवारिक रिश्तों की मजबूत स्थिति है। गाँव भर के लोग एक ही परिवार की तरह जिन्दगी जीते हैं और एक दूसरे के सुख–दुख के साथी बनते हैं। 'वसुधेव कुटुम्बकम्' की भावना 'ग्राम संस्कृति' में देखने को मिलती है। ग्रामीण लोग अपने पूरे गाँव को एक परिवार या कुटुम्ब के रूप में ग्रहण करते हैं। उनमें पारिवारिक रिश्तों का विशिष्ट महत्व है। जब भी किसी पर विपत्ति का पहाड़ टूट पड़ता है, पूरा गाँव एक हो जाता

है और सम्मिलित रूप से उस मुसीबत का निपटारा करता है।

'वरुण के बेटे' में ग्रामीण जीवन के एकात्मबोध एवं पारिवारिक रिश्तों की नींव मजबूत दिखाई पड़ती है। खुरखुन अपनी बेटी की शादी धूम धाम से करता है। वह अपनी औकात से ज्यादा ही खर्च करके अपनी बेटी को विदा करता है। उनके पड़ोसी भोला को अपनी पत्नी से भनक मिल गई थी कि मधुरी की माँ की लालसा थी कि उसकी बेटी हँसुली पहनकर ससुराल जाए। भोला पचास रुपये की लागत की हँसुली बनवाकर अपनी पत्नी के हाथों मधुरी के घर भेजते हुए कहते हैं कि, आखिर मधुरी हमारी भी बेटी है। पूरा गाँव एकजुट होकर अपने हक की लड़ाई लड़ता है। गढ़पोखर के उद्धार के लिए मछुआ संघ जी–जान देकर संघर्ष करता है। किसी भी परिस्थिति में वे ग्रामीण लोग पीछे नहीं हटते हैं। ग्रामीण जीवन की एकनिष्ठता इस उपन्यास में प्राणवन्त हो उठी है, जो ग्राम्य जीवन के उद्धार के लिए अति आवश्यक है।

ग्राम्य जीवन में जन्मोत्सव, नामकरण संस्कार, पवित्र वैवाहिक बन्धन, तीज–त्योहार आदि सांस्कृतिक कार्य कलापों का जीवन्त रूप देखने को मिलता है। घर में नये मेहमान के आने से जन्मोत्सव बड़े ही धूम धाम से मनाया जाता है। मंगल को एक पुत्ररत्न की प्राप्ति होने से पूरे गाँव में खुशी की लहर दौड़ जाती है। पूरा गाँव एक होकर इस खुशी के मौके पर आनन्द का उत्सव मनाता है। ''अगहन की पूर्णिमा को गुजरे दो ही तीन रोज हुए थे कि मंगल के घर लड़का पैदा हुआ। छठी धूम धाम से हुई। भोज–भात, नाच–गाना, हँसी–खुशी। पाहीटोल का मशहूर नटुआ जोगेश्वर दलबल के साथ बुलाया गया, भागलपुरी तशर की जोड़ी चादर और सौ रुपये नगद मिला उसे। मईया बार–बार कहती, बस मैं तो इसी का मुखड़ा देखने को अब तक जिन्दा थी। गोनड़ बाबा बिरादरी में सबसे बूढ़े थे। नव जात शिशु को बाहर बैठक में ले जाकर जिलेबिया ने उसे उनके सामने कर दिया, बाबा आसिरबाद दो।''[06]

मैथिलीय ग्राम्य जीवन में लोक गीत, लोक कथा, लोक नृत्य, लोक साहित्य आदि की अनुगूंज सुनाई पड़ती है। मिथिला जनपद का ग्रामीण ग्वाला यह गीत गाता हुआ पाया जाता है कि प्यारे मन की गठरी खोल उसमें भरे लाल अनमोल। गाय भैंस चराता चरवाहा, खेत में काम कर रहा किसान, हल चलाता हलवाहा अपने लोक गीतों से पूरा ग्रामीण परिवेश को सुमधुर बना देते हैं। लोक गीत में ग्रामीण चेतना की भावना, उनके संवेगों, उनकी जीवनानुभूति एवं उनकी सौन्दर्य–भावना प्रतिबिम्बित होती है। ''लोक गीत लोक कण्ठ की मौखिक परंपरा की धरोहर है। लोक गीत जन सामान्य के जीवन के सन्निकट होते हैं और उनमें मानव जीवन की वासना, प्रेम, लालसा तथा उल्लास–विषाद आदि उन प्रारंभिक अनुभूतियों का चित्रण होता है।''[07]

नागार्जुन के उपन्यासों में लोक गीत का मधुर स्वर सुनाई पड़ता है। उनके उपन्यासों

के पात्र गाय चराते हुए, हल चलाते हुए, किसी मांगलिक पर्व उत्सवों में या फिर कहीं बैठ कर उमंगों के साथ वन्दना गीत, प्रेम गीत आदि गाते हुए झूमने लगते हैं। 'बलचनमा' में वसन्त ऋतु में आम की मंजरियों की खुशबू से सम्मिश्रित गीत सुनकर बलचनमा, चुन्नी प्रकाश और उनके मामा तीनों के मन मयूर झूम उठते हैं। एक आदमी आम के बगीचे के पास खड़े होकर यह लोक गीत गाता है, जिसमें लोक जीवन की सांस्कृतिक विचार धाराएँ समाहित हैं। इसमें लोक जीवन के हृदय की पीड़ा मुखरित हुई है–

"सखि है मजरल आमक बाग!
कुहु कुहु चिकरए कोईलिया
झीगूंर गाबए फाग!
कंत हमर परदेस बसई छबि
बीसरी राग–अनुराग!
विधि भले बाम, सील भेल बैरी
फुटि गेला ई भाग!
सखि हे मजरल आमक बाग!........"[08]

'नई पौध' में बिसेसरी का विवाह चतुरानन चौधुरी नामक एक अधेड़ उम्र के व्यक्ति से तय हो गया था। सौराठ मेले में ही खोंखा पण्डित अपनी नातिन बिसेसरी की शादी तय कर आया था। कम उम्र की कमशीन बिसेसरी की शादी पचपन साल के एक बूढे व्यक्ति से तय हो गयी थी। एक बेजोड़ विवाह संपन्न होने जा रहा था। इस मांगलिक उत्सव में घर के समस्त देवी–देवताओं की पूजा–अर्चना की जाती है। बिसेसरी कहती है, "कुल देवता के समक्ष मंगलगान आरंभ हो चुका है। बड़ी–बूढ़ी औरतें और नई नवेली बहू–बेटियाँ रस ले–लेकर गा रही हैं। मामी स्वयं पूड़ियाँ छानने बैठी है, माँ साधारण रसोई में। मुझे साज सवांर कर मौके के लिए तैयार कर लिया गया है।..........मँझली मामी आँगन के बीचों बीच व्याह के लिए जगह लीप रही है। छोटी मामी कनेर के पीले फूलों की माला गूँथ रही है।"[09]

गाँव में कुआँ खुदवाने, चबुतरा बनवाने, धार्मिक अनुष्ठान–प्रतिष्ठान की पूजा–निमित्त भूमि पूजन किया जाता है। उसी गाँव की सहुआईन अपनी संचित पूँजी से एक चभच्चा (छोटा सा तालाब) खुदवाती है। ज्येष्ठ महीने की पूर्णिमा के दिन दो पण्डितों को बुला कर विधिपूर्वक भूमि–पूजन किया जाता है। इस मौके पर सहूआईन पूरे गाँव वाले को फल–फरहरी का ब्रम्हभोज भी कराती है। इस 'नई पौध' उपन्यास में ग्रामीण समाज में प्रचलित बेजोड़ विवाह कराने की दुस्चेष्टा एवं गाँव की बम पार्टी अर्थात् नव युवकों द्वारा इसे रोक कर एक कमशीन जवान लड़की की जिन्दगी की बर्बादी के द्वार से बचा लिया जाता है।

'मैला आंचल' हिन्दी का वह पहला आंचलिक उपन्यास है, जो पूर्णिया जिला के

मेरीगंज ही नहीं पूरे अंचल के आंचल को देश भर में फैलाया था। वह आंचल मैला ही सही, पर पूरे देश में पूर्णिया की सच्ची तस्वीर खड़ी करके लोगों का ध्यान आकृष्ट किया गया था। हिन्दी उपन्यास के क्षेत्र में यह क्रान्तिकारी कार्य था कि किसी अंचल विशेष को लेकर, वहां के जन समूह को लेकर कोई उपन्यास लिखा गया है। 'मैला आंचल' का प्रकाशन लोकार्पण पटना में रेणु जी को हाथी पे सवार कर इतने भव्याकर्षक ढंग से किया गया था कि पूरा बिहार प्रान्त ही नहीं पूरा देश इस अभिनव उपन्यास और उपन्यासकार दोनों से परिचित हो गया था। यह उपन्यास मेरीगंज की वह तस्वीर खींचता है, जहां गांव की सांस्कृतिक धरोहर स्वतः उद्भासित होने लगता है। मेरीगंज का मैला आंचल हमें वहां की संस्कृति से सीधा संवाद कराता है, गांव की आत्मा से भेंट कराता है, सांस्कृतिक भाव–स्पन्दन जगाता है।

'मैला आंचल' की पृष्ठभूमि में रेणु जी लिखते हैं–"यह है 'मैला आंचल' एक आंचलिक उपन्यास। कथानक है पूर्णिया। पूर्णिया बिहार राज्य का एक जिला है। इसके एक ओर है नेपाल, दूसरी ओर पाकिस्तान और पश्चिम बंगाल। विभिन्न सीमा–रेखाओं से इसकी बनावट मुकम्मल हो जाती है, जब हम दक्खिन में सन्थाल परगना और पश्चिम में मिथिला की सीमा रेखाएं खींच देते हैं। मैंने इसके हिस्से के ही एक गांव को पिछड़े गांव का प्रतीक मानकर– इस उपन्यास–कथा का क्षेत्र बनाया है। इसमें फूल भी है शूल भी, धूल भी है, गुलाब भी, कीचड़ भी है, चन्दन भी, सुन्दरता भी है, कुरुपता भी– मैं किसी से दामन बचाकर निकल नहीं पाया।"[10]

मेरीगंज यहां पूर्णिया जिला के अनुन्नत पिछड़े हुए गांव का प्रतीक है, वहां अनेक गांव हो सकते हैं, जहां फूल–शूल–धूल है, जहां गुलाब–चन्दन की सुन्दरता भी है, कीचड़ की कुरुपता भी। डॉ. प्रशान्त भी एक प्रतीक है जो ग्रामोद्धार अभियान को सार्थक बनाने के लिए मेरीगंज को अपना कर्म–क्षेत्र चुनता है। वह रुस की विदेश यात्रा ठुकरा कर मेरीगंज के मैला आंचल को धूलने–साफ करने, बेदाग– स्वच्छ करने का बीड़ा उठाता है। उस इलाकों में डॉ. प्रशान्त जैसे सैकड़ों–हजारों नौजवान हो सकते हैं, जो अपने अंचल के सामाजिक–सांस्कृतिक परिदृश्य को साफ–सुथरा स्वच्छ करने का अभियान खड़ा कर सकते हैं। प्रशान्त के उन्नत संस्कार, ग्रामोद्धार तथा देशोद्धार के उच्च विचार उसे मेरीगंज की तरफ खींच लाते हैं और वहां के आंचल के मैल को साफ करके ही चैन की सांस लेता है। गांधीजी का ग्रामोद्धार आभियान उपन्यास में साकार हो उठा है।

'मैला आंचल' दो भागों में बंटा हुआ है। पहले भाग में मेरीगंज के सभी मुहल्लों–टोलियों के बीच आत्म संघर्ष, डॉ. प्रशान्त का मेरीगंज में स्वास्थ्य केन्द्र खोलना, मेरीगंज के धार्मिक मठ में मठ–महन्तों का व्यभिचार आदि का चित्रण है। दूसरे भाग में स्वतन्त्रता प्राप्ति से देश–निर्माण के अभियान, गांधीजी की हत्या, प्रशासनिक अधिकारी, राजनेताओं, कांग्रेस, सोशालिष्ट पार्टी के कार्यकताओं के भ्रष्ट आचरण का जीवन्त चित्र खींचा

गया है। मेरीगंज गांव अंग्रेज अधिकारी डब्लू. जी. मार्टिन की पत्नी 'मेरी' के नाम से मेरीगंज नाम रखा गया है। रोहतट स्टेशन से सात कोस पूर्व दिशा में कोसी नदी पार करके गांव पड़ता है– गांव मेरीगंज। डॉक्टरी इलाज के अभाव में मेरी की मौत हो गई थी, तभी से मार्टिन ने गांव में एक डिस्पेन्सरी खोलने के लिए ऐड़ी–चोटी एक कर दिया था। मेरी की अचानक मौत से मार्टिन पागल हो गया और रांची के पागलखाने में ही उसकी मौत हो गई थी।

मेरीगंज गांव कई टोलियों में बंटा हुआ है। ब्राह्मण टोली, तन्त्रिमा टोली, संथाल टोली, यादव टोली आदि के रुप में कई टोलियां हैं, जिनके बीच हमेशा संघर्ष चलता रहता है। गांव में एक पुराना मठ है, जहां कई पुराने मठाधीश तपश्चर्या में नियोजित हैं। महन्त रामदास, सेवादास, बावनदास जैसे महन्त धर्म की आड़ में लोगों के शारिरिक–मानसिक शोषण में पारंगत हैं। उस मठ में कार्यरत महिलाओं, दासिओं का यौन शोषण करके अपनी कामुक भूख मिटाते हैं।

यादव टोली का किसनू उन महन्तों की काली करतूतों का पर्दाफाश करता हुआ कहता है–''अन्धा महन्त अपने पापों का प्राच्छित कर रहा है। बाबा जी होकर जो रखेलिन रखता है, वो बाबाजी नहीं। उपर बाबाजी भीतर दगा बाजी। कहां वह बच्ची और कहां पचास बरस का बूढ़ा गिद्ध। रोज रात में लक्ष्मी रोती थी– ऐसा रोना कि जिसे सुनकर पत्थर भी पिघल जाए। हम तो सो नहीं सकते थे। उठ कर भैंसों को खोलकर चराने चले जाते थे। रात में रोने का कारण पूछने पर चुप चाप टुकुर–टुकुर मुंह देखने लगती थी........ ठीक गाय की बाछी की तरह, जिसकी मां मर गई हो.........। वैसा ही चाण्डाल है राम दसवा।''[11]

मेरीगंज में गांधीवादी व्यक्ति बालदेव गांव के आंचल के मैलेपन को मिटाना चाहता है। वह गांव में शान्ति–सद्भाव, बन्धुत्वभाव की स्थापना करके लोगों का जीवन–उत्कर्ष साधित करना चाहता है। गांव के अशिक्षित, अज्ञानी, अन्ध विश्वासी लोगों में शिक्षा–ज्ञान, उन्नत संस्कार का बीजारोपण करके गांव की काया पलट करना चाहता है। शहर से डाक्टरी पढ़ाई करके गांव–देहात में रह कर गरीब–ग्रामीणों की सेवा कारने का लक्ष्य लेकर डॉ. प्रशान्त मेरीगंज में आता है। 'आदर्श आश्रम' की सेविका–कर्मी स्नेहमयी को उसके पति डॉ. अनिल कुमार बनर्जी ने त्याग कर एक नेपालीन युवती से शादी कर ली थी। स्नेहमयी की आकस्मिक मौत के बाद बनारस वासी किसी महिला ने उनका लालन–पालन किया। अचानक काशी की गलियों में कहीं उनकी पालित माता भी गायब हो गई। फिर प्रशान्त लावारिस बच्चे की तरह पढ़–लिख कर, तकलीफ झेलकर डाक्टर बने हैं। उनके आगे–पीछे अब कोई नहीं है।

सन 1942 में गांधीजी द्वारा ''भारत छोड़ो आन्दोलन'' का देशव्यापी जन आन्दोलन जोर पकड़ने लगा। देश भर में अंग्रजों के खिलाफ विराट पैमाने पर आन्दोलन खड़े किए

गए। 1946 में कंग्रेसी मंत्री मण्डल का गठन हुआ। प्रशान्त हेल्थ मिनिस्टर के बंगले में जाकर पूर्णिया के किसी गांव में मलेरिया और काला–आजार जैसी खतरनाक बीमारी पर रिसर्च करने की बात करते हैं। मिनिस्टर साहब बताते हैं कि सरकार उन्हें स्कॉलरशीप के साथ विदेश रुस भेजना चाहती है रिसर्च के लिए है। डॉ. प्रशान्त अपनी मनसा इन शब्दों में व्यक्त करते हैं– "जी, मैं विदेश नहीं जाउंगा। मैं इसी नक्से के किसी हिस्से में रहना चाहता हूं। यह देखिए, यह है सहरसा का वह हिस्सा, जहां हर साल कोसी का ताण्डव नृत्य होता है। और यह पूर्णिया का पूर्वी अंचल जहां मलेरिया और काला–आजार हर साल मृत्यु की बाढ़ ले आते हैं।"[12]

डॉ. प्रशान्त मेरीगंज में आकर गांव के लोगों को मलेरिया और काला–आजार के घातक परिणाम और उससे बचने के उपायों की जानकारी देते हैं। पहले पहल तो गांव के लोग उनकी बातों पर विश्वास नहीं करते, अपने पुराने नुस्खे से ही मलेरिया जैसी बीमारी पर काबू पाना चाहतें हैं, पर धीरे–धीरे वे डॉक्टर की बातों पर विश्वास करने लगते हैं और उनसे इलाज करवाकर मलेरिया काला आजार से छुटकारा पाते हैं। बालदेव, कालीचरण, कमली जैसे उंचे खयालात के लोग प्रशान्त का साथ देते हैं। गांव में हेल्थ सेन्टर खुलवाकर लोगों की जानें बचाते हैं। होली के अवसर पर डॉक्टर साहब गांववालों के साथ उनके रंगों में रंग कर होली खेलना चाहते हैं, गांव के सात्विक परिवेश में घुल मिल जाना चाहते हैं।

मेरीगंज में लोग धूमधाम से होली खेलते हैं। सभी टोलियों के लोग आज दुश्मनी भुलाकर एक–दूसरे पर रंग–गुलाल, गोबर छिड़क कर होली खेलते हैं, प्यार जताते हैं। लोकगीतों के भाव में विभोर होकर कालीचरण और साथी बाजे गाजे के साथ यह गीत गाते होली के रंग में रंग जाते हैं–

"बरसा में गडढ़े जब जाते हैं भर
बेंग हजारों उसमें करते हैं टर्र
वैसे ही राज आज कांग्रेस का है
लीडर बने हैं सभी कल के गीदड़...
जोगी जी सर.....र र......।
जोगी जी ताल न टूटे
जोगी जी, तीन–ताल पर ढ़ोलक बाजे
जोगी जी, ताक धिना धिन।
चरणो कातो, खद्दर पहनो, रहे हाथ में झोली
दिन दहाड़े करो डकैती बोल सुराजी बोली.......
जोगी जी सर...... र र.......।"[13]

'परती परिकथा' स्वातन्त्र्योत्तर भारतीय ग्राम जीवन की मार्मिक लिपि है। 'मैला

आंचल' हमें मेरीगंज ही नहीं पूरे पूर्णिया के आंचल के मैलेपन से साक्षातकार कराता है तो 'परती परिकथा' उस अंचल विशेष के प्रगतिशील कार्यक्रमों–आन्दोलनों से रूबरू कराता है। आजादी के बाद के युगान्तकारी परिवर्तनों से गाम जीवन में आए भारी बदलाव एवं चुनौतियों का यहां दर्शन होता है। आजादी के बाद कई ग्रामोन्मुखी योजनाएं कियान्वित हुईं। इस सम्बन्ध में डॉ. विवेकी रॉय का कथन गौरतलब है–"भारतीय जीवन के परिप्रेक्ष्य में इस ग्राम जीवन के अभूतपूर्व परिवर्तन के प्रथम दशकीय नवोल्लास और चुनौतियों के संकेत और समग्र साक्षात्कार की प्रतिभा लेकर फणीश्वरनाथ रेणु का स्वातन्त्र्योत्तर हिन्दी कथा साहित्य में अवतरण सही अर्थों में युगान्तर उपस्थित करता है।"[14]

'परती परिकथा' में स्वतन्त्र भारत के स्वप्न और हालात जीवन्त रुप में चित्रित है। उस अंचल विशेष में कृषि–क्रान्ति खड़ा करना लेखक का मूल उद्‌देश्य है। पूर्णिया अंचल का समृद्ध गांव है– परानपुर। यही गांव इस उपन्यास का केन्द्रबिन्दु है। दुलारीदाय के दोनों बाजुओं में पले सुख–समृद्ध गांवों का प्राण दुलारीदाय के पूरबी मुहान पर स्थित लगभग सात–आठ हजार की आबादी वाला गांव– परानपुर। इस गांव की लाखों एकड़ जमीन कोसी की बाढ़ में उसर होकर परती पड़ी हुई है। गांव में अनेक समस्याएं हैं, अनेक बुराइयां हैं, भष्टाचार का गढ़ है यह गांव। इस गांव की कायापलट के लिए नवयुवक जितेन्द्रनाथ आगे आता है। वह जमींदार घराने का युवक है, फिर भी किसानों–मजदूरों का खून चूसने की बजाय उनका उद्धार करना चाहता है।वहां की परती जमीन को सिंचित कर, उपजाउ बनाकर, हरी भरी हरियाली खड़ा करने का सपना देखता है– जितेन्द्रनाथ।

आजादी हासिल होने के बाद देश भर में ग्रामोद्धार अभियान चलाए जाते हैं। ग्रामीण किसान–मजदूरों की जमीन की समस्या के हल के लिए सरकार की ओर से लैण्ड सेटलमेन्ट सर्वे किए जाते हैं। पूर्णिया जिले में लैण्ड सर्वे ऑपरेशन के आने से लोगों में खलबली मच जाती है। गांव की हंसी–खुशी गायब हो जाती है। जितेन्द्र इस ऑपरेशन को सकारात्मक रुप से ग्रहण करता है। उसके प्रयास से परती जमीन के प्रति लोगों का अन्ध विश्वास, रुढ़ियां, पुराने संस्कार खत्म होते हैं। इस बदलाव के साथ ही गांव की संस्कृतिक चेतना को नई उर्जा मिलती है, सांस्कृतिक एकता–अखण्डता को मजबूती मिलती है, लोगों में आधुनिक खयालात पैदा होने लगते हैं। आधुनिक संयंत्रों के सहारे कृषि कार्य करने से न केवल गांव की आर्थिक धुरी को मजबूती मिलती है, बल्कि सांस्कृतिक चेतना भी उत्कर्ष की ओर अग्रसरित होती है।

'परती परिकथा' की प्रगतिशील चेतना के बारे में शिवनारायण श्रीवास्तव जी लिखते हैं, "समय सन 1955 के आसपास का है। विभिन्न ग्राम सुधार एवं विकास की योजनाएं, जमींदारी उन्मूलन, लैण्ड सर्वे ऑपरेशन, कोसी योजना आदि कार्यान्वित की जा रही हैं। इन सबके प्रति गांव वालों की प्रतिकूल प्रतिकिया किसानों और भूमिहीनों का महाभारत, एक–एक

इंच जमीन के लिए सिर फुटोंवल, पंचायत, मुकदमेबाजी, कागज में अपना–अपना नाम दर्ज कराने की अधीरता, नक्सा बन जाने के पहले ही अपनी–अपनी भूमि–सीमा सुरक्षित कर लेने की चिन्ता, नारा–जुलूस, गाली–गलौज, स्त्रियों के लड़ाई–झगड़े, गांव की लोककथा, लोकगीत, जात्रा–नाटक आदि के व्योवेवार चित्रण द्वारा परानपुर गांव को प्रत्यक्ष करने का प्रयत्न किया गया है।"[15]

जितेन्द्रनाथ ढहते हुए सामन्ती युग का प्रतिनिधित्व करनेवाला सशक्त पात्र है। जितेन्द्र के पिता शिवेन्द्र मिश्र सामन्ती युग के पक्षभर हैं। जमींदारी उन्मूलन, जमीन भावक्रान्ति के विसंगति–पूर्ण परिवेश का सजीव चित्रण इस उपन्यास में हुआ है। इस सम्बन्ध में विवेकी रॉय लिखते हैं–"भारतवर्ष में कृषि क्रान्ति का आरंभिक बिन्दु जमींदारी उन्मूलन है। भू–विकास और आर्थिक कार्यक्रमों को लागू करने के सन्दर्भ में इस क्रान्तिकारी और प्रगतिशील कदम को जिस निर्णायक रुप में उठाया गया तथा परंपरावादी गांव ने किस विरोधी स्तर पर इसे लिया, इसका चित्रण रेणु ने मात्र सूचनात्मक पद्धति पर न कर मूल्यवान रचनात्मक संकेतों में किया है।"[16]

आजादी के कुछ वर्ष बाद बिहार के पूर्णिया जिले में 'लैण्ड सर्वे ऑपरेशन' के शुरु होने से पूरे इलाके में भूकंप जैसी हलचल मच जाती है। परानपुर की धरती पर लैण्ड सर्वे क्या शुरु होता है गांव के बच्चे–बच्चे भी बाउण्ड्री, मुख्बा, किश्तकार, खानपुरी, तकाजा, तसदीक, दफा तीन, छह, नौ आदि जमीनी जानकारियां हासिल करने लगते हैं। वहां के लोग अपनी–अपनी जमीन को लेकर तनाव में उलझ जाते हैं। जमीन पर अपने–अपने हक को लेकर बाप–बेटे, भाई–भाई का प्यार–विश्वास खत्म होने लगता है। गांव के जमींदारों इज्जतदारों, अधिकारियों के पास गांव के बुजुर्ग लोग, औरतें, किसान लोग अपने–अपने नाबालिग बच्चों की उंगलियां पकड़कर आते हैं और गुहार लगाने लगते हैं।

पूरा गांव देखते ही देखते मुकदमेबाजी का गढ़ बन जाता है। पूरा गांव अनेक इकाइयों में बंट गया है। गांव की एकता–अखण्डता ध्वस्त हो गई है। गांव के साथ ही साथ परिवार की आत्मीयता भी खत्म होने लगी है। परिवार के सदस्यों के बीच दुश्मनी पनपने लगती है। जमीन–जायदाद को लेकर परिवार बिखरने लगता है। एक ही जमीन पर परिवार के कई सदस्य अपनी दावेदारी पेश करने लगते हैं। गांव में सेटलमेन्ट अधिकारी की अदालत में गुहार लगाते हुए लोग कहते हैं–"माननीय जज साहब! इजंक्शन की कार्यवाई को मंजूर करें। बाप ने प्रार्थना की है कि वह सम्मिलित परिवार का कर्ता होकर अभी भी जीवित है। सम्मिलित परिवार की आमदनी के पैसे से उसके लड़के ने जमीन खरीदी सब अपने नाम से। अब एक धूर जमीन भी नहीं देना चाहता उसका बेटा। गुजारिश है...।[17]

"डॉ.रामदरश मिश्र स्वातन्त्र्योत्तर हिन्दी उपन्यासकारों के अग्रणी उपन्यासकारों में अपना विशिष्ट स्थान रखते हैं। स्वातन्त्र्योत्तर हिन्दी उपन्यास साहित्य को जिन

उपन्यासकारों ने दिशा दी और समृद्ध किया, उनमें भी रामदरश मिश्र का महत्वपूर्ण स्थान है। मूलतः उनके उपन्यासों में नए मूल्यों के अन्वेषण की छटपटाहट दृष्टिगोचर होती है। आरम्भ में रामदरश मिश्र गांधीवादी नजर आते हैं, तदुपरान्त वे समाजवाद की ओर कुछ हद तकझुके हुए लगते हें।"[18]

रामदरश मिश्र के पहला उपन्यास 'पानी के प्राचीर' में पाण्डेपुरवा गांव की सच्ची तस्वीर उतारी गई है। इतना ही नहीं गांव और शहर के मिलाप–बिखराव, टूटन–सृजन, तनाव–संघर्ष आदि का चित्रण उपन्यास की अन्तर्कथा है। इस उपन्यास में अभिव्यक्त जीवन यथार्थ आजादी के पहले का है। पूर्वी उत्तर प्रदेश कछार अंचल की कथा इसमें वर्णित है। उपन्यास का नायक नीरु एक कर्मठ, देशप्रेमी होनहार युवक है। वह शुरु से ही तनाव विपरीत परिस्थितियों से लड़ता हुआ अपनी आर्थिक दुरावस्था को मिटाने की कोशिश करता है। वह स्कूल की पढ़ाई करने के साथ–साथ अपने पिताजी का हाथ बटाता हुआ खेत–खलिहान में काम करता है और अपनी क्लास में अव्वल दर्जे से पास भी करता है। उसकी जिन्दगी में अनेक चुनौतियां हैं। गरीबी की वजह से यह अपनी पढ़ाई पूरी नहीं कर पाता। जमींदार गजेन्द्र सिंह के घर नौकरी करता हुआ वह अपने जीवन–आदर्शों को भूल जाता है।

'पानी के प्राचीर' यानी पानी की दीवारें एक प्रतीकात्मक प्रयोग है। पानी पर दीवार खड़ा करना जिस तरह असम्भव है, उसी प्रकार पाण्डेपुरवा के गरीब निर्धन लोगों में सुख–सुविधा, उत्कर्ष भी नामुमकिन है। नीरु उपन्यास के शुरु से लेकर आखिरी तक मौजूद रहकर संघर्षमय जीवन जीती है। नीरु के साथ–साथ संध्या, महेश, मुखिया, गेंदा, बिन्दिया, बैजनाथ सरीखे अनेक पात्र उपन्यास में मौजुद हैं, जो पाण्डेपुरवा के अभाव, अन्धकार, घूटन–टूटन से जूझ रहे हैं। पूरा पूर्वी उत्तर प्रदेश अपनी गरीबी, बेवसी, बेरोजगारी, अशिक्षा, अज्ञानता का दंश भोग रहा है, उससे उबरने की छटपटाहट के साथ गतिशील है।

'कछार' गांव में गरीबी पूरी तरह से छाई हुई है। राप्ती और गौरी नदियों की बाढ़ ने पूरे गांव को बर्बाद करके रख दिया है। नीरु किसी भी तरह से गांव को गरीबी के चंगुल से छुटकारा दिलाना चाहता है। वह आगे की पढ़ाई करके नौकरी करता है और अपनी आर्थिक धुरी को मजबूत बनाता है। उसका भाई केशव कुशाग्र बुद्धिवाला लड़का है, जो पढ़ाई करके आगे निकल जाता है। नीरु को उसकी बचपन की दोस्त संध्या बड़े ओहदे पर दिखना चाहती है, उस से शादी करने का सपना देखा करती है। पर संध्या का भाई मिलिन्द शहर में पढ़ाई करके वकील बनता है और संध्या को पढ़ा लिखा कर सुनील से शादी करा देता है। फिर भी नीरु हिम्मत नहीं हारता, टूट कर बिखर नहीं जाता, वह टूटे हुए दिल को संजोते हुए जीवन पथ पर आगे बढ़ता है।

उपन्यास में चित्रित गांव पाण्डेपुरवा सामान्य न होकर विशिष्ट है, वह राप्ति और गौरी

दो नदियों से घिरा हुआ है। दोनों नदियों का पानी बाढ़ का रुप धारण कर खेतों की फसलों और घरों को बहाकर तबाह कर देता है। किसानों को बेघर करके बाढ़ चली जाती है। बाढ़ की स्थिति इतनी भयानक हो उठती है कि दूर–दूर तक कोई रास्ता गांव में प्रवेश करने के लिए नहीं बन पाता है। पाण्डेपुरवा बरसात में दूसरे गांव से पूरी तरह से कट जाता है। गांव में न कोई अच्छा स्कूल है, न हॉस्पिटल, न पुलिस चौकी और न ही गोरखपुर शहर तक कोई अच्छी सड़क। ऐसी विषम परिस्थिति में नीरु निरंजन अपने अदम्य साहस का परिचय देता हुआ गांव की काया पलटना चाहता है।

उपन्यास के बारे में स्वयं लेखक लिखते हैं–''इस उपन्यास के पात्र कल्पित होते हुए भी नदियों की धाराओं से घिरा हुआ सारी सरकारी, अर्ध सरकारी सुविधाओं से वंचित पूरा प्रदेश सजीव हो उठता है। वहां की जनता के दुख–दर्द, राग–द्वेष, शक्ति, शिक्षा, महाजन, जमींदार, मुखिया जैसी शोषण शक्तियां तथा गरीबी, जहालत और फूट के काट से मुक्ति पाने की छटपटाहट आदि को सशक्त वाणी इस उपन्यास में दी गई है। इस उपन्यास में आजादी के लिए संघर्ष करती हुई पीढ़ी गांव की धड़कन है।''[19]

स्वतन्त्रता पूर्व देश में जो अंग्रेजों का राज था उस समय गांव के मुखिया, जमींदार अंग्रेजों के अधीन काम करते थे। गांव के लोग किसान–श्रमिक जमींदार तथा मुखिया के शोषण के शिकार थे। गांव के लोगों को इन जमींदारों से मुक्ति दिलाने के लिए नीरु कमर कसता है। अज्ञान, अशिक्षित होने की वजह से गांव के लोग अपने हक के लिए लड़ना नहीं जानते। अन्याय, अत्याचार के साए में ही लोग जीवन जीते हैं, उसकी अपनी किस्मत मान बैठें हैं। नीरु के पिताजी सुमेश पाण्डे के बारे में महावीर सिंह चौहान कहते हैं–''मजबूरियों से घिरा होने के नाते वह केवल वर्तमान को देख पाता था। भविष्य के प्रति उसकी दृष्टि हमेशा सजग नहीं रह पाती थी। हर बार वर्तमान की छोटी उपलब्धियां भविष्य की बड़ी संभावनाओं का तिरस्कार कर देती है।''[20]

नीरु जैसा होनहार ग्रामीण युवक सच्चाई के मार्ग पर चलकर ग्रामीण जनों का उद्धार करना चाहता है। गांव में मुखिया का आतंक राज है। मुखिया ने सभी किसानों की जमीन हड़प रखी है। बनिया व्यापारी के कर्ज तले पूरा गांव दबा हुआ है। गांव के चोर–उचक्कों, बदमाशों को लेकर मुखिया अपना गुण्डाराज चला रहा है। हालात से मजबूर होकर नीरु जमींदार गजेन्द्र सिंह के पास महज दो रुपए बेतन पर नौकरी करता है। नीरु बचपन से ही इन जमींदारों के अत्याचार को मिटाने का सपना देखता है, पर उन्हीं के पास नौकरी करता हुआ अपने मकसदों को भूलकर किसानों से लगान वसूली करने लगता है। अपने भाई केशव से सचेत होकर नीरु किसानों के प्रति सहानुभूति रखता हुआ जमींदारों से उन्हें मुक्ति दिलाने का मुहिम छेड़ता है। वह व्यवस्था में आए दोष को मिटाने के लिए कमर कसता है। अंग्रेजों के अन्याय–अत्याचार से शोषित शासन का अध्याय खत्म होने जा रहा था। गांधी–नेहरु के

प्रयास से देश आजादी हासिल करने जा रहा था।

पाण्डेपुरवा के लोग संघर्ष भरा, जहालत भरा जीवन जीते हुए भी तीज–त्योहार, पर्व, उत्सव मनाना नहीं भूलते। खास अवसर पर पूरा गांव एक होकर पर्व–उत्सव हर्षोल्लास के साथ मनाते हैं। फागुन महीने में लहलहाती खड़ी फसलें देखकर किसान खुशी से झूम उठता है। फागुन पूर्णिमा की रात में गुलाबी उष्मा से पूरा वातावरण महक उठा है। अपने दुख–दर्द भुलाकर होली उत्सव का आनन्द मनाते हुए लोग यह गीत गाने लगते हैं–

"डिडी डिम्मक डिडी डिम्मक
जल भरी जमुना जी के तीर निहारती बाला
डिडी डिम्मक डिडी डिम्मक
नगाड़े पर चौताल की कडियां उड़ रही हैं।
उम्मर मटाक धिना डम्मर मटाक धिना
सदा आनन्द रहे एहि द्वारे
जीए खेल फाग रे।" [21]

'जल टूटता हुआ' रामदरश मिश्र जी का बहु चर्चित उपन्यास है। सन 1969 ई. में हिन्दी प्रचारक संस्थान वाराणसी से प्रकाशित इस उपन्यास में उत्तरप्रदेश के एक गांव विशेष 'तिवारीपुर' के सांस्कृतिक–सामाजिक परिदृश्य बड़ी मार्मिक ढंग से चित्रित है। इसमें आजादी के बाद के अगले पन्द्रह वर्ष के ग्राम जीवन की सच्चाई शब्दांकित है। आजादी हासिल होने के बाद देश के आशावादी लोगों के मन में जो निराशा छा गई और आजादी की लड़ाई निरर्थक साबित होने लगी, इसी निराशाजनक स्थिति का चित्रण ही उपन्यास की अन्तर्वस्तु है। 'पानी के प्राचीर' आजादी के पहले के भारतीय ग्राम जीवन का चित्र खींचता है तो 'जल टूटता हुआ' आजादी के मोहभंग का कच्चा चिट्ठा खोल रख देता है।

रामदरश मिश्र जी इस उपन्यास की भूमिका में दोनों उपन्यासों के अन्तःस्वर का खुलासा करते हुए लिखते हैं–"स्वतन्त्रता प्राप्ति के बाद भारतीय गांव के सम्बन्धों तथा मूल्यों के तनाव, विघटन और उसके जीवन संघर्ष की व्यथा की कथा है। किन्तु समय की चेतना दोनों को अलगाती है। इसके पात्र, इसकी कथा, इनकी चेतना और संरचना सभी अपने–अपने हैं। समय के फलक पर इनके एक भूभाग का पूर्वाध और उत्तरार्ध कहा जा सकता है, लेकिन अपनी–अपनी सत्ता में सर्वथा स्वतन्त्र।"[22]

उपन्यास की शुरुआत ही स्वतन्त्रता दिवस के पवित्र अवसर पर होती है। गांव के प्राइमेरी स्कूल के प्रांगण में स्वतन्त्रता दिवस के वर्ष गांठ पर तिरंगा झण्डा फहराया जा रहा है। राष्ट्रगीत गाए जा रहे हैं, स्लोगान दिए जा रहे हैं, भाषण बाजी हो रही है। मास्टर सुग्गन तिवारी प्राइमेरी स्कूल के हेड मास्टर हैं। तिवारी जी आर्थिक दुरावस्था की मार झेलते

हुए दयनीय जीवन जी रहे हैं। कई महीनों से बेतन नहीं मिल पाने के बावजूद वह स्वतन्त्रता दिवस पर भूखा आते हैं, मैला–कुचैला कपड़ा पहने आज के दिन स्कूल में उपस्थित होते हैं। स्कूल की नकली सजावट और बच्चों के चेहरों पर बनावटी खुशियां देखकर मास्टर जी दुखी हो जाते हैं। बाबू महीपसिंह स्कूल के बच्चों को आजादी के वर्ष गांठ पर अभिनन्दन प्रदान करने के साथ–साथ कई उपदेश देते हैं। महीप सिंह जैसे भ्रष्ट नेता के प्रति आभार व्यक्त करते हुए उनकी प्रशंसा में दो शब्द कहते हुए मास्टर जी बड़ा ही ग्लानि महसूस करते हैं।

इस उपन्यास में तिवारीपुर गांव के उतार–चढ़ाव बदलते हुए रुप, लोगों की बदलती मानसिकता का सजीव चित्रण है। सतीश तिवारीपुर का एक जिम्मेदार नौजवान है। वह अपने तथा आस पास के गांव के लोगों की बदली हुई मानसिकता, गांव की बदलती तस्वीर से अफसोस व्यक्त करता है। वह मन ही मन सोचता है–''इस इलाके में हरिजन, मध्यवर्ग, निम्नवर्ग, किसान, सभी भूख और गरीबी की चक्की में बुरी तरह से पिस रहे हैं।''[23] देश को जो आजादी मिली वह केवल राजनितिक आजादी थी। राजनीतिक परिदृश्य जस की तस रहा। आजादी के पहले अंग्रेजों का राज था, आजादी के बाद स्वदेशी नेताओं का राज हो गया। जनतन्त्र तो केवल मजाक बनकर रह गया, आम जनता के हाथ कुछ भी नहीं लगा।

आजादी के बाद गांव में जो परिवर्तन आया, वह केवल अमीरों, धनवानों, जमींदारों के लिए ही परिवर्तन का युग रहा। वहीं अमीर जमींदार, जागीरदार, पूंजीपतियों का ही वर्चस्व कायम हो गया है। गरीबों की झोपड़ियां जस की तस बदहाल स्थिति में पड़ी रहीं, अमीरों की हवेलियां रंग बिरंगी होकर चमकने लगीं। गांव के भूमिहीनों मजदूरों, छोटे किसानों की जीवन व्यवस्था में कोई परिवर्तन नहीं आया। सुग्गन मास्टर जैसे कम बेतन भोगी, ईमानदार व्यक्ति गरीब के गरीब ही रहे, उनकी जीवन शैली सुधर नहीं पाई। सरकार की विकासोन्मुखी योजनाएं गांव तक सही ढ़ंग से पहुंच नहीं पाई। गांव केवल भ्रष्टाचार, अत्याचार, अनाचार, व्यभिचार का गढ़ बन गया है। लोगों में आपसी मेल मिलाप घट रहा है, आपसी मनमुटाव बढ़ रहा है। विद्वेष की भावना ने गांव की आत्मीयता को पूरी तरह से खत्म कर दिया है।

तिवारीपुर के आदर्श शिक्षक सुग्गन मास्टर जी गांव के बदलते स्वरुप पर आशान्वित नजर दौड़ाते हुए कहते हैं–''सरकार ने बहुत कुछ किया है, स्कूलों का प्रसार हो रहा है, जमींदारी तोड़ने जा रही है, सबको बोलने की स्वतन्त्रता दी है, सबको समान अधिकार दिया है। मतदान का अधिकार तो सबसे बड़ा अधिकार है, पंचायती राज की शासन व्यवस्था बहाल हो रही है, लोगों के मन से भय को दूर किया जा रहा है। भय सबसे बड़ा पाप है, गांव में गांव को सुधारने की योजना बड़े जोर–शोर से कार्य कर रही है। खेतों के विकास के लिए बिजली के कुओं का इन्तजाम हो रहा है।''[24] सुग्गन तिवारी जी की विचार दृष्टि आदर्श तक सीमित होकर रह जाती है, यथार्थ की जमीन पर उतर नहीं पाती है। वह जो कुछ सोचते हैं, वह कुशल भारत–निर्माण का आशान्वित रुप है, पर गांव में विकास की कार्ययोजनाएं

कार्यान्वित नहीं हो पाती। गांव में भी भ्रष्ट राजनीति प्रवेश करती है और गांव की सात्विकता को घूलिसात करके रख देती है।

तिवारीपुर गांव के दोनों छोरों पर राप्ती और गोर्रा नदियों के कछार पर बसे हुए जन समूह के सामाजिक–सांस्कृतिक जीवन प्राचीन परंपरा से जुड़े हुए हैं। गांव में नदियों की बाढ़ से उत्पन्न त्रासदी खेतों की बर्बादी लोगों के अन्दर के अन्धविश्वास, भूत प्रेत, मंत्र, देवी–देवताओं पर विश्वास, रिश्वतखोरी, उंच–नीच भेदभाव, पुलिस अत्याचार के साथ–साथ होली, नागपंचमी जैसे तीज–त्योहारों का सुन्दर चित्रण उपन्यास को भव्यता प्रदान करता है। लोगों के मन में अविश्वास बोध एवं सूनपान इस कदर भरा हुआ है कि एक–दूसरे को शक की निगाह से देखने लगे हैं। आपसी लड़ाई–झगड़े ,मार–काट, विद्वेष भाव के साए में पूरा गांव फंसा हुआ है।दीनदयाल जैसे जमींदार अपने धनबल और बाहुबल से जरुरतमन्द गरीब किसानों का आर्थिक शोषण करते हैं। गांव के आम लोगों को भुखमरी–बर्बादी की ओर धकेल कर अपना काम निकालते हैं। दीनदयाल गरीबों में लगान वसूली, व्याज वसूली करके उन्हें आर्थिक तंगी की दल–दल में धकेल देते हैं। दीनदयाल ने सतीश के पिताजी अमलेश को पांच सौ रुपए उधार दिए थे, जिसके बदले में पन्द्रह सौ रुपए वसूलना चाहते हैं।

अमलेश इन शब्दों में आक्रोश व्यक्त करते हैं–"रुको दीनदयाल तुमने मुझे समझा क्या है ? तुम्हारे जैसे कमीनें लोगों को चाहूं तो रोज पैदा करुं। तुम्हें अपने पुरुषार्थ पर बड़ा गर्व है, लेकिन यह पुरुषार्थ नहीं है, यह पक्की नीचता है। पांच सौ रुपए का पन्द्रह रुपए बना लिया, तुम इसे होसियार समझते हो। तुम्हारे जैसे होसियार लोग केवल दूसरों का थूक चाटने के लिए होशियार बनते हैं।"[25] अमलेश ही नहीं गांव के कई किसान–मजदूर दीनदयाल के इस आर्थिक शोषण के शिकार हैं। गांव हरिजनों–आदिवासियों को भी उन्होंने अपने शोषण जाल में फंसा लिया है, जिससे मुक्ति पाना असम्भव है।

'सागर लहरें और मनुष्य' में मुम्बई के पश्चिमी तट पर बसे हुए बरसोवां के कोलियों–मछलीमारों का एवं उनकी समग्र संस्कृति का यथार्थ व सजीव चित्रण हुआ है। लेखक ने उनकी सामाजिक, आर्थिक, नैतिक, राजनीतिक एवं धार्मिक समस्याओं का कुशलता से उद्‌घाटन कर सागर तट के लोक जीवन को मुखरित किया है।"[26]बरसोवां में मुख्य रुप से कोली जाति के लोग रहते हैं। इस उपन्यास में सागर पुत्रों की जीवन जिज्ञासा यथार्थ रुप से चित्रित है। सागर की लहरों में संकटमय जीवन जीने वाले कोली नामक मछुआ जाति के लोगों का सामाजिक सांस्कृतिक जीवन इसमें शब्दांकित है। बरसोवां में मुख्यतः दो तरह के कोली जाति के लोग निवास करते हैं–दलकर और शिक्कर। कोली जाति के लोगों का काम है– समुद्र में मछली पकड़ना और बाजार में मछली बेचकर आजीविका चलाना। कोली जाति के लोगों को मछली के लिए आठ–आठ दिन तक समुद्र गर्भ में भूखा प्यासा जीवन व्यतीत करते हैं। उन्हें आंधी–तूफान से जूझता हुआ संकटापन्न जीवन जीना पड़ता है।

उपन्यास की शुरुआत में ही देखते हैं कि समुद्र में महा विनाशकारी तूफान प्रलय में कई मछुआरों की जाने चली जाती है। समुद्र गर्भ में कई मछुआ समा जाते हैं, कइयों की लाशें समुद्र किनारे मिलती हैं तो कइयों को घायल अवस्था में उद्धार करते हैं। समुद्र किनारे लाशें लम्बी कतार में रखी गई हैं। उन लाशों को देखकर रुह कांप उठता है लोगों का। यही दहशत भरी जिन्दगी बरसोवां के मछलीमारों को उठानी पड़ती है।

सागर की लहरों से लहराती मनुष्य की जिन्दगी पूरी मार्मिकता से चित्रित है। बरसोवा के मछुआरों के जीवन प्रसंगों के साथ–साथ एक कोलीन युवती रत्ना की संघर्षमय जीवन गाथा इसमें वर्णित है। रत्ना के मन की आकांक्षाएं–महात्वाकांक्षाएं उसे इतने ओवर एम्बिसियस बना देती है कि जमीन से पांव हटाकर आसमान में उड़ान भरना चाहती है। वह मस्य गंधा बनने का सपना देखती है और उसे सच करने के लिए कुछ भी करने को तैयार है। वह कभी अध्यापिका बनने का सपना देखती है तो कभी शहर जाकर अमीर बनकर भोग विलासमय जीवन जीना चाहती है।

'सागर, लहरें और मनुष्य' उपन्यास के बारे में शिवदान सिंह चौहान टिप्पणी में लिखते हैं–''यह बम्बई के मछुओं की कहानी है, लेकिन वास्तव में यह उस लड़की रत्ना की कहानी है, जो एक मछुआ दम्पत्ति विट्ठल और वंशी की बेटी है। वह पढ़ लिखकर पारंपरिक मछुआ जीवन की विषमताओं और कुरुपताओं से विरक्त होकर सभ्य जीवन बिताने के लिए संघर्ष करती है।''[27] रत्ना अपने इस जीवन संघर्ष में अनेक घात–प्रतिघातों से जूझती हुई अन्ततः हार जाती है और अपनी हार सहर्ष स्वीकारती है। उसका मत्स्यगंधा बनने का सपना टूट कर बिखर जाता है। डॉ. पाण्डुरंग का नाटकीय प्रवेश उसकी जिन्दगी में न होता तो पता नहीं रत्ना बम्बई महानगरी के किस कोने में खो जाती, पता भी नहीं चलता।

बरसोवा बम्बई के पश्चिमी तट पर बसी हुई एक बड़ी बस्ती है। कोली समुदाय के लोग यहां रहते हैं। दलकर और शिक्कर दोनों जातियों के बीच वैवाहिक संबन्ध वर्जित है। उस बस्ती में कुछ पक्के मकान हैं, बाकी सभी कच्चे। उस बस्ती में विट्ठल का परिवार एक संपन्न परिवार है। उसके परिवार में उनकी पत्नी वंशी, बेटी रत्ना और कुछ नौकर रहते हैं। वंशी घर की मालकिन है, वही घर चलाती है, घर में उसी का राज चलता है। बरसोवा के कोलियों में रत्ना ही एक लड़की है जो कॉलेज में एम.ए. में पढ़ रही है। रत्ना एक महत्वाकांक्षी लड़की है, उससे मन में कई आकांक्षाएं हैं। वह बरसोवा की बस्ती से बाहर निकलकर बम्बई की शानी शैकत भरी जिन्दगी जीना चाहती है। महाभारत की कथा सुनने के बाद उसके मन में मत्स्यगंधा बनने की इच्छा प्रबल हो उठती है। वह मत्स्यगंधा बनने का सपना संजोने लगती है।

बरसोवा के मछुआ लोग अनोखी जिन्दगी जी रहे हैं। कई दिनों तक सागर गर्भ में नाव चलाते, मछली पकड़ते हुए वहीं रहते हैं। समुद्र की कच्ची मछलियां खाकर ही अपनी

भूख मिटाते हैं। रत्ना की सहेली सारिका जब यशवन्त को कच्ची मछली खाती हुई देखती है तो इसे उनका जंगलीपन समझ बैठती है। रत्ना यशवन्त से प्यार करती है लेकिन उसका जीवन लक्ष्य यशवन्त नहीं, बम्बई महानगरी की शानी शैकत और ऐसो आराम की जिन्दगी है। वह अमीर बनकर सुख–स्वच्छन्दमय जीवन जीने का सपना हमेशा देख रही है। यशवन्त उसे बहुत चाहता है, उससे शादी करके घर बसाना चाहता है। लेकिन रत्ना के मना कर देने से वह शादी न करने का संकल्प लेता है और जन सेवा में खुद को नियोजित कर देता है। वह आगे की पढ़ाई पूरी करके शिक्षित बनकर रत्ना के घमण्ड को तोड़ना चाहता है। वह शिक्षा ग्रहण करके समाज सेवा के लिए आगे बढ़ता है, बरसोवा की प्रगति के लिए कमर कसता है।

यशवन्त अपने गांव को सुधारने के प्रयास में जुट जाता है। वह गांव के नौजवान साथियों को लेकर ग्राम–सुधार कार्य शुरु करता है। गांव वासियों को संबोधित करता हुआ वह कहता है–"हमारा व्यापार सोने का व्यापार है। जब अर्जुन ने राजा द्रुपद को सभा में मछली को बेधा, उसे द्रोपदी जैसी सुन्दर कन्या मिली, लक्ष्मी मिली, यश मिला। इस तरह हम भी समुद्र के अन्दर बसने वाली मछली को ठीक ठीक ढंग से पकड़कर बेध सके तो लक्ष्मी हमारे पास होगी।..... हम कितने गरीब हैं। हमारे बच्चों के पास कपड़े नहीं है। शिक्षा नहीं है। हमारे मकान गन्दें हैं, छोटे हैं। हमारे बरसोवा की हालत देखकर क्या कोई कह सकता है कि यह बम्बई का टुकड़ा है, जहां सड़कें चांदी सी चमकती हैं। एक तरफ बम्बई है और एक तरफ यह बरसोवा।"[28] वह बरसोवा के लोगों में जागृति लाने में बहुत कुछ हद तक सफल हो पाता है।

महाभारत की कहानी सुनने के बाद मत्स्यगंधा बनने के स्वप्न में वह डूबी रहती है। वह ऐसा वरदान पाना चाहती है कि सदा बहार के फूलों की तरह आनन्दोल्लास से घुमड़ती जवानी का सौन्दर्य उस पर बरस पड़े। यशवन्त रत्ना से प्यार करता है और उससे शादी करना चाहता है। पर रत्ना ने कुछ अलग ही सपना देख रहा है, इसलिए यशवन्त से शादी करने से इनकार कर देती है। वह यशवन्त को अनपढ़–गंवार मछलीमार समझती है। यशवन्त यद्यपि सुन्दर सुडौल शरीरवाला युवक है लेकिन अशिक्षित है, इसीलिए वह रत्ना के सपने को साकार नहीं कर सकता। रत्ना के चंचल मन को बम्बई शहर की चकाचौंध ने पिछड़े–अनुन्नत बरसोवा गांव से विरक्त कर दिया है। वह गांव की दहशत से बाहर निकलकर बम्बई की रौनकता स्वीकारना चाहती है। इससे यशवन्त को बड़ा धक्का लगता है।

कोली समुदाय की पत्नियां अपने पति की सेविका बनकर उनकी परछाई बनकर जीना नहीं चाहती, उनकी जीवन साथी बनकर जीना चाहती है। वंशी अपने घर में धाक जमाई हुई है। वह अपने पति से नहीं डरती, बल्कि उन पर दबाव बनाकर रखती है। वह

बिट्ठल के साथ–साथ नौकर जागला पर भी अपना पूरा हक जमाती है। कोली समुदाय के परिवारों में औरतों का वर्चस्व होता है, वे ही घर संभालती हैं, अपने पति पर रौब जमाती हैं। रत्ना अल्प शिक्षित है, लेकिन बड़ा–बड़ा स्वप्न संजोए हुए है।

रत्ना की मानसिकता का चित्रण करते हुए लेखक लिखते हैं–"थोड़ा सा पढ़ने–लिखने के बाद उसके अस्वस्थ मन में नई–नई आकांक्षाएं जाग रही थीं। बम्बई का वैभव, उंचे महल, मोटर और वहां के निवासियों की आन–बान केवल यही बातें उनके मन में आती हैं। उसे लगता था कि जैसे जीवन का यही लक्ष्य है। कभी कभी उसके मन मेंयह बात आती है कि मैं मछलीमार नहीं बनी रह सकती। उसकी इच्छाओं के कौन वातावरण के द्वार से दब रहे थे। मन कभी कभी विद्रोह कर उठता है, पर विद्रोह अपने भीतर उबल–उबल कर रह जाता। उसने देखा कि जीवन का अर्थ यह नहीं कि व्यक्ति एक ही तरह की रट में पिसता रहे। उसे भी बढ़ना चाहिए। यदि कभी उसके मन में अध्यपिका बनने की इच्छा जागती तो दूसरे ही क्षण अखबारों में छपे चित्र देखकर वैसा बनाने की चाह होती। तीसरे क्षण अखबारों में छपे चित्र देखकर वैसा ही सिनेमा की हिरोइन बनना चाहती। इसी अस्थिरता में उसके दिन बीत रहे थे।"[29]

ग्रामीण जीवन दर्शन–

प्राचीन एवं नवीन जीवन मूल्यबोध का सम्मिश्रित रूप हमें ग्राम्य जीवन में ही देखने को मिलता है। प्राचीन धार्मिक संस्कार के प्रति ग्रामीण जन जीवन में विशेष गुण–धर्मों के साथ ग्राम–परिवेश परिपूरित होता है। अपनी प्राचीन गौरवानुभूतियों के प्रति सम्मान एवं आधुनिक जीवन तत्वों से अटूट लगाव अद्यतन ग्रामीण जन जीवन में परिलक्षित होता है। भारतीय ग्रामीण जीवन अपने आदर्श एवं यथार्थ स्वरूप के साथ समृद्ध है। भारतीय ग्राम्य जीवन का मूल स्त्रोत कृषि है और उसका विकास ग्रामीण जीवन में ही हो सकता है। ग्राम्य जीवन की सामाजिक, राजनीतिक, आर्थिक, धार्मिक तथा सांस्कृतिक छवि अपने आपमें स्वतंत्र एवं अनोखी है। भारत वर्ष एक ग्रामीण बहुल राष्ट्र है। ग्राम्य जीवन ही भारतीय जन जीवन का मूल आधार है, मूल पहचान है।

ग्राम से ग्रामीण शब्द बना है, ग्राम का तात्पर्य गाँव से है। संस्कृत और प्राकृत भाषा में ग्राम शब्द का अनेक अर्थों में प्रयोग हुआ है। वेद, उपनिषद, रामायण, महाभारत एवं शिला–लेखों में ग्राम आधुनिक अर्थ में प्रयुक्त है। ग्राम शब्द की व्युत्पत्ति के संदर्भ में डॉ. ज्ञान अस्थाना लिखती हैं– "पाणिनि ने ग्राम को एक स्वतन्त्र धातु ही स्वीकार किया है, जिसका अर्थ होता है 'आमन्त्रण'। इस दृष्टिकोण से देखा जाय तो जीवन के आमन्त्रण का मौलिक अधिकार ग्रामों को ही है। मूल रूप में सभ्यता और मानव जीवन के प्रयोग की भारी सामग्री ग्रामों में ही प्राप्त होती है। ब्रह्मचर्य, वानप्रस्थ और सन्यास तीनों आश्रम भी गार्हस्थ्य आश्रम पर ही आधारित हैं और गृहस्थ तो ग्रामों में ही रहते हैं। इस प्रकार बहुत संभव है कि

इसी धातु के अर्थ पाठ पर ग्राम शब्द प्रचलित हो गया हो।''[30]

गाँव की परिभाषा के संन्दर्भ में विशिष्ट विद्वान विश्वम्भरदयाल गुप्त का कहना है, ''गाँव से सामान्यतया आशय पुरातन और पिछड़े क्षेत्र से लिया जाता है। यथार्थ में गाँव का आशय यह नहीं है। गाँव एक समुदाय है।......एक निश्चित भौगोलिक क्षेत्र में रहने वाला व्यक्ति समूह–जहाँ व्यक्ति कृषि व्यवसाय में संलग्न रहते हैं, आर्थिक एवं अन्य प्रकार से एक दूसरे पर आश्रित रहते हैं तथा सामुदायिक एकता में आबद्ध रह कर सामान्य जीवन व्यतीत करते हैं, वह गाँव कहलाता है।''[31]

ग्रामांचल का आंचलिक उपन्यास ग्राम्य जीवन का स्वच्छ दर्पण है। ग्रामीण समाज जातिवाद, पारस्परिक संबन्ध में विघटन, अनैतिक संबन्ध, अन्तर्जातीय विवाह, दहेज प्रथा, अनमेल विवाह, विधवा विवाह, मानवीय जीवन मूल्य संक्रमण, जमींदारी प्रथा, गरीबी, समाजवादी जन चेतना, राष्ट्रीयता की भावना, मजदूरी आदि परिस्थितियों का सफल रूपायन ग्रामांचल के उपन्यासों में अपेक्षित होता है। नागार्जुन के उपन्यासों में उपरोक्त समस्त ग्रामीण जीवन सरोकारों के दर्शन होते हैं। अंचल के ग्रामीण जटिल जीवन चित्र को अंकित करने के लिए आंचलिक उपन्यासकार अपनी तूलिका से कई तरह का रंग भरता है। वह किसी अंचल की सामाजिक–सांस्कृतिक परंपराओं, उत्सवों, जीवन संघर्षों, पुराने–नये जीवन मूल्यों आदि से लिपटा हुआ ग्रामीण अंचल के लोक जीवन की अभिव्यक्ति करता है। आंचलिक उपन्यासकार किसी एक दिशा में बहने की अपेक्षा पूरे अंचल की चतुर्मुखी यात्रा करता है।

ग्रामीण जीवन संक्रमण स्वातन्त्र्योत्तर भारतीय ग्रामीण परिवेश में विशद् रूप से दृष्टिगोचर होता है। स्वतन्त्रता–प्राप्ति के पश्चात देश के चहुमुखी विकास के लिए अनेक विकासोन्मुखी योजनाएँ बनायी गयीं और उसकी सफलता पूर्वक बहाली भी हुई। ग्रामीण परिवेश के विभिन्न वर्गों की सामाजिक रीति–नीतियों तथा मनुष्य के जीवन मूल्यबोध में विराट परिवर्तन हुआ है। परिवर्तन प्रकृति का शाश्वत नियम है। मानव जीवन और जीवन मूल्य दोनों इसकी प्रभाव–व्याप्ति के परिसर हैं। ग्रामीण परिवेश तथा ग्राम्य जीवन का मुख्य आधार कृषि है। कृषक जीवन में सुधार से ही ग्राम्य जीवन का उत्कर्ष संभव है। बिहार प्रान्त किसान आन्दोलन तथा साम्यवादी विचारधाराओं का केन्द्र रहा है। डॉ. राममनोहर लोहिया, राहुल सांकृत्यायन, जयप्रकाश नारायण आदि प्रमुख किसान आन्दोलन के कर्मकर्ताओं ने बिहार प्रान्त के किसानों की सामाजिक व आर्थिक व्यवस्था में पर्याप्त सुधार लाने का प्रयास किया था। स्वयं नागार्जुन किसान आन्दोलन से सक्रिय रूप से जुड़े हुए थे। अतः उनकी कथा कृतियों में किसान आन्दोलन एवं कृषकों की जीवन समस्या का सफल रुपायन हुआ है।

बिहार प्रान्त के मिथिला अंचल के किसानों की तत्कालीन परिस्थिति अत्यन्त संघर्षपूर्ण थी। किसानों को अनेक अभाव–असुविधाओं से जूझना पड़ रहा था। गरीब किसान सादगीमय

जीवन व्यतीत करता हुआ जमीदारों, महाजनों, सरकारी नीति नियमों के चंगुल में फँसा हुआ था। आजादी के पश्चात देश के प्रमुख देश भक्त नेताओं की अगुआई में किसान भाइयों की जीवन व्यवस्था में पर्याप्त सुधार लाने के लिए किसान आन्दोलनों को सक्रियता प्रदान की जा रही थी। किसान अब जागरुक होते जा रहे थे। जमींदारी प्रथा, महाजनी सभ्यता के खिलाफ संघर्ष करने के लिए वे कमर कस रहे थे। 'बलचनमा' में दरभंगा जिला के समस्तीपुर, सदर, मधुबनी आदि इलाकों के किसान आन्दोलन का सक्रिय रूप दिखाया गया है। बलचनमा बरहमपुरा आश्रम का वोलन्टियर बन कर अपने गाँव के किसानों को इकट्ठा करता है और उनमें अपने गाँव के तथा आस–पड़ोस के जमींदारों के खिलाफ आवाज बुलन्द करने का आह्वान करता है।

किसानों को उनके हक की लड़ाई लड़ने का संकल्प कराया जाता है। पूरे इलाके के किसान उस सभा में उपस्थित होते हैं। सभी किसान भाई एक स्वर में नारा लगाने लगते हैं, ''कमाने वाला खाएगा, इसके चलते जो कुछ हो। इन्कलाब–जिन्दाबाद। जमीन जिसकी, जोते बोए उसकी। अंग्रेजी राज......नाश हो। जमींदारी प्रथा नाश हो। किसान सभा जिन्दाबाद। लाल झण्डा जिन्दाबाद। इन्कलाब– जिन्दाबाद।''[32] आत्मकथात्मक शैली में रचित इस उपन्यास में बलचनमा अपने अंचल के किसान आन्दोलन, जमींदारी उन्मूलन, जातिवाद, गरीबों की दुर्दशा का सजीव चित्र प्रस्तुत करता है। महपुरा एवं रामपुर गाँव के जमींदारों के अन्याय अत्याचार, शोषण की महागाथा उपन्यास में चित्रित है। जमींदारों के रवैये पर प्रकाश डालते हुए बलचनमा उन्हें किसान–मजदूरों की कसाई के रूप में दर्शाता है।

'बलचनमा' में चौदह वर्ष की उम्र में अपने बाप के मर जाने से छोटे मालिक के यहाँ बलचनमा चरवाहे का काम करता है। उस मासूम पर छोटी मालकिन अमानुषिक अत्याचार करती है। वह हमेशा बालचन्द पर रौब जमाती रहती है और पिटाई भी करती है। खाने को सूखी रोटी, बासी पकवान और खट्टी दही देती है। गाँव के जमीदारों की छत्रछाया में बालचन्द की कई पीढ़ियाँ पलती आ रही हैं। चौदह साल की उम्र में वह दिन रात जमींदार के घर में नौकर का काम करता है। बड़ा होकर वह उन जमींदारों के अन्याय, अत्याचार के विरुद्ध आवाज उठाता है। गाँव के गरीब किसानों को संगठित कराकर जमींदारी प्रथा तथा महाजनी सूदखोरी के खिलाफ क्रान्ति का आह्वान करता है। बलचनमा जमींदारों की राक्षसी प्रवृत्ति पर प्रकाश डालता हुआ कहता है, ''जमींदार और सरकारी अफसर दुरजोधन ठहरे, उनको जुधिष्ठिर नहीं परास्त कर सकते भैया! पिटाई पर पिटाई खाना और भेड़ बकरी की तरह पकड़ा कर जेल चले जाना बहादुरी नहीं है।''[33]

मलाही गोढ़ियारी गाँव के मछुआरों के जीविका के मुख्य आधार गढ़पोखर और जलाशय पर वर्षों से मछुआरों का हक रहा है। पीढ़ी दर पीढ़ी मल्लाह जाति के लोग उन जलाशयों से मछली पकड़कर अपने जीविकोपार्जन करते आ रहे हैं। परन्तु सतघरा और

छपरा के जमींदार मिलकर उस गढ़पोखर से मछुओं की बेदखली कर देते हैं। इससे मल्लाहों की जीविका पर बहुत बड़ा खतरा उत्पन्न हो जाता है। सारे मछुआ संघ के सदस्य संगठित होकर अपने अधिकार की लड़ाई लड़ते हुए पुलिस द्वारा पकड़ लिए जाते हैं। मोहन माझी, भोला, खुरखुन, मंगल, मधुरी आदि इस बेदखली एवं जमींदारी प्रथा के विरुद्ध बड़ी कठोरता से संघर्ष करते हैं और किसी भी स्थिति में गढ़पोखर से अपना अधिकार छोड़ने के लिए तैयार नहीं होते। 'वरुण के बेटे' में वरुण के बेटों ने सम्मिलित रूप से जमीदारों के विरुद्ध मोर्चाबन्दी की है। गाँव का वयोवृद्ध गोनड़ बाबा कहता है, "यह पानी सदा से हमारा रहा है, किसी भी हालत में हम इसे नहीं छोड़ सकते। पानी और माटी ने कभी बिके हैं, न कभी बिकेंगे। गरोखर का पानी कोई मामूली पानी नहीं है, वह तो हमारे शरीर का लहू है। जिन्दगी का निचोड़ है।"[34]

भारत के ग्रामीण जन जीवन में नारी की स्थिति अत्यन्त दयनीय है। गाँव के सामाजिक व पारिवारिक बन्धन में बँधी हुई नारी विड़म्बनापूर्ण जीवन व्यतीत करती है। ग्रामीण समाज उसे इतना प्रताड़ित, तिरस्कृत करने लगता है कि उसे अभिशप्त जीवन व्यतीत करना पड़ता है। नारी सदा से पूजनीय, वन्दनीय रही है। वह स्वयं आदि माता की प्रतिमूर्ति बनकर सृष्टि को गतिशील बनती है। वह कूप मंडूक बन कर घर की चार दीवारी में कैद होकर घुटन भरी जिन्दगी जीने को मजबूर हो रही है। उसे हमेशा देवी तुल्य मान सम्मान तथा इज्जत मिलनी चाहिए। डॉ. शीला प्रभा वर्मा का कथन है, "हिन्दू संस्कृति की यह एक विड़म्बना ही है कि पत्नी के मरने के पश्चात पति को दूसरा–तीसरा विवाह करने की सुविधा है। किन्तु पति की मृत्यु के पश्चात पत्नी दूसरा विवाह सामाजिक मान्यताओं के साथ नहीं कर सकती है।"[35]

सती साध्वी भारतीय नारी त्याग एवं बलिदान की साक्षात प्रतिमूर्ति के रूप में प्रतिष्ठित है। वह समाज के कल्याण के लिए सदैव अपने त्याग एवं बलिदान का परिचय प्रदान करती आयी है। मानव एवं मानवता की जन्मदात्री माता की स्थिति भारतीय ग्राम्य जीवन में अत्यंत संतापमय है। आजादी के बाद भी भारतीय ग्रामीण नारी समाज अनेक सामाजिक व नैतिक बन्धनों से बन्धी हुई प्रताड़ित एवं अवहेलित हो रहा है। ग्रामीण महिलाएँ वैधव्य जीवन के सन्ताप, अनमेल विवाह, नारी विक्रय तथा यौन शोषण के रूप में नारी जीवन की विड़म्बनाओं से त्रस्त हैं। इस विघटन भरी जिन्दगी से गाँव की महिलाएँ संत्रस्त हो रही हैं।

'नई पौध' नारी विक्रय एवं अनमेल विवाह तथा दहेज प्रथा का मार्मिक चित्रण करता है। मिथिला जनपद के नौगछिया गाँव का एक कृपण व्यक्ति पण्डित खोखाई झा अपनी नातिन बिसेसरी को कच्ची उम्र में ही सौराठ मेले में चयन किया हुआ अधेड़ उम्र के चतुरानन चौधरी से विवाह करने का निश्चय करता है। खोखाई पण्डित अपनी सारी बेटियों को इसी

सौराठ मेले से लड़के पसन्द करके पशुतुल्य बेच चुका है और ढेर सारे रुपये इकट्ठा कर चुका है। अब वह अपनी नातिन बिसेसरी को इस नारी विक्रय की भेंट चढ़ाने जा रहा है। वह नगद नौ सौ रुपये में एक नई पौध बिसेसरी को बूढ़े व्यक्ति के हाथों बेच कर अर्थोपार्जन करना चाहता है। पर गाँव की नई युवा पीढ़ी पण्डित के इस मनसूबे को पूरा नहीं होने देते। गाँव में आयी हुई बारात वापस करके गाँव के एक नौजवान वाचस्पति झा से बिसेसरी का विवाह कराकर उसके जीवन में खुशियों का अम्बार लगा देते हैं। ''आज समूचे गाँव की नाक कटने वाली थी। पन्द्रह साल की बिसेसरी साठ साल के चतुरानन चौधरी को व्याही जाने वाली थी। दिगम्बर ने यह खबर सुनी तो ऐसा लगा कि किसी ने भर–भर कलछी खौलता हुआ कडुआ तेल बारी–बारी से उसके दोनों कानों में डाल दिया है।''[36]

'मैला आंचल' की धरती और आसमान के धूंधले–मैले परिवेश को चित्रित करनेवाला सफल उपन्यास है। इसमें मेरीगंज के सामाजिक, राजनीतिक, सांस्कृतिक तथा आर्थिक परिवेश का सूक्ष्म निरीक्षण हुआ है। मेरीगंज गांव की पूरी तस्वीर उतारी गई है, जहां कुल के साथ को चित्रांकित किया गया है। बिहार प्रदेश के पूर्णिया जिला अन्तर्गत मेरीगंज गांव की भैगोलिक स्थिति की जानकारी देते हुए रेणु जी लिखते हैं–''ऐसा ही एक गांव है मेरीगंज। रौहतट स्टेशन से सात कोस पूरब, बूढ़ी कोसी को पार करके जाना होता है। बूढ़ी कोसी के किनारे–किनारे बहुत दूर तक ताड़–खजूर से भरे हुए पेड़ों का जंगल है। इस अंचल के लोग इसे 'नवाबी तड़बन्ना' कहते हैं। किस नवाब ने इस ताड़ के वन को लगाया था, कहना कठिन है, लेकिन वैशाख से लेकर आषाढ़ तक आस पास के हलवाहे–चरवाहे भी इस वन में नवाबी करते है।''[37]

'मेरीगंज' एक बड़ा गांव है। पूरे इलाके का बड़ा गांव। यहां बारह वर्णों के लोग रहते हैं। गांव की पूर्व दिशा में कमला नदी प्रवाहित है। बरसात के दिनों में कमला नदी जलमग्न रहती है, बाकी के दिनों में सुखी पड़ी रहती है। नदी के बड़े बड़े गड्ढों में पानी भरा रहता है, जहां मछलियां और कमल के फूल खिला करते हैं। पौष पूर्णिमा के अवसर पर यहां मेला लगता है, कोशी–स्नान करने के लिए श्रद्धालु दूर–दराज से आते हैं और स्नान करके पुण्य अर्जित करते हैं। गांव में प्रमुख रुप से तीन दल हैं– कायस्थ, राजपूत और यादव। तहसीलदार विश्वनाथ प्रसाद मल्लिक कायस्थ टोली के मुखिया हैं, ठाकुर राम किरपाल सिंघ राजपूत टोली के और खेलावान यादव यादव टोली के मुखिया हैं। पूरे मेरीगंज गांव में केवल दस आदमी पढ़े लिखे हैं, बाकी सभी अनपढ़, निरक्षर। अब के नौजवानों में पढ़ाई–लिखाई के प्रति आग्रह जगने लगा है। गांव की मुख्य पैदावार है–धान,पाट और खेसारी। खरीफ की फसल हर साल अच्छी होती है, रबी की फसल भी कभी कभार हो जाया करती है।

मेरीगंज में एक हॉस्पिटल खुलता है। मिट्टी के मकान तैयार किए गए हैं। वहां मलेरिया और काला आजार जैसी भयानक बीमारी से लोगों को निजात दिलाने के लिए

बालदेव ने हॉस्पिटल खुलाया है। डॉ. प्रशान्त इस गांव में डॉक्टर बनकर आए हैं। गांव को मलेरिया मुक्त बनाना, अन्य खतरनाक बीमारियों से मुक्ति दिलाना– डॉ. प्रशान्त का लक्ष्य है। मठ की दसिन लछमी से प्रशान्त जी की मुलाकात होती है। लछमी अनायास डॉक्टर साहब की ओर आकर्षित हो उठती है, पर खुद को समझाती है कि उन दोनों के बीच ऐसा कुछ नहीं हो सकता, जो वह सोचने लगी है। यद्यपि उन दोनों में कुछ समानताएं हैं, जैसे प्रशान्त और लछमी दोनों के ही आगे–पीछे कोई नहीं हैं। मां–बाप गुजर चुके हैं, परिवार में और कोई नहीं है, दोनों ही अकेले हैं।

मठ के महन्त साहब बड़े ही धर्मात्मा पुरुष थे। उन्हें इच्छा मृत्यु प्राप्त हुई थी। सतगुरु की आज्ञा पालन करते हुए धर्माचरण करते हुए उन्होंने जीवन जीया था। एक बार गांव में हैजा की बीमारी फैली। लछमी के पिताजी रामचरण उसी मठ में काम करते थे। चीलम की आग से कबीर ग्रन्थ–बीजक के कुछ पन्ने जल गए। उसी दिन से गांव में अमंगल का प्रवेश हुआ, अधर्मियों, भ्रष्टाचारियों का आधिपत्य स्थापित होने लगा। बाबा चरणदास सिद्ध पुरुष थे। रात को गांव के बड़े बूढ़े, जवान, बच्चे सभी को खिला पिलाकर आए और रात को ही चोला छोड़ गए। बाबा ज्ञानी महात्मा थे। पूरी धार्मिक रीति के साथ उनका अन्तिम संस्कार हुआ। बीजक पाठ हुआ, समाधि दी गई। महन्त रामदास, लछमी दासिन के साथ सभी सन्त महन्त साहेब को अन्तिम बिदाई देते हैं। महन्त रामदास बाबा की मौत के साथ ही एक युग की समाप्ति होती है, फिर नए युग का आगमन होता है, धार्मिक प्रपंचों का युग, मैला आंचल का युग।

डॉ. प्रशान्त के पास इलाज कराने के लिए पूरे इलाके के लोग दस कोस, पन्द्रह कोस से आते हैं। क्योंकि आसपास के गांव में कहीं भी हॉस्पिटल नहीं है। यहां मेरीगंज की डिस्पेन्सरी में तरह–तरह के लोग इलाज के लिए आते हैं। किसी की आंख चली गई है, किसी के पेट में महीनों से दर्द है, किसी को खून की उल्टी–तटटी हो रही है, किसी को बुखार, मलेरिया, काला–आजार तो किसी को और। तरह–तरह की बीमारियों की शिकायते लेकर लोग आते हैं जिनका इलाज डॉ.प्रशान्त करके खुशी–खुशी वापस भेजते हैं। निरमला के पिताजी निरमला को लेकर आए हैं किसी दूर–दराजके गांव से। जिनकी एक आंख को भोंगरा ने झांटा मार दिया है और आंख की रोशनी चली गई है। आंख की ड्राप की कमी की वजह से बेचारी निरमला की सुन्दर आंख की रोशनी चली गई है, आंख की पुतली खराब हो गई है।

गनेश की नानी अपने नाती को लेकर डॉक्टर साहब के पास आती है। चिनाय की मां कहती है कि वह पारबती की मां है, डाइन है। उसने तीन कुल में किसी को भी नहीं छोड़ा, सबको खा गई। पहले पति को, फिर देवर–देवरानी को, सबको खा गई। अब नाती को चबा रही है। चिचाय की मां मुंह फट औरत है, हमेशा बक–बक करती रहती है। वह

जनाना डाक्टरीन है, पांच महीने के पेट को भी इतनी सफाई से गिरा देती है कि किसी को पता नहीं चलता। गनेश की नानी की खूबसूरती बुढ़ापे में भी नहीं गई है। उनके चेहरे की झुर्रियां आज भी उन्हें खूबसूरत बनाई हुई हैं।

डॉक्डर साहब के पूछने पर कि गनेश की नानी कहां रहती है, चिनाय की मां कहती है–''इसी गांव में। कालीचरण का घर देखा है न, उसी के पास। वैसे बनियां है। कितना ओझा गुनी थक गया, इसको बस नहीं कर सका। जितिया परब की रात में कितनी बार लोगों ने इसको कोठी के जंगल के पास गोदी में बच्चा लेकर, नंगा नाचते देखा है। गैनू भैंसवार ने एक बार पकड़ने की कोशिश की थी। ऐसा झटका बान मारा कि गैनू के सारे देह में फफोले निकल आए। दूसरे ही दिन गैनू तर गया।''[38] गांव–देहात में लोगों के अन्दर जादू–टोना, भूत–प्रेत, डायन–ओझा आदि अन्धविश्वासी भावनाएं आज भी जीवित हैं। लोग बच्चों के शाम को रोने पर पहले ओझा–गुनियां को बुलाकर फुंकवाते हैं, फिर डाक्टर के पास ले जाते हैं। यह कैसी विड़म्बना है।

जमींदारी प्रथा उन्मूलन की लहर पूरे इलाके में दौड़ने लगती है। अंग्रेजी हुकूमत खत्म होते ही आजाद हिन्दुस्तान के गरीब किसानों को जमींदारों के चंगुल से मुक्त कराने के लिए विराट पैमान पर जमींदारी प्रथा उन्मूलन कानून लागू किया जाता है। मेरीगंज के रईस जमींदार–जागीरदार भी इसकी चपेट में आते हैं। तहसीलदार हरगौरी सिंह गरीब किसानों के हक के लिए संघर्ष करते हैं। सरकार के नए बन्दोबस्त सेटलमेन्ट के तहत किसानों को दखल के मुताबिक जमीन सौंपने का अभियान शुरु किया जाता है। कालीचरण जैसे सोशलिष्ट ,बालदेव जैसे कांग्रेसी, संथाल टोली के लोग, बावन दास आदि 'गांव तरक्की सेंटर' में जमींदारी प्रथा के विरुद्ध आन्दोलन खड़ा करने की योजना बनाते हैं। हरगौरी सिंह ने रैयतों के साथ जमीन बन्दोबस्ती का ऐलान कर दिया है। लोग अब जागरुक होकर अपने हक के लिए संघर्ष करने लगते हैं।

'परती परिकथा' के नायक जित्तन, जितेन्द्रनाथ जब गांव लौटता है तो गांव के बदल हुए वातावरण को देखकर आश्चर्य चकित हो उठता है। वह ग्रामीण लोगों के व्यवहार में आए विराट परिवर्तन से क्षुब्ध हो उठता है। गांव की आत्मीयता, सात्विकता तथा पवित्रता को खत्म होता हुआ देख व्यथित हो उठता है। गांव अब गांव नहीं रह गया है, गांव अब स्वार्थ का अखाड़ा बन चुका है। लोग एक–दूसरे से जल रहे हैं, ईर्ष्या–द्वेष से मर रहे हैं, आपसी कलह के शिकंजे में फंसकर मर रहे हैं। जित्तन अपने बीते हुए दिनों को याद करता हुआ अपनी व्यथा इन शब्दों में आंकता है–''गांव समाज में, मनुष्य के साथ मनुष्य का व्यक्तिगत संपर्क घनिष्ठ था, किन्तु अब नहीं रहा। एक आदमी के लिए उसके गांव का दूसरा आदमी अज्ञात कुलशील छोड़ और कुछ नहीं। कहां आज का कोई उपयोगी उत्सव, अनुष्ठान, जहां आदमी एक दूसरे से मुक्त प्राण होकर मिल सकें।''[39]

जितेन्द्र परती जमीन को उपजाउ बनाकर हरी भरी हरियाली लाने के लिए संकल्पबद्ध है। वह हजारों एकड़ की बंजर जमीन में फसल खड़ा करना चाहता है। दूसरी तरफ सरकारी कर्मचारी, करिन्दे किसानों पर, मजदूरों पर कहर ढा रहे हैं। जितेन्द्र गांववालों को इन भ्रष्टाचारियों के चंगुल से छुटकारा दिलाना चाहता है। वह मुंशी जलधरीलाल और राम पखारन सिंह सरीखे शोषक वर्ग का सफाया करने में कामयाब होता है। सामन्तों–जमींदारों के शोषण–दोहन को जड़ से उखाड़ फेंकने की मुहिम छेड़ी गई है। जितेन्द्र जैसा जमींदार घराने का लड़का भूस्वामी की शोषण–वृति त्यागकर भूसेवक के रुप में गरीब किसानों की मदद करना परंपरावादी गांव में आधुनिकता का बीजारोपण है।

'लैण्ड सेटलमेन्ट सर्वे' गांव के शान्त–सात्विक वातावरण को सरगर्मी में बदल देता है। गांव के किसान जमीन बांट कर अपने–अपने हिस्से की जमीन पर खेती–बाड़ी करके गुजर–बसर करते हैं। पर लैण्ड सर्वे से भूस्वामी और भूमि हीनों के बीच कलह शुरु हो जाती है। गांव–परिवार में, घर–घर में, कलह की आग सुलझने लगी है। घर–परिवार की शान्ति मिट चुकी है, झगड़ा–फसाद का बोल बाला है। बाप–बेटे में, भाई–भाई में जमीन को लेकर लड़ाई शुरु हो जाती है। अब परिवार का एक प्राणी दूसरे प्राणी की ओर सन्देह भरी निगाह से देखने लगा है।

आजादी के बाद की लैण्ड सर्वे जैसी योजनाओं ने गांव को एकदम झकझोर के रख दिया है। नवीन मानवीय मूल्यों ने गांव की तस्वीर ही बदल डाली है। सरकारी विकासोन्मुखी कार्य–योजनाओं के प्रति ग्राम जनों का रवैया पहले पहल तो नाकारात्मक रहता है, पर बाद में उनकी आंखें खुलती हैं। गांव वाले स्थिति की सच्चाई समझते हैं और सरकारी कार्य–योजनाओं के सफल कार्यान्वयन के लिए आगे बढ़ते हैं। परानपुर के लोग कोसी परियोजना में श्रमदान देने लगते हैं। ''अर्धनग्न जनता का विशाल दल। पर्वत जोड़ हइयो, पत्थर जोड़ हइयो, इस कोसी को साधेंगे''[40] के नारे के साथ लोग काम पर जुट जाते हैं।

यह उपन्यास परानपुर गांव ही नहीं पूरे अंचल के विकास की कथा बन जाती है। उपन्यास नायक जितेन्द्र हल–बैल, बुलडोजर्स, क्रेशर, ट्रैक्टर, भूमिशोधन, नदी–घाटी परियोजना और संयत्रों के आधुनिक सेवादर्शी का प्रणेता सिद्ध होता है। वह गांव की प्राचीन परंपरा को तोड़कर नवीन प्रगतिशील मूल्यों की स्थापना में अन्ततः सफल होता है। जितेन्द्र के माध्यम से लेखक ने गांव परिवेश में आधुनिक युग जीवन का बीजारोपण किया है, जो पल्लवित–पुष्पित होकर ग्राम जीवन को सुरम्य बनाने में सिद्धहस्त है। समय की मांग की पूर्ति करते हुए रेणु जी ने अपने जाने–पहचाने, भोगे हुए अंचल के जीवन प्रसंगों को बड़ी जिन्दादिली से प्रस्तुत किया है। इसमें परानपुर की व्यथा–कथा अपने आंचलिक परिवेश के साथ व्यक्त हुई है। स्वातन्त्र्योत्तर ग्राम जीवन की सच्ची तस्वीर उतारी गई है। परानपुर गांव में अज्ञानता संकुचित दृष्टि और जड़ बृद्धि वाले लोगों की कमी नहीं है।

'पानी के प्राचीर' में पाण्डेपुरवा के गरीब किसानों की दहशत भरी जिन्दगी दर्शित है। पाण्डेपुरवा गांव राप्ती और गौर्रा दोनों नदियों के दोआब पर बसा हुआ अनुन्नत, पिछड़ा हुआ गांव हैं, जहां गरीबी है, बेबसी है, त्रासदी है, शोषण, उत्पीड़न है। गांव के किसान, मजदूर जमीदारों, सरकारी अंग्रेज अधिकारियों के आतंक के साए में दुखद जीवन व्यतीत करते हैं। गांव वालों को जमींदारों–अधिकारियों का जुल्म ही नहीं सहना पड़ता प्राकृतिक प्रकोप कह दहशत भी उठानी पड़ती है। राप्ती और गोर्रा नदियों में बाढ़ आने से पाण्डेपुरवा तहस–नहस हो जाता है, जन जीवन पूरी तरह से प्रभावित होकर बिखर जाता है। खेत की फसल बर्बाद हो जाती है, मवेशी, जानवर एवं इनसान सभी को बाढ़ के प्रकोप का दुख झेलना पड़ता है।

उपन्यास–नायक निरंजन पाण्डे उर्फ नीरु संयुक्त परिवार में आर्थिक तंगी भरी जिन्दगी जीने को मजबूर है। उसके परिवार में उसके पिताजी, माताजी, छोटी बहन तथा छोटा भाई केशव के रुप में कुल पांच सदस्य हैं। गांव में संयुक्त परिवार में बरीबी इस कदर छाई हुई है कि दो वक्त की रोटी भी मयस्सर नहीं हो पाती। नीरु के घर में भी त्योहार के दिन पकवान बनाने, स्वादिष्ट भोजन पकाने के लिए सामान नहीं हैं, क्योंकि अर्थाभाव के कारण सामान खरीदे नहीं जा सके हैं। नीरु के पिताजी खलिहान से गेहूं पीटकर तो ले आते हैं, पर गुड़ नहीं हैं, क्योंकि गुड़ खरीदने क लिऐ घर में पैसे नहीं हैं। नीरु की मां बिना गुड़ के गेहूं पीसकर अटा गोंदकर सोहारी बनाती है और बच्चों को खिलाती है। शाम की रोटी की जुगाड़ के लिए पूरा परिवार चिन्तित है। लेखक के शब्दों में–नीरु का छोटा भाई रोकर लड़कों में शामिल हो चुका था। बहन भी अपनी सखियों के साथ थी। पिताजी भी गांव में घुम रहे थे। मां किसी प्रबन्ध में व्यस्त थी शायद शाम के लिए खाने का प्रबन्ध के सोच–विचार में थी।"[41]

रोजी राटी की तलाश में पाण्डेपुरवा के लोगों को शहर का रुख करना पड़ता है। नौकरी के लिए लोगों को शहर स्थानान्तरित होना पड़ता है और संयुक्त परिवार टूट कर एकल परिवार निर्मित होता है। शहर में लोग एकान्त रुप से रहकर गुजर–बसर करते हैं। नीरु की दोस्त संध्या की शादी शहर में एक सी.आई.डी. अफिसर सुनील त्रिपाठी से होती है। संध्या गोरखपुर में एकल परिवार में अपने पति के साथ रहती है। अचानक एक दिन सुनील पर हमला हो जाता है, नीरु की चतुराई से सुनील बच जाता है। सुनील नीरु के प्रति एहसान जताते हुए घर में ले आता है, जहां नीरु की मुलाकात संध्या से हो जाता है। संध्या को जब पता चलता है कि उपके पति की जान नीरु ने बचाई है तो संध्या नीरु का शुक्रिया अदा करती हुई कह उठती है–'नीरु तुम देवता हो, तुमने मेरे पति की जान बचाई। तुम जिन्दगी भर मुझ पर एहसान का बोझ डालते जाओगे, किन्तु मैं अभागिन तुम्हारे किसी काम न आ सकी।"[42] नीरु अपनी प्रेमिका को बस देखता ही रह जाता है, कुछ बोल ही नहीं पाता।

नीरु के पिताजी अपने खेत के लिए महंगाई के कारण अच्छा बीज खरीद नहीं पाते। मजबूरी में वह गांव के मुखिया से बीज लाते हैं, जो ठीक से नहीं उठाता। दूसरी बार सुम्मेसर बनिया के पास से बीज लाते हैं, वह भी ठीक से नहीं उग पाता। आखिर वह बाजार से बीज खरीदकर लाते हैं और खेत में लगाते हैं तो अच्छी तरह से बीज उगता है और फसल भी बेंचकर मुनाफा कमाते हैं। आर्थिक स्थिति खराब होन की वजह से किसान बाजार से अच्छा बीज खरीद नहीं पाते हैं और पुराने नकली बीज खरीदकर नुकसान में पड़ते हैं।

गांव के लोग अर्थाभाव के कारण जहालत भरी जिन्दगी जीने को मजबूर हैं। लोग किसी पर्व–उत्सव, तीज–त्योहार के अवसर पर न तो अच्छे कपड़े पहन पाते हैं और न ही कुछ खरीददारी कर पाते हैं। होली के अवसर पर या दिवाली पर लोग फटे पुराने कपड़े पहनकर ही खुशियां मनाते हैं। आर्थिक अनाटन की त्रासदी झेलते हुए लोग दो वक्त की रोटी के लिए तरसते रहते हैं। उनके इन फटेहाल कपड़ों से उनकी आर्थिक विपन्नता का अन्दाज लगाया जा सकता है–"इन लोगों की संपत्ति क्या है ? देह पर कहने सुनने को फटे–फटे, गन्दे–गन्दे अंगोछे लिपटे हुए हैं, जिन्हें शायद फटी धोतियों से फाड़–फाड़ कर बनाया गया हैं। किसी की कमर में भंगई लिपटी है जिसका पछोटा बाहर निकलकर लुटुर–लुटुर हिल डुल रहा है। किसी की कमर लंगोटी से कसी है। जो कुछ छोटे हैं वे तो यों मस्त विचर रहे हैं। जो कुछ बड़े हैं, वे अलबत्ता अपनी लाज की गरदन छोटी–छोटी धोतियों या फटे पुराने नेकरों में फांसे हुए हैं।"[43]

पाण्डेपुरवा के पुराने खयालात के लोग अन्धविश्वासी हैं। रुढ़ीवादी, दकियानुसी परंपरा से ग्रसित वहां के लोग पुराने ढर्रे से ही जीवन जीते हैं। एक गरीब घराने की लड़की गेंदा की शादी एक बूढ़े व्यक्ति सुकुल से करा दी जाती है। जिसका परिणाम यह निकलता है कि एक ही महीने में वह विधवा हो जाती है। विधवा गेंदा की सकल तक लोग देखना नहीं चाहते, क्योंकि वहां विधवा औरत की सकल देखकर घर से निकलना अपशकुन माना जाता है। गेंदा की सास अपने बेटे सुकुल की मौत के लिए गेंदा को कसूरवार ठहराती है और डायन समझकर बेटे को खा जाने का इल्जाम लगाती है। गेंदा ने शिवरात्री के दिन मन्दिर में जाकर भगवान शिव जी से वरदान स्वरुप एक अच्छा होनहार पति की मिन्नतें करती है। पर उसकी किस्मत इतनी खराब है कि एक तो बूढ़े आदमी से उसकी शादी तय होती है, उपर से शादी के एक महीने के बाद ही पति की मौत हो जाती है।

गेंदा अपने वैधव्य जीवन पर आंसू बहाती हुई कहती है–"मैं रांड हूं, लोग मेरा मुंह देखना पाप समझते हैं। शायद इसलिए लोग कहीं जाते समय मुझसे बचने की कोशिश करते हैं। और यदि संयोग से दिखाई पड़ गई तो लोग लौट जाते हैं। और तो और अपना भाई जिसे मैं सहारा समझती थी मेरा मुंह नहीं देखना चाहता। एक चमारिन से भी मेरी हालत गई गुजरी है। दुनिया में सहारा कौन हो सकता है ? ससुराल में देवर है, वह अपना है, मुझे

चाहता है, मुझे प्यार करता है किन्तु वह भी मुंह देखने की बात। नहीं अब तक मेरी खोज खबर लेने नहीं आया होता।"[44]

गेंदा की इस दुर्दशा पर संवेदनात्मक दृष्टि डालती हई डॉ.कमला गुप्ता लिखती हैं–"बाल विधवा गेंदा अपने युवा वैधव्य को ढोने में असमर्थ है, रह रह कर उसकी जवानी उसे कोंचती है और पति के लिए कलेजे में हूक उठती है। शिवरात्रि पर महादेव जी के मन्दिर में जाकर महादेव पर फूल और अक्षत डालकर वह कुछ मांगना चाहती है। किन्तु क्या कहे कुछ समझ नहीं पाती। लड़कियां सज–संवर कर महादेव के मन्दिर में मनौतियां मनाती हैं, ओढ़रदानी दे महादेव जी को मन चित्त लगाकर उन्हें पूजती हैं, जिससे वे इन्हें जरुर रंगीला सा दुल्हा देते हैं।"[45]

'जल टूटता हुआ' स्वातन्त्र्योत्तर भारतीय ग्राम जीवन का वह चित्र प्रस्तुत करता है, जहां गांव टूट रहा है, अपनी सामाजिक–सांस्कृतिक–आर्थिक अस्मिता खोता जा रहा है। गांव में अपसंस्कृति, पश्चिमी सभ्यता का विच्छिन्नताबोध फैलता जा रहा है। व्यक्ति समाज से खुद को काट रहा है, अलग अलग हो गया है। गांव में एकता या एकात्मबोध की भावना खत्म होती जा रही है। भ्रष्टाचार–अनाचार बढ़ रहा है। लोगों के अन्दर नफरत की भावना पनप रही है, लोग एक–दूसरे की टांग खींचने में लगे हुए हैं। परिवार में आपसी कलह लगी हुई है। लोग एक–दूसरे के प्रति कीचड़ उछालते हुए नजर आते हैं।

तिवारीपुर गांव में अनेक संयुक्त परिवार हैं, जिनके सदस्यों के बीच मन मुटाव हमेशा बना रहता है। रामकुमार का परिवार संयुक्त परिवार है, जहां औरतें आपस में झगड़ती रहती हैं। परिवार का मुखिया बनवारी फिर भी अपने भाई से कुछ नहीं कहता और सबकुछ सहता रहता है। धनपाल के सामने वह हमेशा रहते हैं और अपनी पत्नी को बिना गलती से पीट डालते हैं। बनवारी बाबा परिवार के लोगों के बीच तादात्म्य स्थापित करने में लगे हैं तो रामकुमार जैसे लोग परिवार तोडने में।

धनपाल और बनवारी बाबा के बीच दूरियां आखिर बढ़ती गई और संयुक्त परिवार टूट कर बिखर गया। इसमें उपन्यास में तिवारीपुर के कुन्जू के पिता महाबत की पत्नी गांव के धनवान दीनदयाल के चंगुल में फंसी है। दीनदयाल सारे कुकर्म उसके साथ करता है। एक दिन महाबल ने अपने ही घर में उसे कुकर्म करते देख लिया। गुस्से में गड़ासे से उसने अपनी पत्नी के दो टुकड़े कर डाले तथा दीनदयाल को भी बहुत पीटा। पुलिस के आने पर वह भाग गया। एक दिन वह पुलिस और दीनदयाल की मिली भगत का शिकार होता है। पुलिस की गोली से ही उसका काम तमाम होता है। उनके दो बच्चे कुन्जु और बिरजू अनाथ हो जाते हैं।

बेटी की शादी में दहेज एक बड़ी अड़चन बनकर खड़ा है। गांव के किसान–मजदूर दहेज न दे पाने के कारण बेटियों की शादियां अच्छे घराने में नहीं करा पाते। सुग्गन मास्टर

की बेटी गीता घर बैठी है। दहेज न दे पाने के कारण अच्छा रिश्ता नहीं आ रहा है। और जो रिश्ता आ रहा है वह छोटे औकात का है। मास्टर जी के लिए बेटी की शादी एक मुसीबत बन गई है। वह बेटी की शादी को लेकर चिन्तित है। उन्हीं के शब्दों में– ''क्या करें वे, कहां जायें ? बेटी की शादी तो मुसीबत हो गई है। कोई अच्छा घर–वर नहीं मिलता। मिलता है तो औकात के एकदम बाहर दहेज मांगता है और औकात के भीतर मांगता है। वे या तो बूढ़े होते हैं या गरीब, जिनके यहां सुबह का खाना है तो शाम का पता नहीं।''[46] आखिर बड़ी मुश्किल से गीता की शादी उससे दो साल छोटे एक लड़के से तय हो पाती है और दहेज में महज पांच सौ रुपए दिए जाते हैं। मास्टर जी इस दहेज को लेकर अत्यन्त दुखी हैं और बेटी–बिहाव जैसे पुण्य कर्म के कलंकित रुप से क्षुब्ध हैं।

बम्बई महानगरी के पश्चिमी तट पर बसे हुए बरसोवा गांव का जीवन स्पन्दन इस उपन्यास में चित्रांकित है। बरसोवा गांव के विट्ठल के परिवार की जीवन समस्याओं के साथ–साथ पूरे गांव की सामाजिक–सांस्कृतिक तस्वीर खींची गई है। बिट्ठल की इकलौती बेटी रत्ना की महत्वाकांक्षाएं इतनी तीव्र हो चुकी है कि उसे पूरा करना स्वंय रत्ना के लिए बड़ी चुनौती बन गई है। रत्ना कोली जाति के लोगों के जीवन को कीड़े मकौड़े के जीवन की तरह समझती है। वह इस दलदल से निकलना चाहती है और बाहर में भोग विलासमय जीवन जीना चाहती है। वह बरसोवा की जमीन से उठकर सीधा बम्बई के आसमान में उड़ने का सपना देखती हैं उसकी इसी अति महत्वाकांक्षी भावना ने उसे इतनी अन्धी बना दी है कि वह अपनी यथार्थ स्थिति से अपरिचित होती जा रही है।

लेखक के शब्दों में–''उसकी इच्छाओं के कोने वातावरण के द्वार से दब रहे थे। मन कभी कभी विद्रोह अपने भीतर उबल–उबल कर रह जाता है। उसने देखा कि जीवन का अर्थ यही नहीं है कि व्यक्ति एक ही तरह की रट में पिसता रहे। उसे भी बढ़ना चाहिए। यदि कभी उसके मन में एक अध्यपिका बनने की इच्छा जागती तो दूसरे ही क्षण वैभव में पली बढ़ी धनी लोगों की पत्नियों को देखकर पैसा कमाने की चाह होती। तीसरे क्षण अखबारों में छपे चित्र देखकर वैसा ही सिनेमा की हिरोइन बनना चाहती। इसी अस्थिरता में उसके दिन बीत रहे थे।''[47]रत्ना एक अजब मानसिकता बनाई हुई जीवन पथ पर आगे बढ़ती है। वह बार–बार आईने के सामने खड़ी होकर अपनी खूबसूरती तराशती है। वह महाभारत कथा की मत्स्यगंधा की हमेशा–हमेशा के लिए युवती बनकर रहना चाहती है, ताकि लोग उसके रुप–सौन्दर्य का कायल हो सकें।

रत्ना की मां वंशी नारी सुलभ मनोवृत्ति से ग्रसित है। वह गांव की औरतों की तरह ही ईर्ष्यालु औरत है। वह किसी के सामने दबकर रहना नहीं चाहती, यहां तक कि अपने पति विट्ठल के सामने भी। वह अपना रौब घर भर में जताती फिरती है। किसी भी तन्दरुस्त सौम्य व्यक्तित्व वाले पुरुष के प्रति वह आकर्षित हो उठती है। अन्य कोली जाति की औरतें

भी मानसिकता की शिकार हैं, पर पुरुष के प्रति आकर्षण उनकी सहज प्रवृत्ति है। वह अपने ही घर के नौकर के प्रति आकर्षित है और उसे पति की तरह इस्तमाल करती है। वह नौकर जागला को प्रेमी बनाई हुई है विट्ठल की भांति ही सारे अधिकार देती है। वह जागला को दस–दस रुपए के दो नोट देते हुए जागला से कहती है–"जागला, क्या तुम अब भी शादी करेगा ? हमारा पास रे। एक विट्ठल और दूसरा तू। समझा ?"[48]

बरसोवा की पूरी बस्ती मछलीमार सागर पुत्रों की बस्ती है। विट्ठल, जागला, यशवन्त जैसे लोग सागर में मछली पकड़कर रोजी रोटी चलाते है। यशवन्त एक होनहार युवक है। वह कई–कई दिनों तक समुद्र में होड़ी यानी नाव लेकर मछली पकड़ने जाता है। रत्ना की सहेली सारिका जब से कच्ची मछली चबा–चबा कर खाते हुए देखती है तो जंगली जानवर तक कह डलती है। रत्ना सारिका से इन मछलीमारों की दिनचर्या के बारे में बताती है कि "लोहे के समान मजबूत दिखनेवाले हमारे पुरुष इसी शरीर से दो–दो और तीन–तीन मन के लट्ठे उठा कर समुद्र में डालते हैं। इन्हीं के सहारे नाव बांधकर कई दिनों तक समुद्र में ही रहकर मछलियां पकड़ते हैं।"[49] कठोर परिश्रम करना इन कोली जाति के पुरुषों की बड़ी खूबी है, ये लोग परिश्रम से जी नहीं चुराते, जी–जान देकर मेहनत करते हैं, कर्म करते हैं।

प्रकृति की गोद में सागर तट पर निरानन्द जीवन जीने वाले कोली जनजातीय लोग प्रकृति देवी की पूजा उपासना करते हुए, प्रकृति के प्रति पूरी आस्था रखते हुए जीवन यापन करते हैं। समुद्र गर्भ में प्रकृति की ताण्डव लीला से मछलीमारों की जिन्दगी अस्त व्यस्त हो जाती है। महाविनाशकारी तूफान से सगर पुत्रों मछलीमारों की जानें चली जाती हैं, उनका घर–संसार उजड़ जाता है, सबकुछ बर्बाद हो जाता है। तूफान के आने से पहले समुद्र के सन्नाटे का चित्र खींचते हुए लेखक लिखते हैं–पुनो की रात। आकाश से दुध की धार बरस रही थी। धरती का कोना कोना हंस रहा था। समुद्र की सतह पर जहां तक नजर जाती, मोतियों का चूरा बिछा था। शहरों की आकाश चुमनेवाली उंची दीवारों के किनारों पर फेनो की गोट लगी दिखा पड़ती थी। अभिमान की तरह लहरें उंची से उंची उठ रही थी। सारा समुद्र एक महान खिलाड़ी के उल्लास–उमंग से उतरंग हो रहा था। अन्धेरा कोनों में छिपा बैठा था, उजाला मैदानों में नाच रहा थ। धीरे–धीरे सन्नाटा और बढ़ा।"[50]

समुद्र के रंग–रुप बदलने और तूफान आने का संकेत मछुआ लोग समझ जाते हैं। सागर के बदलते रुप फोटो फ्लेश की तरह दिखाई देने लगते हैं। देखते ही देखते दूधिया जैसी पूनम की रात को काले बादल अपने में समा लेते हैं और मछुआरों को तूफन का आभास हो जाता है। तूफान आने के संकेत से बरसोवा के लोग चौकन्ने हो जाते हैं। "रात बीती, सवेरा हुआ। दोपहर हुई। सांझ हुई। पर समुद्र अब भी प्रलय से खेल रहा था। अनन्त वज्राधातों की तरह लहरें एक–दूसरे से लड़ रही थीं। बादलों से ढके सूर्य के हल्के प्रकाश से समुद्र का सभी अन्तर जैसे दहाड़े मार रहा था। समुद्र और आकाश का भेद समाप्त हो

गया था।"[51]

रत्ना की जिन्दगी में आकस्मिक रुप में नाटकीय ढ़ंग से माणिक का प्रवेश होता है। माणिक रत्ना को हासिल करने के लिए एक बहुत बड़ा नाटक खेलता है। विनाशकारी तूफान में मौत के मुंह से बचकर आए हुए मछुए के रुप में, बहुत बड़े व्यापारी के रुप में खुद को प्रस्तुत करके मछलीमारों का मैनेजर बन जाता है। रत्ना उसकी तरफ आकर्षित होती है और उसे अपने सपनों का राजकुमार समझ बैठती है। वंशी भी यशवन्त के व्यक्तित्व से प्रभावित होती है और रत्ना का हाथ उसके हाथों में सौंपने का निर्णय लेती है। रत्ना माणिक से शादी करके बम्बई शहर में जब जाती है, माणिक का असली चेहरा सामने आ जाता है और अपने किए पर पछताने लगती है। माणिक रत्ना को देह व्यवसाय के दलदल में धकेलकर पैसा कमाना चाहता है, उसकी असमत के साथ खेलना चाहता है। रत्ना किसी भी तरह से वहां से बच निकलती है।

आधुनिक युगबोध–

स्वतंत्रता प्राप्ति से भारतीय समाज में आधुनिकता का बीजारोपण हुआ। देश को आजादी मिलने के पश्चात एक नये युग का प्रारंभ हुआ। पराधीन भारत वर्ष की विदेशी शासन व्यवस्था में आधुनिकता का समावेश मानो निषिद्ध था। विदेशी शासक यह कभी नहीं चाहता था कि भारत का भाग्योदय हो, यहाँ आधुनिक युग का निर्माण हो। वह इस देश को प्राचीन रुढ़ीवादी परंपरा एवं पुराने संस्कारों से ग्रसित स्थिति में सदैव फँसा हुआ देखना चाहता था। खास कर के भारतीय ग्रामीण परिवेश आधुनिक भाव बोध से कोसों दूर प्राचीनता की गर्त में गिरा हुआ निस्पन्द पड़ा हुआ था। समाज में सामाजिक कुसंस्कार, राजनीतिक दाव–पेंच, आर्थिक दुरावस्था एवं धार्मिक जड़ता परिव्याप्त थी। ग्रामीण अंचल की स्थिति तो और भी बदत्तर हो गयी थी। भारत के क्षितिज पर नये सूरज का उदय हुआ, जिसकी स्वर्णिम किरणों से देश की पवित्र धरती जगमगा उठी। स्वतन्त्र भारत वर्ष की पावनधरा पर गणतंत्र का जन्म हुआ जो विश्व का सबसे विराट जनतंत्र के रूप में प्रतिष्ठित है।

राष्ट्रपिता महात्मागाँधी ने देश को आधुनिक युग बोध से जोड़ने के लिए ग्रामीण समाज के उत्कर्ष को प्राथमिकता दी। 'भारत की आत्मा गाँव में निवास करती है' इस कथन को चरितार्थ करते हुए उन्होंने देश की प्रगति का पथ गाँव में ही प्रशस्त कराने का निश्चय किया। भारत एक ग्रामीण बहुल राष्ट्र होने के कारण देश की प्रगति ग्रामीण जीवन व्यवस्था में संपूर्ण सुधार से ही संभव है। अतः ग्राम्य जीवन के उत्कर्ष से ही हिन्दुस्तान को विकास के नये क्षितिज का स्पर्श कराया जा सकता है। स्वातन्त्र्योत्तर हिन्दी उपन्यासकारों ने इस गुरु दायित्व का भार अपने कन्धे पर लिया। उपन्यास मानव जीवन का मूल्यांकन होने के कारण लेखक ने समाज में आधुनिक युगबोध का समावेश कराने का दृढ़ संकल्प लिया और भारतीय

साहित्य में नये कीर्तिमान स्थापित किये।

स्वातन्त्र्योत्तर हिन्दी उपन्यास के क्षेत्र में विविधता परिलक्षित होती है। उस समय के उपन्यास एक नवीन चेतना–भूमि पर अवस्थित दिखाई पड़ते हैं। उस समय की कुछ कड़वी उपलब्धियों के बावजूद प्रगतिवादी समाज–संरचना का संवैधानिक संकल्प लिया गया। इस युग के उपन्यासों में आधुनिक भावबोध का यथार्थ स्वरूप व्यापकता एवं गहनता से निर्मित हुआ है। ग्राम्य जीवन की आधुनिक जीवनधारा का प्राणवन्त प्रवाह समकालीन उपन्यासकारों के उपन्यासों में दृष्टिगोचर होता है। नागार्जुन इसी दिशा में अधिक प्रयत्न दिखाई पड़ते हैं। यद्यपि उनके उपन्यासों में आंचलिकता की प्रवृत्ति का बाहुल्य है, फिर भी आधुनिक ग्रामीण जीवन–निर्माण सक्रियता धारण किया हुआ है।

मछुओं के सामाजिक–आर्थिक जीवन संदर्भों पर आधारित 'वरुण के बेटे' में किसान मण्डली, मछुआ संघ का निर्माण करके सरकारी अधिकारी एवं जमीदारों के विरुद्ध संघर्ष करते हुए आधुनिक युग के आगमन का संकेत दिया गया है। मोहन माझी के प्रयास से तथा भोला, खुरखुन, मंगल, मधुरी, नकछेदीलाल जैसे ग्रामीण जनता की सहायता से एक किसान मण्डली गढ़ते हैं। जिसमें सम्मिलित रूप से किसानों की बेदखली की लड़ाई लड़ने का संकल्प लिया जाता है। मछुआ संघ एवं किसान मण्डली के सदस्यगण बेदखली के खिलाफ आवाज बुलन्द करते हुए पुलिस द्वारा पकड़े जाते हैं। वे लोग बड़ी हिम्मत से गिरफ्तारी देकर अपनी नवीन जीवन जिज्ञासा का रुपायन करते हैं। ग्राम–कमेटी निर्माण करके वर्ग भेद तथा जाति भेद को भुलाकर गाँव के लोग सम्मिलित रूप से अन्याय एवं अत्याचार के खिलाफ संघर्ष करते हुए दिखाई पड़ते हैं।

''कान्फ्रेंस के बाद ही मलाही–गोढ़ियारी की संयुक्त बस्तियों के लिए किसान सभा की एक ग्राम कमेटी संगठित हो गई। भोला ने अपने बैठक खाने की बाहर वाली कोठरी दफ्तर के लिए दे दी। नकछेदी प्रधान चुने गये और मंगल सेक्रेटेरी। इस कमेटी में भी मधुरी को समेट लिया गया।''[52] स्वातन्त्र्योत्तर ग्रामीण परिवेश में अनेक युगान्तकारी कार्यकलापों का सूत्रपात करके ग्राम्य जीवन को आधुनिक ढंग से गढ़ने का प्रयास हुआ है। मोहन माझी के सफल प्रयास के परिणाम स्वरूप वहाँ के जनजीवन में आधुनिकता का समोवश किंचित मात्रा में होने लगा है। इस उपन्यास के सन्दर्भ में उपन्यासकार के आधुनिक विचार बोध पर प्रकाश डालते हुए डॉ. प्रकाश चन्द्र भट्ट लिखते हैं, ''निम्न वर्ग अब अपने शोषण का प्रतिकार करेगा, दबाने से दबेगा नहीं। अपने अधिकारों की भीख नहीं माँगेगा, छीन कर ले लेगा। इस प्रकार निम्न वर्गीय जनता की पीड़ा, अपने अधिकारों के प्रति उनकी सतर्कता और उसके ताकतवर शक्तियों के सम्मुख न झूकना आदि चित्रित करना लेखक का मुख्य उद्देश्य रहा है।''[53]

अनमेल विवाह आज के युग के लिए एक अशोभनीय कार्य है। आज के आधुनिक

समाज में भी ग्राम्य जीवन में यह प्राचीन परंपरा देखने को मिलती है। आज की ग्रामीण नारी इस अभिशाप से ग्रासित है। आज भी हमारे समाज में न जाने कितनी किशोरियाँ वृद्ध व्यक्ति से विवाह करके नारकीय जीवन व्यतीत करती हैं। नागार्जुन ने अपने उपन्यासों में इस अनमेल विवाह की समस्या को जड़ से उखाड़ फेकने का आह्वान करते हुए नारी समाज के उत्कर्ष के लिए क्रान्तिकारी कदम उठाया है। 'नई पौध' में बिसेसरी के जीवन के विघटनों को समाप्त करते हुए एक वृद्ध व्यक्ति चतुरा चौधुरी से होने जा रहे विवाह को रोक कर उसी की उम्र के वाचस्पति झा नामक नौजवान से शादी कराया है। इसमें आज की ग्रामीण युवा पीढ़ी के आधुनिक खयालात एवं उन्नत विचारबोध का रुपांकन हुआ है।

'मैला आंचल' पूर्णिया अंचल के मेरीगंज के धूमिल आंचल का चित्र ही नहीं खींचता, पूरे अंचल में आधुनिकता का बीजारोपण करता है। डॉ. प्रशान्त, बालदेव, कालीचरन, बावनदास सरीखे आधुनिक चेता लोग मेरीगंज में जन जागृति खड़ा करके आधुनिक गांव गढ़ना चाहते हैं। परंपरावादी महन्त रामदास, सेवादास, जोतखी काका तहसीलदार विश्वनाथ प्रसाद जैसे लोग प्राचीन रुढ़ीवादी दकियानुसी परंपरा का समर्थन करते हुए आधुनिकता का विरोध करते हैं। डॉ. प्रशान्त डिस्पेन्सरी में डाक्टरी इलाज शुरु करते हैं, तब शुरुआत में गांव–देहात के अनपढ़ गंवई लोग इलाज कराने से इन्कार कर देते हैं। मलेरिया, कालाआजार जैसी खतरनाक बीमारी के निजात के लिए झाड़–फूंक, टोना–टोटका कराके मृत्यु की गोद में चले जाते हैं। धीरे–धीरे डॉ. प्रशान्त के समझाने पर लोग डाक्टरी इलाज कराकर भयानक बीमारियों से निजात पाते हैं।

उपन्यास के दूसरे भाग में आजादी के बाद के भारत की तस्वीर उतारी गई हैं। स्वतंत्रता प्राप्ति के बाद देश की तस्वीर ज्यों ही बदलने लगी, मेरीगंज तथा आस पास के इलाके में भी आधुनिकता का बीजारोपण होने लगता है। स्वतन्त्रता आन्दोलन को तेज करने एवं भूदान आन्दोलन को सक्रिय बनाने के सिलसिले में महात्मा गांधी पूर्णिया का दौरा करते हैं। कंग्रेसी नेता बालदेव जी, देश भक्त बावन दास जैसे नेता गांधीजी का हार्दिक अभिनन्दन करते हैं। पूर्णिया अंचल में गांधीजी के दौरे का जीक्र करते हुए लेखक लिखते हैं–"महात्मागांधी जी भी आभारानी को मां ही कहते हैं। 1934 में भूकंप पीड़ित क्षेत्रों के दौरे पर जब बापू आये थे, साथ में थे रामकिसुन बाबू, आभारानी और बावनदास। बावनदास के बिना आभारानी एक डग भी कहीं नहीं जा सकती। गांधीजी हंसकर बोले थे, "मां तुम्हारे भगवान से ईर्ष्या होती है।"[54]

संथालटोली के आदिवासी लोग जमींदारी प्रथा को खत्म करने के लिए कठोर संघर्ष करते हैं। कठोर संघर्ष के बाद संथाल टोली के लोगों को जमींदारी प्रथा से मुक्ति मिलती है। तहसीलदार हरगौरी और विश्वनाथ प्रसाद जैसे अधिकारी जमींदारों की बेदखली और किसानों को वापसी के लिए सक्रिय दिखाई पड़ते है। संथालटोली के लोग ढोल–मादल के

साथ जमींदारी उन्मूलन का डंका पीटते हैं। संथाल टोली के लोग उत्साह भरे स्वर में कहते हैं–''जमीदारी प्रथा खत्म हो गई। अब जमींदारी जमीन से बेदखल नहीं कर सकता । हमने उन्हें जमीन से बेदखल कर दिया है। जो जोतेगा, जमीन उसकी है। जो जिनना जोत सको, जिसकी जमीन मिले जोतो, बोओ, काटो। अब बांटने का भी झंझट नहीं।.... धरती माता का प्यार झूठा नहीं। फिर खेतों में जिन्दगी झूमेगी। आषाढ़ के बादल बजा रहे हैं मादल, बिजली नाच रही है। तुम भी नाचो। नाचो रे। मादल बजाओ जोर–जोर से।''[55]जमीदारी प्रथा के मूलोत्पाटन से मेरीगंज के किसानों में नई जान आ गई है।

स्वतन्त्रता प्राप्ति के बाद देश के विकास के लिए कई तरह की योजनाओं का आरम्भ हुआ है। 01 अप्रेल, 1951 से प्रथम पंचवर्षीय योजना लागू कराकर देश के चहुमुखी विकास पर विशेष बल दिया गया। सामुदायिक विकास योजनाएं, सिंचाई परियोजनाएं सघन खेती, सम्मिलित कृषि, भूमि सुधार, कृषि का आधुनिकीकरण, हरित क्रान्ति, लघु–उद्योग के साथ साथ बड़े उद्योग की स्थापना द्वारा ग्रामोद्धार का बीड़ा उठाया गया। आजादी के समय भी और आज भी दो–तिहाई लोग ग्राम जीवन जीते हैं, अतः हमारी आर्थिक व्यवस्था का मुख्य अंग गांव है। पंचचर्षीय योजना में ग्रामोन्नति के प्राधान्य के सन्दर्भ में डॉ. ज्ञानचन्द्र गुप्त लिखते हैं–''जहां पंचवर्षीय याजनाओं के अन्य कार्यक्रमों ने देश के नव निर्माण की भौतिक बुनियाद डाली, वहां सामुदायिक विकास योजना के इस निर्माण को सामाजिक और मनोवैज्ञानिक पीठिका प्रदान की तथा वह ग्राम के जनमानस एवं सरकार के बीच वैचारिक तारतम्य की कड़ी सिद्ध हुई।''[56]

'परती परिकथा' में परानपुर गांव में बहाल हो रहे विभिन्न विकासोन्मुखी कार्यो का व्योरेवार ढंग से लेखा जोखा तैयार किया गया है। वहां की परती जमीन पर आधुनिक प्रणाली से कृषि कार्य एवं कोसी बांध परियोजना जैसी विकासोन्मुखी योजनाओं की तस्वीर यहां खींची गई है। कोसी बांध की योजना वहां अपनी प्रभाव व्याप्ति की निशानी है। गांव की तस्वीर को बदलने में सरकार और आम जनता दोनों ही प्रयत्नशील हैं। कोसी परियोजना का चित्र खींचता हुआ लेखक लिखता है– ''कोसी बह रही है। लहरें नाच रही हैं। अर्धनग्न जनता का विशाल दल पर्वत तोड़ हइयो, पत्थर जोड़ हइयो। इस कोसी को साधेंगे। बच्चे मर गए हाय रे। बीबी मर गई हाय रे। उजड़ी दुनिया हाय रे। हम मजबूर हो गए घर से दूर हो गए। वर्ष महीना एक कर । खून पसीना एक कर। बिखरी तााकत जोड़कर। पर्वत पत्थर जोड़कर। इस डायन को साधेंगे। उजड़े को बसाना है। ठक्कम ठक्कम ठक्क ठक्क। घटम घटम धट टिडिरिक।.... ट्रैक्टरों और बुलडोजरों की गड़गड़ाहट। लहरें पछाड़ खाती हैं। अट्टहास।''[57] अंचल के विकास कार्यों में जुटे हुए लोगों का यह बिम्ब जो ध्वनि और गति दोंनों को समावेशित करता है।

इस उपन्यास का मुख्य विषय परानपुर गांव ही नहीं पूरे अंचल में कृषि क्रान्ति खड़ा

करना है। वैज्ञानिक अनुसन्धान की नवीनतम उपलब्धियों का उपयोग कृषि विकास में करके गांव की आर्थिक धुरी मजबूत करने का विराट अभियान छेड़ा गया है। परानपुर की विस्तृत बंजर जमीन को तोड़कर, समतल कर उपजाउ बनाने का उपकम यहां दर्शित है। कोसी परियोजना की सफलता से कृषि क्रान्ति को बढ़ावा मिलता है। जितेन्द्रनाथ के अथक प्रयास से गांव के लोगों में नव निर्माण के प्रति निष्ठा जाग उठती है। लोग परती जमीन को उपजाउ बनाने के लिए कमर कसते हैं। कोसी नदी की विनाश लीला से लाखों एकड़ जमीन ध्वस्त हो गई है। बाढ़ की तेज धार ने उस जमीन को बर्बाद करके रख दिया, उबड़–खाबड़ बंजर बनाकर बेकार कर दिया है। कोसी नदी पर बांध निर्माण करके दुलारीदाय की पांचों भूखी धाराओं में जल की धारा बहाकर वहां की बंजर जमीन पर फसल खड़ा करने का साहसी कार्य किया जाता है। उस समय विरान–बंजर भूमि पर हरीतिमा खड़ा करने की पूरी संभावनाएं तैयार की जाती हैं।

उस वीरान–बंजर जमीन, जहां घास भी ठीक से उग नहीं पाती थी, जितेन्द्र की अगु आई में गांव वालों के कठोर परिश्रम से फसलें लहराने लगती है। जितेन्द्र गांव के लोगों को दिखा देता है कि श्रम और साधना हो तो कुछ भी असम्भव नहीं । वहां की परती जमीन आज स्वर्ग की परी की तरह सुन्दर–सुशोभित हो रही है, लोगों का मन हर ले रही है। डॉ. विवेकी रॉय के अनुसार–''युगान्तकारी कृतित्व का सर्वोच्च शिखर 'परती परिकथा' स्वाधीन भारत की आकांक्षाओं, कल्पनाओं और परिवर्तित स्थितियों के जीवन्त दस्तावेज के रुप में प्रस्तुत हुई है। इस बार पूर्णिया जिले के समृद्ध गांव परानपुर को पृष्ठभूमि बनाया गया है। जहां विकास के लिए युग–युग से उपेक्षित सैकड़ों एकड़ इन्दया धरती है। उस उसर–वीरान धरती की धूल में उन्नत तथा विकसित वैज्ञानिक कृषि की अनन्त संभावनाएं छिपी हैं। उन संभावनाओं में अकारण ही स्वातन्त्र्योत्तर जागृति–नव चेतना, विकास के आर्थिक कार्यक्रमों और नए संघर्षों का प्रयास है।''[58]

'पानी के प्राचीर' में पाण्डेपुर के सामाजिक–सांस्कृतिक परिदृश्य को उभारने के साथ–साथ वहां के आधुनिक जीवन सन्दर्भों को भी प्रस्तुत किया गया है। आजादी के पहले कांग्रेस पार्टी के कार्यकर्ता ब्रिटिश हुकूमत को खत्म करने के लिए विराट पैमाने पर जन आन्दोलन खड़ा करते हैं। पूर्णिया अंचल के स्वराजी कांग्रेसी नेता पाण्डेपुर में तशरीफ लाते हैं और लोगों को स्वराज के लिए आगे बढ़ने को प्रोत्साहित करते हैं।

गणपति पाण्डे एक जुझारु कांग्रेसी नेता हैं। उनके हुदय में देश प्रेम की भावना भरी हुई है। वह गांव भर में आजादी का झण्डा लहराते हुए आजादी का गीत गाने लगते हैं। वह एक जुलूस निकालते हुए गांव के लोगों को साथ लेकर क्रान्ति खड़ा करने का मुहिम चलाता है। गांव में आजादी के जन आन्दोलन का चित्र खींचते हुए लेखक लिखते हैं–''पूरे गांव में जय–जयकार होने लगा। आगे–आगे गणपति नेता झंडा लहराते हुए चल रहे थे, पीछे गांव

के लोग जयजयकार कर रहे थे। करान्ती हो गयी भाईयों। सारे देश में आग लग गई है, नेता लोग जेल खाने में धकेल दिए गए हैं। कॉलिज–इस्कूल के लड़के अंग्रेजी सरकार को तोड़ रहे हैं। अब सुराज मिलकर रहै।''[59]

गांव के किसान, मजदूर, हरिजन, आदिवासी सभी वर्ग के लोग आजादी की लड़ाई में शामिल होते हैं। गणपति पाण्डे लोगों को समझाते हैं कि हमें बढ़चढ़कर इस लड़ाई में शामिल होना होगा, तभी हमारा देश आजाद हो सकेगा, हमारे बच्चों के लिए स्कूल–कॉलेज होंगे, जहां पढ़ कर वे महान व्यक्ति बन सकेंगे। हर व्यक्ति के पास जमीन होगी, जिस पर खेती करके अपने परिवार का अच्छी तरह से भरण–पोषण कर सकेंगे। 1942 के भारत छोड़ो आन्देलन में देश के साथ पाण्डेपुर के लोग भी शामिल होते हैं। दारोगा साहब गांव में आकर क्रान्तिकारी लोगों को गिरफ्तार करना चाहता है। गणपति नेता, हरिजन नेता, निरबल तेली जैसे क्रान्तिकारियों के साथ–साथ सुमेश पाण्डे, निरंजन पाण्डे नीरु को भी गिरफ्तार करने का फरमान जारी किया जाता है। लेकिन दीवान द्वारा इस बात की पुष्टि होने पर कि नीरु तो गजेन्द्र बाबू का नौकर है, और वह तो सरकार का आदमी है, दारोगा मुखिया को ही एक जमा देता है और वापस चला जाता है।

देश की आजादी को लेकर गांव में कई उम्मीदें–आकांक्षाएं बनी हुई हैं। आन्दोलनकारी लोग अपने–अपने लोगों को इसमें शामिल करा रहे हैं। आम जनता को नेतागण समझाने लगे हैं कि आजादी मिलने पर कांग्रेस की सरकार बनेगी और आम लोगों को सारी–सुख–सुविधाएं मिल सकेगी। गणपति नेता गांववालों को समझाते हुए कहते हैं–''अपनी कांग्रेस सरकार होगी तो यह बाढ़ नहीं आएगी। बांध बंधवा देगी, अस्पताल खुलवा देगी, स्कूल बनवा देगी। हां......हां....... बहुत कुछ करवा देगी। वह दिन कब आएगा भगवान।''73 आन्दोलनकारी गांव के लोगों में जागृति लाने के लिए पूरजोर कोशिश में लगे हैं। ग्रामीण जनों में चिनगारी सुलगने लगती है, लोग आपस में मिलकर आजादी हासिल करने का संकल्प लेते दिखाई पड़ते हैं।

डॉ महावीर सिंह चौहान ने 'पानी के प्रचीर' की आलोचना करते हुए लिखा है–''देश के सामान्य जन प्रवाह से कटे रहने के बाबजूद राष्ट्रीय स्वतन्त्रता संग्राम संबन्धी गांधीजी का संदेश 'पाण्डेपुरवा' गांव में भी पहुंच जाता है। गांव में जुलूस निकलता हे। जुलूस की अगुआई करते हैं गांव के ब्राहमण टोली के नता गणपति, उनके सहयोगी है हरिजन नेता–फेंकू, निरबल तेली, भीखम गड़ेरी और दधिबल यादव। लेकिन गांव के इन नेताओं बौर सामान्य लोगों में राष्ट्रीय जागरण के इस विराट अभियान की समझदारी कम अपने वैमनस्यों को लेकर एक–दूसरे को नीचा दिखाने की प्रवृत्ति ही अधिक है।''[60]

भारत छोड़ो आन्दोलन के सफल क्रियान्वयन से आखिर सन सैंतालीस में देश को आजादी मिल ही गई। आजादी मिलने की खुशी की खबर पूरे देश में आग की लपट की

तरह फैल गई। पाण्डेपुर में भी जब यह खुशखबरी पहुंची तो गांव की खुशी की लहर दौड़ गई। गांव के लोगों ने इस ऐतिहासिक पल का जमकर आनन्द मनाया। क्रान्तिकारी नीरु अपनी खुशियां बांटता हुआ गांव को संबोधित करता हुआ नारा लगाने लगता है– ''भाइयों आज इतनी खुशी का दिन हमारे सामने लहरा रहा है और आप लोग खामोश है। नारे लगाइए....भारत माता की जय, गांधी जी की जय, जवाहरलाल नेहरु की जय।''[61] नीरु की अगुआई में गांव के लोगों को लेकर एक जुलूस निकलता है, जो गली–गली में घुम कर भारत माता की और क्रान्तिकारियों की विजय ध्वनि के साथ आगे बढ़ता है। गांव भर के लोग जुलूस में शामिल होकर आनन्दोत्सव मनाते हैं।

'जल टूटता हुआ' ग्राम जीवन के सांस्कृतिक सामाजिक सरोकारों के टूटने की वह महागाथा है, जहां लोग एक–दूसरे से पूरी तरह से अलग–थलग पड़े हुए हैं। आजादी के बाद के ग्राम जीवन में आधुनिक युगबोध का जीता जागता रुप इसमें शब्दांकित है। महीप सिंह आज नेताओं की निगरानी में बड़ा आदमी बन गया है। गांव की भोली भाली जनता आशा बांधे खड़ी है कि आजादी के बाद साम्यवाद का प्रवेश होगा, अमीर–गरीब एक हो जाएंगे। अमीरी गरीबी की चौड़ी खाई मिट जाएगी। देश के जिन गरीब किसानों, मजदूरों, हरिजनों ने जाति–पांति भूल कर एक साथ आजादी की लड़ाई में योगदान दिया था उन्हें कुछ भी नहीं मिला, सिवाय निराशा और अफसोस के। उन निम्नवर्ग के किसानों, गरीब लोगों की स्थिति में कोई सुधार नहीं आ सका। केवल अमीर पूंजीपति लोग, राजनेता लोग और अधिकारी वर्ग ही फलने–फूलने लगे।

आजादी के बाद के गांव की तस्वीर खींचते हुए लेखक लिखते हैं–''जनता सोचती थी कि आजादी मिलने पर देशद्रोहियों को फांसी मिलेगी, इनकी जमीन गरीबों में बांट दी जाएगी, मगर इन वर्षों में कुछ और तस्वीर सामने आई। बाबू महीप सिंह कांग्रेस के मेम्बर हो गए, नेताओं की निगाह में कांग्रेस के प्रिय व्यक्ति, यही नहीं जिला बोर्ड के सदस्य भी बन गए। पहले ब्रिटिश सरकार के अफसरों को फलों की डालियां भेजते थे, अब आजादी के दिन स्कूल के बच्चों के बहाने कांग्रेस सरकार को लडडू की डालियां भेजते हैं।''[62] आजादी के पहले अंग्रेजों के तलवे चाटनेवाले देश द्रोही आजादी मिलते ही नेता बनकर देश गढ़ने का ढोंग रचाते हैं, आम जनता का दिल जीत कर अपना काम निकालना चाहते हैं।

किसान–मजदूर अपने हक के लिए जागरुक होने लगे हैं। वे लोग जगपतिया के नेतृत्व में हड़ताल कर देते हैं। जमींदार–महाजन लोग जब अपने–अपने हलवाहे के पास पहुंचते हैं तो पता चलता है कि वे लोग की मीटिंग में गए हैं और काम पर नहीं जाने वाले हैं। उन हलवाहे की मांग थी कि बीस रुपए की जगह तीस रुपए तनख्वाह और एक बीघा जमीन। सभी हलवाहे कॉमरेड़ जगपति के सामने कसम खाते हैं कि कोई इस मांग से कम मूल्य पर काम करेगा तो उसकी बेटी से शादी करेगा। लेकिन जमींदार, मुखिया आखिर

किसानों–मजदूरों को प्रलोभन देकर काम पे लगा लेते हैं, उनकी हड़ताल खत्म हो जाती है।

अनिल विश्वनाथ काले के शब्दों में, ''स्वाधीनता के बाद जीवन यथार्थ अधिक जटिल हुआ है। संबन्धों और मूल्यों के सूत्र अधिक उलझे हैं। यथार्थ अधिक अंधकारमय होता गया है। किन्तु किसी न किसी बिन्दु से उस अंधकार के विरुद्ध प्रकाश की आवाज उठती रही है। 'जल टूटता हुआ' उपन्यास इसी अंधकार और प्रकाश के द्वंद्वात्मक संसार की यात्रा करता है।''[63]

'सागर लहरें और मनुष्य' भट्टजी का एक सामाजिक उपन्यास है, जो बरसोवा के कोली जनजातीय लोगों की जीवन समस्याओं का मार्मिक चित्र खींचता है। यद्यपि यह उपन्यास बरसोवा के मछलीमारों के प्रसंगों एवं रत्ना की महत्वाकांक्षी भावनाओं को हमारे सामने प्रस्तुत करता है। फिर भी अनेक जगहों पर आधुनिक युग के विचारों का भी पुष्टिकरण हुआ है। उपन्यास के डॉ. पाण्डुरंग यशवन्त और स्वयं रत्ना आधुनिक खयालात के पात्र है जो प्राचीन रुढ़ीवादी परंपराओं को तोड़कर नवीन नूतन मूल्यबोध का आरम्भ करना चाहते हैं। बरसोवा के लोगों में आधुनकि युगबोध का बीजारोपण करके ग्रामोद्धार योजना कार्यान्वित करना चाहते हैं।

कोली समुदाय में नारी वर्चस्व या स्वातन्त्र्य के जरिए नारी समाज की प्रगति पर गंभीर चिन्तन प्रस्तुत किया गया है। नारी अक्सर गांव–देहात में पुरुष द्वारा शोषित–अत्याचारित होती है, वह महज कठपुतली बनकर रह जाती है। उसे घर की चार दीवारी में कैदी जीवन जीना पड़ता है, वह पुरुष की तरह घर से बाहर निकलकर आजाद जीवन नहीं जी पाती। वह सामाजिक बन्दिसों की बेड़ियों में बंधी हुई संकुचित जीवन जीने के लिए मजबूर होती है। लेकिन यहां रत्ना इन बन्दिसों को तोड़कर खुली जिन्दगी जीना चाहती है। गांव की गन्दगी भरी जिन्दगी से बाहर निकलकर बम्बई महानगरी की एसो–आराम की जिन्दगी जीना चाहती है। भले ही वह कम पढ़ी लिखी लड़की है, फिर भी उसके मन में आधुनिक शहरी जीवन के प्रति आकर्षण है। वह अपनी खूबसूरती को लेकर हमेशा गंभीर है और खूबसूरत बने रहना चाहती है।

डॉ. पाण्डुरंग एक आदर्शवादी आधुनिक विचारदृष्टि संपन्न व्यक्ति है। वह उपन्यास के अन्तिम भाग में हमारे सामने रुबरु होते हैं जो, रत्ना को एक नई जिन्दगी देते हैं। वह रत्ना की जिन्दगी में एक विराट परिवर्तन लाते हैं। रत्ना जब अमीर बनने और शहरी जीवन जीने की लालसा लिए माणिक के साथ बम्बई जाती है और वहां माणिक की साजिश की शिकार होती है। वहां माणिक रत्ना का इस्तमाल करके अपना व्यापार चलाना चाहता है। यहां तक कि रत्ना को अपने दोस्तों के हवाले करके खूब पैसा कमाना चाहता है।

शोहरत हासिल करने के पीछे पागल बनी बैठी रत्ना जब इन ठोंकरो से टकराती है, तब उसे होश आता है। वह अब समझने लगती है कि जमीन से कटने का नतीजा क्या होता

है। रत्ना धीरुवाला की वासना की शिकार होकर पाप गर्भा हो जाती है। वह इन मुसीबतों से बचने के लिए आत्महत्या करने की कोशिश करती है। डॉ. पाण्डुरंग के प्रयास से रत्ना की मां वंशी का इलाज उसी हॉस्पिटाल में होता है। वंशी की आंखों की रोशनी चली गई। डॉ. पाण्डुरंग की प्रचेष्टा और सही इलाज से उनकी आंखों की रोशनी आ जाती है। वंशी जब अपनी बेटी को गर्भवती हालत में देखती है तो चिन्तित हो उठती है। डॉ. साहब उसे होनेवाले बच्चे के पिता खुद को बताकर वंशी की जान और रत्ना की इज्जत दोनों ही बचा लेते हैं।

डॉ. पाण्डुरंग जैसे आदर्शवादी और यथार्थवादी व्यक्ति के महान व्यक्तित्व के बारे में स्वयं उदयशंकर भट्ट ने लिखा है–''पाण्डुरंग जैसे व्यक्ति बहुत नहीं होते। पर ऐसे व्यक्तियों का अभाव नहीं है। मुझे पाण्डुरंग को ढूढ़ने के लिए काफी चिन्तन, काफी मनन और काफी समय तक प्रतीक्षा करनी पड़ी।''[64]

वर्ग संघर्ष–

सामान्यतः वर्ग संघर्ष से अभिप्राय समाज के किसी समान वर्ग में परिव्याप्त आर्थिक एवं सामाजिक वैषम्य से है। आम जन में परिव्याप्त शोषण और उस शोषण के विरुद्ध बुलन्द की गयी आवाज वर्ग संघर्ष का रूप धारण करती है। वर्ग–संघर्ष कार्लमार्क्स के मार्क्सवाद का एक मूल सिद्धान्त है। वह हमेशा समाज के आर्थिक व राजनीतिक क्षेत्र से प्रभावित रहा है। वर्ग–संघर्ष के मूल में आर्थिक विषमता ही कार्य करती है और यह प्राचीन काल से लेकर आज तक प्रत्येक समाज में निरन्तर चलता आ रहा है। यह पूँजीवादी सभ्यता के शोषण पर आधारित है। मजदूर–किसान और सर्वहारा वर्ग शारीरिक श्रम से उत्पादन करता है, परन्तु उसका लाभ पूँजीपतियों के पास चला जाता है। जिससे पूँजीपतियों एवं मजदूर वर्ग के बीच बहुत बड़ी खाई पैदा हो जाती है। फलतः समाज में साम्यवादी व्यवस्था की प्रतिष्ठा निमित्त वर्ग संघर्ष अत्यावश्यक हो जाता है। शोषक वर्ग तथा सामन्तवादी सभ्यता के समूल नाश से ही साम्यवाद की प्रतिष्ठा हो सकती है।

''अद्यतन युगीन समाज में वर्ग वैषम्य एक विराट समस्या बन कर खड़ा है। भारत में वर्ग–संघर्ष प्राचीन काल से चलता आ रहा है। पुराणों के युगों से सुर–असुर, नर–किन्नर, राजा–प्रजा के बीच संघर्ष चलता आ रहा है। भारत वर्ष एक कृषि प्रधान देश होने के कारण कृषि और कृषक को विशेष महत्व दिया गया है। परन्तु मेहनत कश किसान सदा से ही जमीदारों, नौकरशाहों, सामन्तों से शोषित हो रहा है। जमींदारों ने उनका निरन्तर शोषण किया है। उन्हें हमेशा दयनीय दशा में जीवन व्यतीत करना पड़ा है। उन किसानों, मजदूरों शोषित वर्गों को संघर्ष के लिए प्रेरित करना साहित्यकारों का कर्तव्य एवं धर्म है। समाज में परिव्याप्त वर्ग–संघर्ष का चित्रण साहित्य में अभिप्रेत है। सामन्तवादी व्यवस्था के खिलाफ हर

देश में किसानों के विद्रोह के स्वर का प्रमुख स्थान है।''[65]

प्रेमचन्दोत्तर हिन्दी उपन्यासकारों में किसानों–मजदूरों के करुण स्वर तथा पूँजीपतियों के विरुद्ध विद्रोह के स्वर सुनाई पड़ते हैं। स्वतन्त्रता–पूर्व एवं स्वातन्त्र्योत्तर हिन्दी उपन्यासकारों ने खुलकर शोषण का विरोध एवं सर्वहारा वर्ग के प्रति अपनी सहानुभूति प्रदर्शित की है। आंचलिक उपन्यासकारों ने ग्राम्य परिवेश में आर्थिक वैषम्य एवं तज्जनित समस्याओं का सजीव चित्रण किया है। लेखकों ने निःसन्देह शोषक–शोषित वर्ग की सामाजिक–आर्थिक स्थिति का यथार्थपरक रुपायन करने में सफलता हासिल की है।

साम्यवादी विचारों से प्रभावित होकर वे बिहार के किसान आन्दोलन में सक्रिय रूप से जुड़े रहे। उन्हें इसके लिए कई बार जेल की यात्रा करनी पड़ी थी। किसानों की आर्थिक स्थिति और शोषण के समूल नाश के लिए उन्होंने अपने उपन्यासों में साम्यवादी चरित्रों के माध्यम से किसान सभा, नव जवान संघ, ग्राम कमेटी आदि का निर्माण करके महाजनी सभ्यता से निर्मित अत्याचार, भ्रष्टाचार, नौकर शाही तथा कानूनी विद्रूपताओं के विरुद्ध संघर्ष करते हुए दिखाया है। उन्होंने साम्यवाद की प्रतिष्ठा के लिए इस वर्ग–संघर्ष को अनिवार्य मानते हुए साम्यवादी समाधान भी प्रस्तुत किया है।

'बलचनमा' में बालचन्द राउत का सात पुरखा जमींदारों के अत्याचार, अन्याय शोषण का शिकार बनता आ रहा है। रामपुर तथा देपुरा के जमींदारों ने जोंक के समान उनका खून चूसा है। इस उपन्यास में जमीदारों के शोषण और दमन के विरुद्ध वहाँ के किसानों की प्रतिहिंसा की भावना मुखर हो उठी है। किसान मजदूरों के शोषक वर्ग के प्रति विद्रोह के स्वर मुखरित हुए हैं। जमीदारों ने बलचनमा के बाप लाल चन्द राउत को एक छोटी सी गलती के लिए बेरहमी से पिटाई करके उसकी जान ले ली है। चौदह साल की उम्र में भी बलचनमा छोटे मालिक के अमानवीय अत्याचार का शिकार बनता है। मँझले मालिक किसी भी तरह से बहला फूसला कर बलचनमा की थोड़ी सी जमीन को हड़प लेते हैं। यहाँ तक कि उसकी बहन की इज्जत लूटने की कोशिश भी छोटे मालिक करते हैं। जमीदारों की इन समस्त हैवानी हरकतों से बलचनमा के अन्दर उनके प्रति विद्रोही भावना पैदा होती है। अतः वह अपने आस–पास के गाँव के किसानों को इकत्रित करके जमींदारों के आर्थिक व मानसिक शोषण के विरुद्ध सक्रिय हो उठता है।

काँग्रेसी नेता फूलबाबू के प्रति अश्रद्धा के पश्चात राधाबाबू जैसे सोशलिष्ट नेता एवं ईमानदार व्यक्ति के प्रति आस्वस्त भाव प्रकट करता हुआ किसान संगठन का कॉमरेड बनकर सामन्तों–जमींदारों के नृशंस कृत्य के खिलाफ स्वर अलापता है। ''बलचनमा अपने पूरे जीवन में वर्ग–संघर्ष के सन्तापों को सहता है। जमींदार लोग उसका खून चूसने में कोई कसर नहीं छोड़ते हैं। जमीदारों के शोषण–चक्र में बलचनमा का पूरा परिवार कुचला हुआ है। फिर भी वह हार नहीं मानता हुआ आगे बढ़ता है और सामन्तों की क्रूर शोषण वृत्ति के खिलाफ

लड़ता रहता है। संपूर्ण उपन्यास में किसानों के दुख, दर्द और संघर्ष का चित्रण है। जहाँ जमींदारों की नृशंसता, दुराचरण, क्रूरता, हृदय हीनता, रैयत को चूसने की चालें आदि का वर्णन है, वहाँ लेखनी बड़ी तीखी हो उठी है और चित्र स्पष्ट हो उभर आए हैं।''[66]

'नई पौध' युवा पीढ़ी और बुजुर्ग पीढ़ी के बीच तनाव का यथार्थ चित्रा प्रस्तुत करता है। गाँव के नौजवानों एवं बुजुर्गों के मध्य वैमनस्य भाव के जरिए उनका चित्त संघर्ष दर्शित है। गाँव का युवा वर्ग बम पार्टी के नाम से जाना जाता है। नौजवान युवक आधुनिक खयालात से प्रेरित होकर नये विचारबोध के साथ जीवन जीने का ऐलान करते हैं और अपने अंचल के पारंपरित सौराठ मेला के वर–चयन तथा कन्या–सौदा के निर्मूलन के लिए साहसिक कदम उठाते हैं। अपने गाँव की पन्द्रह साल की लड़की बिसेसरी के लिए साठ साल के वृद्ध दूल्हे की बारात लौटा कर नौजवान संगठन एक उचित वर की तलाश करके बिसेसरी को एक नया सुखद जीवन प्रदान करता है। नौजवानों के इस कार्यकलाप से रुष्ट होकर खोखाई झा कहता है, ''किसकी मजाल है कि अब इस व्याह को रोके? छोकरे ऐसी–वैसी हिमाकत करेंगे, चाबूक से एक–एक की पीठ फोड़ दूँगा, हाँ।''[67]

'मैला आंचल' में मेरीगंज की टोलियों के बीच संघर्ष को खूब उभारा गया है। वहां की तंत्रिमाटोली, संथालटोली, कुरमीटोली, बाम्हनटोली, राजपूतटोली सरीखी टोलियों के लोग एक–दूसरे के प्रति विद्वेष भाव रखते हैं। उनके बीच हमेशा तनाव की स्थिति बनी रहती है। विशेष रुप से संथाल टोली के लोग आक्रमक रुप धारण करते हैं। पुरुषों के साथ महिलाएं भी संघर्ष में पूरी–पूरी भागीदारी दर्ज कराती हैं। जोतखी जी के इन शब्दों में वहां के लोगों के आपसी संघर्ष का पता चलता है–''यादव लोग बार–बार लाठी भाला दिखाते हैं। राजपूतों के लिए यह डूब मरनेवाली बात है। फौजदारी में यतलाय देकर इन लोगों का मोचिलका करवा दिया जाए। लेकिन सिंघ जी थाना–फौजदारी से घबराते हैं। बात–बात पर गाली और डेग–डेग पर डाली। कानून–कचहरी की शरण में जाना तो अपनी कमजोरी को जाहिर करना है। समय आने पर बदला ले लिया जाएगा।''[68]

गांव के मठ में महन्तों का राज है। सेवादास, रामदास जैसे पाखण्डी, ढोंगी महन्त कई वर्षों से मठ पर अपना वर्चस्व बनाए हुए हैं। इन महन्तों ने आम जनता को, युवतियों को ठगने में, शोषण करने में कोई कसर नहीं छोड़ी है। महन्तों ने दासिनों के यौन शोषण करने में पीछे नहीं हटे हैं। लछमी दासिन के साथ महन्त रामदास और सेवादास ने यौन शोषण की सारी हदें पार कर दी हैं। मठ में आए नागा बाबा सभी महन्तों–नौकरों की अच्छी खबर लेते हैं। नागा– बाबा पीटते–पीटते शरीर की चमड़ी उधेड़ दी है नागा बाबा ने। बाबा राम दास की खबर लेते हुए कहते हैं–''सूअर के बच्चे, कुत्ते के पिल्ले। तैं महंत बनेगा रे। आ इधर। तुझको खड़ाउ से टीका दे दूं महथीं का। तेरी बहान को (खटाक) तेरी मां को (खटाक) घसियारे का बच्चा! जा लक्कड़ लाकर धूनी में डाल।''[69]

मेरीगंज के जमींदार सरकार के जमींदारी प्रथा उन्मूलन के खिलाफ षड़यन्त्र रचने के काम में जुट जाते हैं। सोशलिष्ट पार्टी के कालीचरण, कांग्रेसी समाजवादी बालदेव जैसे जुझारु नेता जमीदारों के अन्याय–अत्याचार के खिलाफ मोर्चा खड़ा करते हैं। बिरसा माझी का जवान बेटा मंगल माझी इन लोगों के साथ मिलकर जमीदारों के खिलाफ आवाज उठाते हैं। गांव के जमींदार आदिवासी–अत्यजों की जमीन हड़पकर उन्हें जंगल के भीतर बसने को मजबूर किए हुए हैं। अंग्रेजों द्वारा नील की खेती कराकर गरीब किसान–मजदूरों से अनाज वसूल करके नील की कोठियों में सारा अनाज भर्ती करा दिया है। कांग्रेसी नेता बालदेव ने किसानों, संथालों, यादवों के प्रति संवेदना रखते हुए जमींदारों से उनकी जमीन वापस कराने के लिए संकल्पबद्ध है।

'परती परिकथा' में परानपुर के किसान–मजदूर एवं राजनीतिक दांवपेंच खेलने वाले राजनेताओं के बीच संघर्ष का रुपांकन हुआ है। भुदान आन्दोलन की सच्ची तस्वीर यहां दर्शित है। पूरे बिहार अंचल या पूर्णिया अंचल में विनोबा जी़ के भूदान आन्दोलन के साथ स्वार्थी–घुसखोर नेता कई तरह के तिकड़म खेलते हैं। परानपुर के लोग भूदान आन्दोलन के कार्यकर्ताओं को लाठी से पीटाई करके भगा देते हैं। लैण्ड सर्वे के पहले ही कार्य कर्ता लोग आकर भूदानियों का दान पत्र बटोर ले जाते हैं। परानपुर के अधिकांश जमीन वाले बड़े किसानों ने सोचा सामने सर्वे की गाड़ी सरसराती हुई आ रही है। जमीन मांगने वाले कोई नेता थोड़े ही हैं। पुराने ही बाबू लोग हैं। कांग्रसी और सोशलिष्ट पार्टी के लोग हैं। विनोबा बाबा को कुछ बीघे जमीन का दान देकर काम बनाया जा सकता है। सर्वे में भूदान देने पर कांग्रसियों और सोशलिष्टों की मिली जुली नेक निगाह जरूर रहेगी।

भूदान आन्दोलन जैसे पवित्र मानवतावादी आन्दोलन के साथ स्वार्थी मनोवृत्तिवाले दुर्व्यवहार करने से पीछे नहीं हटते। भूस्वामियों की जमीन दान करने के नाम पर महज औपचारिकता निभाते हैं। जमीन फिर भूस्वामियों के पास चली जाती है। दलाल एवं राजनेता भूदान कराने के लिए लोगों से कमीशन बटोरते हैं। तीन सौ एकड़ जमीन का दान पत्र बटोर कर लुत्तों कमीशन वसूलना चाहता है। पर कहीं से कमीशन न मिलने पर पलट जाता है। और लोंगों को भूदान के खिलाफ भड़काने लगता है। लुत्तो के उकसाने पर गांव के लोग भूदान कार्मियों को गांव में टिकने ही नहीं देते। भूदान में जो जमीन देने की बात थी उसे सरकार छीन लेती है। भूदान एक तरह स्वार्थी लोगों के स्वार्थ जाल में फंस जाता है। दूसरी तरफ भूस्वामी अपनी परती बंजर निकृष्टतम उसर जमीन को भूदान कराकर अपना स्वार्थ साधने का षड़यन्त्र रचते हैं।

डॉ. कुसुम रॉय के मतानुसार,'''परती परिकथा' में फणीश्वरनाथ रेणु ने स्वातन्त्र्योत्तर काल के युगांतकारी परिवर्तनों से ग्राम चेतना में आए भारी बदलाव व नई चुनौतियों का दिग्दर्शन कराया है। स्वतन्त्रता के बाद ग्रामोन्मुखी विकास की नई योजनाएं बनीं। भारत के

इतिहास में ग्राम जीवन को इतना बड़ा सम्मान इससे पूर्व कभी नहीं मिला।''[70]

'पानी के प्राचीर' में पाण्डेपुर के सामाजिक–सांस्कृतिक जीवन स्पन्दन के सफल चित्रांकन के साथ–साथ वहां के जमींदार–जागीरदार और किसान–मजदूर के बीच के संघर्ष का भी रुपांकन हुआ है। वहां के जमींदार–जागीरदार लोग गरीब किसानों, निम्न वर्ग के मजदूरों का आर्थिक–मानसिक शोषण करते हैं। वहां के किसान–श्रमिक आर्थिक दुरावस्था के कारण दयनीय जीवन व्यतीत करते हैं। गांव के जमींदार गजेन्द्र सिंह और मुखिया कुबेर पाण्डे गरीब किसानों के साथ अत्याचार करते हैं। गांव के मुखिया, जमींदार किसानों को कर्ज देकर जमीन गिरवी रखकर अपने गिरफ्त में फंसाते हैं। कर्ज के तौर पर लिये गए रुपए को व्याज समेत निर्धारित समय पर न चुकाया गया तो कर्ज दुगुना हो जाता है। किसान–मजदूर कर्ज की रकम ज्यादा हो जाने पर तमीन या जेवर छुड़ा पाते हैं और वहीं जमींदार के पास डुबो डालते हैं। जमींदार लोग इसी तरह से गरीब किसानों–काश्तकारों का आर्थिक शोषण करते हैं।

गांव का बैजनाथ त्रिपाठी यद्यपि ब्राह्मण है, पर निर्धन है। उसके पास धन संपत्ति, रुपए–पैसे का अभाव है। वह गरीब होने के कारण ब्राह्मण परिवार में उसकी शादी तय नहीं हो पाती। उसकी बेहेन गेंदा की भी शादी अच्छे घराने और अच्छे लड़के से नहीं हो पाती। बैजू अपने ही गांव की बिन्दिया चमारिन को अपने पास रखैल बनाकर रखा हुआ है। बैजू का यह बर्ताव मुखिया कुबेर पाण्डे को अच्छा नहीं लगता। वह बैजू से जल उठता है, क्योंकि बिन्दिया पर उसकी भी लालची नजर है। मुखिया एक साजिश रचता हुआ बैजू को बिन्दिया के साथ पुलिस द्वारा पकड़वा देता है। उधर बैजू की मां मुखिया के पास आकर विनती करती है कि किसी भी तरह से उसके बेटे को पुलिस की गिरफ्त से छुड़वाकर ला दे। मुखिया बैजू की मां की हंसूली को गिरवी रखने का नाटक रचकर अपने पास रख लेता है और सुमेरु साहू के पास पचास रुपए में गिरवी रखकर बैजू को छुड़वा कर लाने की पुष्टि करता है। जबकि उसने महज पच्चीस रुपए पुलिस को दिए थे, बाकी पच्चीस रुपए खुद हड़प लिए थे।

नीरु जहालत भरी जिन्दगी जीता हुआ उब जाता है। वह देखता है कि लोग मुखिया और जमींदार के पास किस प्रकार जानवरों की तरह खट रहे हैं, फिर भी दो वक्त की रोटी नसीब नहीं हो पा रही है। किसानों को गरीबी–बेबशी भरी जिन्दगी जीने की आदत पड़ गई है, वे इसे अपनी किस्मत मान बैठे हैं। नीरु रायसाहब के पास नौकरी करता हुआ खुद को धिक्कारता है, अपनी किस्मत पर रोता है। वह देखता है कि जमींदार लोग सिर्फ गरीब लोगों का खून चूसना ही जानते हैं, उनकी खाल उधेड़ना ही जानते हैं। गरीबों का खून चूस–चूस कर जमींदार पूरे जिला–जबार में रईस बने बैठे हैं ,अपना जलवा बिखेरे हुए हैं। पूरे इलाके के गरीबों का शोषण–दोहन करके फल–फूल रहे हैं।

उत्तर प्रदेश के कछार अंचल के किसान, मजदूर अत्यन्त दयनीय दशा भोगते हैं। कभी अकाल तो कभी बाढ़ की त्रासदी वहां के लोगों को भुगतने पड़ते हैं। साल भर की कमर तोड़ मेहनत के बावजूद किसान आर्थिक बोझ से मुक्त नहीं हो पाते। उन पर साहूकारों, जमीदारों का इतना कर्ज है कि उससे उबर नहीं पाते। जमींदार गजेन्द्र सिंह उन किसानों से लगान वसूली के लिए सीनियर तहसीलदार मुंशी दुक्खीलाल को भेजते हैं। किसानों के उपर दो–दो साल की लगान बाकी है। तहसीलदार के सामने गांव के किसान सिर झुकाए खड़े हो गए हैं। मुंशी जी किसानों को सिपाहियों के हवाले कर देते हैं। किसान फटेहाल, नगे–धड़ंगे, धूल–धूसरित हालत में खड़े हैं। मुंशी जी उन्हें मुर्गा बनाकर पीटते हैं। वह किसानों पर रौब जताते हुए घोर गर्जन स्वर में कहते हैं–मैं सब की नस पहचानता हूं। तुम सब साले चोर हो बिना मारे तो साले सुनते ही नहीं हो। लात के देवता हो बात से क्यों ? दो–दो साल की लगान बाकी है।''[71]

'जल टूटता हुआ' में तिवारीपुर गांव के जमींदार–मुखिया और किसान–मजदूर के बीच के संघर्ष का चित्रण है। जमींदार–साहूकार लोग गरीब किसान–मजदूरों का, आम जनता का आर्थिक शोषण करते हैं। इस शोषण के विरुद्ध मजदूरों, किसानों का आक्रोश हड़ताड़ के रुप में तथा आन्दोलन के रुप में फूट पड़ा है। गांव के गरीब लोग दयनीय आर्थिक दशा के चलते पूंजीपति–महाजनों पर कर्ज देता है और उचित समय पर कर्ज न लौटाने पर दुगुना व्याज जोड़कर मूल धन वापस कराता है। सूद समेत मूल धन इतना ज्यादा हो जाता है कि कर्जदार मजबूर होकर खेत, घर या गहना साहूकार को ही सौंप देता है, छुड़ा नहीं पाता। गरीबों की इसी मजबूरी का फायदा उठाते हुए साहूकार उनका आर्थिक शोषण करते हैं।

तिवारीपुर के सुग्गन तिवारी जी शिक्षक हैं। उन्होंने पूरी ईमानदारी से अपना कर्म किया है, बच्चों को उचित शिक्षा दी है, स्कूल में इनसान गढ़ा है। उन्होंने कभी भ्रष्ट आचरण नहीं किया है, आदर्श के पथ पर चलते हुए एक आदर्श गुरु के रुप में खुद को प्रतिष्ठित किया है। सुग्गन मास्टर जी इतने वर्षों से नौकरी करते आ रहे हैं, लेकिन आज भी उनकी आर्थिक स्थिति इतनी खराब है कि बेटी की शादी तक नहीं करा पा रहे हैं। वह आज भी अपनी पत्नी के जेवर गिरवी रखकर गुजारा कर रहे हैं। आजादी मिले इतने साल हो गये किन्तु आज भी यहां गांव सुग्गन तिवारी के रुप में कस्बे जा रहा है, आज भी जमुना भाभी के रुप में माताएं अपने शरीर से छल्ला–छल्ला उतार कर बेटी के तन की शोभा बढ़ाने के जेवर चौधरी की तिजोरी में दफना रही है। लोग आर्थिक तंगी के चलते दुखद जीवन जीने को मजबूर हो रहे हैं।

सतीश के पिताजी अमलेश भी कस्बे जाने के लिए मजबूर हैं। घर चलाने के लिए उन्हें भी गहने बेचकर रुपए इन्तजाम करने पड़ते हैं। वहां महाजन उनका शोषण कर रहा

है। सतीश यह सबकुछ देखकर आक्रोश से भर जाता है। वह महसूस करता है कि उसकी मां ने उन्हें चांदी के कुछ जेवर दिए थे। उस समय मां की आंखें गीली हो गई थीं। मां कह रही थी कि जब ये खत्म हो जाएंगे तो क्या खाएंगे। पिताजी कस्बे से आकर निराश होकर बैंठे हैं। मां बोल रही है बीस भर चांदी की हंसूली के लिए चौधुरी ने सिर्फ पांच रुपए दिए हैं।

बंशी गांव में रह कर अपने परिवार का भरण पोषण नहीं कर पाता अतः वह कलकत्ता चला जाता है। वहां लोगों के साथ मिलकर काम करता है। वहां रुखा सूखा खाकर गुजारा करता है और घर वालों के लिए पैसा भेजता है। ज्यादा पैसा कमाने के चक्कर में वह ओवर ड्यूटी करके दिन में डेढ़ रुपए कमा लेता है। लोगों के साथ एक गंदी चाली में रहता है। बड़ी मुश्किल से वह बीस रुपए बचा पाता हे। उस समय की महंगाई में बीस रुपए किसी काम के नहीं है। बंशी का परिवार महंगाई की मार झेलता हुआ दहशत भरी जिन्दगी जीने के लिए मजबूर है।

सुग्गन मास्टर जी की हालत भी बहुत खराब है। वह भी महंगाई की मार खाकर पछाड गिर चुके हैं। उनका परिवार विपन्नावस्था के दौर से होकर गुजर रहा है। स्कूल पर आजादी वर्षगांठ मनाई जा रही है। स्कूल प्रंगण में राष्ट्रध्वज फहराया जा रहा है। इस स्वर्णिम बेला का आनन्द लिया जा रहा हे। सुग्गन मास्टर जी का पांव फिसल जाता है और कीचड़ से उनका धोती–कर्ता लथपथ हो जाता है। उसी हालत में मास्टर जी सूल आते हैं और राष्ट्रध्वज फहराकर बच्चों को सम्बोधित करते हैं। घर में खाने को अनाज नहीं है, पहनने को अच्छे कपड़े नहीं है। उनकी पत्नी और बेटी भी मुश्किलों से भरा जीवन बीता रही है।

क्रान्तिदर्शी भावना :

नागार्जुन एक क्रान्तिकारी साहित्य शिल्पी हैं। जिस समय हिन्दी उपन्यास के क्षेत्र में शहरी सभ्यता तथा शहरी परिवेश को लेकर औपन्यासिक कृतियाँ रची जा रही थीं और ग्रामीण जन जीवन के प्रति तिरस्कार की दृष्टि डालते हुए उनके हृदय स्पन्दन को अनदेखा किया जा रहा था, उसी समय नागार्जुन की तीखी नजर ग्रामीण जनजीवन पर पड़ी। उन्होंने अपने अंचल के ग्राम जीवन को आधार बना कर उपन्यास रचने का क्रान्तिकारी कार्य किया। सबसे पहले उन्होंने भारतीय ग्राम परिवेश की तह तक पहुँच कर ग्रामीण लोगों के अन्तः स्वर को वाणी दी। उन्होंने हिन्दी उपन्यास में आंचलिक उपन्यास लेखन का सूत्रपात करके आंचलिक जीवन प्रवाह को अपना कथ्य बनाया।

स्वातन्त्र्य–पूर्व भारतीय ग्रामीण समाज अनेक सामाजिक, राजनीतिक, आर्थिक व धार्मिक विड़म्बनाओं का केन्द्र बना हुआ था। ब्रिटिश शासन व्यवस्था की किसान विरोधी

नीतियों, जमींदारों की लगान वसूली, कर वसूली जैसी दुर्व्यवस्थाओं से किसान त्रस्त था। किसान कमर तोड़ मेहनत करके भी दो वक्त की रोटी का मोहताज हो रहा था। गरीब मजदूर उचित पारिश्रमिक से वंचित रहते थे।

बलचनमा निम्नवर्गीय शोषित गरीब जनता की चेतना का जाग्रत प्रतीक है। उसके व्यक्तित्व में गोदान के होरी की तरह भारतीय किसानों की दुर्बलता नहीं है। वह हालात से मजबूर नहीं, बल्कि हालात उससे मजबूर है। वह गरीबों की जीवन व्यवस्था में परिर्वतन लाकर हालात को बदलना चाहता है। वह बचपन से ही जमीदारों के शोषण का शिकार होता है। फिर भी वह उससे हार नहीं मानता बल्कि शहर जाकर पैसा कमाकर अपनी आर्थिक विपन्नावस्था में सुधार लाने का सफल प्रयास करता है। वह मजदूर से किसान बनता है और हल–बैल रख कर गन्ने, धान की खेती करके अपने परिवार को समृद्धि की ओर ले जाता है। उस प्रान्त के सोशलिष्ट नेताओं से प्रभावित होकर काँग्रेसी नेताओं की भ्रष्टाचारी प्रवृत्ति से ऊब जाता है और समाजवादी नेता राधाबाबू से प्रेरित होकर अपने गाँव के किसानों को संगठित करता है। वह मौजूदा सरकार–जमींदारों के विरुद्ध सक्रिय संघर्ष में शामिल होकर इन्कलाब का नारा लगाता है।

बलचनमा अपने अंचल के किसानों की महासभा में शामिल होकर किसानों में नया जोश, नई क्रान्ति की लहर दौड़ाने का काम करता है। बलचनमा पूरे इलाके के किसान भाइयों के क्रान्तिदर्शी रवैये का जिक्र करता हुआ कहता है, "इसके बाद नारे लगे – कमाने वाला खाएगा......इसके चलते जो कुछ हो। इन्कलाब......जिन्दाबाद। जमीन किसकी.....जोते....... बोए उसकी। अंग्रेजी राज.....नाश हो। जमींदारी प्रथा.....नाश हो। किसान सभा जिन्दाबाद। लाल झण्डा.....जिन्दाबाद। इन्कलाब.....जिन्दाबाद।"[72]

इस तरह से वहाँ के किसान–मजदूर जमींदारों व अंग्रेजी राज से शोषण मुक्त होने के लिए क्रान्ति का आह्वान करते हुए दिखाई पड़ते हैं। डॉ. प्रभासचन्द्र शर्मा के इस कथन से नागार्जुन का क्रान्तिदर्शी दृष्टिकोण चरितार्थ होता है, " 'बलचनमा' में जमींदारों के द्वारा किये जाने वाले शोषण और दमन के विरुद्ध वहाँ के किसानों में प्रतिहिंसा की भावना घर करती चली जा रही थी, किसानों की इसी उभरती हुई विकासोन्मुखी चेतना को बलचनमा के चरित्र निर्माण के माध्यम से प्रतिबिम्बित करने का प्रयत्न लेखक ने इस उपन्यास में किया है।"[73]

'वरुण के बेटे' मछुआ जाति के लोगों के प्रति देपुरा, सतधरावाले जमींदारों तथा सरकारी नौकरशाह, पुलिस अधिकारियों के शोषण व बेदखली का चित्रण करके साथ ही उसके खिलाफ मछुआ–संघ, किसान–संघ के संघर्ष का स्वर बुलन्द करता है। मछुआ संघ का क्रान्तिकारी नेता मोहन माझी साम्यवादी विचारधाराओं से प्रभावित होकर मलाही–गोढ़ियारी के मछुआ समुदाय को संगठित करके जमींदारी प्रथा के विरुद्ध अपने अधिकारों के लिए लड़ता है। शोषण, अत्याचार, भ्रष्टाचार, नौकरशाही और कानूनी विसंगतियों

से संग्राम करने का आह्वान किया गया है। उसी गाँव के खुरखुन की बेटी मधुरी अशिक्षित होकर भी किसान कमेटी मछुआ संघ से सक्रिय रूप से जुड़ कर जमीदारों व नौकरशाहों से जूझती हुई जेल जाती है।

मोहन माझी क्रान्ति का अग्रदूत बनकर जमींदारों के अत्याचार के खिलाफ लोगों को संगठित करता है। अपने पूरे अंचल के पचास गाँव के लोगों को आमन्त्रित करके वह एक सभा का आयोजन करता है। किसान भाइयों को संबोधित करते हुए वह कहता है, ''भाइयों, किसान सभा देहातों में रहने वाले कुल मेहनतकश लोगों का एक मात्र मिला–जुला सुदृढ़ संगठन है। समूचे भारत की बात छोड़ दें। बिहार को ही लीजिए अपनी बिरादरी के सैकड़ों लड़के आम बिहारी लड़कों और दूसरे–दूसरे प्रदेश के प्रवासी लड़कों के साथ मिल–जुल कर स्कूलों–कॉलेजों में ज्ञान–विज्ञान हासिल कर रहे हैं। जात–पात की पुरानी दीवारें ढह रही हैं। नए प्रकार की विशाल बिरादरी उनका स्थान लेने आ रही है। एकता का यह आलोक देहातों में भी प्रवेश कर चुका है।''[74]

'नई पौध' का दिगम्बर मलिक अपने बमपार्टी के सदस्यों के साथ मिलकर सौराठ मेले में घटक और पंजीकारों की भ्रष्टता से निर्माण होने वाले अनमेल विवाह को बलपूर्वक रोकता है। अनमेल विवाह के सिद्ध साधक खोंखा पण्डित अपनी छह लड़कियों का विक्रय करके उन्हें जरठ विवाह व अनमेल विवाह की भेंट चढ़ा चुका था। अब उनकी नातिन बिसेसरी को भी साठ वर्ष के एक बूढ़े व्यक्ति चतुरानन चौधुरी से व्याह रचाकर धन अर्जित करना चाहता है। इस सनातन प्राचीन रुढ़ीवादी प्रवृत्ति का प्रगतिशील नव युवक कड़ा विरोध करते हैं और बिसेसरी का विवाह उसके हम उम्र के नवयुवक वाचस्पति के साथ कराकर एक रिवोल्यूशन लाते हैं।

दिगम्बर मलिक नौगछिया गाँव में क्रान्ति की मशाल लेकर आगे बढ़ता है और अपने बमपार्टी के सहयोग से ग्रामीण लोगों के अन्धकारमय जीवन में नया प्रकाश प्रज्ज्वलित करता है। अब तक प्रचलित प्राचीन कुसंस्कार, जरठ विवाह, अनमेल विवाह, नारी विक्रय का निर्मूलन करके नारी जीवन के घात–प्रतिघातों को मिटाने का सराहनीय कदम दिगम्बर मलिक एवं उसके सहयोगी नौजवान उठातें हैं। नौगछिया गाँव के नई पौध व बमपार्टी की क्रान्तिकारी मोर्चा बन्दी का चित्राण करते हुए लेखक कहते हैं, ''दुल्हे का माथा चक्कर खा रहा था। जिन्हें उसने महज छोकरे समझ रखा था, उन्होंने अब उसकी बोलती बन्द कर दी थी। वृद्ध विवाह के विरोध में इस प्रकार का संगठित मोर्चा! इस बात की तो बाबू चतुरानन चौधुरी ने सपने में भी कल्पना नहीं की थी। काल बली जो न दिखावे, जो न सुनावे।''[75]

'मैला आंचल' में यद्यपि मेरीगंज के मैले–कुचैले आंचल को चित्रित किया गया है, फिर भी अनेक जगहों पर क्रान्ति की झलक दिखाई गई है। बालदेव और कालीचरण क्रान्ति के अग्रदूत के रुप में खड़े दिखाई पड़ते हैं। डॉ. प्रशान्त तो मेरीगंज में मलेरिया और

काला–आजार का रिसर्च सेन्टर खोलकर गांववासियों का उद्धार करना चाहते हैं। गांव के सभी लोग इस भयानक बीमारी की चपेट में हैं। गांव की टोलियों के बीच आन्तरिक संघर्ष लगा हुआ है। लोग हिंसा आचरण करते हुए एक–दूसरे के खून के प्यासे बनकर मार गिराने को उतारु रहते हैं।

मलेरिया और काला आजार की क्रीडा भूमि पर वहां के लोग स्वस्थ– चौकस रहकर जमींदार, अंग्रेज सरकार के अत्याचार के प्रतिकार के लिए कमर कसे हुए हैं। गांव में हेल्थ–सेन्टर खुलने, जमीन वापस दिलाने जैसे मुद्दों को लेकर गांव में आम सभाएं होती हैं। सोशालिष्टों की ओर से गरीब– किसानों की लड़ाई लड़ी जाती हैं। लोग किसानों की जय–जयकार करते हुए सोशालिष्ट पार्टी जिन्दाबाद का नारा लगाते हैं। कॉमरेड कालीचरण कॉमरेड सैनिक जी भी आम सभा को सम्बोधित करते हैं। अपने सम्बोधन में सैनिक जी कहते हैं– यह जो लाल झण्डा है, आपका झण्डा है, जनता का झण्डा, अवाम का झण्डा, इन्कलाब का झण्डा है। इसकी लाली उगते हुए आफताब की लाली है, यह आफताब है। इसकी लाली, इसका लाल रंग क्या है ? रंग नहीं। यह गरीबों, महरुमों, मजलूमों, मजबूरों, मजदूरों के खून में रंगा हुआ झण्डा है।''[76]

कॉमरेड कालीचरन गरीब लोगों के प्रति हमदर्दी जताने लगते हैं। जोतखी जी की पत्नी की मौत के बाद वे गुमसुम रहते हैं, किसी से ज्यादा बात–चित नहीं करते, सभा–समितियों में नहीं आते– जाते। राजपुत टोली और बाभन टोली के लोग भी अब गरीब लोगों के उपर लात– जूते से बात नहीं करते, लोगों का कद्र करना उन्होंनो भी सीख लिया है। युगों से पीड़ित, दलित उपेक्षित लोगों को कालीचरन सम्बोधित करता हुआ कहता है–'' मैं आप लोगों के दिल में आग लगाना चाहता हूं। सोए हुए को जगाना चाहता हूं। सोशालिष्ट पार्टी आपकी पार्टी है, गरीबों की, मजदूरों की पार्टी है। सोशालिष्ट पार्टी चाहती है कि आप अपने हकों को पहचानें। आप भी आदमी हैं, आपको आदमी का सभी हक मिलना चाहिए। मैं आप लोगों को मीठी बातों में भुलाना नहीं चाहता। वह कांग्रेसी का काम है। मैं आग लगाना चाहता हूं।''[77]

सोशालिष्ट पार्टी के कॉमरेड पूरे इलाके में जलसा निकालकर क्रान्ति के गीत गाने लगते हैं। क्रान्ति के गीत इलाके के लोगों में नई जान फूंकने का काम करते हैं। मेरीगंज के संथाल टोली, राजपूत टोली, यादव टोली के लोग इस क्रान्ति की रैलियों में शामिल होते हैं। सुन्दर नाम का एक नवयुवक नशे में झूमता हुआ यह क्रान्ति– गीत गाने लगता है–

''अरे जिन्दगी है किरांती से, किरांती बिताए जा।
दुनिया के पूंजीवाद को दुनिया से मिटाए जा।''[78]

'पानी के प्राचीर' में सन 1942 की जनक्रान्ति तथा भारत छोड़ो आन्दोलन का सफल

चित्रण है। इस क्रान्ति में पूरा पाण्डेपुर गांव शामिल हो जाता है। विशेष रुप से किसान और मजदूर इसमें भागीदारी दर्ज कराते हैं। गांव के नेतागण किसानों–श्रमिकों को लेकर जुलूस निकालते हैं और अंग्रेजों के विरोध में नारे लगाते हुए प्रदर्शन करते हैं। गणपति पाण्डे आगे–आगे झण्डा लहराते हुए गांधीजी की जय, जवाहर जी की जय, भारत माता की जय का नारा लगाते हुए आगे बढ़ते हैं। दूसरे नेतागण भी जुलूस में शामिल होकर क्रान्ति खड़ा करते हैं।

सारे देश में क्रान्ति की ज्वाला जल चुकी है देशप्रेमी नेताओं को जेल में भरा जा रहा है। स्कूल–कॉलेजों में बच्चे अंग्रेजी शिक्षा को त्याग रहे हैं, स्कूल–कॉलेज छोड़ कर क्रान्ति के मैदान में कूद रहे हैं। गांव के लोग गांधीजी के आह्वान पर आजादी की क्रान्ति में कूद कर प्राण न्योछावर करने पर आतुर हो उठते हैं। लोग अपनी आपसी दुश्मनी भुलाकर एक धारा में शामिल होकर सामूहिक स्वर में आवाज बुलन्द करते हैं। गांव के गरीब मजदूर, किसान, पुरुष, औरत सभी लोग आजादी की जंग में कूद कर अंग्रेजी सत्ता को खत्म करने की कसम खाते हैं।

गांव के मुखिया कुबेर पाण्डे के तिरस्कार के बावजूद हरिजन टोली के लोग पीछे नहीं हटते, आगे ही बढ़ते चले जाते हैं। कड़े संघर्ष के बाद जब देश आजाद होता है, मुखिया अपना रवैया बदल देता है। जो पहले हरिजनों, किसानों, आन्दोलनकारियों की निंदा करता था, अब उनकी स्तुति करने लगता है। आजादी की जंग में हरिजनों की भागीदारी पर टिप्पणी करते हुए डॉ. अरुणा लोंखड़े जी लिखती है–''गांधीजी के स्वाधीनता आन्दोलनों के साथ जो खबरें और माहौल सारे देश में पैदा हो गया था, उसके मिले स्वर का परिणाम गांव तक पहुंचा जरुर था। खासकर स्वराज्य के साथ एक कल्पना लोगों तक पहुंची कि आजादी के बाद अंग्रेजी राज चला जाएगा। सुराज आएगा। गांव में उंची और नीची जाति के लोगों में कोई भेद नहीं रहेगा। हरिजनों की उतनी इज्जत होगी। जितनी ब्राह्मणों और ठाकुरों की। समता की इस धारणा के साथ स्वराज्य का आगमन होनेवाला था और इसके साथ अब तक पक्के जमें पानी के प्राचीर टूटने वाले थे।''[79]

नीरु और फेंकू को पूरा विश्वास है कि देश को आजादी बहुत जल्द मिलकर रहेगी। गांव में पंचायती राज व्यवस्था कायम होगी, गांव का चहुमुखी विकास होगा। गांव के किसान, मजदूर, पुरुष–औरत सभी को समान अधिकार मिलेंगे। अमीरी–गरीबी, शोषक–शोषित, पूंजीपति–सर्वहारा वर्ग का नाश होगा, साम्यवाद–समाजवाद की प्रतिष्ठा होगी। जमींदारों का आतंकराज खत्म होगा, मुखिया का अत्याचार खत्म होगा। किसानों–हरिजनों को अपना हक मिलेगा। वे लोग सामाजिक प्रतिष्ठा के साथ सुख–स्वाच्छन्द्यमय जीवन जी सकेंगे। उनके बच्चे भी बड़े घरों के बच्चों के साथ बैठकर स्कूल में पढ़ाई कर सकेंगे, कॉलेज की पढाई के लिए सरकारी मदद और गांव–देहात के

बच्चे भी उंचे–उंचे ओहदे पर प्रतिष्ठित हो सकेंगे ।

घनश्याम तिवारी का बेटा मलिन्द शहर जाकर स्नातकोत्तर की पढ़ाई पूरी करके गांव में ज्ञान का प्रकाश फैलाने के साथ–साथ जन जागृति खड़ा करना चाहता है। गांव के लोगों की आपसी मनमुटाव, दुश्मनी को खत्म करके एकता खड़ा करना चाहता है। गांव की गरीबी, भुखमरी, लाचारी, बेबशी मिटाकर आधुनिक गांव बसाना चाहता है। नीरु इसमें मलिन्द का साथ देता है। गांव के मुखिया और जमींदार जब बिन्दिया चमारिन की झोपड़ी उजाड़ने का उपक्रम करते हैं, मलिन्द का खून खैल जाता है, वह इसका विरोध भी करता है। पर उनके सामने इसका एक भी नहीं चलता है। वह गांव में पुचायत बुलाकर बिन्दिया को सही न्याय दिलाना चाहता है, क्योंकि गांव में सामाजिक प्रतिष्ठा के साथ जिन्दगी जीने का उतना ही हक है, जितना मुखिया–जमींदार को।

'जल टूटता हुआ' गांव के परिदृश्य को साकार करने वाला एक सार्थक उपन्यास है। इसमें गांव की दहशत भरी जीवन गाथा रुपांकित है, फिर भी उपन्यास में सुधारवादी दृष्टिकोण का चित्रण है। आजादी हासिल होने के बाद गांव में धीरे–धीरे चेतना की लहर दौडने लगी थी। गांव के लोग अपने अधिकारों को लेकर सजग होने लगे। जमींदार साहुकार,महाजन,पूंजीपति, सरकारी अधिकारी आदि के अन्याय–अत्याचार के खिलाफ संघर्ष की लहर ग्राम जीवन में भी दिखाई पड़ने लगी।

जगपतिया अब महीप सिंह से नहीं डरता। वह उससे जवाब दे डालता है कि उसे जो करना है कर ले, उसे देख लेगा। वह अपने खेत की फसल भी महीप सिंह को काटने नहीं देता। वह किसानों एवं मजदूरों को संगठित करके जमींदारों के अत्याचार के विरुद्ध मोर्चा खड़ा करता है। गांव के इस परिदृश्य पर टिप्पणी करते हुए सतीश कहता है– गांव टूट रहा है, मूल्य टूट रहे हैं, सत्य टूट रहा है, कोई किसी का नहीं, सभी अकेले हैं, एक दूसरे के तमाशाई वही क्यों सबका ठेका लिए फिरे.... गांव, गांव डूब रहा है। मगर नहीं एक नया गांव भी बन रहा है, वह है किसानों और मजदूरों का गांव।"[80] किसान–मजदूर संगठित होकर अपने सामाजिक–राजनीतिक अधिकारों की लड़ाई लड़ने के लिए तैयार हैं।

पंचायती राज चुनाव शुरु होते ही गांव का रंग बदलने लगता है। लोग चुनाव जीतने के लिए तरह तरह के पैंतरे बदलने लगते हैं। चुनावी माहौल में गांव का वातावरण भी इर्ष्या–द्वेष से दूषित हो उठता है। देव प्रकाश, बनारसी, सतीश आदि सरपंच के उम्मीदवार के रुप में उतरते हैं। गांव के भ्रष्ट नेता पंचायती राज का दुरुपयोग करते हुए आपसी हिंसा का बीज बोते हैं। पुचायती व्यवस्था ग्राम जीवन के लिए वरदान न बनकर अभिशाप बन जाता है। लोगों में ईर्ष्या, द्वेष, मनमुटाव, विवाद, झगड़े, मारपीट तक की अप्रिय घटनाएं घटने लगती हैं। फिर भी पंचायती शासन व्यवस्था से गांव का उद्धार होता है। अनेक विकासोन्मुखी कार्य योजनाएं कार्यान्वित होती हैं, जिससे ग्रामोद्धार हो पाता है।

तिवारीपुर में पंचायती चुनाव जोर शोर से लड़ा जाता है। लोग घर–घर जाकर चुनाव प्रचार करने लगे हैं। घर–घर में चुनाव के चर्चे होने लगे हैं। अलग–अलग पार्टी के लोग अपनी–अपनी रणनीति तय करते हैं। दीनदयाल अपने प्रतिद्वन्दी सतीश के खिलाफ साजिश रचते हैं, लोगों को उनके खिलाफ भड़काते हैं। फेंकू बाबा, कुंजु, बनवारी जैसे लोग चुनाव प्रसार में दिन रात एक कर देते हैं। कुंजु तो गीत गा–गाकर सतीश के लिए चुनाव प्रचार करता है। सतीश लोगों को पंचायत चुनाव का मकसद समझाते हैं कि इस बार का पंचायत चुनाव पिछले चुनावों से बिल्कुल अलग होगा। पंचायत के सरपंचों को मजिस्ट्रेट अधिकार दिए जाएंगे। पंचायत स्तर पर लोगों को उचित न्यान प्रदान करने की व्यवस्था की जाएगी। गांव के लोग सरकारी सुविधाओं का लाभ उठा सकेंगे, उनका सर्वांगीण विकास होगा।

पंचायती चुनाव की असलियत का खुलासा करते हुए केशव दास शर्मा जी लिखते हैं–''चुनाव के समय सफलता के लिए लोग अनैतिक हथकण्डों का सहारा लेते हैं। जगह–जगह पर सांप्रदायिक दंगे होते रहते हैं। इसका एक ही मकसद होता है किसी भी प्रकार चुनाव जीतना। चाहे चुनाव के लिए खून ही क्यों न बहाना पड़े।''[81]

दीनदयाल के लोग गांव में घुम–घुम कर मतदाताओं को सतीश के खिलाफ भड़काते हैं। दल सिंगार घर–घर जाकर औरतों को सतीश के समर्थक रामकुमार के बारे में झूठी जानकारी देकर उनके वोट दीनदयाल के पक्ष में करना चाहते हैं। वह लोगों को भड़काते हैं कि यदि सतीश चुनाव जीतकर सरपंच बन जाएंगे तो जात–पांत, धरम–करम सब कुछ खत्म कर देंगे। ब्राह्मण चमार सभी को एक साथ खिलाएंगे, शादी व्याह भी दूसरी जाति के लड़के–लड़कियों के बीच तय कराएंगे। लेकिन उनके इस बहकावे का कुछ असर वोटरों पर नहीं पड़ता। आखिर सतीश चुनाव जीतकर सरपंच बनता है, गांव में क्रान्ति खड़ा करने का संकल्प लेता है।

एक दिन अचानक रात के अन्धेरे में कोई सतीश पर गड़ासे से हमला कर देता है। रामधनिया डॉक्टर बुलाता है। वह अपने पैसे से सतीश का इलाज कराता है। सतीश को देखने के लिए गांव के गुरदीन, जगपतिया, रामकुमार, धोबी, तेली, हरिजन, मास्टर, पुलिस सभी आते हैं, पर तिवारीपुर के तिवारियों में से कोई नहीं आता। पैसे के अभाव में सही इलाज न हो पाने की वजह से घाव भर जाता है। जग्गू हरिजन उनकी हालत देखकर आश्चर्य चकित हो जाता है।

सतीश सोचता है कि गांधी जी ने जिस गांव का सपना देखा था, वह गांव यह नहीं है। भारत की आत्मा ऐसे गांव में नहीं बस सकती। राप्ती और गौर्रा नदियों का पानी बाढ़ की वजह से बढ़ रहा है। सतीश महसूस करता है कि ''हां टूट रहा है, यहां का जल टूट रहा है। धारा–धारा से बिछुड़ रही है, लहरें लहरों से टूट रही है, बांध बंध रहे हैं, लेकिन पोखता नहीं, जो जल को सख्त कर एक दिशा में प्रवाहित करे। बांध जगह–जगह दरक

रहा है और जल टूट रहा है, टूट रहा है।''[82]

रामदरश मिश्र ने आजादी के बाद के गांव की क्षत–विक्षत होती सामाजिक, सांस्कृतिक, राजनैतिक तथा आर्थिक परिस्थितियों का सूक्ष्म चित्रण किया है। उपन्यास में गांव की बदलती तस्वीर खींचते हुए सांस्कृतिक निष्ठा व एकनिष्ठता के गिरते स्तर का मार्मिक रुप प्रस्तुत किया गया है, जिसे आज के सन्दर्भ में भी देखा जा सकता है। आज भी गांवों में सतीश, रामकुमार, जगपतिया, चन्द्रकान्त जैसे गांव को जाड़ने वाले लोग मौजूद हैं तो दीनदयाल, दलसिंह, भूपेन्द्रसिंह, दौलतरॉय जैसे सांस्कृतिक निष्ठा को तोड़ने वाले लोगों की कमी नहीं है, जो गांव की तस्वीर खराब करने में माहिर हैं। यही कहा जा सकता है,''एक प्रकार से 'जल टूटता हुआ' का मूल आधार स्वतन्त्रयोत्तर माहेभंग की अवस्था है।''[83]

'सागर, लहरें और मनुष्य' की रत्ना एक महात्वाकांक्षी, अर्थलोभी मनोवृत्ति वाली युवती जरुर है, पर उसके अन्दर भी जन सेवा की भावना है। वह कोमलता एवं ममता की प्रतिमूर्ति के रुप में हमारे सामने आती है। वह अपने पड़ोसी शंकर द्वारा उसकी पत्नी को पीटने पर उसकी सेवा करती है और नारी स्वातन्त्र्य की वकालत करती है। माणिक से शादी करके वह शहर जाती है और मुहल्ले में गाली–गलौज, मार–पीट हिंसा जैसी अमानवीय घटनाओं को देखकर स्तब्ध रह जाती है। शहरी जीवन के प्रति उसका जो सम्मोहन था, वह कुछ ही दिनों में समाप्त हो जाता है।

बरसोवा तथा आस पास के ग्रामीण क्षेत्रों के पिछड़ेपन को दूर कर विकास के नए द्वार खोलने के लिए यशवन्त और उसके दोस्त प्रयास करते हैं। यशवन्त बरसोवा के सामाजिक जीवन में समृद्धि लाने के लिए कमर कसता है। वह अपनी बुद्धि के बल पर काफी हद तक बरसोवा की हालत में सुधार लाता है और अपने साथियों को भी इसकी तरफ प्रेरित करता है। बरसोवा का एक नौजवान जिसका नाम वकिल है, गांव के लोगों को सम्बोधित करता हुआ कहता है–''सब लोग उन्नति कर रहे हैं। बड़े बन रहे हैं। तुम्हें भी किसी से पीछे नहीं रहना चाहिए। तुम में भी वकील, डॉक्टर, इन्जीनियर, व्यापारी हो तो तुम बड़े आदमी बन सकते हो। तुम्हारे पास भी बंगले हों, मोटर हो तभी तुम्हारा नाम होगा। तुम्हें किसी से पीछे नहीं रहना चाहिए।''[84]

नायिका प्रधान उपन्यास होन पर भी उपन्यास नायिका रत्ना बरसोवा में क्रान्ति खड़ा करने के लिए आगे नहीं बढ़ पाती। वह सिर्फ आत्म कैन्द्रिक होकर रह गई है। अपने निजी जीवन की सुख–समृद्धि के लिए ही वह सक्रिय है, दूसरों के लिए नहीं। अमीर बनने की लालच में वह इस कदर दूसरों के जाल में फंस जाती है कि खुद को बाहर निकल नहीं पाती। डॉ.पाण्डुरंग जैसे नेक इनसान के प्रयास से ही वह उबर पाती है, अन्यथा माणिक और धीरुवाला जैसे राक्षसों ने तो उसे कच्चा ही निगल लिया था। बरसोवा की प्रोन्नति के लिए गांव के कुछ पढ़े लिखे युवक ही आगे आते हैं। कारपोरेट उद्योग तथा नगर–निगम के

अधिकारियों के भ्रष्ट आचरण तथा स्वार्थी भावना से क्षुब्ध हो उठते हैं।

इस उपन्यास में बम्बई शहर के किनारे बसे बरसोवा के मछलीमारों की पारिवारिक सामाजिक जीवन समस्याओं पर सुधारवादी दृष्टि डाली गई है। सागर–गर्भ में दिन–रात बारहों महीने आफत भरी जिन्दगी जी रहे कोली जन जातीय लोगों की मर्मलिपि है यह उपन्यास। डॉ. नीलम मैगनिज गर्ग के शब्दों में कहें तो–"यह उपन्यास हिन्दी उपन्यास साहित्य में एक नवीन प्रयोग है, जिस क्षेत्र को पृष्ठभूमि के रुप में चुना गया है, वह आज तक अछूता रह गया था। सागर की लहरों से खेलनेवाले मनुष्य को अब तक गहराई से जानने का प्रयत्न किसी उपन्यासकार ने नहीं किया था। यह मनुष्य साहसी है, परन्तु अल्प बुद्धि रखता है, अशिक्षित है तथा बेहद पिछड़ापन है। इस प्रकार विषय की नविनता के कारण उपन्यास रोचक बन पड़ा है।"[85]

आजादी के बाद के हिन्दी उपन्यास भारतीय ग्राम परिवेश के जीवन्त दस्तावेज कहे जा सकते हैं। स्वतंत्रता के बाद के भारतीय जन जीवन की जो तस्वीर खींची गई है, उसमें गांव के बदलते रुप साफ तौर पर दिखाई पड़ता है। रेणु जी के 'मैला आंचल', 'परती परिकथा' में बिहार प्रदेश के पुर्णिया जिला के मेरीगंज, परानपुर की सच्चाई चित्रित है तो नागार्जुन के 'वरुण के बेटे', 'बलचनमा', 'रतीनाथ की चाची' में बिहार प्रदेश के दरभंगा जिला के मलाही–गोढ़ियारी, नूरपुर, शुभंकरपुर गांव विशेष की जीवन समस्याओं का सूक्ष्म निरीक्षण हुआ है। रामदरश मिश्र के 'पानी के प्राचीर', 'जल डूबता हुआ' में पाण्डेपुरवा, तिवारीपुर गांव की दहशत चित्रांकित है तो 'सागर लहरें और मनुष्य' में बरसोवा के मछलीमारों का जीवन संघर्ष शब्दांकित है।

हमारे देश के ये गांव विशेष आजादी के बाद आधुनिक सभ्यता के प्रभाव से कुछ हद तक विकसित तो हुए हैं, पर सांस्कृतिक अस्मिता खो बैठे हैं। आधुनिक भारत–निर्माण के नाम पर गांव की कायापलट का जो उपक्रम किया गया उससे गांव की आत्मिक अस्मिता क्षतिग्रस्त हुई है। आजादी के बाद देश में जनतंत्र की मजबूती के लिए आम चुनाव, जन हितैषी कार्यक्रम, विकासोन्मुखी योजनाओं के कार्यान्वयन से देश की किस्मत जागने के बजाय बद किस्मती ने देश को चारो तरफ से घेर लिया। भ्रष्टाचार, घुसखोरी, अनैतिकता, स्वार्थपरता आदि अमानवीय तत्वों ने देश को अपने आगोश में ले लिया।

संदर्भ ग्रन्थ सूची–

01. स्वातन्त्र्योत्तर हिन्दी उपन्यासों में ग्रामीण यथार्थ एवं समाजवादी चेतना, सुरेन्द्र प्रताप यादव, पृष्ठ –107
02. भारतीय संस्कृति, शिवदत्त ज्ञानी, पृष्ठ –19
03. स्वातन्त्र्योत्तर हिन्दी कथा साहित्य और ग्राम्य जीवन, विवेकी राय, पृष्ठ –80
04. नागार्जुन के आंचलिक उपन्यास, दिलीप भस्में, पृष्ठ –22
05. बलचनमा, नागार्जुन, पृष्ठ –58
06. वरुण के बेटे, नागार्जुन, पृष्ठ –09
07. साहित्य विवेचन, क्षेमचन्द्र सुमन और मल्लिक, पृष्ठ –90–91
08. बलचनमा, नागार्जुन, पृष्ठ –123–124
09. नई पौध, नागार्जुन,पृष्ठ –40
10. मैला आंचल, फणीश्वरनाथ रेणु, प्रथम संस्करण की भूमिका
11. मैला आंचल, फणीश्वरनाथ रेणु, पृष्ठ –25–26
12. मैला आंचल, फणीश्वरनाथ रेणु, पृष्ठ –55
13. मैला आंचल, फणीश्वरनाथ रेणु,पृष्ठ– 125
14. हिन्दी उपन्यास उत्तरशती की उपलब्धियां, विवेकी रॉय, पृष्ठ– 02
15. हिन्दीउपन्यास, शिवनारायण श्रीवास्तव, पृष्ठ–45
16. नागरी पत्रिका, विवेकी रॉय, पृष्ठ–06
17. परती परिकथा, फणीश्वरनाथ रेणु, पृष्ठ– 28
18.रामदरश मिश्र के उपन्यासों में चित्रित कृषक जीवन, कुट्टे धनाजी सुभाष, पृष्ठ–171
19. पानी के प्राचीर, रामदरश मिश्र, पृष्ठ –24
20. रामदरश मिश्र की सृजन यात्रा, महावीर सिंह चौहान, पृष्ठ–76
21. पानी के प्राचीर, रामदरश मिश्र, पृष्ठ –17
22. जल टूटता हुआ, रामदरश मिश्र, भूमिका
23. जल टूटता हुआ, रामदरश मिश्र, पृष्ठ –10
24. जल टूटता हुआ, रामदरश मिश्र, पृष्ठ –07–08
25. जल टूटता हुआ, रामदरश मिश्र, पृष्ठ –65
26. हिन्दी के आंचलिक उपन्यासों में पुरुष, संध्या मेरिया, पृष्ठ–55
27. उदय शंकर भटट : व्यक्ति और साहित्यकार, शिवदान सिंह चौहान, पृष्ठ –126
28. सागर, लहरें और मनुष्य, उदय शंकर भट्ट पृष्ठ–17
29. सागर, लहरें और मनुष्य, उदय शंकर भट्ट पृष्ठ–32–33

30. हिन्दी उपन्यासों में ग्राम समस्याएँ, ज्ञान अस्थाना, पृ.–32
31..ग्रामीण समाज शास्त्र : साहित्य के परिप्रेक्ष्य में, विश्वम्भर दयाल गुप्त, पृ.–27
32. बलचनमा, नागार्जुन, पृ.–149
33. बलचनमा, नागार्जुन, पृ.–162
34. वरुण के बेटे, नागार्जुन, पृ.–28
35. महिला उपन्यासकारों की रचनाओं में बदलते सामाजिक संदर्भ, शिला प्रभा वर्मा, पृ. –73
36. नई पौध, नागार्जुन, पृ.–18
37. मैला आंचल, फणीश्वरनाथ रेणु, पृष्ठ –34
38. मैला आंचल, फणीश्वरनाथ रेणु, पृष्ठ– 97
39. परती परिकथा, फणीश्वरनाथ रेणु, पृष्ठ– 342–343
40. परती परिकथा, फणीश्वरनाथ रेणु, पृष्ठ– 383
41. पानी के प्राचीर, रामदरश मिश्र, पृष्ठ –24
42. पानी के प्राचीर, रामदरश मिश्र, पृष्ठ –15
43. पानी के प्राचीर, रामदरश मिश्र, पृष्ठ –163–164
44. हिन्दी के आंचलिक उपन्यासों में सामन्तवाद, कमला गुप्ता, पृष्ठ–448
45. जल टूटता हुआ, रामदरश मिश्र, पृष्ठ –170
46. सागर, लहरें और मनुष्य, उदय शंकर भट्ट, पृष्ठ–32–33
47. सागर, लहरें और मनुष्य, उदय शंकर भट्ट, पृष्ठ–32
48. सागर, लहरें और मनुष्य, उदय शंकर भट्ट पृष्ठ–28
49. सागर, लहरें और मनुष्य, उदय शंकर भट्ट, पृष्ठ–03–04
50. सागर, लहरें और मनुष्य, उदय शंकर भट्ट, पृष्ठ–05
51. वरुण के बेटे, नागार्जुन, पृ.–28
52. नागार्जुन : जीवन और साहित्य, प्रकाश चन्द्र भट्ट, पृष्ठ–191
53. मैला आंचल, फणीश्वरनाथ रेणु, पृष्ठ–130
54. मैला आंचल, फणीश्वरनाथ रेणु, पृष्ठ–173
55. स्वतन्त्र्योत्तर हिन्दी उपन्यास और ग्राम चेतना, ज्ञानचन्द्र गुप्त, पृष्ठ–29
56. परती परिकथा, फणीश्वरनाथ रेणु, पृष्ठ– 276
57. नागरी पत्रिका वर्ष–12, अंक–09, 1979, पृष्ठ–05,
58. पानी के प्राचीर, रामदरश मिश्र, पृष्ठ –17
59. पानी के प्राचीर, रामदरश मिश्र, पृष्ठ –204
60. रामदरश मिश्र की सृजन यात्रा, महावीर सिंह चौहान, पृष्ठ–76–77

61. पानी के प्राचीर, रामदरश मिश्र, पृष्ठ –304
62. जल टूटता हुआ, रामदरश मिश्र, पृष्ठ –104
63. रामदरश मिश्र के उपन्यासों में ग्रामीण परिवेश, अनिल विश्वनाथ काले, पृष्ठ –63
64. उदयशंकर भट्ट : व्यक्ति और साहित्यकार, सं–बांके बिहारी भटनागर, पृष्ठ–112
65. आधुनिक हिन्दी उपन्यास और वर्ग संघर्ष, केशव चन्द्र शर्मा, पृष्ठ –09
66. हिन्दी उपन्यास, शिवनारायाण श्रीवास्तव, पृष्ठ–380
67. नई पौध, नागार्जुन, पृ.–57
68. मैला आंचल – फणीश्वरनाथ रेणु, पृष्ठ– 89
69. मैला आंचल, फणीश्वरनाथ रेणु, पृष्ठ– 91
70. स्वातन्त्र्योत्तर हिन्दी उपन्यास साहित्य की सामाजिक चिन्ता, कुसुम रॉय, पृष्ठ –171
71. पानी के प्राचीर, रामदरश मिश्र, पृष्ठ –208
72. बलचनमा, नागार्जुन, पृष्ठ –149
73. प्रगतिवाद और हिन्दी उपन्यास, प्रभास चन्द्र शर्मा, पृष्ठ –383
74. वरुण के बेटे, नागार्जुन, पृष्ठ –28
75. नई पौध, नागार्जुन, पृष्ठ.–62
76. मैला आंचल, फणीश्वरनाथ रेणु, पृष्ठ– 101–102
77. मैला आंचल, फणीश्वरनाथ रेणु, पृष्ठ– 148
78. मैला आंचल, फणीश्वरनाथ रेणु, पृष्ठ– 161
79. समकालीन हिन्दी कथा साहित्य में जन चेतना, अरुणा लोखंड़े, पृष्ठ–85–86,
80. जल टूटता हुआ, रामदरश मिश्र, पृष्ठ –196
81. आधुनिक हिन्दी उपन्यास और वर्ग संघर्ष, केशवचन्द्र शर्मा, पृष्ठ– 192
82. जल टूटता हुआ, रामदरश मिश्र, पृष्ठ –512
83. साठोत्तरी हिन्दी उपन्यास, पारुकान्त देसाई, पृष्ठ–92
84. सागर, लहरें और मनुष्य, उदय शंकर भट्ट पृष्ठ–235
85. आंचलिक कथा प्रयोग, नीलम गर्ग, पृष्ठ–110

4. स्वातंत्र्योत्तर ओड़िया और हिन्दी उपन्यासों में ग्राम जीवन :एक तुलनात्मक अनुशीलन

भारतीय उपन्यास साहित्य में ग्रामीण जीवन पर आधारित उपन्यासों का विशिष्ट महत्व है। बंगला, ओड़िया, हिन्दी, गुजराती, मराठी, कन्नड़, तमिल, मलयालम आदि प्रमुख भारतीय उपन्यास साहित्य में ग्राम्य जीवन की सुन्दर झाँकियाँ चित्रित हुई हैं। ओड़िया एवं हिन्दी उपन्यास साहित्य ग्राम्यांचल की औपन्यासिक कृतियों से समृद्ध हैं। प्रमुखतः स्वातन्त्र्योत्तर ओड़िया एवं हिन्दी उपन्यासों में ग्राम्य चेतना बड़ी प्रांजलता से मुखरित हुई है। दोनों ही उपन्यास साहित्य में ग्राम्य परिवेश एवं ग्रामीण जन जीवन की यथार्थ स्थिति को सुन्दर ढंग से शब्दांकित किया गया है। फणीश्वरनाथ रेणु, नागार्जुन, रामदरश मिश्र, और उदयशंकर भट्ट के उपन्यासों में भारतीय ग्राम संस्कृति एवं जीवन दर्शन उदभासित हुआ है। भारत वर्ष एक ग्रामीण बहुल राष्ट्र होने के कारण ग्राम्य संस्कृति तथा ग्राम्य जीवन को पाथेय बना कर अनेक ग्राम्यांचल के उपन्यासों की सर्जना हुई है।

ओड़िया आंचलिक उपन्यासों में ग्राम्य जीवन के आदर्श–यथार्थ रूप का मणिकांचन संयोग देखने को मिलता है। ओड़िशा प्रदेश एक अनुन्नत, पिछड़ा हुआ आदिवासी बहुल राज्य होने के कारण आदिवासी जीवन एवं ग्रामीण जीवन पर आधारित उपन्यास पाठक समाज द्वारा समादृत है। ग्रामीण जीवन की सात्विक सांस्कृतिक धरोहर अपनी लोकप्रियता से समृद्ध है। पवित्र ओड़िशा भूमि अपनी पवित्रता, कला निपुणता के साथ चिर प्रतिष्ठित है। कला एवं कलाकारों की इस दिव्य भूमि में कला, संस्कृति एवं सभ्यता का जो पवित्र संगम हुआ है, वह ग्राम्य जीवन की महान परकाष्ठा को चरितार्थ करता है। आजादी के बाद की कथा कृतियाँ इसी पुण्य भूमि की उपज हैं, जिनमें उत्कलीय ग्राम्य जीवन मुखर हो उठा है।

आजादी के पश्चात के हिन्दी के उपन्यासों में ग्रामीण परिवेश के बदलते स्वरूप का सूक्ष्म चित्रण हुआ है। कान्हुचरण महान्ती, गोपीनाथ महान्ती, विभूति पटनायक, सुरेन्द्र महान्ती सरीखे कथाशिल्पियों के कथाशिल्पों में ओड़िशा प्रदेश का ग्राम परिवेश मुखर हो उठा है। ग्राम जीवन में आधुनिक जीवनशैली के बीजारोपण से सुख–समृद्धि एवं उत्कर्ष साधित हो सकता है, इसका साकार रूप यहां देखा जा सकता है। आजादी के पश्चात के ओड़िया और हिन्दी उपन्यासों में मुखरित ग्राम जीवन को सांस्कृतिक भावबोध, ग्रामीण जीवन दर्शन, आधुनिक युगबोध, वर्ग संघर्ष और क्रान्तिदर्शी भावना के बरक्स जानने समझने का प्रयास करेंगे।

सांस्कृतिक भावबोध –

विशिष्ट ओड़िया समालोचक डॉ. चित्तरंजन दास बड़ी शिद्दत के साथ लिखते हैं, ''साहित्य बृहत सामाजिक जीवन एवं परिवेश का एक प्रमुख अंग है, जो संस्कृति के रूप में ग्रहणीय है। संस्कृति अपने सामूहिक वातावरण तथा अन्तः बाह्य परिवेश से प्रभावित होकर गतिशील होती है। संस्कृति साहित्य को एक समुचित दिशा प्रदान करती है और साहित्य संस्कृति के साथ सर्वदा एक प्रेरणाप्रद साहचर्य–भाव प्रदर्शित करने में समर्थ होता है।''[01] निश्चय ही संस्कृति और साहित्य एक दूसरे के परिपूरक हैं। साहित्य संस्कृति का वार्ताकार है, अतः साहित्यकार अपनी सांस्कृतिक विरासत की वार्ता पूरे विश्व को सुनाता है। सांस्कृतिक प्रेम प्रत्येक साहित्य कृति में दर्शनीय है। गोपीनाथ महान्ती और नागार्जुन के उपन्यासों में अपनी–अपनी सांस्कृतिक विरासत मूलभूत तत्वों के साथ मूर्तिमन्त हो उठी है।

गोपीनाथ महान्ती उत्कलीय ग्रामीण–आदिवासी संस्कृति के चिर उपासक थे। उनके अन्तःकरण में ग्रामीण–आदिवासी लोगों के प्रति अपार श्रद्धा एवं सच्ची निष्ठा विद्यमान थी। सभ्य शिक्षित समाज से तिरस्कृत, अवहेलित गिरिजनों, अंत्यजों के सांस्कृतिक जीवन–प्रवाह को लेकर उन्होंने उपन्यासों की सर्जना की है। उन्होंने आदिवासी जन मानस की पवित्राता, निष्कपटता और सरलता के प्रति स्वतः आकर्षित होकर उनके साथ एक तादात्म्य स्थापित किया था और उनके अन्तः स्वर को ओजस्वी वाणी दी थी। उत्कलीय ग्रामीण–आदिवासी लोगों के सामाजिक जीवन–प्रवाह, आस्था–विश्वास, धर्म–विश्वास, रीति–रिवाज, मांगलिक उत्सव, तीज–त्यौहार, रहन–सहन आदि सांस्कृतिक सरोकारों से उनकी कथात्मक कृतियाँ परिपूरित हैं।

'माटीमटाल' आदर्श ग्राम–निर्माण तथा ग्रामोद्धार–योजना की यथार्थ एवं जीवन्त मर्म वाणी है। रवि और छवि के माध्यम से आदर्श ग्राम–निर्माण का विराट अभियान इसमें साकार रूप धारण किया हुआ है। रवि ग्रामीणों के आत्मीयता बोध तथा वसुधेव कुटुम्बकम की भावना से प्रेरित होकर ग्रामीण समाज को सुसंगठित करने एवं सम्मिलित कृषि कार्य से एक 'ग्रीन रिवोल्यूशन' खड़ा करने में सफल होता है। रवि 'आइडियल विलेज' आदर्श ग्राम–निर्माण के राष्ट्रीय आन्दोलन को सफलता पूर्वक गतिशील बनाकर भगीरथ–परिश्रम से ग्रामीण जीवन की आपसी कलह और वैमनस्य भाव को मिटाकर एक आदर्श ग्रामीण समाज–निर्माण में सहर्स रूप से उत्तीर्ण होता है।

'विलेज फेमिली' की भावना से प्रभावित होकर सम्मिलित रूप से एकात्मबोध के साथ जीवन जीने के उच्च विचार के साथ साधु जेना कहता है, ''एक साथ सम्मिलित जीवन जीने से किसी का सुख नहीं है, किसी का ठौर ठिकाना नहीं है? सिर्फ आपसी हिंसा से लोग जल रहे हैं। रुपये या जमीन संचित करके रख देने मात्रा से आने वाली पीढ़ी भोग करेगी, ऐसा विश्वास लोगों में नहीं है। बल्कि पूरा गाँव एक हो जाने से लोग शान्ति से अपनी आँख मूंद सकेंगे। उनके बच्चों को भरण–पोषण पूरा गाँव करेगा, सुख–दुःख का ख्याल रखेगा, एक

व्यक्ति की देख भाल के लिए इतने लोग मौजूद हैं।''[02]

'मैला आंचल' के डॉ. प्रशान्त जब भी किसी मां को देखते हैं, उनका दिल द्रवित हो उठता है। उनकी मां, क्योंकि अब नहीं है, उसकी यादें ही उनके साथ हैं। वह अपनी मां की दुखद जिन्दगी के बारे में सोचने लगते हैं। वह किसी अभागिन मां को देखकर या किसी मां की राम–कहानी सुनकर म नही मन उनकी भक्ति करने लगते हैं। उस पतिता, निर्वासित, समाज से तिरस्कृत मां की गोद में पलभर सिर रखने के लिए व्याकुल हो उठते हैं। वह किसी नारी को प्रेमिका की नजर से नहीं देखते, मां की नजर से देखते हैं। जिन्दगी की नई मोड़ पर गांव में आकर प्रशान्त देखते हैं कि दुनिया कितनी सुन्दर है। धरती माता कितनी स्वर्ण चला है, सुन्दर है, शस्य स्यामला है। वह मन ही मन गुनगुनाने लगते हैं–

''भारतमाता ग्राम वासिनी।
खेतों में फैला है श्यामल,
धूल भरा सा आंचल।''[03]

गांव की औरतें बारिस कराने के लिए, धरती को हरी–भरी कराने के लिए इन्द्र महाराज की पूजार्चना करती है। इन्द्र महाराज की कृपा हुई तो साल भर अच्छी बारिस होती है, खेत में हरियाली नृत्य करती रहती है। ततमाटोली, पासवान टोली, धानुक–कुर्मी टोली और कोयरी टोली की औरतें हर साल आषाढ़ के महीने में इन्द्र महाराज को सन्तुष्ट करने के लिए 'जाट–जट्टिन' खेल खेलती हैं। इन्द्र महाराज की कृपा से खूब बारिस होने लगती है। वर्षा होते ही खेत की फसल, आम कटहल, तूत, बड़हल आदि हरी भरी हो उठते हैं। गांव के किसान–मजदूर खुशी से झूम उठते हैं और गीत गाने लगते हैं–

''मय असाढ़ चढ़ल बरसाती
घर– घर सरणी सब झूलनी लगाती
झूली गावे,
झूली गावती मंगल बानी
सावन सखि अलि है मस्त जवानी......
देखो, देखो।
देखो, देखो सखि री बृजवाला
कहां गए जशोधा कुमार, नन्दलाल
.... देखो देखो।''[04]

डॉ. प्रशान्त मेरीगंज को अपना गांव मान बैठते हैं। उनके हृदय में वहां के लोगों के प्रति आत्मीयता जाग उठी है। वहां के लोगों की बोली–बानी समझने लगे हैं। बालदेव,

कालीचरण, लछमी, कमली जैसे नेकदिल इनसान प्रशान्त जी का दिल जीत लेते हैं। पूरे गांव के लोगों की सेवा करते–करते उनका लगाव तहसीलदार विश्वनाथ प्रसाद की बेटी कमली के साथ घानिष्ठ होने लगता है। कमली प्रशान्त को चाहने लगी है। वह उनसे प्यार करने लगी है। प्रशान्त भी कमली से प्यार करने लगे हैं। कमली की मां को भी इस बात की भनक लग चुकी है, इसी लिए वह कमली को समझाती है कि उसका आंचल मैला न हो जाय, इस बात पर विशेष ध्यान रखना होगा।

कमली की मां कमली के रुप–सौन्दर्य को देखकर बहुत खुश हो जाया करती है। ''दुधिया वर्ण और सुडौल बाहें, लम्बे–लम्बे बाल, सुगठित मांस पेशियां, गौर आंखों में यह क्या ? कांप जाती है मां। यह क्या री अभागी। हतभागिन। आंचल को मैला मत करना बेटी, दुहाई। नहीं, नहीं वह भी कैसी है। उसकी बेटी तो 'मां कमला' है। वह जो चाहे करे। मां के होठों पर स्वाभाविक मुस्कुराहट लौट आती है, ''मालूम होता है तुम्हारा रोग उतारकर डॉक्टर ने अपने उपर ले लिया है।''[05] प्रशान्त और कमली एक–दूसरे से प्यार करने लगे हैं, एक–देसरे को विश्वास करने लगे हैं।

मठ की दासी लछमी के साथ महन्त लोग अन्याय अत्याचार कर चुके हैं। महन्त रामदास, सेवादास जैसे भ्रष्ट आचरण वाले ढ़ोंगी बाबा आश्रम की युवतियों के साथ यौन–शोषण करने से पीछे नहीं हटते। लछमी जैसी नाजुक कम उम्र की लड़की के साथ भी इन हैवानों ने कम अत्याचार नहीं किया है। बेचारी रात को सिसक–सिसक कर रोती थी। इसी दुष्कर्म के परिणाम स्वरुप रामदास खून की उल्टी करके मर गया और सेवादास अंधा हो गया। समाज सेवी बालदेव लछमी के प्रति सहानुभूति रखता है। वह लछमी को चाहने लगता है और उसे अपनाकर उसकी जिन्दगी संवारना चाहता है। बालदेव अपना प्यार जाहिर करके हमेशा के लिए अपनाना चाहते हैं। इस पर लछमी रो उठती है, क्योंकि उसे विश्वास नहीं था कि उस अभागिन को बालदेव जैसे नेक इनसान गांधीवादी, समाज सेवक व्यक्ति जीवन साथी के रुप में मिल सकता है। बालदेव लछमी को सांत्वना देते हुए कहते हैं– रोओ मत। तुम पर भला सन्देह करेंगे ? रोओ मत। लेकिन तुम को अब खुद समझना चाहिए कि तुम अब मठ की कोठारिन नहीं, मेरी इसतिरी हो। लोग क्या कहेंगे......।''[06]

आजादी के बाद देश की सामाजिक–सांस्कृतिक स्थितियों में विराट परिवर्तन देखने में आया। इस समय व्यक्ति परिवार और समाज के बीच सम्बन्धों में एक तनाव की स्थिति पैदा हुई। संयुक्त परिवार के प्राचीन–सात्विक आदर्श खत्म होते गए। संयुक्त परिवार की जगह व्यक्ति की आस्था एकल परिवार में संकेन्द्रित होती गई। उस समय के व्यक्ति की मानसिकता को हम डॉ.ज्ञानचन्द्र गुप्त के इन शब्दों से समझ सकते हैं–''व्यक्ति अपनी अस्मिता के लिए परिवार में आदर्श और यथार्थ के द्वन्द्वों से पीड़ित हो, कांच के बर्तन की तरह टूट रहा है। मां–बाप, भाई–बहन, पति–पत्नी आदि पवित्र भी संयुक्त परिवार के

विघटन से टूट रहे हैं।"[07]

पश्चिमी सभ्यता की देखा देखी और आधुनिक जीवन प्रणाली अपनाने से शहर ही नहीं गांव के लोगों में भी सांस्कृतिक चेतना ह्रास हुई है। शहरी लोगों में जो एकाकीपन, बिखराव, अलगाव दिखाई पड़ता है, उसका प्रभाव आजादी के बाद गांव में भी पनपने लगता है। गांव के लोग भी शहरी सभ्यता की देखा देखी समाज से खुद को काटकर एकाकी जीवन जीना शुरु करते हैं। डॉ. बच्चन सिंह के अनुसार– "व्यक्ति आउट साइडर हो गया है, एकदम अकेला, यही उसकी नियति है। अब वह समाज के बारे में नहीं सोचता, मानवता के बारे में.....संस्कृति के बारे में नहीं सोचता, अपने बारे में सोचता है।"[08] गांव में, घर में पूरे परिवार के साथ एक ही छत के नीचे रहता हुआ भी व्यक्ति खुद को अकेला महसूस करने लगा है। गांव की सामाजिक चेतना नष्ट–भ्रष्ट हो गई है।

यहां के लोग समय के करवट के प्रति सजग हैं। नए–नए जीवन सन्दर्भ उन्हें नित–नवीन जीवन मूल्य मुहैया करा रहे हैं। गांव के लिए जमीन के एक–एक टुकड़े को लेकर दावेदार हैं। लोगों के बीच ईर्ष्या–द्वेष घर करने लगा है। बाप–बेटे के बीच टकरार पैदा हो गई है। बेटा बाप को चुनौती देने लगा है तो बाप बेटे के प्रति दुश्मनी निगाह डाला हुआ है। बहू भी घूंघट के अन्दर से ही सुरीली आवाज में मर्म भेदी वाणी चला रही है। ससुर भी आखिर बहू के प्रति प्रतिकार भरे स्वर में कठोर वचन कहने को मजबूर हो रहा है। वह आवेश में आकर कह उठता है–"साले की बेटी। मुंह तोड़ दूंगा। लंगठा की बेटी, साली लंगठी।"[09] जमीन के प्रलोभन ने लोगों की सारी मर्यादाएं तोड़कर रख दी हैं।

आदर्श ग्रामीण संस्कृति की झलक 'दिगदिहुड़ी' में दिखाई पड़ती है। भारतीय ग्रामीण परिवेश के परिवर्तनशील यथार्थ परिदृश्य इसमें रूपायित हुए हैं। एक आदर्श भारतीय नारी के रूप में रमा अपने कर्ममय जीवन में आगे बढ़कर ओलांगा आश्रम के कर्मी कुशल बाबू, राधि नानी के साथ जन सेवा करती हुई ग्रामीण सात्विक संस्कृति की जोत पूरी भारत भूमि पर जलाती है। रमा अपने वैधव्य जीवन की बीहड़ परती जमीन पर नई हरित क्रान्ति का बीजारोपण करके अपने जीवन की सही दिशा तलाशती है। ग्रामीण सांस्कृतिक चेतना का एकात्मबोध रमा के मुख से इस तरह से व्यक्त हुआ है, "आनन्द की प्राप्ति के लिए मनुष्य का जन्म हुआ है। आनन्द कभी भी मनुष्य की पहुँच से दूर नहीं हो सकता। सोचने से ही वह मिल गया। हमारी पहुँच में सभी तरफ आनन्द विद्यमान है। खुले आकाश में, हवा में, प्रकाश में जिसकी जितनी इच्छा हो ले सकता है। एक ही परिस्थिति, एक ही उपकरण के बीच आनन्द प्राप्त करने वाला व्यक्ति आनन्द प्राप्त करता है।"[10]

'बनगहनर तले' में बाया और सुना शादी करने के लिए घर से भाग खड़े होते हैं। पहाड़ी–आदिवासी समुदाय की परंपरानुसार धांगड़ा–धांगड़ी घर से भागकर पहाड़ में शरण लेते हैं। कुछ दिनों बाद नदी किनारे पकड़े जाते हैं, धांगड़ा धांगड़ी के घर वालों को झोला

टंका देता है, भोजी भात खिलाता है, शराब पिलाता है। फिर आदिवासी परंपरा से शादी संपन्न कराई जाती है। बाया भी सुना को साथ लेकर पहाड़ की ओर चला जाता है। इस पर लता अपनी खुशी जाहिर करती हुई पुलकी से कहती है कि उसकी जिन्दगी का कांटा हमेशा–हमेशा के लिए निकल गया है। अब वह खुशी से मागता से शादी कर सकती है। लता पुलकी को समझाती है कि उसका पति सारका पेंगु एक कमजोर–बीमार व्यक्ति है जो पुलकी को कोई सुख नहीं दे सकता। अतः वह क्यों न किसी युवक के साथ भागकर शादी कर लेती। इस पर पुलकी अपने मन की बात इन शब्दों में व्यक्त करती है, ''और एक धांगड़ा का हाथ थाम कर चले जाने से क्या उनके पिताजी की आत्मा यानी डुमा नहीं रोएगी ? वह मुझे बहुत स्नेह करता था। इसीलिए मैं मागता की धांगड़ी बनना चाहती हूं। गांव के नाईक यानी गौंटिया की बहू बनने की मेरी कोई लालसा नहीं है। मेरे बाप की आत्मा यानी डुमा को शान्ति दिलाने के लिए मैं यह चाहती हूं।''[11]

बाया जेल की सजा काटकर घर वापस आता है। मागता की टांगिए से हत्या करके सिर थाना में रखने की जीद पकड़ा हुआ है। आदिवासी लोग किसी की हत्या करके छिपते नहीं कानून की आंखों में धूल नहीं झोकते, अपना जुर्म कबुल करते हैं। बाया टांगिया पकड़ कर मागता को मारने के लिए उसके घर के सामने ललकारता है, मागता शराब के नशे में धूर्त होकर घर में पड़ा हुआ है। रात के अन्धेरे में सुना घर से निकलती है, बाया के गले लगकर अपना दुखड़ा सुनाती है। सुना बाया के सीने में सिर रख कर रोती है, मागता को छोड़ देने की गुहार लगाती है। आखिर दोनों तय करते हैं कि दोनों एक होकर शादी करके अपने प्यार को सार्थक बना सकते हैं। बाया अपनी प्रेमिका को स्वीकार करता है। ''बाया के सीने से सुना खुद को अलग करती है। बाया सुना का हाथ पकड़ता है, दोनों पहाड़ उपर की ओर चढ़ने लगते हैं। किसी की जुबान पर कोई भाषा नहीं है। दूर पर, बहुत दूर पर दीवाल की तरह बड़ी बड़ी तरंगों की तरह दिखाई दे रहा है निमगिरि पहाड़ प्रदेश। आकाश के नीचे बादलों के बीच उसकी बड़ी बड़ी चट्टानें लुकती छुपती दिखाई पड़ रही हैं।''[12]

'का' में नन्दिका और ललिता दोनों उनकी सा और का यानी साका हैं दोनों उनकी दो आंखें हैं, दो सखियां हैं, जीवन के मजबूत सहारा हैं। नन्दिका और ललिता का यह आत्मीयता भरा सम्बन्ध गांव की जलनखोर औरतों में खलबली मचा देता है। सुनन्दबाबू कुछ ही दिनों के लिए गांव आ पाते हैं, बाकी सारा दिन कटक में ही गुजारते हैं। सुनन्द के कटक चले जाने से नन्दिका और ललिता दोनों एक ही कमरे में सोती हैं। दोनों बहन की तरह सुख–दुख बांटकर एक साथ एक ही कमरे में रहती हैं।

लेखक इन दोनों सौतनों नहीं, बहनों के आपसी प्रेम को इस रुप में व्यक्त करते हैं– ''मुंह खोलते ही इन दोनों की जुबान से जो भाषा निकलती है, उससे सिर्फ एक–दूसरे के प्रति प्रेम–स्नेह, सहानुभूति और व्याकुलता प्रस्फुटित होती है। लोग उनकी बातें सुनकर

अचम्भे में पड़ जाते हैं। एक को न देखने से दूसरे बावली हो उठती है। एक के मुंह पर दूसरे का निवाला न पड़ने पर दोनों खाना नहीं खाती हैं। क्षीर–नीर का अटूट प्रेम। धन्य है इन दोनों की प्रीति। कलियुग में असम्भव है ही सत्य युग में भी शायद ही सम्भव हुआ हो।''[13] सुनन्द कभी कभार ही गांव आ पाते हैं। कटक में ही वह व्यापार के कामों में व्यस्त रहते हैं। गांव आते भी हैं तो सिर्फ दो–तीन दिनों के लिए। पति के बिना दोनों बहनें आपसी सुलह के साथ सासु मां की सेवा करती हुई, घर–गृहस्थी सम्भालती हुई गांव में सात्विक जीवन जी रही हैं।

सुनन्द की दूसरी पत्नी ललिता गांव में रहते–रहते उबने लगती है। उसके मन में शहर में जाकर अपने पति के साथ शहरी जीवन जीने की आकुलता उमड़ने लगती है। ललिता किसी भी तरह से बहाना बनाकर कटक पहुंचना चाहती है। वह अपनी सासु मां को उल्टा जवाब देने लगती है। वह सुनन्द के पास चिट्ठी लिखती है कि अब वह गांव में नहीं रहेगी, शहर जाकर उनके साथ आधुनिक जीवन जीएगी। सुनन्द आखिर ललिता को शहर ले आते हैं और शहरी जीवन जीने की चाहत पूरी करते हैं। ललिता शहर में अतनु बाबू के थिएटर में फिल्में देखती है, होटल में खाना खाती है, गार्डन में शाम को घूमती है। अतनु बाबू की पत्नी तुहिना, उनके दोनों बच्चों हिमानी और मलय के साथ शहर में ललिता शहरी चकाचौंध के बीच खुद को खो देने की चेष्टा करती है। वह अतनु बाबू की लोलूप दृष्टि की शिकार होती है। उन्ही के थिएटर में बॉक्स पर फिल्में देखते हुए अतनबाबू जब उनके हाथ पकड़कर अश्लिल हरकतें करने लगते हैं तो ललिता की आंखें खुलती हैं। वह शहरी सभ्यता की इस अश्लिलता से नफरत करने लगती है और गांव की ओर वापस लौटने का मन बनाती है।

ललिता वापस गांव में आ जाती है। किस्मत का खेल देखिए, अब नन्दिका की कोख में बच्चा पलने लगा है। नन्दिका शादी के इतने साल बाद मां बनने जा रही है, जबकि ललिता की कोख सूनी है। सासु मां अभया यह खुश खबरी सुनकर फुले न समाती है। उसका पोता देखने का अरमान जो अब पूरा होने जा रहा है। पूरे गांव में खुशी की लहर छा जाती है। सुनन्द भी खुशी से झूम उठते हैं कि आखिर वह बाप बन ही गए और वो भी नन्दिका के जरिए। जिसे वह आज भी दिलोजान से चाहते हैं। आखिर खुशी की वह घड़ी आ ही पहुंचती है उनके घर आंगन में। नन्दिका को एक लड़का हुआ है। पोते की खुशी में अभया कह उठती है–''बेटा हुआ है मेरी नन्दिका को। इतने दिनों बाद सुनन्द के पिताजी वापस आ गए हैं। दौड़ कर चले जाने को मन कर रहा है। प्यार से पूछने को मन कर रहा है कि आखिर आए तो सही, पर इतनी देरी क्यों कर दी। पहले से यदि आप आए होते तो इस घर में झगड़ा– फिसाद का बीज न बोया गया होता।''[14]

अगहन महीने के शुक्ल पक्ष दसमी की तिथि, सुबह का समय। नन्दिका बिस्तर पे

लेटी हुई है। वह अपने नवजात शिशु को ललिता की गोद में सौंप देती है। पूरे घर में सुबह–सुबह खुशी की जगह मातम का माहौल है। नन्दिका की हालत बिगड़ती जा रही है। उसकी सेहत में कोई सुधार नहीं हो पा रहा है। सुनन्द वही सिर पर हाथ धरकर बैठे हुए हैं। डक्टर भोई अपनी तरफ से पूरी कोशिश कर रही है, पर सारी कोशिश नाकाम हो रही है। आंगन में कवा का–का–का– राग अलापने लगा है। यह अपसकुन लोगों को डराने लगा है। आखिर नन्दिका अपनी सौतन को अपना बच्चा सौंपकर हमेशा– हमेशा के लिए चैन की नींद सो जाती है। अभया अपनी बेटी समान बहू की मौत से बेहोश पड़ी है, सुनन्द बाबू सिर पर पटक–पटक कर रो रहे हैं और ललिता नन्दिका की लाश को पकड़कर फूट–फूट कर रो रही है। ललिता की आंखों से आंसू नन्दिका की आंख पर गिर रहे हैं। फिर भी उसकी नींद टूट नहीं रही है। जिसे वह इस संसार में लाकर ललिता को सौंप चुकी है, वह बच्चा झूला में सोया हुआ रो रहा है, वह मानों बोल रहा है कि उसकी मां उस घर को वारिश देकर खुद चैन की नींद सो गई है।

कान्हुचरण महान्ती के महान व्यक्तित्व को चरितार्थ करते हुए प्रोफेसर देवी प्रसन्न पटनायक ने लिखा है–''ओड़िया उपन्यास के प्रगति पथ में कान्हुचरण एक अविस्मरणीय स्रष्टा हैं। ओड़िया ग्राम जीवन के एक सार्थक शब्दशिल्पी के रुप में वह सर्वविदित हैं। परिमाण और परिणाम दोनों दृष्टियों से उनके उपन्यास ओड़िया वाणी भण्डार को समृद्ध किए हुए हैं। समाज उनका औपन्यासिक चयन–क्षेत्र है। समाज के विविध स्तर से उन्होंने चरित्र ढूंढ निकाला है। समाज की विविध जटिल समस्याओं के समाधान का मार्ग उनके उपन्यासों में तलाशा गया है। किन्तु उनके उपन्यासों में समाज से उपर उठकर व्यक्ति के व्यक्तित्व की प्रतिष्ठा नहीं हो सकी है।''[15]

ग्रामीण परिवेश लोक गीत, लोक नृत्य, लोक कथा, लोक गाथा, लोक संगीत आदि की झंकार से झंकृत रहता है। किसी मांगलिक उत्सव, जन्मोत्सव, संस्कार, खेत में काम करने वाले मजदूर–किसान तथा गाय–भैंस चराने वाले चरवाहे के कण्ठ से लोक गीत की गूँज सुनाई पड़ती है। नागार्जुन के 'वरूण के बेटे' में लोग गीत का सुमधुर, मन भावन स्वर गुंजायमान है। अपने मन को हलका करने के लिए देशी शराब या ताड़ी पीकर नागार्जुन के औपन्यासिक पात्र लोक गीत का सुन्दर गान करते हुए दिखाई पड़ते हैं, तो कभी अपनी प्रेमिका को याद करते हुए बसन्त ऋतु की प्राकृतिक शोभाश्री में मिठास भरे संगीत गाते सुनाई पड़ते हैं। गढ़पोखर में जाल बिछाकर मछली पकड़ते हुए भोला, खुरखुन और माझी यह लोक गीत गाते हुए उसी की लय में खो जाते हैं–

''पीयूँगा नहीं गंगा का निर्मल नीर
ओ सिंहनी माता, नहीं चाबूंगा पीले पके पान का बीड़ा
नहीं रहूँगा तेरे तट पर, मैनी–मण्डप में

भाग जाऊँगा लालपुर
लालपुर में रोती है जसमती, मेरी बहन
भाग जाऊँगा मैं दूर, बहुत दूर!
स्नेह की डोरी, कच्चे धागों वाली
बान्धूँगा इसी से बहन को
नहींरहना मुझे तेरे मण्डप में......।''[16]

'एई गां एई माटी' का तुलसीवन गांव अब बदलने लगा है। गांव में शिक्षा का प्रकाश फैलने लगा है। लोग शिक्षित होकर आधुनिक जीवन की शुरुआत करने लगे हैं। गांव में अब छुआछूत का भेदभाव खत्म होने लगा है। विनोदिनी की पालित पुत्री अनुराधा अपने प्रेमी शरतबाबू के साथ शहर जाकर कोर्ट में शादी कर लेती है। वह शादी के पहले ही शरतबाबू के बच्चे की मां बन जाती है। लोक लाज से बचने के लिए वह रात को ही शरतबाबू के पास चली जाती है और वही शादी कर लेती है। गांव में किसी को कानो कान खबर तक नहीं लगती। विनोदिनी के लिए अनुराधा ही इकलौता सहारा है। वही उसके बुढ़ापे की लाठी है, जो जीवन के अन्तिम समय में सहारा देगी। विनोदिनी महन्त महाराज से विनती करती है कि वह अनुराधा के पास चला जाना चाहती है।

महन्त महाराज विनोदिनी को मठ में रखना चाहते हैं, उसे अनुराधा के पास नहीं जाने देना चाहता है। वह विनोदिनी से कहते हैं कि राधा माधव मठ के नीचे गुप्तधन सुरक्षित है, जिसे निकालकर हम धनवान हो सकते हैं, ढेर सारा रुपया, धन–संपत्ति अर्जित कर सकते हैं। किन्तु महन्त महाराज के प्रलोभन में पड़ना नहीं चाहती। उसे राधा माधव पर विश्वास है, धन संपत्ति पर मोह नहीं। इसी लिए विनोदिनी महन्त महाराज से विनती करती है, "ईश्वर अज्ञेय हैं, अदृश्य सत्ता हैं। उन्हें प्राण देकर महसूस किया जा सकता है, अंग–दान से स्पर्श नहीं किया जा सकता। गुप्त धन का लोभ रेगिस्तान की मृग मरीचिका से भी ज्यादा झूठ, भोर के स्वप्न से भी ज्यादा छल है वह गुप्तधन का स्वप्न। उस धन को आप कल्पना लोक में सिर्फ भोग कर सकते हैं, यथार्थ की दुनिया में देख नहीं सकते।''[17]

रेलवे स्टेशन पर गाड़ी लग गई है। विनोदिनी अपनी सीट पर बैठ गई है। महन्त महाराज के लाख समझाने पर भी विनोदिनी वापस आने को राजी नहीं होती। विनोदिनी को उनके जीवन से हमेशा के लिए चला जाता देख महन्त महाराज की आंखें भर आती हैं। वह पूछ बैठते हैं कि आखिर वह कहां जाएगी इतना तो बता सकती है। विनोदिनी महन्त महाराज के सामने आन्तरिक बेदना व्यक्त करती हुई कहने लगती है, "मैं स्वप्न देख रही हूं, अनुराधा की गोद में मन्दिर की पत्थर–मूर्ति मानव शरीर धारण करके प्रादुर्भूत हुइ हैं। मैं जा रही हूं, उन्हें गोद में ले लूंगी लाड़–प्यार करुंगी। सीने से दबाकर देखूंगी, वह अमृतमय सृष्टि कर्ता मेरी गोद में कैसे लगेंगे, मेरे शरीर की नस नस में कितनी उष्मता भरी जा रही

है। मेरी जिन्दगी में जिस सृष्टि की संभावना नहीं हो सकी इसीलिए जिन्दगी भर भटकती फिर रही थी। अनुराधा की गोद भर जाने से नई संभावनाओं का उदय हो रहा है। मैं अभागिन नारी उस बच्चे को गोद में लेकर धन्य हो जाउंगी। वही मेरे सुदूर अति दूर स्थित भगवान विष्णु हैं, राधामाधव हैं, मेरे जीवन की यमुना हैं, मेरे मन के वृन्दावन हैं।"[18]

'वधू निरुपमा' में दिगम्बर बाबू बेटी निरु को पहली बार ससुराल भेजने के लिए 'पुआणीसज' के लिए किसी भी तरह से तीन हजार रुपए की जुगाड़ करते हैं। उपन्यासकार के शब्दों में–"दिगम्बर बाबू निरुपमा के पुआणीसज के लिए सारे सामान भेजने का आयोजन कर रहे हैं। किसी भी हालत में उन्हें व्यवस्था करनी पड़ेगी। अपनी बेटी के सुख, भविष्य तथा ससुराल की मान–मर्यादा का खयाल न रखने पर उनकी भी इज्जत आबरु मिट्टी में मिल जाएगी। समाज में वे खुद जग हंसाई के शिकार होंगे।"[19] निरुपमा अपने मायके की स्थिति जानती है, इसीलिए यह सब पुरानी रीति–रिवाज को निरर्थक मानती है और अपने मां बाप को यह सब न करने की सलाह देती है, पर दिगम्बर बाबू नहीं मानते।

'चपल छन्दा' में स्वर्णगढ़ की राजकन्या तथा अन्धारीगढ़ की महारानी मुक्तामाला के अन्दर अपने पैतृक राज्य के उन्नत–आदर्श संस्कार मौजूद है। स्वर्णगढ़ के पुरुष संभोग सुख को महत्व नहीं देते, त्याग–बलिदान पर विश्वास करते हैं। मनुष्य जीवन संभोग की रास भूमि नहीं है– स्वर्णगढ़ के पुरुषों में ऐसी मान्यता है। जिस दिन मुक्तामाला अन्धारीगढ़ की राजरानी बनकर स्वर्णगढ़ से प्रस्थान कर रही थी, उसी समय उनके पिताजी ने उनसे कहा था, "तुझे मैं एक ही बात कहूंगा पुत्री! तेरी मां जीवित होती तो तुझे यह बात बताती। वह जब आज नहीं है, यह बात मुझे ही बतानी पड़ रही है। स्वामी को कभी भी देवता के आसन से नीचे मत उतारना, हमेशा उन्हें देवता के रुप में ही पूजना।"[20]

अपने बाबा के इस कथन को गुरु ज्ञान करती हुई मुक्तामाला अपने पति के सारे दुष्कर्मों पर परदा डालती है, उन्हें पति–देव के रुप में हमेशा स्वीकारती है, उनका आदर–सम्मान करती है। मुक्तामाला कभी भी बदले में अपने पति से प्यार नहीं पाती। जिन्दगी में सिर्फ एक बार उन्होंने अपने पति के साथ विश्वासघात किया है। उन्होंने सूर्यमणी को एक बार अपना शरीर दान करके आत्म तृप्ति प्राप्त की है, यह देह–दान मानो उनके पति के अन्याय–अत्याचार तथा कुकर्मों का प्रायश्चित है। मुक्तामाला सूर्यमणी के तेजस्वी व्यक्तित्व के प्रति आकर्षित है और अपने दिल के अरमान पूरा करने से पीछे नहीं हटती है। "अन्धारीगढ़ की अनेक कामिनियों के सतीत्व बर्बाद करके बैरीगंजन ने जो पाप किया है, अपने नारीत्व को अन्धारीगढ़ की सूर्यमणी के लिए खुद को उत्सर्ग करके उन्होंने पाप का प्रायश्चित किया है। आत्म ग्लानि की दग्ध ज्वाला में जलती हुई जिन्दगी भर वह प्रायश्चित करती रहेंगी।"[21]

बैरीगंजन के उस पाप के गढ़ को इनसान ने भले ही विवश होकर कुछ न किया हो, कुदरत ने उस राज महल को धूलिसात करने की ठान ली है। ब्राह्मणी नदी की बाढ़ की

धारा में बैरीगंजन के पाप के घड़ा को फोड़ दिया है। उफनती नदी की तीव्रधारा में अन्धारीगढ़ के सारे काले कारनामे बहकर तबाह हो जाते हैं। नदी की तेज धार के बीच तोफानी फंस जाती है, जिसे बचाने के लिए बैरीगंजन नदी में कूद पड़ते हैं। वहां मौजूद सभी लोग उन्हें तेज धार में जाने से रोकते हैं, पर बैरीगंजन नहीं मानते। अपने हृदय की मलिका तोफानी को मौत के मुंह से बचाने के लिए कूद पड़ता है। बैरीगंजन और तोफानी दोनों एक–दूसरे की बाहों में समाए हुए जलधारा में प्रवाहित हो जाते हैं। पाप की दुनिया का एक बादशाह अपनी वासना–तृप्ति की मलिका के साथ सलिल समाधि ले लेता है और अन्धारीगढ़ की काली अन्धेरी रात में सूर्योदय का आगमन होता है।

'पानी के प्राचीर' में नीरु गांव की तस्वीर बदलने के लिए आगे बढ़ता है। गांव के लोग खेत बेचकर, जमीन गिरवी रखकर, जेवर बेचकर गुजारा चलाते हैं। गरीब लोग भूख से तड़प–तड़प कर प्राण त्याग देते हैं। जाड़े के दिनों में खाना नहीं मिल पाने पर लोग बथुआ का साग खाकर गुजर बसर करते हैं। केशव बचपन में भूख से तड़पता हुआ रोटी का मोहताज होता है और आगे बड़ा होकर गरीबी मिटाने का संकल्प लेता है। नीरु गांव की जहालत भरी जिन्दगी में सुधार लाने की कोशिश में जुट जाता है। दूसरी तरफ नीरु की प्रेमिका संध्या शहर जाकर पढ़ाई करके वहीं बसने की इच्छा रखती है। शहर में उच्च शिक्षा प्राप्त करके संध्या नीरु के सामने गांव की खराब हालत के बारे में कहती है–"गांव में क्या रखा है नीरु। देखो न सखियों के नाम पर गेंदा, चमेली जैसी आवारा लड़कियां हैं। गांव में लौंडे हैं जो बिन्दिया चमारिन के पीछे पड़े हुए हैं, गांव के लोग चोरी खेती भी उखाड़ते रहते हैं, घर फूंकते हैं, चुगली करते हैं, ऐसे गांव में क्या रखा है।"[22]

नीरु यह देख कर हैरान रह जाता है कि जो जमींदार के सिपाही गरीब किसानों की पीठ पर चाबूक प्रहार करते हैं, आखिर वे भी तो किसान के ही बेटे हैं, फिर किसानों पर प्रहार करते हुए उनके हाथ क्यों नही कांप उठते। गांव के मन्दिर में अछूतों का प्रवेश वर्जित है। चमार जाति के लोगों को धर्म भ्रष्ट करने वाले अधर्मी मानकर उनका तिरस्कार किया जाता है, जबकि चमारिन बिन्दिया से संभोग करने में किसी का धर्म भ्रष्ट नहीं होता। नीरु, संध्या और मिलिन्द्र जैसे सजग, चेतनशील व्यक्ति गांव को सुधारने में कड़े संघर्ष करते हैं। नीरु अपने जीवन संकटों से लड़ाई करता हुआ थक जाता है, पर वह निराश न होकर अन्याय–अत्याचार को खत्म करने के लिए कमर कसता है।

गांव के पुरुष–औरत खेत में काम करते हुए अपनी खड़ी फसल देखकर आनन्दातिरेक से गीत गाकर अपनी खुशियां व्यक्त करने लगते हैं। स्त्रियां अपनी थकान मिटाने के लिए काम करते हुए लोक गीत गाने लगती है। औरतें एक–दूसरे पर छेड़खानी करती हुई समूह स्वर में गीत अलापने लगती हैं –

"रामा नाही पिया अइली फुहार में

आरे संवालिया,
सब सखियां मिल झूला झूले
हम बैठी अपने ओझार में
आरे सांवलिया,
रोई रोई काटहु बैरी बरखवा
तोर पिया अई कुंवार में
आरे सांवलिया।''[23]

'जल टूटता हुआ' का सतीश संघर्षशील युवक है। वह कठोर संघर्ष करके हालात बदलना चाहता है, पर वह जीवन संघर्ष में हार जाता है। सच्चाई के मार्ग पर चलता हुआ वह महीप सिंह, दीनदयाल जैसे शोषकों के शोषण जाल को तोड़ नहीं पाता, खुद फंस जाता है। महीप सिंह धनबल–बाहुबल से पंचायत चुनाव जीत जाता है। वह चुनाव जीत कर गांव की शासन बागडोर सम्भालता हुआ अपने भाई चन्द्रकान्त को कहता है–''जिस दिन इस गांव में वह कलक्टर होकर लौटेगा, मैं समझूंगा कि मेरा भाई मुझसे छीन गया।''[24]कछार अंचल में चन्द्रकान्त के आखिर कलक्टर बनकर आने से इसके विराट पैमान पर सुधार होगा, क्रान्ति खड़ी हो सकेगी, ऐसी उम्मीद बनाए रखना सरासर गलत होगा। क्योंकि कछार अंचल के किसानों को, श्रमिकों को, आम लोंगो को जितना समय सतीश दे सकता है, उनकी लड़ाइयां लड़ सकता है, उतना चन्द्रकान्त नहीं। और यदि ऐसा होता भी है तो सतीश को उपन्यास का नायकत्व छोड़ना पड़ेगा, जो कि पाठकों को मंजूर नहीं।

इस उपन्यास में गांव के सामाजिक जीवन चित्रण में सांस्कृतिक तीज–त्योहारों, पर्व–उत्सव की झाकियां भी दिखाई गई है। दशहरा मेला–होली उत्सव का सुन्दर चित्रण उपन्यास को आकर्षक बनाया हुआ है। दशहरे के अवसर पर रामलीला की धूम पूरे इलाके में मची रहती है। आस पास के लोग सज घज कर मेले में शामिल होते हैं। लोग मेले का खूब घूम–घूम कर आनन्द लेते हैं। रामलीला नाटक का आनन्द लेते हुए लोग देर रात घर वापस आते हैं। गांव के लोग मेले के अवसर पर अपनी आपसी दुश्मनी भुलाकर होली का आनन्द लेते हैं। हंसी मजाक करते हैं, गोबर–कीचड़ हाथ में लेकर गांव की गलियां में दौड़ते भागते फिरते हैं। होली का पर्व गांव के लोगों के उदास चेहरों पर रौनक ला देता है।

बरसोवा के कोली जाति के लोगों का सामाजिक–सांस्कृतिक जीवन अभिनव है। उनके समुदाय की औरतें पति के होते हुए भी प्रेमी रखती हैं और दोनों पर अपना अधिकार जताती फिरती हैं। औरतें ही घर चलाती हैं, बाजार में मछली बेचकर, उसी पैसों से घर का खर्चा निकालती हैं। पुरुष केवल मशीन की तरह खटता है, समुद्र से मछली पकड़कर लाता है और औरत को सौंप देता है। घर में शराब पीकर पड़ा रहता है। वह घर में एक नौकर के समान रहता है। वह शारीरिक रुप से बलवान है, पर मानसिक रुप से बहुत कमजोर

बुद्धिहीन है। औरत साज–श्रृंगार की सौकीन होती है, जुड़े में फूलों का गजरा बांधकर सज धज कर निकलती है। तीज त्योहार, पर्व उत्सव के अवसर पर वे सज घज कर नाच–गान में मशगूल हो जाती है।

कोली जाति के लोगों के सामाजिक–सांस्कृतिक जीवन का चित्र लेखक ने इन शब्दों में खींचा है–"स्त्री पुरुष इकट्‌ठे हुए। झांगरी, सम्बेल, हारमोनियम पर राग अलापने लगे। मशालें जलीं, कला,पटनी, कोलवा, चूड़ा, भजिया कई तरह के खाद्य और पेय में कंत्री शराब दी गई। ताड़ी के दौर के साथ एक पार्टी नाचने को तैयार हुई। एक तरफ से आदमी और दूसरी तरफ से औरतों ने नाचना शुरु किया। स्त्रियां पानी में तैरती सी नाचती, तो पुरुष नाचते–नाचते जाल डालकर उन्हें पकड़ते। औरतें घुम–घुम कर जाल में फंसाती तो पुरुष खुशी मनाकर मस्त हो जाते। बाजों पर गाने वाले मछुओं का गीत गा रहे थे। स्त्रियां स्वर और जाल पर गाती हुई प्रश्न करती तो आदमी उत्तर देते। लोग नशे में झूम रहे थे। रात चढ़ रही थी। समुद्र का गर्जन उस गाने में सहयोग दे रहा था।"[25]

बरसोवा के लोगों के मन में सागर देवता के प्रति असीम श्रद्धा है। सागर देवता या खण्डाला देवता उनके सुख–दुख के साथी हैं। वही उनके कर्ता–धर्ता हैं, जीवन मरण के साथी है। समुद्र की लहरों में जीवन जीने वाले ये सागर पुत्र खण्डाला देवता की छत्रछाया में सुख–दुख बांटकर जीते हैं। रत्ना बम्बई से वापस गांव आकर समुद्र देवता को देखकर भावुक हो उठती है। "रत्ना को जब समय मिलता वह अपने कमरे में आकर खिड़की के सहारे समुद्र को निहारा करती। कभी शाम के समय वंशी के साथ अकेली तट पर चली जाती और वहां बैठकर चुप चाप समुद्र की लहरें गिना करती है। उसे लगता मानो समुद्र उससे नाराज है। व्याह के बाद इन पिछले चार–पांच दिनों तक उसे किसी की याद ने अधिक सताया तो बरसोवा के समुद्र ने। लौटकर बरसोवा आते ही मां ने ले जाकर जब उसे समुद्र को प्रणाम करवाया और उसकी पूजा की तो उसे लगा न जाने कितने युगों के बाद वह अपने देवता के दर्शन कर रही है। उसने आंखों में आंसू भरकर अपने हृदय के स्नेह की दो बूदें खारे समुद्र में और मिला दी।"[26]

'कालान्तर' में अनाम दास बाबा आंधी–तूफान को देवी प्रकोप बताते हैं और तूफान आने की भविष्यवाणी करते हैं, गांव के सरफिरे लड़के उन्हें गधे पर बिठाकर गांव का चक्कर लगवा देते हैं। रावत टोली के गजी राउत की अगुआई में अनाम दास की धज्जियां उड़ाई जाती हैं। मुकुन्द प्रधान के घर की छत तूफान से उड़ जाती है इतना ही नहीं दूसरे लोगों के घर भी तहस–नहस हो जाते है। अनाम दास का शिष्य जइया बाउरी राउत टोली के लोगों से कहता है, "गोसाईं बाबा तूफान से क्यों उड़ जाएंगे ? उल्टा सामन्तों की टीन की छत उड़ गई। तूफान के समय तो गोसाईं बाबा घर–घर घूम कर बोल रहे थे "हरि बोलो। सील–पत्थर उड़ रहा है, पत्थर पानी में तैर रहा है सरकण्डा पानी में डूब रहा है।"[27] गांव के

लोग बाउरी को भी गंजेड़ी कहकर भर्त्सना करते हैं और वहां से भगा देते हैं।

समुद्री तटवर्ती इलाकों में साल भर तूफान आते रहते हैं। अबकी बार जबरदस्त तूफान आया। उस तूफान से कई घर उजड़ गए, अनेक लोग बेघर हो गए। जान–माल को बहुत नुकसान हुआ। ब्राह्मण टोली के शतपथी के घर शरण लेती है, ताकि वहां अपनी–अपनी जान बचा सके। केतकी अपनी बहन कान्ति से विनती करके बुलाती है, ''कान्ती बच्चों के साथ हमारे पास चली आ। घर से घर तो लगे हैं तकलीफ नहीं होगी। लेकिन कान्ती ने जीद पकड़ रखी है, भले ही वहां वह मार जाएगी, पर उस घर में नहीं जएगी। केतकी और कान्ती दोनों एक–दूसरे से इतनी नफरत करते हैं कि परछाई तक पड़ने नहीं देती हैं। बड़ी जेठानी केतकी के आभार–अनुग्रह के बदले में दीवाल में दब कर मर जाना उसके लिए श्रेयस्कर था।''[28]

गोपीनाथ और दोल गोविन्द के बीच आपसी तनाव हमेशा बना रहता है। दोनों ही एक दूसरे पर कीचड़ उछालने में आनन्द अनुभव करते हैं। लेकिन दुख की घड़ी में दोनों ही आपसी दुश्मनी भुला कर एक–दूसरे की जान बचाने की कोशिश करते हैं। गोपीनाथ के घर की आजवेस्टस की छत उड़ जाने के बाद तूफानी बारिश से बचने के लिए सरस्वती मण्डप की ओर भागते हैं और वहां शरण लेते है। दोल गोविन्द पहले से ही सरस्वती मण्डप में शरण लिए हुए हैं। गोपीनाथ जब अपने परिवार के साथ वहां आने से मना करते हैं और अपने घर में ही जमे रहते हैं। दोल गोविन्द कह उठते हैं– ''गोप बच्चों को लेकर सरस्वती मण्डप में चला आ। मुहल्ले के सभी लोग अभी यही हैं। जो होना हागा, वही होगा। तेरे घर की हालत सुरक्षित नहीं है। कब कदम्ब का पेड़ उखड़कर तेरे घर के उपर गिरेगा, कहा नहीं जा सकता।''[29] ग्राम परिवेश की आत्मीयता यहां उजागर हुई है।

महाप्रलयकारी तूफान से बचने के लिए मुक्तापुर गांव के सभी लोग इकत्रित होते हैं– सरस्वती मण्डप में। दोल गोविन्द, चन्द्रमणी, गोविन्द, निकंज, नीलाम्बर, अलेख सभी लोग नीलमणी को ढूंढने के लिए अन्धेरी रात में निकल पड़ते हैं। तूफान से पूरा गांव तहस–नहस हो गया है। केवल सरस्वती मण्डप ही बचा है, जहां पूरा गांव शरण लिया हुआ है। एक युग का अन्त हो रहा है। प्राकृतिक प्रकोप अन्याय अत्याचार, पाप, अधर्म की परि समाप्ति करके एक नए युग का आरम्भ का संकेत दे रहा हे। विनाश एंव नव सृजन के बीच का कालान्तर उभरकर सामने आ रहा है।

ग्रामीण जीवन दर्शन –

'मैला आंचल' के बालदेव जी गांधीजी के विचारों का अनुसरण करते हुए आश्रम में रहकर ग्रामीणों की सेवा करते हैं। ग्रामीण लोगों में जागृति लाने के लिए दिन रात एक कर देते हैं। वह मठ की कोठारिन लछमी से शादी करके मानो एक दलित नारी का उद्धार करते हैं। यद्यपि मठ के महन्तों ने लछमी के साथ बहुत दुर्व्यवहार किए हैं, उसका यौन शोषण

किया है, फिर बालदेव जी उसे अपनाते हैं। बालदेव की मौसी रोज लछमी को गाली बकती है। वह बालदेव से शिकायत करती है कि क्या इसीलिए उसे पाल पोस कर बड़ा किया है कि एक चरित्र हीन लड़की से शादी करके घर बसाले। लछमी ने धोखा की माटी खिलाकर उसे वश में कर लिया है। उसने तो बालदेव को भेंडा बनाकर रख दिया है। लछमी किसी भी तरह से दाल, चावल, गेंहू, आलू आदि चीजें देकर मौसी जी को विदा करती है। बालदेव लछमी के साथ सुखद वैवाहिक जीवन जीना चाहता है। दोनों एक साथ मिलकर मेरीगंज में शान्ति–सद्भाव स्थापित करने का प्रयास करते हैं।

मेरीगंज के जमींदार, शासक हैं तहसीलदार विश्वनाथ प्रसाद मल्लिक। पूरे गांव पर उन्हीं का दबदबा है। दस बीघा जमीन पर उनका खम्हार विस्तृत है। रामकिरपाल सिंह ने अपनी बची खुची जमीन तहसीलदार साहब के पास गिरवी रख दी है। तहसीलदार साहब से सूद पर कर्ज लेकर तीर्थयात्रा पर जा रहे हैं रामकिरपाल सिंह। खेलावन यादव घर में सत्यनारायण पूजा कराने के लिए दो सौ रुपए कर्ज लेना चाहता है। उनके पास पांच हल बैल थे, इस साल एक ही हल से काम चलाएंगे। शिवशंकर सिंह दो हल से ही काम चलाएंगे। गांव वालों की आर्थिक स्थिति इतनी खराब हो गई है कि गांव से बाहर मजदूरी करने जाने की तैयारी करते हैं। तंत्रिमा टोली, कुर्म छत्री टोली, कुसवाहा छत्री टोली, धनुष धारी–छत्री टोली और गहलोट छत्री टोली के जन–मजदूरों की हांडी माघ महीने से ही टंग गई है। उनके खम्हार में जितना धान–अनाज है, उससे तो कई गुना कर्जा है। गांधीजी पर गांव वालों की बड़ी उम्मीदें थीं, पर उन्हें भी जालिमों ने मार दिया।

फुलिया सहदेव को बताता है कि ''तहसीलदार साहब की बेटी शाम से ही, आधी पहर रात तक डागडर बाबू के घर में बैठी रहती है। चान्दनी रात में कोठी के बगीचे में डागडर के हाथ में हाथ डालकर घूमती है। तहसीलदार साहब को कोई कहने की हिम्मत कर सकता है कि उनकी बेटी का चाल–चलन बिगड़ गया है। तहसीलदार हरगौरी सिंह अपनी खास मौसेरी बहन से फंसा हुआ है। बालदेव जी कोठारीन से लटपटा गए हैं। कालीचरण ने चरखा स्कूल की मास्टरनी जी को अपने घर में रख लिया है। उन लोगों को कोई कुछ कहे तो ?...... जितना कानून और पंचायत है सब गरीबों के लिए ही ? हुं।''[30]

मेरीगंज में एक अनहोनी घटना घटती है। जमीन बेदखली को लेकर संथाल टोली और तन्त्रिमाटोली के बीच संघर्ष छिड़ जाता है। तहसीलदार हरगौरीसिंह जमीन बेदखली पर सक्रिय दिखाते हैं। अचानक संथाल टोली के नौजवान, औरतें तीर कमान चलाने लगते हैं। संथालिनों के तीर–कमान से तहसीलदार साहब बुरी तरह से घायल हो जाते हैं। संथालिनें भी पुलिस और सैनिकों की गोली की शिकार हो जाती हैं, कई लोग घायल हो जाते हैं। हरगौरीसिंह हॉस्पिटल में दम तोड़ देते हैं। कालीचरण पुलिस द्वारा गिरफ्तार कर लिए जाते हैं। सोशलिष्ट पार्टी के कई कार्यकर्ता गिरफ्तार कर लिए जाते हैं। संथालटोली के कई लोग

गिरफ्तार होकर कोर्ट में पुलिस रिमाण्ड पर भेज दिए जाते हैं। उन पर मुकदमा चलता है। कालीचरण समेत कई लोगों को जेल की सजा सुनाई जाती है।

पारबती की मां यानी गनेश की नानी की भी हत्या हो जाती है। गनेश किसी भी तरह से बच निकलता है। हीरु नामक लठैत की लाठी के प्रहार से बेचारी पारबती की मां की मौत हो जाती है। उसकी लाश को देखकर कमली रो पड़ती है, क्योंकि वह उसकी मौसी लगती थी। जोतखी काका को लकवा मार देता है। शरीर का एक हिस्सा निष्क्रिय हो गया है। मुंह टेढ़ा हो गया है। एक आंख भी एकदम पथरा गई है। खाट पर ही पैखाना–पेशाब करना पड़ रहा है। रामनारायण उनकी सेवा करता है। पारबती की मां की मौत की रात ही उन्हें पैरालिसिस हो गई। जोतखी जी को अपने किए कर्मों की सजा भुगतनी पड़ रही है। उनके पाप का घड़ा भर चुका है, इसलिए भगवान ने उसे किए की सजा दी है।

विश्वनाथ जी का पाप का घड़ा भर गया है। जीवन के अन्तिम पड़ाव में वह दुखद भरी जिन्दगी जीने के लिए मजबूर हैं। दिन भर ताड़ी पीकर, संथाल टोली का महुआ रस पीकर पड़े रहते हैं। सुमरित दास भी अपने पापों का प्रायश्चित कर रहे हैं। ड़ॉ.प्रशान्त कुछ दिनों के लिए शहर गए हुए हैं अपने रिसर्च प्रोजेक्ट के सिलसिलें में। कमली उन्हें चिट्ठी लिखती है कि वह अब मां बनने जा रही है। चिट्ठी मिलते ही डॉ. प्रशान्त ममता के साथ मेरीगंज के लिए निकल पड़ते हैं। शादी से पहले ही पाप गर्भा होकर कमली मां बनने जा रही है, यह उनके बाबा विश्वनाथ जी को मंजूर नहीं होगा। अतः जल्द ही आकर उनका हाथ मांग ले और शादी कर ले।

ट्रेन पर सफर करते हुए डॉ. प्रशान्त अपने रिसर्च के बारे में ममता से बातें करते हैं। प्रशान्त बताते हैं कि उनका प्रोजेक्ट संपूर्ण नहीं हो सका है। गांववालों पर उन्होंने पूरा विश्वास नहीं हासिल कर सका। मलेरिया–काला आजार पर तो काबू पाने में सफल हो गए, पर लोगों के दिल जीत न सके। ममता कहती है कि गांव की मिट्टी से, गांव की आत्मा से नाता जोड़ने में वह सफल हुए हैं। ममता ट्रेन से खिड़की की ओर निहारती है–''विशाल मैदान। वंध्या धरती। यही वह सफल मैदान–नेपाल से शुरु होकर गंगा किनारे तक–वीरान, धूमिल अंचल। मैदान की सूखी हुई दूबों में चरवाहों ने आग लगा दी है–पंक्तिबद्ध दीपों–जैसी लगती है दूर से। .... तड़बन्ना के ताड़ों की फुननी पर डूबते हुए सूरज की लाली क्रमशः मट मैली हो रही है।''[31] इसी गांव के मैला आंचल को साफ–सुथरा करके एक स्वच्छ–बेदाग आंचल वाला गांव गढ़ने का संकल्प लेते हैं डॉ. प्रशान्त कुमार।

'परती परिकथा' के परानपुर की राजनीति प्रलोभन की राजनीति है। राजनीति का चौधड़ खेलनेवालों के मन में यह विचार जड़ जमा चुका है कि ग्रामीण लोगों के समय–समय पर चमत्कार नारा देते रहो, नारे के जरिए उन्हें अपनी तरफ लुभाते रहो। जनता के हित के

बारे में कोई कार्य करें या ना करें जनता उन अवसरवादी नेताओं का अन्ध समर्थन करते रहेंगे। लुत्तो अपने इसी तिकड़मबाज रवैये का जिक्र करता हुआ कहता है– दोनों कैण्डिडेट, समझिए मेरी मुट्ठी में हैं। मैंने लंगी लगा दी है। एक को सरपंची का लोभ दिया है और दूसरा कुछ रुपया चाहता है। हर व्यक्ति प्रलोभन में ही ठगा जा रहा है।''[32]

जितेन्द्र गांव के लोगों को अपने अधिकारों के बारे में सजग कराता है। उन्हें अपने हक के लिए लड़ने–संघर्ष करने के लिए उत्प्रेरित करता है। भ्रष्ट राजनेताओं के षड़यंत्र को नेस्तनाबुद करने का हौसला देता हुआ कहता है कि उन्हें राजनेताओं के झांसे में न पड़कर अपना हक जताना होगा। वह गांव के लोगों से कहता है–''क्योंकि आपकी दिलचस्पी से उन्हें खतरा है। उन कामों से आपका लगाव होते ही नौकरशाही की मनमानी नहीं चलेगी। एक कप चाय पीने के लिए तीन गैलन तेल जलाकर वे शहर नहीं जा सकेंगे। सीमेन्ट की चोरी–बजारी नहीं कर सकेंगे। एक दिन में होने वाले काम की एक महीने की देरी नहीं लगा सकेंगे। नदियों पर बिना पुल बनाए ही कागज पर पुल बनाकर, बाद में बाढ़ में पुल के बह जाने की रिपोर्ट वे नहीं दे सकेंगे।''[33] वहां की राजनीति ने समस्त मानवीय जीवन मूल्यों को ताक पर रख दिया है। स्वार्थान्धता आज की राजनीति की विशेषता बन गई है। आज औद्योगिक विकास, उन्नत जीवन मूल्य की स्थापना से गांव के सात्विक वातावरण में शहरी सभ्यता का प्रवेश हो चुका है।

शहर में भीड़ में रहकर भी अजनबीपन और अकेलापन महसूस होता है। अब तो गांव में भी यह अजनबीपन–अकेलापन प्रविष्ट करने लगा है। अब गांव में भी एकाकीपन पनपने लगा है। नैतिकता धीरे–धीरे अपना दम तोड़ रही है। निराशा, कुण्ठा और संत्रास ग्राम जीवन में प्रवेश करके घर करने लगे हैं। घूटन–टूटन, विच्छिन्नता बोध जैसी असामाजिक वृत्तियां गांव परिवेश को दूषित करने लगी है। परानपुर के जमींदारों ने लारेन खवास के लड़कों को पशुतुल्य यातनाएं दी हैं, जिसकी प्रतिक्रिया व्यक्तिगत तौर पर प्रकट की गई है। परानपुर गांव में लैण्ड सेटलमेन्ट सर्वे और कोसी प्रोजेक्ट– दोनों जनहितकारी कार्यों के पीछे की धांधली को बेनकाव किया गया है। कई समस्याओं से घिरा हुआ ग्राम जीवन अपनी सहजता खोता जा रहा है। जितेन्द्रनाथ जिस परती जमीन को जोत कर आया है वह परती नहीं उसर जमीन है। ''वह परती नहीं, जमीन की लाश है। जिस पर कफन की तरह फैली हुई है– बालूचरों की पंक्तियां.....लाखों एकड़ भूमि, जिस पर सिर्फ बरसात में तनिक आशा की तरह दूब हरी हो जाती है।''[34]

'माटीमटाल' में ओड़िशा प्रदेश के वनांचल एवं ग्रामीण परिवेश के सामाजिक, आर्थिक, राजनीतिक एवं सांस्कृतिक जीवन प्रवाह सूक्ष्मता पूर्वक चित्रित है। ''जीवन की वास्तविक अनुभूति के साथ–साथ मनुष्य के प्रति अजस्त्र सहानुभूति की धारा उनकी उपन्यास–सृष्टि में प्रवाहित हुई है। ओड़िशा के अवहेलित आदिवासी जीवन, सामाजिक शोषण, मनुष्य के प्रति

मनुष्य के अत्याचार के चित्र से उनकी साहित्य–सृष्टि भास्वर हो उठी है। उनके उपन्यास पाठक के प्राण में सहानुभूति की क्षणिक झलक की सृष्टि के लिए अभिप्रेत नहीं, प्रत्युत भेदभावमय समाज में शोषण, उत्पीड़न का शिकार होकर जीवन जी रहे मनुष्य की अश्रूल जीवन गाथा है।''[35]

ग्रामोद्धार में किसान भाइयों के भगीरथ–परिश्रम को उद्घाटित करता हुआ रवि अपनी भावनाओं को यों व्यक्त करता है– ''किसान मेहनत करता है उत्पादन के लिए, दूसरों का दुखमोचन के लिए, संसार में स्नेह–प्रीति बढ़ाने के लिए। वह अपने पेट के लिए मेहनत नहीं करता, अपने परिवार के लिए कठोर परिश्रम करता है और उसका परिवार है, विशाल मानव समाज। उसी आदर्श को पाथेय करके हिमालय की तरह अटल आशा एवं विश्वास उत्पन्न कराना किसानों का धर्म है। उसके मेहनत–कश हाथों में इन्द्रदेव के बज्र की ताकत समाहित है।''[36] 'माटीमटाल' में लेखक ने गाँधीजी के धर्म–दर्शन को प्रतिष्ठित किया है। स्वातन्त्र्योत्तर भारतीय समाज मे पूँजीवादी सभ्यता जिस तरह भयावह रूप धारण कर रही थी, उसके विरुद्ध मुहिम छेड़ा गया है। ग्रामीण समाज के प्रत्येक व्यक्ति को समान सुविधा–अवसर देने पर बल दिया गया है। गाँधीजी की रामराज्य की परिकल्पना यहाँ साकार हो उठी है।

नागार्जुन के उपन्यासों में जमींदारी प्रथा की जद्दोजहद गरीब मजदूरों का दुर्द्धर्षमय जीवन मार्मिक रूप से चित्रित है। नागार्जुन ने जमींदारी प्रथा के दुष्परिणाम तथा किसानों की दुरावस्था का मार्मिक चित्रण करते हुए किसानों को त्रस्त होते दिखाया है। देपुरा–सतघरा के जमींदार गरीब किसानों का आर्थिक एवं मानसिक शोषण में सक्रिय दिखाई पड़ते हैं। वे लोग अपने षड़यन्त्र के जाल में फँसाकर किसानों की जमीन हड़पने, चक्रवृद्धि व्याज लगाकर उनकी सकल सम्पत्ति अपने नाम करने से पीछे नहीं हटते हैं।

भगवान मनुष्य को इस लिए दुख देते हैं ताकि उस दुख को सहन करने की शक्ति उसके अन्दर जाग्रत हो। उस दुख के संताप में तपकर जीवन कुन्दन की तरह परिपक्व एवं शक्त बनता है। हमें जीवन के दुख–सन्ताप से निराश नहीं होना चाहिए बल्कि भगवान के प्रति कृतार्थ होना चाहिए कि उन्होंने हमें कठोर परीक्षा देने का मौका दिया है, जिस परीक्षा में उत्तीर्ण होकर हमें अपने जीवन को सुखमय एवं सुन्दरमय बनाना है। दुख के विराट पहाड़ के सामने भले ही हमारी उम्मीदें पलभर के लिए फीकी पड़ जाय परन्तु हमारे हौसले कभी मंद नहीं होने चाहिए। नेक इरादे और बुलन्द हौसले हमारे जीवन में निश्चित रूप से सुख–समृद्धि लाने में सहायक होते हैं। बलचनमा के साथ कुछ ऐसा ही होता है।

गरीब किसान–मजदूरों के प्रति साहूकार–जमीदारों के अन्याय–अत्याचार को स्वयं बलचनमा यों व्यक्त करता है, ''मंझले मालिक सौ कसाई के एक कसाई थे। बाबू के मरने पर बारह रुपये माँ को उन्होंने कर्ज दिये थे। बदले में सादे कागज पर अँगूठे का निशान ले लिया था। सूद देते–देते हम थक गये, मूर ज्यों का त्यों खड़ा था। छोटी मलिकाइन दुअन्नी

के हिसाब से साल भर का दरमाह डेढ़ रुपया देती थीं, उतने से क्या होता।"[37] नागार्जुन ने यहाँ अपने अंचल में परिव्याप्त गरीब जनता के प्रति जमींदारों की क्रूरता, व्यभिचारिता और अमानुषिक दुर्व्यवहार का सफल चित्राांकन किया है।

नागार्जुन ने ग्रामीण जनता में देशोद्धार तथा ग्रामोद्धार की भावना जाग्रत करके ग्रामीण जीवन में विशेष सुधार लाने का काम किया है। 'वरुण के बेटे' में मोहन माझी अपने आस–पास के पचासों गाँव के किसानों को संगठित करके एक किसान महासभा का आयोजन करता है एवं ग्रामोद्वार का सफल उद्यम करता है। 'बलचनमा' में भी बलचनमा किसानों को संगठित कराकर अपने हक की लड़ाई लड़ने के लिए कमर कसता है। किसान भाइयों के जीवन में सुख–समृद्धि लाने के लिए किसानों में जागरण की एक नई लहर दौड़ायी गई है। कृषकों के सम्मिलित कृषि कार्य एवं आधुनिक कृषि–प्रणाली से एक नवीन हरित क्रान्ति का आह्वान उनके उपन्यासों में हुआ है।

नागार्जुन की कथा कृतियों में वहाँ के ग्रामीण जन जीवन के सादगीमय जीवन प्रवाह, किसान आन्दोलन, जमींदारी प्रथा, धार्मिक–सात्विक प्रवृत्ति, नारी समाज की दुर्दशा, अवैध यौन संबन्ध तथा यौन शोषण, ग्रामोद्धार अभियान आदि ग्रामीण जीवन के विविध रूपों का सफल रुपायन हुआ है। "नागार्जुन की सामाजिक चेतना के आयामों में गाँव की बोली–बानी, खान–पान, रहन–सहन, रीति–रिवाज, ढोंग–पाखण्ड, शोषण–आतंक और सोच का तरीका आदि अब कुछ व्यापकता के साथ प्रस्तुत हुआ है। उन्होंन गाँव में बसने वाले मूक जनों को वाणी दी है।"[38]

'बन गहनर तले' में छह साल की सजा काटकर बाया जेल से छूटकर प्रतिशोध की आग में जलने लगता है। वह घर पहुंच कर कन्धे पे टांगिया पकड़ कर मागता के घर की ओर बढ़ता है। मागता के घर के सामने उसे ललकारता है और जान से मार देने की धमकी देता है। मागता जान के डर से घर में चूहे की तरह दुबका बैठा है, बाहर निकल नहीं पाता।"बाया के कन्धे पर टांगिया झूल रहा है। एक बार यदि मागता उसका हाथ लग जाता। मागता, जिसने सुना को उसके सीने से छुड़ाकर ले गया है, कोर्ट में झूठा बयान देकर जेल करवाया है, उसके कन्धे से सिर अलग हो जाता। बाया का खून खौलने लगा। मागता कहां है ? इतने समय तक घर वापस क्यों नहीं आया है ? एक ही चोट में उसका सिर धर से अलग कर देता और वह खुद कटा हुआ सिर लेकर थाना में हाजिर हो जाता है।"[39]

अपने प्रेमी बाया की आवाज सुनकर सुना खुद को रोक नहीं पाती। वह घर से बाहर निकलती है और बाया को गले लगा लेती है। बाया के सीने पर सिर रखकर सुना रोने लगती है और मागता को माफ कर देने की विनती करती है। सुना को रोता हुआ देखकर बाया का दिल पिघल जाता है, वह प्रतिशोध की आग में जो जल रहा था अब शान्त होने

लगता है। सुना अपनी वेदना बाया को सुनाती है और उसके साथ भागकर शादी करने की मनसा जाहिर करती है। सुना अपनी बेटी को लता की गोद में सौंपकर निमगिरी पहाड़ की ओर चढ़कर वहां सुखद जीवन बिताने का आग्रह करती है।

'का' में सुनन्द की दूसरी पत्नी तथा नन्दिका की सौतन के रुप में ललिता घर में आती है। नन्दिका के लिए यह घटना अत्यन्त हृदय विदारक है। फिर भी वह अपने ससुराल–वंश को आगे बढ़ाने के लिए ललिता को अपनी सौतन नहीं, बल्कि बहन के रुप में ग्रहण करती है। नन्दिका और ललिता दोनों सगी बहन की तरह एक ही कमरे में सोती है, एक ही थाली में खाती है, सुख–दुख बांटकर जिन्दगी जीते हैं। गांव भर में उन दोनों के प्रेम–सौहार्द्र की चर्चा होने लगती है। विशेष रुप से गांव की औरतें दोनों पर जलती हैं, घर–घर में सभा बैठती है चर्चाएं होती हैं। ''औरतों में चर्चा हो रही है। वे दोनों पागल हैं, ठरहरी हैं, फूलही हैं। सिर्फ दिखावा कर रही हैं, भल मनसी दिखा रही हैं। एक 'का' और दूसरी 'सा'। नमक जहां रखा जाता है, वह हण्डा को ही खा जाता है। मन ही मन दोनों को एक– दूसरे के प्रति ईर्ष्या खाई जा रही है। देखना, एक दिन दोनों लड़ाई–झगड़ा करके बाहर निकल आएगी। लक्ष्मी–सरस्वती तो एक–दूसरे को सह नहीं पाती हैं, एक साथ शान्ति से रह नहीं पाती हैं, ये दोनों किस खेत की मूली हैं।''[40]

सुनन्द बाबू गांव में उन्नत कृषि प्रणाली अपना कर फसल–पैदावार में बढ़ोतरी लाने का प्रयास करते हैं। गांव में किसान भाइयों को इकट्ठा करके 'कोठचाष' सम्मिलित रुप से कृषि कार्य करके कृषकों के जीवन में समृद्धि लाने की योजना बनाते हैं। विनोबा भावे के भूदान आन्दोलन को सार्थक बनाने के लिए किसानों में जागृति खड़ा करना चाहते हैं। गांव के लोगों में एकात्मबोध जगाने के लिए कोठचाष जैसी आधुनिक योजना लागू करने पर पहल की जाती है। सुनन्द गांव में किसानों की मीटिंग कराकर उन्नत आधुनिक प्रणाली से कृषिकार्य की शुरुआत करना चाहते हैं, जो गांव–देहात के लोगों के लिए खुशी की बात है।

गांव देहात में सास–बहू के बीच मां बेटी का सम्बन्ध होता है। एक बहू अपने मां–बाप को छोड़कर ससुराल में आती है। ससुराल में आकर सास–ससुर का प्यार–दुलार पाकर वह अपने मायके वालों को भूल जाती है। अपने पति के प्यार एवं परिवार वालों का दुलार पाकर बहू घर को एक मन्दिर के रुप में गढ़ती है। वह सुबह से लेकर शाम तक, रात तक घर–गृहस्थी के काम में जुटी रहती है। यहां सास अपनी बहू को बेटी का प्यार देती है, ननद अपनी भाभी में बड़ी बहन की तस्वीर देखती है, देवर अपनी भाभी को मां–समान सम्मान देता है, ससुर जी अपनी बहू को बेटी की नजर से देखते हैं।

नन्दिका ऐसी ही खूब किस्मत बहू है जो अभया के घर बहू बनके आई है और उनकी बेटी बन गई है। अभया जब बीमार पड़ती है, नन्दिका उनकी सेवा में दिन रात एक कर देती है। जैसे ही वह कुछ ठीक होती है अपनी बहू के पास चली आती है और उसे बेटी

की तरह दुलारती है। कनी और सुमित्रा दोनों उनके हाथ पकड़कर नन्दिका के कमरे तक लेकर आती है। घर की काली गाय मवेशी खाने से ही रम्भाने लगती है। शीतल चांदनी खुले आसमान से झड़ने लगी है। घर के पिछवाड़े पर चांद अपना चेहरा छुपाने के लिए तत्पर है।

'एई गां एई माटी'में गांव के जमींदार सामन्तरॉय एक भ्रष्ट आचरण वाला व्यक्ति है। वह पूरे गांव के लोगों का आर्थिक–शारीरिक–मानसिक शोषण करके फल–फूल रहा है। पूरे गांव पर उसकी दबदबा है। वह चाहे जितना भी अपराध क्यों न करे, गांव के किसी भी व्यक्ति में दम नहीं है कि उनके खिलाफ आवाज उठा सके, उनकी करतूतों का पर्दाफाश कर सके। सामन्तरॉय एक चरित्र हीन लोलूप दृष्टि संपन्न व्यक्ति है। उनकी जमींदारी के समय वे आम लोगों के साथ बड़ा गलत बर्ताव करते थे। किसानों–मजदूरों के साथ जानवरों जैसा व्यवहार करते थे। छोटे–से छोटे अपराध के लिए कठोर–से–कठोर दण्ड दिया करते थे। अपने पाप कर्मों के प्रायश्चित स्वरुप कुछ धर्म–अनुष्ठान भी किया करते थे। गांव की बेटियों को तो गलत नजर से नहीं देखते, पर बहुओं के घुंघट के नीचे उनकी नजर दौड़ती रहती है। गांव की खूबसूरत बहुओं को देखकर उनका खून खैल उठता है। किसी भी तरह से उन औरतों को अपनी गिरफ्त में फंसाने का जाल बिछाते हैं और खमार घर में बुलाकर अपनी हवश का शिकार बनाते हैं।

लेखक के शब्दों में, "गांव की सभी लड़कियां उनकी बेटियां हैं, किन्तु गांव में कोई भी बहू जब दुल्हन बनकर आती है तो उनका खून खैल उठता है। उसे अपनी हवश की गिरफ्त में लेने के लिए लालायित हो उठता है। दलाल भेजकर वह पता लगवाते हैं कि दुल्हन कुछ पल के लिए उन्हें विह्वल कर पाएगी या नहीं। यदि दलाल हां भरता है, तो इसी घर, इसी माटी में, इसी खमार घर की मिट्‌टी में जाने कितनी अभागिन दुल्हनों की अश्रूल कहानी लिपिबद्ध है। कितनी ही बहुओं का अभिशप्त जीवन इतिहास इसमें छिपा हुआ है।"[41] जमींदार नबघन सामन्तरॉय के कुकृत्य अब इतिहास बन गए हैं। स्वतंत्रता प्राप्ति के बाद जमींदारी प्रथा निर्मूलन से उनके सभी अन्याय–अत्याचार, शोषण–दोहन की परिसमाप्ति हुई है। अब वह भी गांव में सामान्य जनों की तरह सामान्य जीवन जीने लगे हैं। लेकिन सामन्तरॉय के बेटे यदुनन्दन अपनी पत्नी केतकी को अपने घर में लेकर ग्रामीण सामाजिक प्रतिष्ठा नहीं दे पाते जिसके सुनहले सपने केतकी ने देख रखे थे।

राधा माधव मठ के मठाधीश महाराज कृष्णचन्द्र दास राधा माधव की भक्ति से विच्युत होकर राजनीति पर उतर आते हैं। मठ का भक्ति का माहौल कलूषित होने लगता है। वहां ईश्वर भक्ति, पूजा, उपासना के स्थान पर ग्राम पंचायत की मिटिंग, राजनीतिक दावपेंच खेले जाते हैं। बी.डी.ओ. ब्लाक डेवलपमेंट ऑफिसर' महोदय तुलसीवन में राधामाधव मठ के हिसाब–किताब का लेखा जोखा लेने आते हैं। मठ क्योंकि सरकारी हो गया है, सरकारी फण्ड दिए गए हैं, जिसकी वार्षिक रिपोर्ट नए सरपंच कृष्णचन्द्र दास को देनी है। कृष्णचन्द्र

दास पूराने सरपंच मिछू महान्ती को शिकस्त देकर नए सरपंच बने हैं। गांव के क्लब की लाइब्रेरी के लिए दी गई सरकारी राशि से किताब न खरीदकर सरपंच महोदय भजन–कीर्तन के सरंजाम खरीद लिए हैं।

'वधू निरुपमा' की निरुपमा ग्रामीण जन जीवन के विच्छिन्नता बोध से असन्तुष्ट रहती है। उसके अन्दर ग्राम परिवेश की सात्विकता, पवित्रता के प्रति जो आत्मीयता थी, वह खत्म हो गई है। ग्रामीण जनों के बीच अब एकात्मबोध पूरी तरह से नष्ट होने लगा। लोग एक–दूसरे के सुख–दूख के भागीदार बनने के बजाय एक–दूसरे के प्रति नफरत की भावना रखने लगे हैं। अब के गांव पहले के गांव जैसे नहीं रह गए हैं। गांव का शान्त–निर्मल वातावरण आज लोगों की संकीर्ण मानसिकता की कालिमा से दूषित हो गया है। सास–बहू के बीच, बाप–बेटे के बीच, भाई–भाई के बीच नफरत, टकरार, परायापन भर गया है।

निरुपमा घर में खिड़की की ओर निहारती हुई खेत–खलिहानों को देखने लगती है। निर्मल को याद करने लगती है, अतीत की बातों को याद करने लगती है। निर्मल प्यार भरे शब्दों में निरु से कहा करता था, "गांव–देहात में सिनेमा नहीं है, क्लब नहीं है। पर पेड़ों में फूल है, खेतों में फसल है। बगीचे के फूलों से मैं तुम्हारी सेज सजाउंगी। शहरी जीवन में जब घुटन महसूस होगी, चले जाएंगे गांव की उन फसल–क्यारियों के बीच। कड़ी मेहनत करके, पसीना बहाकर, खेत में सोने की फसल खड़ा करुंगा, तुम मेरे पास रह कर गाती रहोगी सुन्दर मन भुलैया गीत.........। मैं पल भर के लिए भूल जाउंगा जीवन की सभी ग्लानि की तिक्तता, प्रखरता।"[42]

'चपल छन्दा' के बैरीगंजन धन बल से और छल से चुनाव जीत जाते हैं। अन्धारीगढ़ के आदिवासी–हरिजनों को शराब–गांजा पीलाकर, सुख सुविधा मुहैया कराने का छल दिखाकर बैरीगंजन बहुमत से चुनाव जीत जाते हैं। आदिवासी समुदायों का वोट उन्हीं के हिस्से में जाता है क्योंकि उन्होंने आदिवासियों को अपने वश में कर लिया था। सूर्यमणी आम जनता के इस फैसले से निराश हो जाते हैं। वह जनता को समझाना चाहते हैं कि वे उचित जन–प्रतिनिधि चुने, जो उनके जीवन में सुख–समृद्धि ला सके। सूर्यमणी गांव–देहात के लोगों को सही राह दिखाते हुए अपने कर्म पर विश्वास करने की अपील करते हैं। देश की तस्वीर यदि हमें बदलनी है तो हमें अपने आप को कर्म पथ पर अग्रसरित करना होगा। देश की आम जनता का मनोबल मजबूत होगा, हीराकूद की बिजली से भी ज्यादा उनकी दृष्टि शक्ति उर्जावान होगी, राउलकेला के स्टील से भी उनका मन सख्त–मजबूत होगा। तभी देश मजबूत होगा, समृद्धमय होगा, जनतान्त्रिक शासन व्यवस्था सही ढंग से कायम हो सकेगी।

सूर्यमणी इस मसले को गंभीरता से लेते हुए मन ही मन सोचते हैं, "अब उन्हें कुराढ़ी पकड़नी होगी। शराब के बदले दूध, हाण्डिया के बदले भात चावल भरा हण्डा, गांजा के नशा के बदले पढ़ाई करने का नशा लोगों के अन्दर डालने होंगे। यही गांव उनकी कर्मभूमि होगा,

यही लोग उनके अस्त्र होंगे। फसल, खेत, पाठशाला से ही नवीन स्वाधीनता जन्म लेगी। चीजों के प्राचुर्य और ज्ञान के प्रकाश के अन्दर से ही लोग स्वाधीनता का स्वाद चखेंगे। विधानसभा, मंत्री पद, कुर्सी का नशा आदि से वह खुद को अलग रखेंगे।''[43] सूर्यमणी गांधीवादी विचारों से अनुप्राणित होकर ग्राम जनों का उद्धार करना चाहते हैं, हरिजनों–आदिवासियों का जीवन स्तर सुधारना चाहते हैं। उनका जीवन मूल्य उंचा करना चाहते हैं।

बैरीगंजन के अन्याय–अत्याचार के खिलाफ सरकार या कानून भले ही कोई कार्यवाही नहीं कर पाता पर प्रकृति अपना आक्रोश जरुर व्यक्त करता है। अन्धारीगढ़ के काले कारनामों को, यातना नगरी की सारी यातनाओं को समाप्त करने के लिए ब्राह्मणी नदी आज नागिन की तरह फूत्कार मार रही है। ब्राह्मणी अपने जल प्लावन से अन्धारीगढ़ को समाप्त कर देना चाहती है। ''इंजिनियरों ने आगाह कर दिया है कि जिस गति से ब्राह्मणी हर पल आगे बढ़ रही है, उसकी सर्वग्रासी क्षुधा से यातना नगरी का राज प्रासाद चारो तरफ से घिर चुका है। इसके बाद ब्राह्मणी की धारा इस राज प्रासाद के पास प्रखर हो उठेगी। अभी ब्राह्मणी की धारा जिस तरह से प्रखर हो उठी है, उस स्रोत के सामने आ जाने से राजमहल नहीं बच सकेगा।''[44] राजमहल के किनारे शान्त भाव से प्रवाहित होने वाली ब्राह्मणी आज अपना कहर बरपा रही है, अन्धारीगढ़ को काल के अन्धकारमय गर्त में समाहित कर लेने के लिए कमर कस चुकी है।

'पानी के प्राचीर' में पाण्डेपुरवा गांव में जब प्लेग की बीमारी फैलती है, इसे शीतला माता का प्रकोप मानकर लोग उनकी मिन्नतें रखने लगते हैं। लोग इस बीमारी से गांव को बचाने के लिए देवी–देवताओं की पूजा अर्चना करने लगते हैं। पपीहा पाण्डे ने कल काली माई को गाली दे दी थी, इसीलिए प्लेग की बीमारी से गिल्टी हो गई। इससे लोगों में भय पैदा हो जाता है कि जरुर यह काली माई का प्रकोप है। गांव भर में देवी–देवताओं की मनुहार हो रही है। लोगों में विश्वास है कि देवी–देवता ही गांव के प्लेग की बीमारी से मुक्ति दिला सकते हैं। पाण्डेपुरवा ही नहीं गांव–देहात के लोगों में धर्मान्धता इस कदर भरी हुई है कि किसी बीमारी को भी देवी–देवताओं का प्रकोप मानकर मिन्नतें रखते हैं, पूजा पाठ करते हैं, मुर्गा, बकरा देकर सन्तुष्ट करने की चेष्टा करते हैं।

बिन्दिया चमारिन के अन्दर स्वाभिमान कूट–कूट कर भरा हुआ है। यद्यपि वह वैजनाथ तिवारी से सम्बन्ध रखी हुई है। बैजनाथ और बिन्दिया के सम्बन्ध को लेकर गांव में असन्तोष फैलता है। गांव का मुखिया इसे ब्राह्मण का धर्मभ्रष्ट मानकर और गांव की बेइज्जती समझकर बिन्दिया की झोपड़ी को चौकीदार के हाथों उजड़वा देता है। बिन्दिया मुखिया के सामने हाथ–पांव जोड़कर गिड़गिड़ाती है कि उसका घर–संसार न उजाड़े, पर वह नहीं मानते। उनके सामने ही वह सभी ब्राह्मण लड़कों का पर्दाफाश कर देती है, जो

उसके पीछे चमार बनने को उतारु हैं।

बिन्दिया मुखिया के बेटे महेश तथा रग्घू बाबा के नाती विरेन्दर से लातों से बात करने की पुष्टि करती हुई उनकी सारी कलई खोल के रख देती है। गुलाबी नाम की एक औरत जब विधवा हो जाती है तो गांव के लोग उसकी सारी सम्पत्ति हड़प लेते हैं, अनाज चोरी करके ले जाते हैं। बैजू उसका हाथ थामता है और गुलाबी उसके बच्चे की मां बन जाती है तो गांव भर के लोग मुखिया के साथ शिकायत करने लगते हैं। गुलाबी बैज को अपना सबकुछ मानकर गांव वालों का मुंह बन्द कर देती है।

'जल टूटता हुआ' के महीप सिंह एक अवसरवादी नेता हैं। आजादी के पहले देश को स्वतन्त्र कराने में उसने कोई भूमिका नहीं निभाई थी। उसने स्वतन्त्रता आन्दोलन के कार्यकर्ताओं के खिलाफ षडयंत्र रचा था। देश को आजादी दिलाने वाले देश प्रेमी नेता के खिलाफ जाकर अंग्रेजों का साथ देने वाला महीप सिंह आजादी मिलते ही कांग्रेस का कार्यकर्ता बन जाता है। अपनी स्वार्थ–पूर्ति के लिए वह कांग्रेसी नेता बनकर देश सेवा का ढोंग रचता है। वह तिकड़मबाजी के बलपर कांग्रेसी नेता से उपर उठ कर जिला बोर्ड़ का सदस्य बन जाता है। वह नेताओं की नजर में एक प्रिय लोक सेवक बन गया है, पर आम जनता की सेवा करना तो दूर, उनका शोषण करता है। पहले वह अंग्रेज अधिकारियों के पास फलों की डालियां भेजता था, अब स्वतन्त्रता दिवस के अवसर पर स्कूल के बच्चों के बहाने कांग्रेसी नेताओं के पास मिठाइयों की डलियां भेजता है। बच्चे समझ नहीं पाते कि यह मिठाइयां किसकी ओर से है–सरकार की ओर से या महीप सिंह की ओर से।

सतीश गांधीवादी सत्यवादी युवक है। गांव की भ्रष्ट राजनीति शोषण तंत्र से उसका व्यक्तित्व टूट रहा है। कम्युनिस्ट नेता से उसकी गहरी दोस्ती थी, उसे अपना दोस्त समझने वाला सतीश को महीप सिंह धोखा दे देता है। महीप सिंह और दीनदयाल दोनों सत्ता हथियाने के लिए पैंतरे बदलने लगते हैं। चुनाव के समय गांव का माहौल पूरी तरह से बदल जाता है। सतीश कुछ समझ नहीं पाता है कि गांव में कौन अपना कौन पराया है। गांव में भ्रष्ट राजनीति का प्रभाव पड़ने लगता है। गांव की आत्मीयता, सात्विकता, विश्वासबोध जल की तरह टूट रहे हैं। वह महसूस करता है–''गांव टूट रहा है, मूल्य टूट रहे हैं, सत्य टूट रहा है। कोई किसी का नहीं, अभी अकलक हैं, एक–दूसरे के तमाशाई वहीं सबका ठेका लिए फिरे...... गांव....गांव टूट रहा है।''[45] आजादी के बाद भ्रष्ट राजनीति ने गांव को पूरी तरह से तोड़ा है, एकात्मबोध को कुचल कर रख दिया है।

'सागर, लहरें और मनुष्य' में बरसोवा की एक सामान्य युवती अपनी उच्चाभिलाषी तमन्नाओं को पूरी करने के लिए क्या क्या नहीं करती। माणिक जैसे राक्षस के चंगुल से छूटकर वह धीरुवाला जैसे कामुक पुरुष के जाल में फंस जती है। वहां उसके साथ महीना भर सह जीवन व्यतीत करन के बाद धिरुवाला से धोखा खाकर दर–दर की ठोकरें खाने को

मजबूर हो गई। तभी उसकी जिन्दगी में डॉ. पाण्डुरंग जैसे सरीफ इनसान आया, जिनके साथ दाम्पत्य जीवन का सुख नसीब हो सका। धन–दौलत ऐसो–आराम के पीछे पागल बनी रत्ना आखिर जीवन का महत्व समझती है और पहला प्यार यशवन्त के प्रति कृतज्ञता ज्ञापन करती हुई डॉ. पाण्डुरंग के साथ एक नई जिन्दगी की शुरुआत करती पंचगनी में घर–संसार बसाने के लिए निकल पड़ी। डॉक्टर साहब के बाल हवा के नर्म झोकें से उड़े जा रहे थे और मोहग्रस्त रत्ना उन उड़ते बालों से अपने सपने बुनने में व्यस्त थी।

रत्ना बरसोवा के ग्राम जीवन को हेय दृष्टि से देखती है। शहर की चकाचौंध की तरफ आकर्षित होकर शहरी जीवन जीने के लिए लालायित हो उठती है। वह बम्बई जाकर माणिक के साथ भोग विलास की जिन्दगी जीती हुई बरसोवा के जीवन को निम्न दृष्टि से देखती है। वह मन ही मन सोचती है,''बरसोवा का जीवन, वहां के निवासी जैसे जंगल में रहनेवाले हों। विज्ञान के इस चमत्कार में भी हम आदिम रुप से आगे नहीं बढ़ पाए हैं। वही पुराना मछली मारने का काम, वही पुराना रहने का ढ़ंग। पुराने मकान, पुराने विचार, पुरानी बातें। उसने इतना पढ़ा है तो क्या मां की तरह मछली मारकर मार्केट में जाकर बेचने के लिए। ये बड़े आकाश चुमनेवाले मकान, उनका वैभव, रहन–सहन का ढंग, मोटर गाड़ी, हवाई जहाज, बर्गो की सैर, नए–नए फैशन के कपड़े, ये एक से एक सुन्दर गहने जिन्हें पहनकर कुरुप भी सुन्दर लगने लगे, क्या उसके लिए नहीं है, कहां यह कहां बरसोवा।''[46]

बम्बई महानगरी मायानगरी के करीब ही बसी हुई एक बरसोवा जो महानगरीय जीवन से कुछ ही दूरी पर बसी हुई है, जहां के लोग असभ्य, अशिक्षित, अनुन्नत जीवन जीने के लिए मजबूर है। बरसोवा के कोली जन जाति के लोग अपनी पुस्तैनी आजीविका चलाने में मशगुल हैं। सदियों से चली आ रही परपंरा को गतिशील बनाने बरसोवा के मछलीमार सागर–गर्भ में मछली मारकर जीवन बसर कर रहे हैं, हरपल चुनौतियों से लड़ रहे हैं और आखिर विजय भी प्राप्त कर रहे हैं। उनके मन में अपने पुस्तैनी कर्म के प्रति सम्मोहन है, लगाव है, जिसे किसी भी कीमत पर छोड़ना नहीं चाहते। सागर की लहरों में जिन्दगी बितानेवाले मनुष्यों की जीवन तरंगों का चित्रण प्रतीकात्मक ढ़ंग से किया गया है। उसी बस्ती में पैदा हुई एक लड़की अपनी पारंपरित वृत्ति के प्रति नफरत की भावना रखती है, कम पढ़ी लिखी होकर भी उच्च अभिलाषा रखती है। उसकी इसी उच्च अभिलाषा, महत्वाकांक्षी भावना ने उसे कहीं का नहीं छोड़ा है, वह पूरी तरह से न तो गांव की हो सकी है और न ही शहर की। रत्ना की हर उपन्यास के प्रत्येक पृष्ठ पर उद्भासित है।

उपन्यास के विषय में डॉ. नीलम मैगजिन गर्ग का यह कथन गौरतलब है–''यह उपन्यास हिन्दी उपन्यास साहित्य में एक नवीन प्रयोग है। जिस क्षेत्र को पृष्ठभूमि के रुप में चुना गया है, वह आज तक अछूता रह गया था। सागर की लहरों से खेलनेवाले मनुष्य को अब तक गहराई से जानने का प्रयत्न किसी उपन्यासकार ने नहीं किया था। यह मनुष्य

साहसी है, परन्तु अल्प बृद्धि रखता है, अशिक्षित है तथा उसमें बेहद पिछड़ापन है। इस प्रकार विषय की नवीनता के कारण उपन्यास रोचक बन पड़ा है।"[47] सभ्य, शिक्षित, आधुनिक समाज से उपेक्षित तिरस्कृत मछलीमारों के जीवन संघर्ष चित्रण के साथ–साथ उनके प्रति जो संवेदनात्मक दृष्टि इसमें रखी गई है, वह उदयशंकर भट्ट जी के संवेदनशील व्यक्तित्व की परिचायक है।

'कालान्तर' में हम देखते हैं कि समुद्री तट पर पूर्वी तूफान ने तबाही मचाई थी। अबकी बार पश्चिमी तूफान ने महा विनाश, महा संहार, महा भैरव मूर्ति धारण करके पुरे इलाके को तहस–नहस करने की ठान ली है। माली मिश्र, उद्धव शतपथी, दाम सतपथी, सरपंच हरि सान्तरा, दोल गोविन्द सरीखे लोग केतकी की पंचायत कर रहे होते हैं, तभी अचानक तूफान आ खड़ा होता है। लोग अपने–अपने घरों की ओर भागते हैं और सुरक्षित जगहों में शरण लेते हैं। नीलाम्बर इस प्रलयकारी तूफान से बचने के लिए अपने घर की तरफ दौड़ते हैं। उस पश्चिमी तूफान की भयावहता लेखक के इन शब्दों में समझी जा सकती है– चारो तरफ घिरी हुई थी सिर्फ घनघोर बारिश, तेज हवा और शाम की झुरमुट कालिमा। आगे बढ़ना नीलाम्बर के लिए कठिन हो रहा था। छत के छपर से लेकर पेड़ के टूटे शाख–पांत और छत के घास–फूंस सब कुछ उड़ कर आकर नीलाम्बर के शरीर पर आघात कर रहे थे। मानो प्रेतों की एक झुण्ड इकट्ठे होकर शाम के अन्धेरे में प्रेत–नृत्य कर रहे हों।"[48]

नीलाम्बर किसी भी तरह से वहां से भागते हुए गांव–बस्ती में पहुंचते हैं। 'हरि बोल, हरि बोल' ध्वनि उच्चारण करते हुए अनाम दास बाबा घर में दरवाजा बन्द करके बैठे हुए हैं। पर बाबा जी अन्दर ही डटे रहते हैं। बड़ी मुश्किल से नीलाम्बर उन्हें घर से बाहर निकाल कर सरस्वती मण्डप में पहुंचाते हैं। केतकी, कुन्ती के साथ गांव की सभी औरतें वहां पहुंचकर चैन की सांस लेते हैं। मुक्तापुर की पूरी आबादी वहां शरण ली हुई है। चन्द्रमणी, गोप दादी, दोल दादी, नीलाम्बर सभी लोग आपसी दुश्मनी भुलाकर सरस्वती मण्डप में एकात्म होकर प्राकृतिक प्रकोप से मुक्ति पाने के लिए इकत्रित हैं।

आधुनिक युगबोध –

आजादी के बाद भारतीय ग्रामीण परिवेश में आधुनिकता का प्रकाश बहुरंगी छटा के साथ प्रकाशित होने लगा। आजादी के पूर्व देश का ग्रामीण समाज अनेक विद्रूपताओं से ग्रस्त था। स्वदेशी शासन व्यवस्थानुसार देश के चहुमुखी विकास का विराट अभियान चलाकर ग्रामीण समाज के उत्कर्ष के लिए अनेक सकारात्मक कदम सरकार की तरफ से उठाये गये। भारतीय मुक्ति–संग्राम के पुरोधा महात्मा गाँधी ने ग्राम्य जीवन के उद्धार से ही देश की समृद्धि पर बल दिया। उन्होंने सर्वोदय समाज, ग्रामोद्वार समिति का गठन, कुटीर शिल्पोद्योग

की स्थापना, नारी सशक्तीकरण, जाति प्रथा उच्छेद आदि के द्वारा गाँव को समृद्ध बनाये जाने पर विशेष महत्व दिया। राष्ट्र नायक पण्डित नेहरु ने भी भारत वर्ष को विकसित राष्ट्र में रूप में गढ़ने के लिए अनेक विकासोन्मुखी योजनाओं की शुरुआत की, जिनमें ग्रामीण क्षेत्र के विकास को प्रमुखता दी गई। इन राष्ट्र नायकों के पूर्व भी राजा राममोहन राय, दयानन्द सरस्वती, विवेकानन्द आदि महान विभूतियों ने आधुनिक राष्ट्र–निर्माण का सूत्रापात किया था।

विशिष्ट ओड़िया समालोचक डॉ. रंजिता नायक के मतानुसार, ''जीवन और जीविका को सरस–सुन्दर करने के लिए महान्ती जी ने मनुष्य के हाथ में धर्म का ध्वज थमाया है। जीवन को सन्तुलित करने के लिए उन्होंने सजग कराया है। उन्होंने प्राचीन धार्मिक मान्यताओं के विरुद्ध चल कर मानव समाज के हित के लिए नूतन मानवीय धर्म की परिकल्पना के साथ मनुष्य, परिवार, उत्कलीय समाज तथा पूरे विश्व को सरस–सुन्दर रूप में गढ़ने का स्वप्न देखा है। अतः उनके उपन्यासों में वर्णित धर्म–धारणा एक शोषण हीन आधुनिक समाज–निर्माण के लिए आह्वान तथा मानवता के नव निर्माण की प्रेरणा प्रदान करती है।''[49]

गोपीनाथ महान्ती के उपन्यासों में गाँधीजी द्वारा प्रवर्तित भूदान आन्दोलन तथा सर्वोदय समाज–निर्माण का ओजस्वी स्वर गुंजायमान है। उनके उपन्यासों में ग्रामोद्वार समिति–गठन एवं सर्वोदय समाज–निर्माण के जरिए ग्रामीण समाज के विकास पर प्रबलता दिखाई गयी है। ग्रामीण परिवेश में परिव्याप्त ऊँच–नीच, अमीर–गरीब, किसान–जमींदार, छुत–अछूत सरीखे भेद भाव को मिटा कर एक कुशल ग्राम परिवेश–निर्माण का प्रयास हुआ है।

'माटी मटाल' में सर्वोदय समाज–निर्माण की यथार्थ छवि उतारी गई है। आदर्श ग्रामीण युवक रवि आत्मोत्सर्ग की भावना से प्रेरित होकर ग्रामोद्धार का विराट अभियान चलाकर समग्र ग्रामीण जीवन का उत्कर्ष साधित करता है। प्राचीन रुढ़ीवादी मान्यताओं, परम्पराओं का निर्मूलन करके आधुनिक मूल्यबोध की प्राण–प्रतिष्ठा से समस्त ग्रामीण जनों का भाग्योदय कराना रवि का जीवन–लक्ष्य है। सर्वोदय समाज–निर्माण का महामन्त्र गाँव वासियों के समक्ष फूँकता हुआ रवि कहता है, ''वैमनस्य का भाव अभाव से उत्पन्न होता है। पूरा गाँव यदि एक होकर सभी लोगों के लिए रोटी, कपड़ा और मकान मुहैया कराएगा और सभी लोग एक परिवार तुल्य जिन्दगी जीयेंगे तो फिर झगड़ा–फिसाद क्यों होगा ? यहाँ कोई अमीर नहीं होगा, कोई गरीब नहीं होगा, कोई साहूकार नहीं रहेगा, कोई शोषक नहीं रहेगा, कोई जमींदार नहीं होगा, कोई मजदूर नहीं रहेगा। पूरे गाँव के लोग एक हो जाएंगे, सभी लोग मेहनत रोजगार क्षम होंगे।''[50] एक कुशल ग्रामीण समाज का निर्माण करके आधुनिक जीवन मूल्यबोध की प्रतिष्ठा करना लेखक का यहाँ मुख्य ध्येय है।

राष्ट्रनायक पण्डित नेहरू के शिल्पोद्योग तथा राष्ट्र पिता महात्मा गाँधी के कुटीर शिल्पोद्योग की प्रतिष्ठा से भारतीय शहरी–ग्रामीण समाज को सम्पूर्ण रूप से समृद्ध करने का बीड़ा उठाया गया। ग्रामीण परिवेश में शिल्पोद्योग तथा औद्योगिक प्रतिष्ठानों की प्रतिष्ठा से ग्राम्य जीवन में आधुनिकता के समावेश का चित्रण दोनों ही कथाकारों के उपन्यासों में हुआ है। गोपीनाथ महान्ती के उपन्यासों में औद्योगिकीकरण की यथार्थ छवि चित्रित हुई है और मशीनी सभ्यता के प्रति गाँव के जड़ बुद्धिवाले व्यक्तियों के तीव्र विरोध को भी उभारा गया है। ओड़िशा प्रदेश के ग्रामीण अंचल में औद्योगिक क्रान्ति की यह लहर स्पर्श करने में सफल हुई है।

ग्रामीण अंचलों में शिल्प उद्योग की प्रतिष्ठा से लोगों में रोजगार के नये अवसर पैदा हुए हैं। गाँव के बेरोजगार युवक–युवतियों का कारखाने में, शिल्प प्रतिष्ठानों में जीविकोपार्जन के अच्छे अवसर मिले हैं। इससे ग्रामीण जीवन में मशीनी सभ्यता के प्रति विश्वास बोध पैदा हुआ है तथा कृषक समाज ने आधुनिक कृषि प्रणाली में कृषि कार्य करके उत्पादन में दुगुनी–तीगुनी वृद्धि की है। 'माटी मटाल' में अनादी दास की मशीनीकरण के प्रति शंकालु दृष्टि को दूर करते हुए रवि कहने लगता है, ''सभी लोग कल–कारखाने में काम करने में लग जाएंगे, सॉयरन बजते ही काम के लिए दौड़ने लगेंगे। विराट–विराट कारखाने प्रतिष्ठित होंगे, एक मन, एक चित्त से एक साथ काम करेंगे। चीजें उत्पादन करेंगे, वहीं एकता की प्रतिष्ठा होगी, सभी लोग एक साथ सीना जोर कर, हाथ मिला कर काम करेंगे। वहाँ कोई जंजाल नहीं, कोई झंझट नहीं है।''[51]

'दिगदिहुड़ी' में ग्रामोद्योग की प्रतिष्ठा को ग्रामीण परिवेश में विकास के नये द्वार उन्मुख होने का संकेत दिया गया है। हुमुरा गाँव में दाम के द्वारा अनाज–मील की स्थापना से ग्रामीण औरतों में उनके प्रति विद्वेष भाव पनपने लगता है। गाँव की कुछ औरतें अनाज मील, ट्रैक्टर आदि को देखकर अपनी जीविका बन्द होने की शंका व्यक्त करने लगती हैं। किन्तु दाम गँवइयों में आधुनिक युग के नूतन वैज्ञानिक आविष्कारों के बारे में विशद जानकारी देते हैं। आधुनिक ग्रामीण भारत–निर्माण में शिल्पोद्योग की अहम भूमिका इस उपन्यास में दर्ज हुई है।

देहात जातिवाद, सम्प्रदायवाद की संकीर्ण मानसिकता से ग्रस्त है। वहाँ अपनी जाति–बिरादरी के बीच ही वैवाहिक संबन्ध स्थापित होता है। जाति–जाति के बीच भेद–भाव, छुआ–छूत की हीन भावना से गाँव के लोग ग्रसित हैं। अलग–अलग जाति के बीच खान–पान, लेन–देन, भाव–विनिमय तथा मांगलिक कार्यकलापों में शामिल होना वर्जित है। किन्तु आधुनिक युगीन सामाजिक क्रान्ति का सैलाब अब गाँव की ओर रूख करने लगा है। वहाँ भी अब जातिवाद के निर्मूलन की शंख ध्वनि स्पष्ट से सुनाई पड़ने लगी है। अन्तर्जातीय विवाह तथा प्रेम विवाह अब वहाँ भी कायम होने लगा है। जातिवाद के संकीर्ण घेरे से

निकलकर दूसरी जाति–बिरादरी के युवक–युवतियों में वैवाहिक संबन्ध स्थापित होने लगा है।

आज के युग में नारी अपने पति के चरणों की दासी बनकर जिन्दगी जीना नहीं चाहती, वह अपने पति की जीवन साथी बनकर जिन्दगी जीना चाहती है। आज के आधुनिक युग में नारी हर क्षेत्र में पुरुष से पीछे नहीं है। वह पुरुष के साथ कन्धे से कन्धा मिलाकर आगे बढ़ने में समर्थ है। आज की नारी घर की चार दीवारी फाँदकर बाहर की दुनिया से तादात्म्य स्थापित करने की काबिलियत रखती है। वह घर की गृहणी से लेकर 'एयर फोर्स पायलट' बनकर देश की सुरक्षा के लिए अपने प्राण न्योच्छावर करने लगी है। आज की नारी देश की प्रगति में अपना बहुमूल्य योगदान दे रही है। आज का युग नारी सशक्तिकरण का युग है। गाँव के नारी समाज में भी आधुनिक विचारबोध तथा उन्नत चिन्ताधारा का सूत्रपात होने लगा है। गाँव को नये सिरे से गढ़ने में नारी समाज आगे आया है।

महान्ती जी के औपन्यासिक नारी पात्र ग्रामीण समाज को नये युगानुरूप गढ़ने मे अपनी विशेष भूमिका निभाते हैं। उत्कलीय नारी समाज किसी भी गुण में पुरुषों से कम नहीं है। गाँव की नारियाँ राष्ट्र–निर्माण एवं समाज–सेवा में सक्रियता दिखाने में कोई कसर नहीं छोड़ना चाहतीं। 'दिगदिहुड़ी' में मायादेवी एवं रमा दोनों ही माँ बेटी स्वावलम्बी बन कर न सिर्फ अपने घर की आर्थिक धुरी को मजबूत करती हैं प्रत्युत गाँव को समृद्ध बनाती हैं।

'मैला आंचल' में संथालटोली के आदिवासी लोग जमींदारी प्रथा को खत्म करने के लिए कठोर संघर्ष करते हैं। कठोर संघर्ष के बाद संथाल टोली के लोगों को जमींदारी प्रथा से मुक्ति मिलती है। तहसीलदार हरगौरी और विश्वनाथ प्रसाद जैसे अधिकारी जमींदारों की बेदखली और किसानों की वापसी के लिए सक्रिय दिखाई पड़ते हैं। संथालटोली के लोग ढोल–मादल के साथ जमींदारी उन्मूलन का डंका पीटते हैं। संथाल टोली के लोग उत्साह भरे स्वर में कहते हैं–"जमीदारी प्रथा खत्म हो गई। अब जमींदारी जमीन से बेदखल नहीं कर सकता । हमने उन्हें जमीन से बेदखल कर दिया है। जो जोतेगा, जमीन उसकी है। जो जिनना जोत सको, जिसकी जमीन मिले जोतो, बोओ, काटो। अब बांटने का भी झंझट नहीं।. ... धरती माता का प्यार झूठा नहीं। फिर खेतों में जिन्दगी झूमेगी। आषाढ़ के बादल बजा रहे हैं मादल, बिजली नाच रही है। तुम भी नाचो। नाचो रे। मादल बजाओ जोर–जोर से।"[52]जमीदारी प्रथा के मूलोत्पाटन से मेरीगंज के किसानों में नई जान आ गई है।

उपन्यास के दूसरे भाग में आजादी मिलने का संकेत मिलता है। बावनदास, बालदेव जैसे क्रान्ति के अग्रदूत आजादी को लेकर बड़े ही उत्साहित हैं। लम्बे अरसे के कड़े संघर्ष के बाद आजादी मिलने का संकेत सभी लोगों में नई उमंग भर देता है। बावनदास जी आजादी मिलने की खबर गांव वालों को सुनाते हुए कहते हैं– "सुराज मिल गया ? अभी मिला नहीं है, पन्द्रह तारीख को मिलेगा। ज्यादा दिनों की देर नहीं, अगले हफ्ते में ही मिल जाएगा। दिल्ली में बात चीत हो गई। हिन्दू लोग हिन्दुस्तान में, मुसलमान लोग पाखिस्तान

लोग पखिस्तान में चले जाएंगे।''[53]

नागार्जुन के उपन्यासों में ग्रामीण जीवनोद्धार तथा कुशल समाज–निर्माण का स्वर स्पष्ट रूप से सुनाई पड़ता है। उन्होंने मार्क्सवादी विचारबोध से प्रेरित होकर उग्र रूप धारण करके गाँव की छवि को प्राचीनता के मकड़ी जाल से मुक्त करके आधुनिकता का नवीन रूप देने का साहसी कदम उठाया है। मिथिला जनपदीय ग्रामीण अंचल सदा से ही प्राचीन रुढ़ीवादी परंपराओं, मान्यताओं की गर्त में पड़ा हुआ आधुनिक युग–बोध की दुहाई दे रहा था। नागार्जुन ने वहाँ की सरकार की किसान विरोधी नीति एवं जनता विरोधी शासन–तंत्र के विरुद्ध मुहिम छेड़कर, किसान आन्दोलन का उग्र रूप प्रदर्शित कराकर ग्राम जीवन में क्रान्ति की नई लहर दौड़ाने का स्तुत्य कार्य किया है।

'विलेज कमिटी' तथा किसान आन्दोलन के माध्यम से ग्राम जीवन में नवीनता का बीजारोपण नागार्जुन–साहित्य में हुआ है। उस अंचल विशेष के ग्रामीण लोगों में जागृति लाकर उन्नत जीवन शैली के सूत्रपात पर जोर दिया गया है। किसान महासभा को संबोधित करते हुए शर्माजी कहते हैं, ''किसान– भाइयों, माँगने से कुछ नहीं मिलेगा। अपनी ताकत से ही अपना हक आप पा सकते हैं। आपकी ताकत क्या है ? आपकी ताकत है– संगठन। घर में रोते–रोते, अकेले हाय–हाय करते–करते हजारों साल गुजर गये। सरकार को आपकी रत्तीभर भी परवाह नहीं है।''[54] किसान महासभा आयोजित करके गाँव के कृषक बन्धुओं के जीवन में नई आशाओं–आकांक्षाओं का शिलान्याश किया गया है।

बलचनमा का जीवन संघर्ष और विद्रोही भावना केवल बिहार प्रान्त के ग्रामों की आत्मा की आकुलता नहीं है, वह सम्पूर्ण भारत वर्ष की व्याकुलता है। ग्रामीण जन मानस में प्राचीन रुढ़ीवादी परंपरा तथा अन्ध विश्वास की भावना सक्रिय होती है। अज्ञानता के कुहासे में डूबे हुए ग्रामीण जन अन्ध श्रद्धा के धूमिल वातावरण में दहशत भरी जिन्दगी जीने के लिए मजबूर होते हैं। गाँव अनेक अन्तःबाह्य प्राचीन धार्मिक मान्यताओं से परिपूर्ण है। किन्तु आजादी के अमर बेल का स्वाद चखने एवं देश के भाग्योदय होने से गाँव भी उन्नत विचारबोध से अनुप्राणित दिखाई पड़ता है। आजादी मिलने के बाद भारतीय जनजीवन में नव जागरण का सूत्रपात होने लगा एवं युवा वर्ग में प्राचीन रुढ़ीवादी मान्यताओं के प्रति तीव्र आक्रोश, आधुनिकता के प्रति आकर्षण तथा सम्मोहन दिखाई देने लगा। ग्रामीण युवा समाज उन्नत राष्ट्र–निर्माण तथा समाज–निर्माण के अभियान में सक्रिय दिखाई पड़ता है।

आज का युग मशीनीकरण तथा औद्योगीकरण का युग है। औद्योगिक क्रान्ति के फलस्वरूप आज देश प्रगति के पथ पर आगे बढ़ रहा है। विकासोन्मुखी योजनाओं, पंचवर्षीय योजनाओं, प्रौद्योगिक विकास के मद्देनजर हमारा देश विश्व स्तर पर आज विकसित देशों की सूची में खड़ा होने जा रहा है। विज्ञान के नित्य नवीन आविष्कार तथा तकनीकी सभ्यता के विकास से हमारे देश की छवि विराट पैमाने में परिवर्तित हुई है। औद्योगिक क्रान्ति की

नई लहर शहर से होकर गाँव तक पहुँचने लगी है। ग्रामीण विकास की कई सरकारी योजनाएँ चलायी जा रही हैं, जिससे गाँव की काया पलट होने लगी है उद्योग शिल्प प्रतिष्ठा से ग्रामीण जनों को जीविकोपार्जन के नए मौके मिले हैं।

उत्तरी बिहार का मैथिलीय नारी समाज आधुनिक जीवन के समस्त क्रान्तिदर्शी सरोकरों से सक्रिय रूप से जड़ित हैं वहाँ का नारी समाज किसान आन्दोलन, ग्रामोद्धार समिति तथ ग्रामीण भारत के निर्माण में अपना बहुमूल्य योगदान देता आया है। 'वरुण के बेटे' में मधुरी नारी शक्ति का परिचय देती हुई किसान आन्दोलन से सक्रिय रूप से जुड़कर ग्राम कमेटी की सदस्य बनकर किसानों के हक की लड़ाई लड़ती है और बाढ़ पीड़ितों की दिन–रात सेवा भी करती है। गढ़ पोखर के हक की लड़ाई में पुलिस–गिरफ्तारी देती हुई मधुरी कहती है, ''बब्बू और अम्माँ से कहना कि रत्ती भर भी न घबड़ाएँ। हम बहुत ही जल्दी छूट का वापस आ रहे हैं।.....और अम्मा को दवाई बखत पर पिला दिया करना, अपने हाथ से ....और हाँ, नन्हें का ख्याल रखना....... ।'[55]

'नई पौध' में नौगछिआ की पुरानी पीढ़ी की रुढ़ीवादी परंपरा तथा कुसंस्कार के विरुद्ध मोर्चाबन्दी करते हुए गाँव के नौजवान आगे बढ़ते हैं। पूरे गाँव के नौजवान सम्मिलित रूप से ग्रामीण परिवेश में परिव्याप्त अन्ध संस्कृति, कुसंस्कार के निर्मूलन में सक्रिय हैं। नारी विक्रय, बेजोड़ विवाह तथा जरठ विवाह के विरोध में मोर्चाबन्दी करके एक किशोरी नव युवती की जिन्दगी को बर्बाद होने से बचा लेते हैं। विश्वेश्वरी नाम की एक किशोरी को चतुरानन चौधुरी नामक एक वृद्ध व्यक्ति के साथ व्याह देकर या पशु तुल्य बेच कर धन अर्जित करने के खोखा पण्डित मनसूबे को कुचल कर गाँव के नौजवान उस गरीब गाय को नयी जिन्दगी देते हैं। गाँव की युवा पीढ़ी सम्मिलित स्वर में कहती है, ''पण्डित जी लालच के मारे उठा लाए हैं इन महाशय को, उनकी बात छोड़िए। बिसेसरी इनकी तो नतनी–पोती होगी......यह अभी सीधे नहीं मानेंगे तो बाँध–बूँध कर और खटोले पर ढोकर इन्हें कल तक फिर सौराठ पहँचा दिया जाएगा, इन्हीं के खिलाफ कल नौजवानों का हम एक जुलूस निकालेंगे। समझक्या रखा है इन्होंने आखिर?''[56]

''नागार्जुन के उपन्यासों में यह सब तो है ही, उसके आगे की हकीकत भी है। यहाँ घूट–घूट कर मरना ही नहीं मर–मर कर जीने का संकल्प भी है, जमीन से बेदखल होता किसान ही नहीं खोई हुई जमीन को फिर से दखल करने के इरादे भी हैं। अलग–अलग सुलगती आत्माएँ ही नहीं संगठित होकर लड़ने का आह्वान भी है, रूढ़ियों की जकड़न से मुक्त होने की छटपटाहट ही नहीं उन्हें एकबारगी तोड़ कर आ गयी नई पीढ़ी भी है।''[57]शोभाकान्त मिश्र जी का यह कथन अक्षरशः सत्य है। कथाकार प्रेमचन्द ने तो भारतीय कृषकों की दुर्दशा ग्रस्त जीवन गाथा ही प्रस्तुत की थी किन्तु नागार्जुन के किसान को उन विड़म्बनाओं को पछाड़ते दिखाई पड़ते हैं।

'कालान्तर' की केतकी हर सतपथी की बेटी है, जो विधवा हो चुकी है। हर सतपथी और उनकी पत्नी की मौत के बाद केतकी अकेली पड़ जाती है। केतकी के परिवार वाले यानी उनके चाचा–चाची उनकी जमीन–जायदाद हड़पना चाहते हैं। केतकी आधुनिक खयालात की औरत है। वह अपने भांजे या भतीजे को गोद लेने की बजाय दूसरी शादी करके अपना घर बसाना चाहती है। ब्राह्मण बिरादरी में विधवा विवाह वर्जित है। कोई औरत यदि विधवा हो गई तो उसे जिन्दगी भर वैधव्य जीवन का दंश भोगना पड़ता है। केतकी इस दंश से बचना चाहती है।

वह मन ही मन सोचती है–''पुनर्विवाह में नुकसान क्या है ? कानून तो बन चुका है। ब्राह्मण समाज में भी कहीं कहीं विधवा विवाह शुरु होने लगा है। इस युग में यह एक सही विकल्प है। आखिर पोष्यपुत्र दूसरे का ही पुत्र है। वह कभी भी अपना बेटा जैसा नहीं हो सकता।''[58] केतकी वैधव्य जीवन की बिड़म्बना से बचना चाहती है, किसी आधुनिक चेता व्यक्ति से शादी करके एक नई जिन्दगी शुरु करना चाहती है। योगी महापात्र सामने आते हैं और केतकी का हाथ थमाने की हिम्मत रखते हैं। चाहे ब्राह्मण समाज और केतकी के परिवार वाले उनका कितना भी विरोध क्यों न करें।

योगी महापात्र केतकी को अशोकाष्टमी के अवसर पर दर्शन कराने की आड़ में भुवनेश्वर ले चलते हैं। भुवनेश्वर में किसी लॉज में दोनों ठहरते हैं। योगी महापात्र केतकी से कहते हैं कि वह केतकी से प्रेम करते हैं, उसकी संपत्ति से नहीं। केतकी के वैधव्य जीवन की परती जमीन पर फसल की हरीतिमा लहराना चाहते हैं। लॉज के रुम में दोनों भाव विनिमय करते हुए अपनी मुराद पूरी करते हैं।

योगी महापात्र केतकी को समझाते हैं कि ''तुम मुझे गलत समझ रही हो केती। मामा जी के पास कलकता चिट्ठी भेज चुका हूं। एक अनाथ विधवा के उद्धार फिर उसकी संपत्ति के उद्धार से बढ़कर और पुण्य कर्म क्या हो सकता है ? मामा जी भी सोलह आने राजी हो गए हैं। मामाजी कलकत्ते से आने के बाद शादी का झंझट खत्म हो जाएगा। भगवान के प्रसाद को साक्षी रखकर हम दोनों पति–पत्नी हो चुके हैं। सिर्फ दिखावे के लिए विवाह–विधि संपन्न करनी है। फिर मैं कौन, तुम कौन, मुक्तापुर की ब्राह्मण टोली कौन, सब को गोली मारो, हम दोनों को कोई अलग नहीं कर सकता।''[59]

'एई गां एई माटी' के तुलसीवन गांव के उस पार नदी किनारे एक टाइल्स फैक्ट्री बैठ गई है। वहां आस पास के गांव के मजदूरों को काम मिला है। लोग सुबह से कारखाने की तरफ बड़ते हैं, दिन भर काम करके रात को घर वापस आते हैं। फैक्ट्री में काम करने का उचित पारिश्रमिक उन्हें मिल रहा है। वहां श्रमिकों के ठहरने के लिए छोटे–छोटे मकान तैयार किए गए हैं। आस पास के सभी गांव में बिजली आ गई है, सड़कें पक्की बन गई हैं। गांव में एक समस्या खड़ी हो गई है, किसानों, जमीदारों को खेती बाड़ी के लिए नौकर नहीं

मिल पा रहे हैं। कृषि कार्य पर इस फैक्ट्री का गलत प्रभाव पड़ा है। लोग अब खेत में काम करना पसन्द नहीं कर रहे हैं, प्लान्ट में मजदूरी करना बेहतर समझने लगे हैं, क्योंकि कम मेहनत से ज्यादा पैसा उन्हें मिलने लगा है।

नबघन सामन्तरॉय नदी किनारे अपनी बाड़ी–बगीचे में बैगन–क्यारियों में खुद पानी डालने का काम कर रहे हैं। नौकरों की कमी से उन्हें यह काम खुद करना पड़ रहा है। उत्तरसिंह के बड़े बेटे दीनमणी उसी रास्ते से होकर गुजर रहे हैं। उनकी नजर सामन्तरॉय के उपर पड़ जाती है। पानी का घड़ा एक तरफ रखते हुए सान्तरॉय आराम फरमाने की मुद्रा में बैठे जाते हैं और कहने लगते हैं कि ''इस टाइल्स–फैक्ट्री ने तो उनका जीना हराम कर दिया है, कृषि कार्य ठप होने लगा है। सुना है यहां और कई प्लान्ट लगेंगे, प्रत्येक पंचायत में फैक्ट्री लगेगी, लागों को काम मिलेगा, उनकी आर्थिक धुरी मजबूत होगी। गांव के श्रमिक मजदूर तो राउरकेला और हीराकुद जाकर काम करने लगे हैं। उनके प्रति संवेदना व्यक्त करते हुए दीनमणी कहते हैं, अभी का जामाना ऐसा हो गया है चाचा जी। नौकर–चाकरों का कोई दोष नहीं है। देश में जितने शिल्पोद्योग का प्रसार होगा...... इस नौकर–चाकर, बन्धुआ मजदूरी प्रथा देश से उतनी ही जल्दी खत्म होगी। आपने नहीं सुना, इंग्लैण्ड में बड़े–बड़े, सरकारी ऑफसर अपना सामान खुद उठाते हुए आते–जाते हैं।''[60]

उपन्यास में हम देखते हैं कि यदुनन्दन और केतकी प्रेम विवाह करके ग्राम जीवन में आधुनिक युग का संचार करते हैं। गंवई लोगों के जाति भेद, वर्ण भेद, संकीर्णता बोध को दूर करते हुए यदु एक हरिजन लड़की केतकी से शादी करता है, वह भी अपने पिताजी के खिलाफ जाकर। दोनों ही नौकरी पेशा है, यदु क्लर्क है तो केतकी ग्राम–सेविका। दोनों ही प्रेम विवाह करके सुखद वैवाहिक जीवन जीते हैं। गांव के लोग भले ही उन्हें घृणित नजर से देखते हैं, पर उनमें एक–दूसरे के प्रति बहुत प्यार है, विश्वास है, आकर्षण है। केतकी ग्राम सेविका के रुप में अनेक अधिकारियों से मिलती है, बात चीत करती है, हंसी–मजाक करती है। केतकी का इस तरह से मेल मिलाप करना यदुनन्दन को अच्छा नहीं लगता। वह जब मना करता है तो केतकी उस पर शक करने का इल्जाम लगा बैठती है।

'वधू निरुपमा' की निरुपमा 'माडर्नसोसाईटी' की एक माडर्न लेडी है। वह शहरी है, शहरी सभ्यता की चकाचौंध में पली बढ़ी है। 'वीलेज कल्चर' से वह पूरी तरह से परिचित है। फिर भी उसके पास इतने अच्छे संस्कार हैं कि निर्मल के साथ शहर में रहकर व्यसनी जीवन जीने की वजाय गांव में रहकर घर गृहस्थी संभालती है, सास की सेवा करती है। यद्यपि उनकी सास ने उन पर चोरी का इल्जाम भी लगा रखा है फिर भी बीमार पड़ने पर अपनी सास की सेवा में कोई कसर नहीं छोडती हैं। दिन–रात उनकी सेवा में लगी रहती है। उपन्यासकार के शब्दो में, ''रात–रात जाग कर मां जी को दवाई देते रहना उसकी उल्टी, टट्टी, पेशाव सब कुछ अपने हाथों से साफ करना आदि देखकर सासु मां हेमांगिनी

ने अच्छी तरह से समझ लिया था कि सिर्फ बाहरी दिखावेपन से नहीं आन्तरिक मानवीयता के कारण ही निरुपमा सब कुछ कर सकी है। इसके साथ उसकी कॉलेज शिक्षा का कोई संबन्ध नहीं है शहरी सभ्यता का कोई संबन्ध नहीं है।''[61]

विभूति पटनायक जी ने निरुपमा को एक बहू के रुप में प्रस्तुत किया है, एक कामकाजी नौकरी पेशा औरत के रुप में नहीं। यद्यपि निरुपमा एक आधुनिक नारी है, आधुनिक खयालात वाली नारी के रुप में हमारे सामने खड़ी होती है। एक पढ़ी लिखी शहरी होकर भी 'लव मैरेज' करके भी गांव में आती है और गांव की बहू बनकर पूरे गांव का दिल जीत लेती है। उनकी सास हेमांगिनी जो उनसे सबसे ज्यादा जलती थी, नफरत करती थी, बाद में उनकी सेवा परायणता देखकर बहू के रुप में नहीं, बेटी के रुप में ग्रहण करती है। यह सब निरुपमा की 'गुड एजुकेशन' और 'माडर्न थॉट' के ही सुखद परिणाम हैं।

'चपल छन्दा' के बैरीगंजन सिंहदेव अब विधायक के रुप में चुनाव जीत कर विधान सभा में पहुंचे हुए हैं। आदिवासी, हरिजनों, दलित जनों का ज्यादा वोट पाकर बैरीगंजन ने बड़ी जीत हासिल की है, इसलिए चौधुरी सरकार में उन्हें आदिवासी, हरिजन कल्याण मंत्री का पद भार सौंपा गया है। बैरीगंजन गांधीवादी बनने का ढ़ोंग रचाते हुए खादी कपडा, खादी टोपी धारण करते हैं। गांधीवादी लिवास में बैरीगंजन को देखकर मुक्तमाला को हंसी आ जाती है। बैरीगंजन जैसे अन्यायी– अत्याचारी शासक आज गांधीवादी बनकर अहिंसावादी, सत्यवादी बनने का स्वांग भर रहे हैं है, वह शर्म की बात है।

गांव के सभी लोग स्वराज के लिए संकल्पबद्ध हैं। गांव के सभी लोग आपसी भेद भाव भूलकर आजादी के लिए संघर्ष करते हैं। जन आन्दोलन को गतिशील बनाने का काम मलिन्द करता है। मलिन्द एक युवक है, जो आजादी की लड़ाई में पूरे गांव को शामिल करने की मुहिम छोड़ता है। लेखक के शब्दों में–''आजादी का आन्दोलन जोरों पर था। गांधी, जवाहर के जय–जयकारों से गांव–गांव गूंज रहा था 'पाण्डेपुर' गांव में भी कांग्रेस की जय बोलने वालों को एक झुण्ड था। चमारों ने सुन रखा था कि कांग्रेस भारत को आजाद करेगी। गरीबों और खेत हीनों को खेत देगी। चमारों को बड़े–बड़े ओहदे देगी। बड़ी जाति वालों को बराबर हक मिलेगा। इसलिए उनमें बड़ा जोश था। फेंकू हरिजनों के नेता थे। वे गांव–गांव तिरंगा झण्डा लेकर घुमा करते थे। इनके साथ दिनई और भगत हरिजन भी थे, बाभन टोली के नेता थे गणपति पाण्डे।''[62]

गांव भर के लोग स्वराज्य क्रान्ति के लिए कमर कसते हैं। लेकिन मुखिया कुबेर पाण्डे अकेले व्यक्ति है जो स्वराजियों का विरोध करते हुए अंग्रेजों का समर्थन करते हैं। क्योंकि उन्हें डर है कि स्वराज्य मिल जाने के बाद उनका आधिपत्य खत्म हो जाएगा। मलिन्द जैसा पढ़ा लिखा नौजवान कांग्रेस पार्टी में शामिल होकर स्वतन्त्रता के लिए कमर कसता हे। देश भर के स्वराजी नेताओं को पुलिस गिरफ्तार करके जेल में डाल देती है।

देश की इस स्थिति से पाण्डेपुर के नेतागण विचलित हो उठते हैं। नीरु भी मलिन्द का साथ देता है और कांग्रेसी–स्वराजी नेताओं के साथ मिलकर अंग्रेज के खिलाफ बगावत खड़ा करता है। वह गजेन्द्र सिंह का नौकर जरुर है, पर देश की आजादी के लिए संकल्पबद्ध है।

'जल टूटता हुआ' में चकबन्दी को लेकर लोगों में आपसी भेदभाव खड़ा हो जाता है। तिवारीपुर में इस भूमि सुधार से पारस्परिक तनाव, फितरतवृत्ति तथा आर्थिक शोषण इन शब्दों में व्यक्त हुआ है– ''तमाम सूत्र उलझा दिए हैं। रामकुमार की दल सिंगार और दोनों से खटक गई है। रघुनाथ और फेंकू बाबा गड़क गई, कुंजु अब केवल बांसुरी ही नहीं बजाता, लाठी भी लेकर चलने लगा है और वह दौलतरॉय से मार खाया है, बलई से उसकी दोस्ती हो गई है। सतीश से दौलतरॉय चिढ़ा हुआ है, चाहता है कि उसका घर द्वार फेंकू उजाड़ देना चाहता है पता नहीं कब क्या हो जाये ? दीनदयाल का बेटा रामबहादुर खुले आम लाठी लेकर दौलतरॉय के साथ घूमने–फिरने लगा है। बलई कहता है.....अच्छा.....अच्छा सारी लाठी एक दिन निकाल दूंगा।''[63]

'सागर, लहरें और मनुष्य' के यशवन्त बरसोवा का एक मेहनती मछलीमार है। वह एक सुन्दर, सौम्य नौजवान है। उसके रुप सौन्दर्य से गांव की लड़कियां ही नहीं औरतें भी रीझ जाती हैं। लेकिन वह केवल रत्ना से अन्तर्मन से प्यार करता है और अपनी जीवन साथी बनाने का सपना देखता है। रत्ना जब उससे शादी से इनकार कर देती है, तो उसके दिल को बड़ी चोट पुहंचती है और वह शादी न करने का निर्णय लेता है। वह समाज सेवा में खुद को समर्पित कर देता है। वह बरसोवा गांव के विकास एवं मछलीमार की जीवन व्यवस्था में सुधार लाने का बीड़ा उठाता है। वह स्वाध्याय के बल पर पढ़ लिखकर नेताओं, अधिकारियों के सामने सीना तानकर बात करता है। गांव में जन जागृति लाने के लिए वह एक अभियान चलाता है। जिसमें वह कहता है–''हमारा व्यापार सोने का व्यपार है। जब अर्जुन ने राजा द्रुपद की सभा में मछली को बेधा, उसे द्रौपदी जैसी सुन्दर कन्या मिली, लक्ष्मी मिली, यश मिला। इस तरह हम भी समुद्र के भीतर बसनेवाली मछली को ठीक ठीक ढ़ंग से पकड़कर बेच सकें तो लक्ष्मी हमारे पास होगी।''[64]

वर्ग संघर्ष–

सामन्ती सभ्यता के अन्याय, अत्याचार के खिलाफ जन आन्दोलन वर्ग–संघर्ष का रूप धारण करते हैं। पूँजीवादी सभ्यता के विरुद्ध आम जनता का विद्रोहात्मक रवैया ही समाज में वर्ग–संघर्ष को बढ़ावा देता है और साम्यवादी समाज–प्रतिष्ठा पर विशेष बल देता है वह एक ऐसे समाज–निर्माण की परिकल्पना करता है, जहाँ सभी वर्ग के लोगों को समान अधिकार मिल सके। पाश्चात्य धरती पर प्रादुर्भूत इस साम्यवादी जन आन्दोलन का स्वर उत्तरोत्तर पूरे विश्व के क्षितिज पर गूँजने लगा। भारत वर्ष भी उससे अछूता नहीं रहा। भारतीय सामन्तवादी

सभ्यता के बढ़ते चरण एवं पूँजीवादी सभ्यता के आधिपत्य के विरोध में वर्गीय चेतना सक्रिय दिखाई पड़ती है।

साम्यवादी समाज–निर्माण का उद्‌देश्य लेकर भारतीय साहित्यकारों ने पूँजीवादी सभ्यता के खिलाफ किसानों–मजदूरों, निम्न वर्गीय लोगों में विद्रोह की ज्वाला प्रज्ज्वलित की। भारत भूमि पर साम्यवादी चेतना का सूत्रपात मार्क्सवादी चेतना के अनुकरण स्वरूप हुआ है। ग्राम परिवेश में वर्ग संघर्ष के साथ–साथ आन्तरिक संघर्ष सक्रिय होता है। लोगों में एक–दूसरे के प्रति शीत–युद्ध हमेशा चलता रहता है। उनमें युवा पीढ़ी–बुजुर्ग पीढ़ी के बीच वैचारिक संघर्ष बरकरार रहता है। पुरानी पीढ़ी प्राचीन पंरपरा का आदी होती है जबकि नई पीढ़ी में आधुनिक उन्नत विचारबोध का साम्राज्य होता है। इस 'इन्टरनल स्ट्रगल' तथा 'जेनेरेशन गेप' का चित्र ओड़िया और हिन्दी दोनों ही उपन्यासों में दिखाई पड़ता है।

'माटी मटाल' में रवि अपने साथियों को साथ में लेकर देहात में आधुनिकता लाना चाहता है। वह आधुनिक कृषि प्रणाली अपना कर सम्मिलित रूप से कृषि कार्य करके ग्राम जीवन में विकास की नई लहर दौड़ाना चाहता है। ग्राम परिवेश में परिव्याप्त आपसी कलह, पुरानें खयालात, जाति–पाँति के भेद भाव, ऊँच–नीच की दीवार को तोड़कर का परिवार तुल्य पूरे गाँव को गढ़ता है। पर फूलशरा गाँव के अगणी राय, अपर्ति प्रधान, आरत पण्डा आदि पुराने खयालात के वृद्ध व्यक्ति प्रारम्भिक दौर में उसका विरोध करते हैं। 'दिगदिहुड़ी' में भी रमा, मायादेवी के स्वावलम्बी आधुनिक रूप से दाम, कुलिया बोऊ आदि अन्धविश्वासी लोग क्षुब्ध हो उठते हैं और उनका विरोध करते हैं।

साम्यवादी विचारों से प्रभावित होकर वे बिहार के किसान आन्दोलन में सक्रिय रूप से जुड़े रहे। उन्हें इसके लिए कई बार जेल की यात्रा करनी पड़ी थी। किसानों की आर्थिक स्थिति और शोषण के समूल नाश के लिए उन्होंने अपने उपन्यासों में साम्यवादी चरित्रों के माध्यम से किसान सभा, नव जवान संघ, ग्राम कमेटी आदि का निर्माण करके महाजनी सभ्यता से निर्मित अत्याचार, भ्रष्टाचार, नौकर शाही तथा कानूनी विद्रूपताओं के विरुद्ध संघर्ष करते हुए दिखाया है। उन्होंने साम्यवाद की प्रतिष्ठा के लिए इस वर्ग–संघर्ष को अनिवार्य मानते हुए साम्यवादी समाधान भी प्रस्तुत किया है।

'बलचनमा' में बालचन्द राउत का सात पुरखा जमीदारों के अत्याचार, अन्याय शोषण का शिकार बनता आ रहा है। रामपुर तथा देपुरा के जमीदारों ने जोंक के समान उनका खून चूसा है। इस उपन्यास में जमीदारों के शोषण और दमन के विरुद्ध वहाँ के किसानों की प्रतिहिंसा की भावना मुखर हो उठी है। किसान मजदूरों के शोषक वर्ग के प्रति विद्रोह के स्वर मुखरित हुए हैं। जमीदारों ने बलचनमा के बाप लाल चन्द राउत को एक छोटी सी गलती के लिए बेरहमी से पिटाई करके उसकी जान ले ली है। चौदह साल की उम्र में भी बलचनमा छोटे मालिक के अमानवीय अत्याचार का शिकार बनता है। मँझले मालिक किसी

भी तरह से बहला फूसला कर बलचनमा की थोड़ी सी जमीन को हड़प लेते हैं। यहाँ तक कि उसकी बहन की इज्जत लूटने की कोशिश भी छोटे मालिक करते हैं। जमीदारों की इन समस्त हैवानी हरकतों से बलचनमा के अन्दर उनके प्रति विद्रोही भावना पैदा होती है। अतः वह अपने आस–पास के गाँव के किसानों को इकत्रित करके जमीदारों के आर्थिक व मानसिक शोषण के विरुद्ध सक्रिय हो उठता है।

काँग्रेसी नेता फूलबाबू के प्रति अश्रद्धा के पश्चात राधाबाबू जैसे सोशलिष्ट नेता एवं ईमानदार व्यक्ति के प्रति आस्वस्त भाव प्रकट करता हुआ किसान संगठन का कॉमरेड बनकर सामन्तों–जमीदारों के नृशंस कृत्य के खिलाफ स्वर अलापता है। ''बलचनमा अपने पूरे जीवन में वर्ग–संघर्ष के सन्तापों को सहता है। जमीदार लोग उसका खून चूसने में कोई कसर नहीं छोड़ते हैं। जमीदारों के शोषण–चक्र में बलचनमा का पूरा परिवार कुचला हुआ है। फिर भी वह हार नहीं मानता हुआ आगे बढ़ता है और सामन्तों की क्रूर शोषण वृत्ति के खिलाफ लड़ता रहता है। संपूर्ण उपन्यास में किसानों के दुख, दर्द और संघर्ष का चित्राण है। जहाँ जमीदारों की नृशंसता, दुराचरण, क्रूरता, ह्दय हीनता, रैयत को चूसने की चालें आदि का वर्णन है, वहाँ लेखनी बड़ी तीखी हो उठी है और चित्र स्पष्ट हो उभर आए हैं।''[65]

'नई पौध' में नई पीढ़ी–पुरानी पीढ़ी के वैचारिक आत्म संघर्ष को उभारा गया है। नये संस्कार एवं उन्नत विचार का सूत्रापात करने वाले दिगम्बर मलिक, उनके युवा साथियों को वयोवृद्ध खोंखा पण्डित, फतूरी ठाकुर और मुकुटधारी पाठक 'बम पार्टी' के नाम से पुकारते हैं। बम पार्टी के युवक पुराने कुसंस्कार, अन्धविश्वास को मिटाकर नये सिरे से गाँव को गढ़ना चाहते हैं। पर इन बूड्डे खुसट उनसे असन्तुष्ट रहते हैं। गाँव का मुखिया कड़े शब्दों में कहता है, ''अपने गाँव के छोकड़ों का मिजाज सनक गया है, इनका इलाज होना चाहिए फतूरी काका।''[66]

'मैला आंचल' में मेरीगंज के जमींदार सरकार के जमींदारी प्रथा उन्मूलन के खिलाफ षड़यन्त्र रचने के काम में जुट जाते हैं। सोशालिष्ट पार्टी के कालीचरण, कांग्रेसी समाजवादी बालदेव जैसे जुझारु नेता जमीदारों के अन्याय–अत्याचार के खिलाफ मोर्चा खड़ा करते हैं। बिरसा माझी का जवान बेटा मंगल माझी इन लोगों के साथ मिलकर जमीदारों के खिलाफ आवाज उठाते हैं। गांव के जमींदार आदिवासियों अत्यजों की जमीन हड़पकर उन्हें जंगल के भीतर बसने को मजबूर किए हुए हैं। अंग्रेजों द्वारा नील की खेती कराकर गरीब किसानें–मजदूरों से अनाज वसूल करके नील की कोठियों में सारा अनाज भर्ती करा दिया है। कांग्रेसी नेता बालदेव ने किसानों, संथालों, यादवों के प्रति संवेदना रखते हुए जमींदारों से उनकी जमीन वापस कराने के लिए संकल्पबद्ध है।

जमींदार लोग जमींदारी उन्मूलन के विरुद्ध कमर कसे हुए हैं। उन्होंने भाड़े पे लठैतों की तैनाती कराकर गरीब किसानों–संथालों के अन्दर खौफ पैदा कर दी है। ''जमींदारों ने

अपने भाड़े के लठैतों को जगह–जगह संथालों की लहलहाती फसलों पर हुलका कर, संथाल टोली पर चढ़ाई करके, रुपए लाठी के हिसाब से बटोरे हुए लठैतों को संथालों के तीरों से जख्मी करवाकर, सबल प्रमाण पेश कर दिया था। संथालों के जोर–जुर्म का मुख्य कारण है यह अंग्रेज कलक्टर। इसी के बल पर वे कूद रहे हैं।"[67] संथाल टोली यादव टोली के किसान–काश्तकार लोग जमीदारों की जमीन–बेदखली के विरुद्ध कड़ा संघर्ष करते दिखाई पड़ते हैं। सोशालिष्ट पार्टी के कॉमरेड कालीचरण और बालदेव अपनी–अपनी पार्टी के मेम्बरों से जमींदारों से लड़ने के लिए तैयार रहने की हिदायत देते हैं। कांग्रेसी कर्मी बावन दास भी गरीब किसानों की इस लडाई में शामिल हैं।

'एई गां एई माटी' उपन्यास का एक प्रमुख चरित्र है–सनेई मलिक। केतकी मलिक के पिताजी हैं– सनेई मलिक, जो हरिजन टोली का प्रमुख है। वह वैचारिक संघर्ष का शिकार होता है। वह पुरातन पंथी, सनातनी वर्ण व्यवस्था का कायल है। ग्राम परिवेश की सात्विकता को कलुषित करने वाली आधुनिक सभ्यता के प्रति वह आक्रोश व्यक्त करने लगता है। वह समझने लगता है कि इसी आधुनिक शिक्षा–प्रणाली, उन्नत जीवन दर्शन ने ही केतकी को प्रेम–विवाह की ओर अग्रसरित कराया है। केतकी अन्तर्जातीय विवाह के झांसे में पड़कर जमींदार के बेटे यदुनन्दन से शादी कर ली है। इससे जाति–बिरादरी में सनेई की बेइज्जति हुई है।

सनेई आवेश में आकर रात के अन्धेरे में कुराढ़ी पकड़कर देवी नदी पर बने नए ब्रीज को तोड़ने–फोड़ने को आगे बढ़ता है। जैसे ही वह कुराढ़ी की पहली चोट ब्रीज पर गिराता है सनेई मलिक वहां आ जाता है और पुलिस का भय दिखाकर वहां से घर वापस ले आता है। लेखक की कलम से, "सनेई का खुद पर क्रोध होता है। गुस्सा होता है उस पक्की सड़क पर, उस पक्की पुलिया पर, नया बांध पर। जिसके उपर से होकर शहरी सभ्यता की जटिलता आकर उनके गांव के सरल जीवन को कुटिल बन्धन से बान्ध चुकी है।"[68]

'चपल छन्दा' के बैरीगंजन किसी भी तरह से तोफानी को उपभोग करना चाहते हैं। राज नर्तकी का प्रलोभन तथा सोना, चांदी, हीरा, मोती आदि मुल्यवान वस्तुओं का लोभ दिखाकर बैरीगंजन तोफानी का स्वाद चखना चाहते हैं, उसे पाने के लिए पागल बन बैठे हैं। राज महल की दासी लावण्य के जरिए किसी भी तरह से तोफानी को अपनी हवस का शिकार बनाने के लिए लालायित है। तोफानी को जब तक हासिल नहीं कर लेते उनकी आंखों में नींद नहीं है। तोफानी के यौवन का स्वाद चखे बिना राजा शान्त नहीं रह सकते। लावण्य डरी हुई आवाज में कहती है कि तोफानी विष कन्या के मांस का स्वाद चखेंगे। राजा बैरीगंजन किसी भी तरह विष कन्या चपलछन्दा तोफानी के मांस का स्वाद चखने के लिए पागल बना बैठा है। बैरीगंजन तोफानी को अपनी हवस का शिकार बनाकर ही दम लेते हैं। जब तक किसी युवती को अपने आगोश में ले नहीं लेते, अपनी वासना तृप्त नहीं कर लेते,

चैन से नहीं बैठते।

स्वाधीन चेता व्यक्ति सूर्यमणी के प्रतितिधित्व में अन्धारीगढ़ की प्रजा संगठित होती है और बैरीगंजन के शोषण, उत्पीड़न के खिलाफ संघर्ष करने के लिए आगे बढ़ती है। राजतंत्र के खिलाफ मोर्चाबन्दी करती हुई प्रजा राजप्रसाद की ओर बढ़ती है। सड़क पर उड़ती धूल को देखकर मुक्तामाला समझ जाती हैं कि प्रजा अब जाग चुकी है। वह अपने हक की लड़ाई में सक्रिय दिखाई देने लगी है। लेखक के शब्दों में, ''धूल की आंधी नहीं अनगिनत लोगों की आंधी राज प्रासाद की तरफ आगे बढ़ रहे हैं। हाथ में तिरंगा झण्डा पकड़कर डंका बजाते हुए हजारों की संख्या में लोग राजतंत्र के खिलाफ नारा लगाते हुए वीरता से राज महल की तरफ बढ़े जा रहे हैं। उन्हीं लोगों के फैसले से धूल की आंधी आई है। उनकी सामूहिक ध्वनि से धरती–आसमान एक हो गया है।''[69] सूर्यमणी तिरंगा झण्डा लिए सबसे आगे बढ़ रहे हैं। सूर्यमणी को देखकर मुक्तामाला की आंखें शर्म से झूक जाती हैं।

मनुष्य का जीवन संघर्षमय है। उसे हमेशा अपने परिवेश से, अपनी परिस्थिति से संघर्ष करना पड़ता है। नारी का जीवन तो और भी चुनौतियों से भरा हुआ होता है। पुरुष वर्चस्ववादी समाज में नारी अपने अस्तित्व को बरकरार रखने के लिए हमेशा संघर्ष करती है। आर्थिक रुप से कमजोर औरत को तो हमेशा खतरों से जूझना पड़ता है। कामुक पुरुषों की लोलूप दृष्टि उन औरतों पर पड़ी रहती हैं। आर्थिक मदद के बदले में उन जरुरतमन्द औरतों का शारीरिक–मानसिक शोषण करने में वे पीछे नहीं हटते। नारी ही नहीं पुरुष को भी अनेक संघर्षों से गुजरना पड़ता है।

'पानी के प्राचीर' में गरीब किसानों पर इस तरह के अमानवीय अत्याचार देखकर नीरु का कलेजा फट जाता है। वह इन गरीबों की दहशत देखकर कराह उठता है। उनके घरों में औरतें अधनंगी हालत में हैं, जीवन भर से लदी हुई अभाव–अनाटन के श्रृंगार से सजी बेटियां हैं, भूख से बिलखते बच्चे हैं। किसानों को सभी तरफ से गरीबी–बेबशी की मार झेलनी पड़ रही हैं। एक तरफ गरीबी से लड़ रहे हैं तो दूसरी तरफ प्राकृतिक विपदाओं से जूझ रहे हैं तो तीसरी तरफ दारोगा के क्रुर व्यवहार से कांप रहे हैं तो चौथी तरफ जमींदार–साहूकार की लगान वसूली के आतंक से भयभीत हैं। ऐसी विकराल परिस्थिति में पूरे गांव में आतंक की साया मण्डरा रही है।

जमींदारों, पुलिस अफसरों, सिपाहियों के अन्याय–अत्याचार के खिलाफ गांव के जुझारु नेता आवाज भी उठाते हैं। गांव को हरिजन टोली के नेता लोगों को जमींदार के अत्याचार के खिलाफ आवाज उठाने की हिम्मत बंधाता है। वह गांधीजी पर आशा रखता है कि एक दिन हरिजनों को उनके अधिकार जरुर मिलेंगे। हरिजन नेता फेकू हरिजन सभा में जोर–शोर के साथ कहने लगता है–''अब स्वराज मिलने ही वाला है। जाग जाओ आप लोग भी। जमींदारों का जुलुम अब बर्दाश्त मत करो। गांधीजी कहते हैं कि स्वराज मिलने पर

हरिजनों का राज होगा।''[70] उन हरिजनों को पूरा विश्वास है कि आजादी के बाद जमींदारों द्वारा छीनी गई जमीन वापस उन्हें मिलेगी। खेती हीनों–भूमि हीनों को खेत–जमीन मिलेगी, जमींदारी प्रथा खत्म होगी। किसानों को, मजदूरों को उनका हक मिलगा, लोग पूरे मान–सम्मान से जिन्दगी जीएंगे, खुशहाली के साथ जीवन बसर करेंगे।

'जल टूटता हुआ' का सतीश जमींदार महीप सिंह के घर में नौकरी करता हुआ गरीब मजदूरों के प्रति अन्याय–अत्याचार से क्षुब्ध हो उठता है। बाबू महीप सिंह के नौकर मजदूरों के साथ जानवर जैसा बर्ताव करते हैं। उनके नौकर जब जगपतिया को बेरहमी से मारते हैं तो सतीश सह नहीं पाता। वह महीप सिंह की नौकरी छोड़ देता है और रोजी रोटी की तलाश में कलकत्ता चला जाता है। वहां सतीश देखता है कि उत्तर भारत से बहुत सारे मजदूर मेहनत मजदूरी कर रहे हैं और दुखद जीवन जी रहे हैं। कलकत्ते की झुग्गी झोपड़ियों मे जहां ये लोग रह रहे हैं उस जगह का पानी इतना खराब है कि उनकी तबियत लगातार बिगड़ रही है। सतीश भी वहां बीमार पड़ जाता है और चार महीने बाद घर लौट आता है।

स्वतन्त्रता दिवस के पुण्य अवसर पर देश की बदहाली पर दुख व्यक्त करते हुए सुग्गन जी मन ही मन सोचने लगते हैं–''इतने साल हो गए आजादी मिले हुए। यह अभागी जिन्दगी टस से मस नहीं हुई। पानी की फुंकार वैसा ही हमारी फसलों पर पछाड़ खाती लौटती रहती है। इस साल भी यह पछाड़ खेतों का हाड़ तोड़ कर रहेगी। रबी की फसल को भी जाने क्या हो गया है। जब खरीफ लुट जाती है तो रबी भी रुठ जाती है। जेठ गुजरे अभी ता दो मास भी नहीं हुए कि सारा अन्न साफ। उसे लगा फिर अंतड़ियों में दर्द हो रहा है, हां भूखी अंतड़ियों दर्द नहीं करेगे तो क्या करेगी? उसे याद आया आज घर पर कुछ खाने को नहीं होगा। बाजार से लिया हुआ अन्न तो कल ही खत्म हो गया था।''[71] पूरे तिवारीपुर ही नहीं पूरे इलाके में ऐसे जाने कितने गरीब लोग हैं, जिनके घर का चुल्हा जल नहीं पाता, उन्हें खाली पेट ही पानी पीकर सो जाना पड़ता है।

क्रान्तिदर्शी भावना –

'क्रान्तिदर्शी भावना' साहित्यकार को साहित्य–सृजन की ओर प्रेरित करती है। युगीन संक्रमणों के प्रति विद्रोहात्मक दृष्टिकोण अपना कर एक साहित्यकार अपने साहित्य के माध्यम से क्रान्ति का आह्वान करता है। राष्ट्र–निर्माण तथा जन हितैषी महत् भावना लेकर साहित्य सृजन करके समाज में पर्याप्त सुधार लाना उसका मुख्य ध्येय होता है। उसका यह कर्त्तव्य बनता है कि अपने साहित्य में युगीन परिस्थितियों का सफल चित्रांकन करे और उसमें पर्याप्त सुधार तथा क्रान्तिदर्शिता लाये। साहित्य–सर्जक सही मायने में क्रान्ति का अग्रदूत बनकर समाज में प्रादुर्भूत होता है और क्रान्ति की मशाल लिए पूरे समाज को ज्योतिर्मय कर

देता है।

'मैला आंचल' में आम सभा में कॉमरेड सैनिक अपने भाषण में पूंजीवादी के मूलोत्पाटन एवं समाजवाद की स्थापना का शुभ सन्देश दे रहे हैं। मजदूरों को, किसानों को हक दिलाने की वकालत करते हुए मीलों, फैक्ट्रियों पर मजदूरों के हक, जमीनों पर किसानों के हक वापस मिलने का आह्वान करते कॉमरेड किसानों–मजदूरों को जगाने का काम करते हैं। बालदेव भी कुछ बोलना चाहते हैं, पर सोशालिष्ट कार्यकर्ता उन्हें पूंजीवादी कहकर बिठा देते हैं। यहां तमाम घुसखोर अधिकारियों, कांग्रेसी नेताओं समेत तहसीलदार विश्वनाथ जी की भी धज्जियां उडांई जाती हैं।

कॉमरेड कालीचरन गरीब लोगों के प्रति हमदर्दी जताने लगते हैं। जोतखी जी की पत्नी की मौत के बाद वे गुमसुम रहते हैं, किसी से ज्यादा बात–चित नहीं करते, सभा–समितियों में नहीं आते– जाते। राजपुत टोली और बाभन टोली के लोग भी अब गरीब लोगों के उपर लात– जूते से बात नहीं करते, लोगों का कद्र करना उन्होंनो भी सीख लिया है। युगों से पीड़ित, दलित उपेक्षित लोगों को कालीचरन सम्बोधित करता हुआ कहता है–" मैं आप लोगों के दिल में आग लगाना चाहता हूं। सोए हुए को जगाना चाहता हूं। सोशालिष्ट पार्टी आपकी पार्टी है, गरीबों की, मजदूरों की पार्टी है। सोशालिष्ट पार्टी चाहती है कि आप अपने हकों को पहचानें। आप भी आदमी हैं, आपको आदमी का सभी हक मिलना चाहिए। मैं आप लोगों को मीठी बातों में भुलाना नहीं चाहता। वह कांग्रेसी का काम है। मैं आग लगाना चाहता हूं।"[72]

'माटी मटाल' एक 'रिवोल्यूशनरी' उपन्यास है। इसमें ओड़िशा के गाँव का सजीव चित्रण के साथ क्रान्ति की लहर दौड़ायी गयी है। 'माटी मटाल' का नायक रवि क्रान्ति के 'फॉर रनर' के रूप में ग्राम जीवन में सामाजिक–आर्थिक क्रान्ति का ध्वज फहराता है। वह भूदान आन्दोलन तथा ग्रामोद्धार अभियान को तेज गति देकर लोगों की भूमि–समस्या का ठोस समाधान लाता है। फूलशरा गाँव को अपना कर्मक्षेत्र के रूप में चून कर वहाँ की सामाजिक विद्रूपताओं का मूलोत्पाटन करके वह एक आदर्श गाँव का निर्माण करता है। इससे रवि की विराट प्रतिभा एवं क्रान्तिकारी व्यक्तित्व से पाठक परिचित होता है।

रवि ग्रामीण जनों की सांस्कृतिक–धार्मिक जड़ता, धर्मान्धता को मिटाकर आधुनिक वैज्ञानिक कृषि प्रणाली से कृषि कार्य करके एक 'ग्रीन रिवोल्यूशन' खड़ा करता है। जिससे कृषि–उत्पादन में बढ़ोत्तरी होती है और कृषकों के सामाजिक–आर्थिक जीवन में पर्याप्त सुधार होता है। रवि के क्रान्तिदर्शी रवैये के प्रभाव स्वरूप लोग आपसी वैर–भाव मिटाकर एक परिवार तुल्य सुखद निरानन्द जीवन जीने लगते हैं और सम्मिलित रूप से कृषि कार्य करके उत्पादन–क्षमता में चौगुनी बढ़ोत्तरी लाते हैं। क्रान्ति के वार्तावाहक रवि राष्ट्रीय स्तर का ग्रामोद्धार अभियान चलाकर ग्रामीण भारत–निर्माण में विशेष योगदान देता है। एक उन्नत

सुसमृद्ध ग्रामीण समाज–निर्माण पर बल देता हुआ रवि कह उठता है, ''मनुष्य के हृदय को न समझ कर हजारों देवी देवताओं की पूजा करने से कोई धर्म नहीं होगा। तुम्हारा धर्म नहीं होगा। तुम्हारा धर्म अपने पास रखो। इधर लोग दुःख–कष्टों से पीड़ित हैं, एक हँसता है तो हजारों लोग रोते हैं। किसी एक का बच्चा लाड़–प्यार से पल रहा है तो पूरे राज्य के बच्चे भूख से बिलख रहे हैं।.....इसीलिए हमने प्रण किया है, नया समाज किसी भी हालत में गढ़ेंगे। हमें कोई नहीं रोक सकता।''[73]

सर्वोदय समाज को रुपायित करने वाला 'माटी मटाल' एक समन्वयवादी समाज के गठन पर बल देता है। एक ऐसे नूतन ग्राम समाज का गठन होगा, जिसमें समस्त लोग अपने सामाजिक जीवनादर्श के साथ सुखद जीवन जी सकेंगे। डॉ. सूर्यकान्त दास के मतानुसार, ''ओड़िशा–भूमि पर ओड़िया जातीय जीवन में समाजवाद किस तरह प्रतिष्ठित हो सकेगा, इसका स्थूल चित्र 'माटी मटाल' में प्रस्तुत हुआ है। ओड़िया साहित्य–दरबार में समाजवाद के नूतन वार्ताकार के रूप में यह उपन्यास प्रत्येक साहित्य प्रेमी को प्रेरित करेगा। यह एक युगानुकूल उपन्यास है। विशेषतः ओड़िया साहित्य जगत में इसका सुदूर प्रसारी गहरा प्रभाव पड़ा है।''[74]

महान्ती जी के उपन्यासों में एक कुशल ग्राम्य समाज के गठन पर प्रादेशिक स्तर का ही नहीं वरन् राष्ट्रीय स्तर का विराट क्रान्तिकारी अभियान चलाया गया है। ओड़िया साहित्य के विशिष्ट विद्वान डॉ. प्रसन्न कुमार स्वाइँ के शब्दों में, ''गोपीनाथ महान्ती ने केवल व्यक्तिगत मानव जीवन के अनुशीलन से सुचिन्तित एवं फलप्रद वार्ता प्रदान नहीं की है, प्रत्युत एक स्वस्थ–सुन्दर समाज–निर्माण का सन्देश दिया है। समाज के विभिन्न क्षेत्रों के ऊपर उन्होंने सचेतन दृष्टिपात किया है। घने जंगल के अन्धेरे मुल्क में अवहेलित, शोषित अवस्था में जिन्दगी जी रहे आदिवासी समाज, गाँव एवं शहर में पीड़ित–दलित हरिजन समाज, उनकी आर्थिक दुरावस्था तथा असहाय मानव समाज के ऊपर उनकी उदार और संवेदनशील दृष्टि पड़ी है।''[75]

मिथिलांचल में क्रान्ति का शंखनाद करने वाले क्रान्तिकारी कथाकार नागार्जुन के उपन्यासों में वहाँ के चिराचरित जीवन में क्रान्ति की नई लहर दौड़ाई गई है। उन्होंने अपने उपन्यासों में वहाँ की यथार्थ युगीन परिस्थितियों को शब्दबद्ध करके एक विराट क्रान्ति की आवयश्कता जताई है। मिथिला अंचल के अवहेलित, शोषित–पीड़ित तथा तिरस्कृत लोगों में सामाजिक–आर्थिक सुधार पर बल देते हुए उन्होंने क्रान्ति की नई लहर दौड़ायी है। उन्होंने किसान–संगठन, ग्राम–कमेटी तथा ग्रामीणोद्धार कुटीर शिल्प का निर्माण करके गाँव में सुख–समृद्धि का बीजारोपण किया है। चिर अवहेलित, अनुन्नत मिथिला अंचल में आधुनिक जीवन प्रणाली के सूत्रपात पर गहन महत्व देकर उनकी जीवन व्यवस्था में क्रान्तिदर्शिता लाना उनका औपन्यासिक अभिप्राय है। उन्होंने अपने व्यवाहारिक जीवन में सामाजिक

परिवर्तन की लड़ाई लड़ी थी।

नागार्जुन ने किसान आन्दोलन, ग्रामोद्धार कमेटी के माध्यम से किसान भाइयों को जगाकर उनके जीवन में सुधार लाया गया है। बलचनमा में बालचन्द राऊत समाजवादी नेताओं के संपर्क में आकर खुद कॉमरेड बनकर किसान विरोधी ताकतों के खिलाफ किसान–मजदूरों को संगठित कराकर उनके विरुद्ध मोर्चाबन्दी का आह्वान करता है। जमींदारों के अन्याय–अत्याचार, जमीन बेदखली के खिलाफ लोगों को संगठित किया जाता है। किसान महासभा को संबोधित करते हुए स्वामी जी किसानों से कहते हैं, "किसान सभा आपकी मदद करेगी, बाहर के किसान लीडर आपके बीच आते जाते रहेंगे। किसान भाइयों, अब आप जाग गये हैं। खान बाहदुर हो चाहे महाराज बहादुर हो, कोई आपका हक नहीं छीन पाएगा। आप अपनी ताकत को पहचानिए, बोलिए सब मिलकर इन्कलाब..... जिन्दाबाद!"[76]

'वरुण के बेटे' में मछुआ समाज के जीवनोत्कर्ष एवं उनके आर्थिक जीवन व्यवस्था में सुधार लाने के लिए जुझारु नेता मोहन माझी किसान विरोधी शक्तियों के विरुद्ध जन आन्दोलन छेड़ता है। देपुरा और सतधरा के जमींदारों, रिश्वतखोर सरकारी अधिकारियों के विरुद्ध किसानों को संगठित करके उनकी आवाज बुलन्द करता है। मछुओं के जीविका का एक मात्र आश्रय स्थल गढ़पोखर के जीर्णोद्वार और मछली पालन का व्यवसाय केन्द्र के लिए मोहन माझी मछुओं के जीवन में विराट परिवर्तन लाने का स्वप्न देखता है। वहाँ के निषाद महासभा, मछुआ संघ, किसान महासभा आदि किसान संगठन मिलकर जमीन बेदखली के खिलाफ मोर्चाबन्दी करके क्रान्ति का ध्वज फहराने के लिए कमर कसते हैं। डॉ. रामदरश मिश्र के शब्दों में, " 'वरुण के बेटे' उपन्यास मात्र मछुआरों के जीवन से ही नहीं जुड़ा हुआ है, बल्कि मछुआरों के जीवन के उतार–चढ़ाव के माध्यम से इन्सानी हक की लड़ाई की व्यवस्था के रूप मे सामने आता है।"[77]

जहाँ सुन्दर फूल खिलते हैं, वहाँ शूल भी पनपते हैं। घर की दहलिज पार करके नारी ने जहाँ बहुत कुछ पाया है तो इसके बदले में उसे बहुत कुछ खोना भी पड़ा है। उसकी भावनाएँ लहू–लुहान हुई हैं, उसका दामन काँटो से उलझा है, उसे कई जिल्लतें भी उठानी पड़ी हैं। त्याग एवं बलिदान की प्रतिमूर्ति नारी समाज को विकास की चरम सीमा पर पहुँचा सकती है। 'दिग दिहुड़ी' में नारी के आधुनिक रूप का सफल पर्यवेक्षण हुआ है। नारी किसी भी गुण में पुरुष से कम नहीं है, वह अपनी अजेय शक्ति का प्रयोग करके समाज का उत्कर्ष साधित कर सकती है। रमा मानवता के कल्याण निमित्त खुद को नियोजित कर देती है और आदर्श समाज निर्माण का संकल्प लेती है। वह आशान्वित स्वर में कह उठती है, "आज न सही, एक न एक दिन समाज परिवर्तित होगा। जगत में यदि सेवा एवं त्याग के आदर्श बढ़ते चलेंगे तो निश्चय ही एक दिन यह संसार स्वर्णिम होगा।"[78]

नागार्जुन के नारी पात्र भी अपनी 'रिवोल्यूशनरी फिलिंग्स' से ओतप्रोत है। मिथिलांचल में क्रान्ति की मशाल लेकर आगे बढ़ने में नारियाँ भी पुरुषों से पीछे नहीं है। वह भी अपने क्रान्तिकारी रवैये के साथ ग्रामोद्धार समिति की सदस्या बनकर गाँव की काया पलट में महती रोल अदा करती हैं। 'वरुण के बेटे' में मधुरी मछुआ संघ की सेक्रेटेरी का पद–भार संभाल कर मछुओं के हक की लड़ाई को परवान चढ़ाती है और बड़े ही हिम्मत से पुलिस की गिरफ्तारी देती हुई नारेबाजी करने लगती है। वह बाढ़ पीड़ितों के रिफ्यूजी कैम्प में अपनी सेवा देकर कर्तव्य परायणता का सबूत देती है।

गाँव में प्राचीन रुढ़ीवादी परंपरा, धार्मिक मान्यता, विवाह संबन्धी कुसंस्कार आदि का बाहुल्य देखने को मिलता है। देहाती दुनिया आधुनिकता से कोसों दूर प्राचीन जीवन शैली अपना कर पुराने खयालात के साथ त्रासद जीवन जीने के लिए बाध्य है। मिथिला के ग्रामीण क्षेत्रों में जरठ विवाह, अनमेल विवाह, नारी विक्रय जैसे कुसंस्कारों प्रचलित हैं। 'नई पौध' में सौराठ मेले से वर–चयन करके अपनी नातिन को एक बड़ी रकम से साठ वर्षीय चतुरा चौधुरी के हाथों पशुतुल्य बेचने वाला लालची खोंखा पण्डित का अमानुषिक बर्ताव चित्रित है। पशु तुल्य नारी विक्रय तथा अनमेल विवाह के खिलाफ मोर्चा खड़ा करनेवाले नौगछिआ के नौजवान पुरानी पीढ़ी के गलत विचारों पर पानी फेरते हुए बिसेसरी को एक नयी जिन्दगी देते हैं।

नौजवान संघ का मुखिया दिगम्बर मलिक अपने साथियों के साथ इस अनमेल विवाह को न सिर्फ रोकता है बल्कि बिसेसरी की शादी वाचस्पति से कर उन्हें खुशियों से भरी जिन्दगी देता है। पण्डित की इस लालची वृत्ति पर प्रहार करते हुए दिगो कहने लगता है, "पण्डित जी लालच के मारे उठा लाए हैं इन महाशय को, उनकी बात छोड़िए। बिसेसरी जैसी तो इनकी नतनी–पोती होगी.....यह अभी सीधे नहीं मानेंगे तो बाँध–बूँध कर और खटोले पर ढोकर इन्हें कल तक फिर सौराठ पहुँचा दिया जाएगा, इन्हीं के खिलाफ कल नौजवानों का हम एक जुलूस निकालेंगे। समझक्या रखा है इन्होंने आखिर?"[79]

"नागार्जुन ने मिथिलांचल में प्रचलित धार्मिक अन्धविश्वास, मान्यताओं कुप्रथाओं और साधु लोगों के आडम्बरों एवं विकृत व्यवहारों को वास्तव रूप में चित्रित करते हुए इसमें परिवर्तन लाने के लिए कुछ विज्ञान निष्ठ एवं साम्यवादी दृष्टि से समाधान भी प्रस्तुत किये हैं। जो धर्म पाखण्डता, सामान्य जनों का मानसिक और आर्थिक शोषण करती है, वह समाज जीवन के लिए क्षय रोग के समान ही है। इससे समाज को स्वस्थ और सुरक्षित रखने के लिए धार्मिक एवं सामाजिक कुरीतियों कों समूल नष्ट करना अत्यावश्यक है।"[80] नागार्जुन के उपन्यासों में मिथिला के ग्रामीण अंचल के जीवन प्रवाह का चित्राण करके उसमें क्रान्तिदर्शिता लाने का विराट अभियान छेड़ा गया है। उन्होंने अपने क्रान्तिकारी औपन्यासिक चरित्रों के माध्यम से विराट पैमाने पर परिवर्तन तथा सुधार लाने पर विशेष बल दिया है।

'कालान्तर' के बाबा अनाम दास की वाणी में हमेशा क्रान्ति की लहर सुनाई पड़ती है। वह हमेशा लोगों को आगाह कराते हैं कि तूफान संहार करने आया है, फिर नव सृजन का शुभ संकेत भी दे रहा है। मुक्तापुर के लोग इस महाप्रलय के भयानक रुप से भयभीत हैं, पूरी तरह से बिखर गए हैं। योगी महापात्र और केतकी सतपथी दोनों जान बचाते हुए सुरक्षित जगह की ओर भागते हैं। बीच में उन्हें अनाम दास दिखाई पड़ते हैं।

रात के घने अंधेरे में तूफान से जूझते हुए लोग गांव के सभी लोगों को सुरक्षित–संगठित करने में लगे हैं। अनाम दास को बचाने के लिए नीलाम्बर उनकी कुटिया की तरफ दौड़ते हैं। उन्हें बचाते–बचाते वह खुद मुसीबत में फंस जाते हैं। नीलाम्बर चीत्कार करने लगते हैं। दोल गोविन्द, गोपीनाथ, चन्द्रमणी आदि सभी लोग नीलाम्बर को बचाने के लिए उनकी तरफ बढ़ते हैं। अन्धेरा अब छूटने लगा है, सुबह होने वाली है। एक नए काल का आगमन हो रहा है। कालान्तर के अभिनन्दन करने के लिए लोग आगे बढ़ रहे हैं। सभी लोग आंधी तूफान के बीच अन्धेरे में नीलाम्बर को बचाने के लिए नहीं, कालान्तर नवीन शुभ लग्न के हार्दिक अभिनन्दन के लिए आगे बढ़ने लगते हैं।

'एई गां एई माटी' विनोदिनी राधा माधव मठ में देवदासी के रुप में जीवन जी रही है। मठ में भगवान की पूजा–अर्चना, श्रद्धालुओं की सेवा, मठाधीश कृष्ण चन्द्र दास की सेवा में ही उसका जीवन समर्पित है। विनोदिनी को अपनी खुद की जिन्दगी कुछ नहीं है, उसके सुख–दुख के भागीदार कोई नहीं है, सिवाय अनुराधा के। अनुराधा को मठ की सेवारत जिन्दगी पसन्द नहीं है। उसे मठ का वातावरण जिन्दगी जीना चाहती है, मन खोलकर दुनियां देखना चाहती है। पंख फैलाकर आसमान में उड़ना चाहती है। अनुराधा एन्डोमेन्ट इन्स्पेक्टर शरत चौधुरी से प्रेम करती है और उनके साथ भागकर शहर जाकर कोर्ट में शादी कर लेती है।

देवदासी विनोदिनी कुछ महीने बाद सपना देखती है कि अनुराधा को एक बच्चा हुआ है। वह बच्चा और कोई नहीं स्वंय राधा माधव हैं। जिस राधा माधव की भक्ति में उसने सारी जिन्दगी बीता दी है, वही भगवान राधा माधव यदि यहां मठ में नहीं हैं तो वह यहां रहकर क्या करेगी। वह अपनी बेटी अनुराधा के पास चली जाने का निश्चय करती है। महन्त महाराज के पास जाकर विनोदिनी विनती करती है कि वह उसका मन अब यहां नहीं लगता, क्योंकि राधा माधव अब यह मठ छोड़ कर चले गये हैं, यह मठ अब ईश्वर–शूल्य हो गया है, मठ की पवित्रता, ऐश्वर्यता खत्म हो गई है। विनोदिनी ट्रेन पकड़ कर अनुराधा के पास निकल पड़ती है। "ट्रेन छूट चुकी है। विनोदिनी चली गई है। उसका ममता का बन्धन टूट चुका है। किन्तु महन्त महाराज द्वन्द्व में फंस गए हैं। वह सुबह के पक्षी की तरह उड़ नहीं पा रहे हैं, उनके पंख कट चुके हैं, हिम्मत उनकी टूट चुकी है।"[81]

'वधू निरुपमा' के अन्तिम पड़ाव में हम देखते हैं कि हेमांगिनी की सोच में बदलाव

आता है। जिस बहू को वह पण्डा परिवार की छोटी बिरादरी की मानकर नफरत की भावना रखती है। उससे जलती रहती है। अब उसके प्रति सौहार्द्र रखने लगती है। उनके बीमार पड़ने पर जब निरूपमा मायके से वापस ससुराल में आ जाती है। और उसी सास की सेवा में जुट जाती है। जिसने उस पर चोरी का झूठा इल्जाम लगा रखा है। हेमांगिनी जब जानती है कि उसी की भतीजी उषा जो मिश्र बिरादरी की है, ने पांच सौ रूपए चुरा लिए हैं और अपने पिताजी को दे दिए हैं अनुताप की आग में जलने लगती है। वह निश्चय करती है कि ''वह आज किसी की बात विश्वास करने को राजी नही है। मिश्र वंश की बेटी होकर भी उषा जब चोरी कर सकती है। उस वंश के अभिजात्य के प्रति उनकी कोई ममता नहीं है। पण्डा परिवार की बेटी होकर जब परिवार की मंगल कामना के लिए सांध्य दीप की बाती बन कर खुद को जलाती हुई निरुपमा आचार्य वंश परिवार का पथ उज्वल कर सकी है, तो सभी प्राचीन परंपराएं तोड़कर उसे अपनी बेटी बनाकर गोद में ले लेगी। बाती बनकर जो बहू आशा–दीप को प्रज्वलित कर रही है, उसे वह कभी नहीं बुझा पाएंगी कभी नहीं।''[82]

उत्कलीय ग्राम जीवन में बहू का एक आदर्श रुप प्रस्तुत हुआ है। वधू अपने ससुराल में स्वर्गीय सुख का अनुभव करती है, वहां का सुख दुख अपना सुख–दुख बना लेती है। ससुराल का आकर्षण उसे मायके में अपने मां–बाप, भाई–बहन के पास नहीं रहने देता वह अनायास ससुराल की ओर खींचती चली आती है। ससुराल की इज्जत, आबरु, मान, सम्मान उसके लिए सबसे उपर है सबसे बड़ा है, सब कुछ है। अपने ससुराल का मान रखने के लिए एक बहू कुछ भी कर सकती है, सब कुछ त्याग सकती है।

प्रोफेसर बाउरीबन्धु कर ने विभूति पटनायक के नारीवादी स्वर तथा क्रान्तिदर्शी दृष्टिकोण पर इन शब्दों में टिप्पणी किया है–'' 'भारतीय युवतियां सतीसाध्वी सावित्री होने की बजाय चित्रांगदा होना ज्यादा पसंद करती हैं' विभूति जी अपने चरित्रों के माध्यम से इसकी पुष्टी करने में संकोच नहीं करते।''[83] नारी चरित्र विश्लेषणात्मक रुप से नारी समाज के अवचेतन मन के रहस्य का उदघाटन करते हुए कहती हैं–''नारी चाहती है कि उसके लिए हजारों पुरुषों की आंखों में आंसू के विप्लव जाग उठे। उसके लिए अनेक लंका काण्ड हों।'' उन्होंने नारी को त्याग की प्रतिमूर्मि के रुप में अन्यत्र दिखाया है। 'वधू निरुपमा' इस दिशा में सार्थक कलात्मक अभिव्यक्ति है। उन्होंने नारी को इस उपन्यास में घरेलु पारिवारिक बन्दिशों से मुक्त करके सामाजिक अधिकारों से विमण्डित कराया है।''[84]

'पानी के प्राचीर' में मलिन्द पंचायत बुलाकर लोगों के सामने कहता है–''भाइयों चाहे कोई कहे बात एक ही है। लेकिन एक बात जरुर है जिस पर हम लोंगो को विचार करना है। वह यह है कि कांग्रेसी की निगाह में कोई छोटा–बड़ा नहीं है। चमार और बाभन सभी आदमी हैं, अपनी इच्छा के अनुसार हम जिस किसी को उजाड़ फेंके या मारें, गाली दें या किसी का घर फेंक दे आज के जमाने में ठीक नहीं है। इसका विरोध करने के लिए सबको

एक होना पड़ेगा। मुखिया ने आज बिन्दिया का घर उजाड़ दिया, कल दूसरे चमार का उजाड़ फेकेंगे, परसों तीसरे का। यदि आपस में एकता नहीं रही, तो आए दिन ये वारदात होती रहेगी।"[82] मलिन्द की बातों का असर लोगों पर तो पड़ता है, पर मुखिया के पास जाने की हिम्मत कोई नहीं जुटा पाता। सभी लोग अपने काम से काम रखते हैं।

इस उपन्यास में दर्शित क्रान्तिदर्शी भावना पर प्रकाश डालते हुए डॉ. झेड.एम.जंधाले लिखते हैं–"पानी के प्राचीर' के पाण्डेपुरवा गांव के लोग स्वतन्त्रता प्राप्ति के लिए प्रयन्तशील हैं। जाति–पांति को भूलकर सभी लोगों ने गणपति पाण्डे, हरिजन नेता फेंकू ,दिनई, निरबल तेली आदि के नेतृत्व में आजादी का आन्दोलन शुरु कर दिया है। इन नेताओं को प्रोत्साहित करने का काम गांव का उच्च शिक्षित युवक मलिन्द करता है।"[85]

'जल टूटता हुआ' में सतीश का छोटा भाई चन्द्रकान्त कलक्टर बनकर गावं आता है। आई.ए.एस. ऑफिसर बनने की खबर जब चन्द्रकान्त अपने भैया को सुनाता है, सतीश की आंखों में आंसू आ जाते हैं। पूरे गांव में यह खबर फैली जाती है और लोग कलक्टर चन्द्रकान्त को देखने के लिए दौड़ते हैं। लोगों के मन में उत्सुकता है कि आखिर कलक्टर दिखता कैसा है। सतीश के घर में लोगों की अच्छी खासी भीड़ उमड़ पड़ती है। सतीश को देखने के लिए इतनी भीड़ नहीं जमी थी, जब वह घायल हो गया था, जितनी आज जमी है। लोगों के अन्दर आत्मीयता नहीं है। क्रान्ति की भावना तो है, पर एकता खत्म हो गई है। लोगों के अन्दर सहृदयता खत्म होती जा रही है। राप्ती के टूटे हुए जल के समान लोगों का एकात्मबोध खत्म होता जा रहा है, टूटता जा रहा है, लोग बिखरते जा रहे हैं।डॉ. गीता यादव के शब्दों में यदि कहें," 'जल टूटता हुआ' उपन्यास ग्राम जीवन से सम्बंधित राजनीतिक दबाव में उभरने वाले समाज के असली रुप को अत्यन्त सशक्त रूप में व्यक्त करता है। इसमें स्वतन्त्र भारत की ग्रामीण संस्कृति के बिखराव के विविध रंगी पहलुओं का उद्घाटन हुआ है।"[86]

'सागर, लहरें और मनुष्य' में बरसोवा तथा आस पास के ग्रामीण क्षेत्रों के पिछड़ेपन को दूर कर विकास के नए द्वार खोलने के लिए यशवन्त और उसके दोस्त प्रयास करते हैं। यशवन्त बरसोवा के सामाजिक जीवन में समृद्धि लाने के लिए कमर कसता है। वह अपनी बुद्धि के बल पर काफी हद तक बरसोवा की हालत में सुधार लाता है और अपने साथियों को भी इसकी तरफ प्रेरित करता है। बरसोवा का एक नौजवान जिसका नाम वकिल है, गांव के लोगों को सम्बोधित करता हुआ कहता है–"सब लोग उन्नति कर रहे हैं। बड़े बन रहे हैं। तुम्हें भी किसी से पीछे नहीं रहना चाहिए। तुम में भी वकील, डॉक्टर, इन्जीनियर, व्यापारी हो तो तुम बड़े आदमी बन सकते हो। तुम्हारे पास भी बंगले हों, मोटर हो तभी तुम्हारा नाम होगा। तुम्हें किसी से पीछे नहीं रहना चाहिए।"[87]

नायिका प्रधान उपन्यास होन पर भी उपन्यास नायिका रत्ना बरसोवा में क्रान्ति खड़ा

करने के लिए आगे नहीं बढ़ पाती। वह सिर्फ आत्म कैन्द्रिक होकर रह गई है। अपने निजी जीवन की सुख–समृद्धि के लिए ही वह सक्रिय है, दूसरों के लिए नहीं। अमीर बनने की लालच में वह इस कदर दूसरों के जाल में फंस जाती है कि खुद को बाहर निकल नहीं पाती। डॉ.पाण्डुरंग जैसे नेक इनसान के प्रयास से ही वह उबर पाती है, अन्यथा माणिक और धीरुवाला जैसे राक्षसों ने तो उसे कच्चा ही निगल लिया था। बरसोवा की प्रोन्नति के लिए गांव के कुछ पढ़े लिखे युवक ही आगे आते हैं।

ग्रामांचल के ओड़िया तथा हिन्दी उपन्यास साहित्य को 'युनिक' रूप देने वाले इन लेखकों की औपन्यासिक कृतियाँ अपने–अपने उपन्यास साहित्य की बहुमूल्य धरोहर हैं। उनकी औपन्यासिक कृतियाँ ग्राम्य चेतना की समस्त प्रमुख प्रवृत्तियों से विमण्डित हैं। ग्राम्य जीवन के आदर्श–यथार्थ परिदृश्य का सुन्दर रुपांकन उनके उपन्यासों को सार्थक बनाया हुआ है। ग्राम जीवन के समस्त गुण–दोषों के साथ उनकी कथा सृष्टियाँ समृद्ध हैं। ग्रामीण जीवन–जिज्ञासा और जीवन समस्या के अतिरंजित चित्रण से उनकी उपन्यासकलाएँ समृद्धमय हो उठी हैं।

ग्राम्य संस्कृति के आदर्शवादी–यथार्थवादी स्वरूप से ओड़िया तथा हिन्दी उपन्यास साहित्य साकार हो उठे हैं।आजादी के बाद का उपन्यास साहित्य उत्कलीय ग्राम्य जीवन के सांस्कृतिक सरोकारों से झंकृत हो उठा है तो भारतीय संस्कृति की सुन्दर मनोहर झाँकियों से हिन्दी की कथात्मक कृतियाँ जीवन्त हो उठी हैं। इन उपन्यासों में ग्राम जीवन की सच्ची तस्वीर प्रतिबिम्बित हुई है। ग्रामीण जीवन दर्शन प्रांजलता से सात्विक प्रवृत्तियाँ सहित उद्भासित होकर उनकी कथाकृतियों को आत्मिक समृद्धि प्रदान करता है। उनके उपन्यासों में भारतीय ग्राम परिवेश की आत्मा प्रकाशित हुई है तथा ग्रामीण जीवन की दशा–दिशा निर्धारित हुई है।

भारतीय ग्राम समाज की सच्ची तस्वीरें बड़ी प्रांजलता से ओड़िया और हिन्दी दोनों ही उपन्यासों में प्रकट हुई है। उपन्यासकारों ने कल्पना प्रवणता के मायाजाल से मुक्त होकर अपने भोगे हुए जीवन की घटनाओं का वास्तविक चित्र खींचा है। ओड़िया उपन्यासों में ओड़िशा प्रान्त के ग्रामीण समाज के आधुनिक जीवन बोध स्पष्ट रूप से उभरा है, तो हिन्दी की औपन्यासिक कृतियों में भारत के ग्राम जीवन के उन्नत जीवन मूल्यबोध साकार हुए हैं। ओड़िया के उपन्यासों में आधुनिकता का स्वर प्रबल रूप धारण किया हुआ है। आधुनिक जीवन–प्रवाह से उनका दोनों के उपन्यास साहित्य भास्वर हो उठे हैं।

देहाती दुनिया में परिव्याप्त 'क्लास स्ट्रगल' तथा 'इन्टरनल स्ट्रगल' का सफल रुपांकन दोनों ही साहित्य के कथाकारों की कथा कृतियों में हुआ है। ग्रामीण गरीब किसानों के ऊपर साहूकारों–जमीदारों की शोषण वृत्ति एवं उसके विरुद्ध किसानों–मजदूरों को विद्रोहात्मक आन्दोलन सक्रिय रूप धारण किया हुआ है। साथ ही ग्राम परिवेश की आपसी

कलह ईर्ष्या–द्वेष आदि आन्तरिक संघर्ष को भी कथाकारों ने उजागर किया है। ये सभी कथाकार नूतनता के प्रवाहक तथा क्रान्तिदर्शिता के नियामक के रूप में भारतीय साहित्य–जगत में प्रतिष्ठित हैं।

आस्थावादी कथाकार के रूप में दोनों ही साहित्य के कथाकार मनुष्य की दुर्बलताओं एवं जीवन संघर्ष से हताश नहीं हुए हैं। उन्होंने समाजवादी यथार्थ के धरातल पर मानवतावादी दृष्टिकोण के साथ कलम चलाई है और ग्रामीण समाज का संपूर्ण विकास साधित किया है। कुल मिलाकार दोनों ही साहित्य के कथाकर्मी ग्राम्य जीवन के क्रान्तिदर्शी प्रगल्भ कथाकार के रूप में अपनी–अपनी उपस्थिति दर्ज कराते हैं। उनके क्रान्तिदर्शी और सुधारवादी रवैयों ने अपने–अपने साहित्य को अभिनव रूप दिया है।

संदर्भ ग्रन्थ सूची –

01. ओड़िया साहित्यर बिकास धारा, चित्तरंजन दास (लेखक की बात)
02. माटी मटाल, गोपीनाथ महान्ती, पृष्ठ.–734,735
03. मैला आंचल, फणीश्वरनाथ रेणु, पृष्ठ– 138
04. मैला आंचल, फणीश्वरनाथ रेणु, पृष्ठ– 186–187
05. मैला आंचल, फणीश्वरनाथ रेणु, पृष्ठ– 240
06. मैला आंचल, फणीश्वरनाथ रेणु, पृष्ठ– 273
07. स्वातन्त्र्योत्तर हिन्दी उपन्यास और ग्राम चेतना, ज्ञानचन्द्र गुप्त, पृष्ठ–99,
08. समकालीन हिन्दी साहित्य :आलोचना और चुनौती, बच्चन सिंह, पृष्ठ–120
09. परती परिकथा, फणीश्वरनाथ रेणु, पृष्ठ– 332
10. दिगदिहुड़ी, गोपीनाथ महान्ती–पृष्ठ–134
11. बन गहनर तले, कान्हुचरण महान्ती, पृष्ठ –61
12. बन गहनर तले, कान्हुचरण महान्ती, पृष्ठ –92
13. का, कान्हुचरण महान्ती, पृष्ठ –138
14. का, कान्हुचरण महान्ती, पृष्ठ –112
15. ओड़िया उपन्यासरे नायक परिकल्पना, देवीप्रसन्न पटनायक, पृष्ठ –136,
16. वरुण के बेटे, नागार्जुन, पृ.–55
17. एई गां एई माटी, विभूति पटनायक, पृष्ठ –130
18. एई गां एई माटी, विभूति पटनायक, पृष्ठ –131

19 .वधू निरुपमा, विभूति पटनायक, पृष्ठ –164
20. चपल छन्दा, विभूति पटनायक, पृष्ठ – 244
21. चपल छन्दा, विभूति पटनायक, पृष्ठ – 245
22. पानी के प्राचीर, रामदरश मिश्र, पृष्ठ –170
23. पानी के प्राचीर, रामदरश मिश्र, पृष्ठ –129
24. जल टूटता हुआ, रामदरश मिश्र, पृष्ठ –383
25. सागर, लहरें और मनुष्य, उदय शंकर भट्‌ट, पृष्ठ–46
26. सागर, लहरें और मनुष्य, उदय शंकर भट्‌ट, पृष्ठ–173
27. कालान्तर, सुरेन्द्र महान्ती, पृष्ठ –64
28. कालान्तर, सुरेन्द्र महान्ती, पृष्ठ –81
29. कालान्तर, सुरेन्द्र महान्ती, पृष्ठ –91
30. मैला आंचल, फणीश्वरनाथ रेणु, पृष्ठ– 169
31. मैला आंचल, फणीश्वरनाथ रेणु, पृष्ठ– 307
32. परती परिकथा, फणीश्वरनाथ रेणु, पृष्ठ– 427
33. परती परिकथा, फणीश्वरनाथ रेणु, पृष्ठ– 471
34. परती परिकथा, फणीश्वरनाथ रेणु, पृष्ठ–01
35. ओड़िया साहित्यर समालोचनात्मक इतिहास, बाऊरीबन्धु कर, पृष्ठ.–421–422
36. माटी मटाल, गोपीनाथ महान्ती, पृष्ठ.–230
37. नागार्जुन का गद्य साहित्य, आशुतोष राय, पृष्ठ–37
38. बलचनमा, नागार्जुन, पृष्ठ–13
39. बन गहनर तले, कान्हुचरण महान्ती, पृष्ठ –92
40. का, कान्हुचरण महान्ती, पृष्ठ –135
41. एई गां एई माटी, विभूति पटनायक, पृष्ठ –120
42. वधू निरुपमा, विभूति पटनायक, पृष्ठ –150
43. चपल छन्दा, विभूति पटनायक, पृष्ठ – 230
44. चपल छन्दा, विभूति पटनायक, पृष्ठ – 256
45. जल टूटता हुआ, रामदरश मिश्र, पृष्ठ –193
46. सागर, लहरें और मनुष्य, उदय शंकर भट्‌ट, पृष्ठ–106
47. आंचलिक कथा प्रयोग, नीलम मैगजिन गर्ग,पृष्ठ–110
48. कालान्तर, सुरेन्द्र महान्ती, पृष्ठ –69
49. गोपीनाथक कथा साहित्य र व्याप्ति ओ दीप्ति, सं.विजय कुमार सतपथी, (गोपीनाथंक उपन्यासरे धर्म विश्वास ओ दार्शनिक अनुचिन्ता), रंजिता नायक, पृष्ठ.–83

50. माटी मटाल, गोपीनाथ महान्ती, पृष्ठ.–473–474
51. माटी मटाल, गोपीनाथ महान्ती, पृष्ठ.–227
52. मैला आंचल, फणीश्वरनाथ रेणु, पृष्ठ–173
53. मैला आंचल, फणीश्वरनाथ रेणु, पृष्ठ– 217
54. बलचनमा, नागार्जुन–पृष्ठ–148
55. वरुण के बेटे, नागार्जुन, पृष्ठ–102
56. नई पौध, नागार्जुन, पृष्ठ–61
57. नागार्जुन की चुनी हुई रचनाएँ– भाग 1, सं शोभाकान्त मिश्र, पृष्ठ–12
58. कालान्तर, सुरेन्द्र महान्ती, पृष्ठ –35
59. कालान्तर, सुरेन्द्र महान्ती, पृष्ठ –38
60. एई गां एई माटी, विभूति पटनायक, पृष्ठ –107
61. वधू निरुपमा, विभूति पटनायक, पृष्ठ –186
62. पानी के प्राचीर, रामदरश मिश्र, पृष्ठ –68
63. जल टूटता हुआ, रामदरश मिश्र, पृष्ठ –226
64. सागर, लहरें और मनुष्य, उदय शंकर भट्ट पृष्ठ–135–136
65. नागार्जुन की चुनी हुई रचनाएँ– भाग 1, सं शोभाकान्त मिश्र, पृ.–12
66. नई पौध, नागार्जुन, पृष्ठ–57
67. मैला आंचल, फणीश्वरनाथ रेणु, पृष्ठ–102
68. एई गां एई माटी, विभूति पटनायक, पृष्ठ –98
69. चपल छन्दा, विभूति पटनायक, पृष्ठ – 109
70. पानी के प्राचीर, रामदरश मिश्र, पृष्ठ –300
71. जल टूटता हुआ, रामदरश मिश्र, पृष्ठ –06
72. मैला आंचल, फणीश्वरनाथ रेणु, पृष्ठ– 148
73. माटी मटाल, गोपीनाथ महान्ती, पृष्ठ.–474
74. नब पत्र (गोपीनाथ विशेषांक) पृष्ठ–292
75. कोणार्क (पत्रिका)–संख्या 88, गोपीनाथ विशेषांक, पृष्ठ.–60
(गोपीनाथंक उपन्यासरे सामाजिक दृष्टिभंगी, प्रसन्न कुमार स्वाईं)
76. बलचनमा, नागार्जुन, पृष्ठ147
77. हिन्दी के आंचलिक उपन्यास, सं. रामदरश मिश्र. पृष्ठ–12
78. दिगदिहुड़ी, गोपीनाथ महान्ती, पृष्ठ–419
79. नई पौध, नागार्जुन, पृष्ठ–61
80. नागार्जुन के आंचलिक उपन्यास, दिलिप भस्मे, पृष्ठ–23

81. एई गां एई माटी, विभूति पटनायक, पृष्ठ –122
82. वधू निरुपमा, विभूति पटनायक, पृष्ठ –193
83. स्वाधीनता परबर्ती ओड़िया उपन्यास, बाउरीबन्धु कर, बिद्यापुरी, कटक–2004, पृष्ठ– 172
84. पानी के प्राचीर, रामदरश मिश्र, पृष्ठ –143
85. रामदरश मिश्र के उपन्यासों में यथार्थ, झेड़.एम. जंघाले., पृष्ठ 132,
86. रामदरश मिश्र के उपन्यास साहित्य में सांस्कृतिक चेतना, गीता यादव, पृष्ठ–82,
87. सागर, लहरें और मनुष्य, उदय शंकर भट्ट पृष्ठ–235

5. स्वातंत्र्योत्तर ओड़िया कहानियों में ग्राम जीवन

आजादी हासिल होने के बाद देश का राजनीतिक–सामाजिक परिदृश्य जिस तरह से बदलने लगा, साहित्य के स्वरुप में भी परिवर्तन दिखाई देने लगा। आजाद देश के आम जन जीवन की सच्ची तस्वीर साहित्य में उभरने लगी। ओड़िया कहानी के क्षेत्र में भी आजाद हिन्दुस्तान की वो छवि उभरने लगी जो आम जन जीवन के साथ जुड़ी हुई थी। आधुनिक ओड़िया कथा साहित्य के कान्हुचरण महान्ती, गोपीनाथ महान्ती, मनोज दास, सुरेन्द्र महान्ती, प्रतिभा रॉय, कुमार हसन सरीखे समर्थ कथाकारों द्वारा सफल कथाकृतियां निर्मित हुई हैं, जिनमें लोक जीवन का चित्रांकन हुआ है। यहां मनोज दास, सुरेन्द्र महान्ती, प्रतिभा रॉय और कुमार हसन की कहानियों का निरीक्षण संक्षेप में किया गया है।

समुद्र की प्यास

–मनोज दास

'समुद्र की प्यास' मनोज दास की केन्द्रीय साहित्य अकादमी द्वारा पुरस्कृत कहानी संकलन–''मनोज दासंक कथा ओ काहाणी'' में संकलित बहु चर्चित कहानी है। दूसरा विश्व युद्ध की पृष्ठभूमि पर सृजित यह कहानी अंग्रेज हुकूमत के समय में ग्रामीण नारियों की सामाजिक स्थिति का सफल चित्रांकन करती है। समुद्र किनारे बसे हुए एक गांव के एक गरीब परिवार की सामाजिक–आर्थिक स्थिति बयां करती यह कहानी नारी समाज के प्रति पुरुष समाज की अतृप्त वासनात्मक भूख को चरितार्थ करती है। कहानी की शुरुआत में ही पता चलता है कि अंग्रेज हुकूमत समुद्र किनारे की उस बस्ती को हटाना चाहती है, जहां मछुआ लोग रहते हैं। उसी बस्ती में हाडू मलिक, कण्डु, दलेई, बीरा, गोपाल, शुभ्रा, लाला जैसे लोगों के अन्दर अपनी जन्मभूमि के प्रति अपार स्नेह है, लगाव है।

दूसरा विश्वयुद्ध की पृष्ठभूमि पर रचित 'समुद्र की प्यास' (1950) मनोज दास की पहली सार्थक कहानी है, जिसे आपने अपने कैशोर्य काल में लिखा था। किशोर मन की उत्ताल तरंगों के बीच एक नारी के प्रति गहरी संवेदना व्यक्त होना मनोज दास के महान व्यक्तित्व का परिचायक है। समुद्र के तटवर्ती ग्राम परिवेश, आर्थिक दुरावस्था से जूझते एक परिवार की त्रासदी इसमें चित्रित है। एक ग्रामीण नारी के प्रति गहरी सहानुभूति इस कहानी के प्रत्येक पृष्ठ में उमड़ पड़ी है। पति की विरह वेदना में संतप्त एक नारी के प्रति अंग्रेज पुलिस अधिकारी की हैवानियत इतनी पाशविक हो उठती है कि वह उस औरत के मासूम बच्चे की भी गला दबाकर हत्या कर देता है और नारी का बलात्कार करता है।

हाडू मलिक गांव का प्रमुख व्यक्ति है। गांव में उसका मान–सम्मान है। पूरा गांव उनकी इज्जत करता है। ब्रिटिश हुकूमत समुद्र किनारे की उस बस्ती को खाली कराने के

लिए साजिश रचती है और मछलीमारों की नावों को जलाकर राख कर देती है। गांव को उजाड़कर पर्यटन स्थल बनाने की अंग्रेजों की मनसा देखकर हाड़ू मलिक अफसोस जताने लगता है। हाड़ू मलिक मन ही मन सोचता है –''यह कैसे मुमकिन हो सकता है कि उसे यह घर बार समुद्र, तटवर्ती इलाका, बालू की ढ़ेर, दो–चार हाथ धान का खेत, सब कुछ छोड़ कर भागना पड़ेगा। उसके पिताजी के समय एक दो बीघा जमीन उनके पास थी। बाद में वह भी चली गई। जमीन भले ही उसने छीन ली गई है, पर वह तो यहां की हवा–पानी, जमीन समुद्र से चला नहीं गया है। यहां की माटी से उसे कोई छुड़वाकर दूर कर सकता है, यह बात उसके दिमाग में नहीं आ सकी। वह सिर पर हाथ रखकर बैठ गया। कैसी बिडम्बना है यह। सुख–दुख के जीवन अनुभव भी उसे अभी याद नहीं हो रहे हैं।''[01]

हाड़ू मलिक का बेटा गोपाल फौज में नौकरी करता है। दूसरे विश्व युद्ध के दौरान भारतीय जवान अंग्रेजी हुकूमत की तरफ से विपक्ष के साथ युद्ध में शामिल हुए थे। गोपाल भी उसी महायुद्ध में इंग्लैण्ड की तरफ से युद्ध लड़ रहा है। हाड़ू मलिक और गोपाल की पत्नी शुभ्रा का ध्यान युद्ध की खबरों में लगा रहता है। शुभ्रा अपने पति की सुरक्षा को लेकर हमेशा चिन्तित रहती है। उसकी गोद में छोटा सा बच्चा है–सतु। सतु के सहारे शुभ्रा अपना एकान्त जीवन व्यतीत कर रही है। उनके बूढ़े ससुर उनके साथ सुख–दुख बांट कर शुभ्रा का मन भुलाने की कोशिश करते हैं।

गोपाल का मौसेरा भाई लाला शुभ्रा के साथ विश्वासघात करता है। वह किसी भी तरह से शुभ्रा को बहला–फुसला कर अपना घर ले जाता है। वह अपने घर में शुभ्रा के साथ दुर्व्यवहार करने की कोशिश करता है। शुभ्रा वहां से भाग निकलने की कोशिश तो करती है पर कामयाब हो नहीं पाती। लाला उसे कुछ अंग्रेज अधिकारियों के हवाले कर देता है। अंग्रेज अधिकारी शुभ्रा के साथ बलात्कार करना चाहता है। शुभ्रा का बच्चा सतु जब उनके काम में व्याघात उत्पन्न करता है, गुस्से में आकर वह राक्षस बच्चे का गला दबाकर मार देता है और खिड़की से बाहर फेंक देता है। फिर वह शुभ्रा के साथ बलात्कार करके अपनी वासना तृप्त करता है।

शुभ्रा को अपनी हवस का शिकार बनाकर बड़ा साहब अपनी हैवानियत साबित करता है। उधर गंभीर सुनसान के बीच समुद्र का गर्जन अधिक से अधिक तेज होने लगता है। मानो वह शुभ्रा की बेइज्जती को लेकर क्षुब्ध हो उठा हो, अपना आक्रोश व्यक्त करने लगा हो। लेखक के शब्दों में ''दोनों हाथों से सतु का गला पकड़कर शून्य में गोरा साहब ने झूला दिया। उसके बाद वह पूरी ताकत लगाकर हैवान बनकर सतु का गला दबाने लगा। उसका गला धीरे–धीरे क्षीण से क्षीण होने लगा। बच्चे की दोनों आंखों के कौवे बाहर निकल आए। गोरा साहब ने तृप्त स्वर में खिड़की से सतु के निस्तेज निष्प्राण शरीर को बाहर फेंक दिया।''[02]

शुभ्रा ऐसी बदकिस्मत औरत है, जो अपने पति से दूर होकर अंग्रेज अधिकारी की हवस की शिकार होकर अपना सबकुछ खो बैठती है। यह कहानी न सिर्फ नारी की स्थिति से हमें परिचित कराती है बल्कि नारी सुरक्षा को लेकर हमें गंभीर चिन्तन–मनन के लिए प्रेरित करती है। नारी स्वातन्त्र्य की वकालत करती यह कहानी हमारे अन्दर नारी के हक की लड़ाई लड़ने का जज्बा पैदा करती है।नारी सुरक्षा का मुद्दा यहां उठाया गया है।

यह कहानी आजादी के पहले अंग्रेज अधिकारियों के दुष्ट व्यवहार को भी रेखांकित करती है। उस समय देश में नारी सुरक्षित नहीं थी। नारी को उस समय केवल भोग विलास की वस्तु माना जाता था, उसकी असमत के साथ खेला जाता था। अंग्रेज ऑफिसर भारतीय नारियों के साथ कई तरह के दुष्ट आचरण करते थे, पुरुष देखते ही रह जाते थे, उनके सामने न तो मुंह खोल पाते थे और न ही विरोध कर पाते थे। समन्दर जिस तरह दूसरों की प्यास बुझाता है, पर खुद अतृप्त रहता है, उसका हृदय हमेशा उद्धेलित रहता है, उसी प्रकार नारी भी अपनी अतृप्त काम वासना को लेकर घुटती रहती है। वह पर पुरुष की वासना की शिकार होकर कलंकित जीवन जीने के लिए मजबूर होती है।

गांव के प्राकृतिक सौन्दर्य का चित्र खींचते हुए लेखक लिखते हैं– ''समुद्रमाला की गोद से देखते ही देखते सूर्य आकाश के सीने में दौड़ पड़ा। इस समय का प्रभाती आकाश बड़ा ही नरम स्नेहासिक्त था। झट से तीन–चार हाथ उपर उठकर कोमल सूर्य का विक्रम बढ़ने लगा। ज्वार, समय की उत्ताल समुद्र की लहरों को स्पर्श करती सुनसान मछुआरों की बस्ती। कदाचित वहां के घास फूंस छप्पर घरों के उपर धीरे–धीरे धूप पड़ने लगी। इसी समय आखरी बार ढोल के उपर डबाडब प्रहार करता हुआ नगाड़ेवाला चौकीदार बस्ती पार करके आगे बढ़ने लगा और पहाड़ जैसे बालू ढेर से लेकर आगे बढ़े हुए रास्ते की ओर चलते हुए अदृश्य हो गया।''[03]

''पश्चिम भाग में गांव के आखिरी घर से पचास हाथ की दूरी पर सुवर्णरेखा नदी का अन्तिम छोर। दक्षिण की ओर सौ हाथ छोड़कर समन्दर। समन्दर किनारे नमक बनाना जितना सहज, मछली पकड़ना भी उतना ही सरल। इसके अलावा बड़ी (इलीसी माछ) मछली पर जिसने नजर दौडाई है, वही जानता है। अतीत के किसी महापुरुष की याद करते हुए छान बीन करने से पता चलेगा कि समन्दर धीरे–धीरे मुड़ता हुआ हमसे दूर चला जा रहा है। इसके साथ–साथ अपनी एकान्त अनजान जानकारी के साथ उनकी बस्ती भी समुद्र से नाता तोड़ती जा रही है। उनकी जन्मभूमि खुद समुद्र की देन है, किसी जमींदार की खैरात नहीं।''[04]

गोपाल का ममेरा भाई लाला वीरेन्द्र शुभ्रा के प्रति झूठी सहानुभूति व्यक्त करता हुआ कहता है –''मैं तो उसी समय से बोल रहा हूं, फूफा जी भले ही संसार छोड़कर चले गए, गोपाल भले ही तुम्हें छोड़कर फौज कैंप में या कहीं भी रहने लगा है, पर मैं तो हूं। चलो

मेरी मां–बुढ़िया के साथ तुम रहोगी।''[05] शुभ्रा लाला की इस झूठी सहानुभूति को विश्वास करके उसके साथ चली जाती है। वहां लाला के विश्वासघात का शिकार होकर वह न केवल अपनी इज्जत गंवा बैठती है बल्कि अपने बेटे सुर से भी हाथ धो बैठती है।

ब्रजनाथ रथ के शब्दों में–''समन्दर किनारे के गांवों के उपर दूसरे विश्वयुद्ध का कुप्रभाव, इसके आतंक, शुभ्रा जैसी बेबस–सरल विश्वासी युवतियों की असहायता का मौका उठाकर लाला जैसे धोखेबाज विश्वासघात का धोखा–फरेब, अंग्रेज सैनिकों की काम वासना की तृप्ति के लिए शुभ्रा जैसी सरल ग्रामवधू का निर्मम बलात्कार और उसके प्यारे–नन्हें बच्चे की अमानुषिक हत्या पाठक मन में युगीन संवेदना के साथ आक्रोश पैदा करती है। यही एक सार्थक साहित्य स्रष्टा की लेखनी की अदभुत शक्ति है, जिसे मित्र मनोज दास ने आज से पचास साल पहले अपनी पहली सार्थक कहानी में प्रमाणित कर दिया है।''[06] निश्चय ही यह कहानी नारी विमर्श का जीवन्त दस्तावेज है।

लक्ष्मी का अभिसार (लक्ष्मी का ईश्वर दर्शन)

– मनोज दास

'लक्ष्मी का अभिसार' मनोज दास की एक अलग ढंग की अनोखी कहानी है। एक ग्राम बालिका का धर्मप्राण, ईश्वर विश्वासी हृदय अत्यन्त मार्मिकता से यहां शब्दांकित है। गांव के गरीब घराने के तथा अछूत जाति के लोग मन्दिर प्रवेश या ईश्वर दर्शन से किस तरह वंचित रह जाते हैं, उनके साथ सामान्य वर्ग तथा संभ्रान्त परिवार के लोग कैसे जानवरों जैसा बर्ताव करते हैं और उन दलितों को जहालत भरी जिन्दगी जीनी पढ़ती है, इस पर यह कहानी फॉकस करती है। गांव देहात में आज भी 'कास्टिज्म' यानी जातिवाद का इतना वर्चस्व है कि अछूत या निम्न जाति के लोग मन्दिर प्रवेश से वर्जित होते हैं, उन्हें ईश्वर के दर्शन दूर से ही करने पड़ते हैं। विश्व प्रसिद्ध जगन्नाथ मन्दिर में विदेशी इसाइयों को प्रवेश पर पाबन्दी लगाना हमारी इसी जातिवादी संकीर्ण सोच की ड्रामेबाजी है।

गांव की सरल–हृदयी, भावुक, धर्मप्राण लक्ष्मी ईश्वर के प्रति समर्पित है। वह हर पल ईश्वर भक्ति में ही जुटी रहती हे। जैसे ही उसे मन्दिर पुजारी से निजात मिलती है वह चुपके से भगवान का दर्शन कर अती है। दोपहर को जब मन्दिर का बूढ़ा पुजारी सो जाता है, लक्ष्मी चुप चाप मन्दिर में प्रवेश करती है। मन्दिर में प्रवेश करके भगवान के चरणों में दण्डवत प्रणाम करती है। दो मिनट तक मुग्ध होकर भगवान को निहारने के बाद लक्ष्मी भगवान से वार्तालाप करती है–''मुझे आप पहचान तो रहे हैं? मैं लक्ष्मी, ओह भगवान। महीने भर में तुम्हारे पास आने की कोशिश में जुटी हुई थी, लेकिन पण्डित द्वार पर बैठा रहता है। आज बूढ़ा पुजारी सो गया है। है भगवान। पण्डित क्या रात को भी इसी तरह खर्राटे मारता है। तुम्हें नींद कैसे आ जाती है भगवान। हि.....हि....। हमारे स्कूल पण्डित ऐसे ही खर्राटे

मारते हैं। अच्छा भगवान, पण्डित लोग क्यों खर्राटे मारते हैं। मैं जब खर्राटे मारना सीखूंगी तो पण्डित बन जाउंगी? नहीं नहीं भगवान, तुम कभी भी ऐसा आसान वरदान न दे बैठना।''[07]

बाल सुलभ मनोवृत्तिवाली लक्ष्मी अपने भगवान को सब कुछ मानती–समझती है। वह अपने हर सुख दुख में भगवान को भागीदर मानती है। भगवान के प्रति पूर्ण रुप से समर्पित पांच–सात साल की लक्ष्मी अपना सारा सुख–दुख भगवान को सुनाती है। वह भगवान से गुहार लगाती है कि, ''अच्छा भगवान। पिताजी को कुछ रुपए क्यों नहीं दिला देते? मैंने पिताजी से कहा, 'मुझे एक फ्रॅक चाहिए।' पिताजी ने मां से कहा– 'मेरी बेटी कभी कुछ नही मांगती। आज मैं जरुर उसके लिए एक फ्रॉक खरीद दूंगी।''[08] पिताजी और मां दोनों लक्ष्मी को साथ लेकर फॅाक खरीदने के लिए निकले। जैसे ही वे लोग घर से निकले अचानक एक भयानक मूंछोंवाला व्यक्ति आ धमकता है। वह लक्ष्मी के पिताजी को रुपया मांगने लगता है। लक्ष्मी के पिताजी जितने रुपए लक्ष्मी के फ्रॉक के लिए पकड़े थे सारे रुपए उन्हें दे दिए। हर सात दिन के बाद वह व्यक्ति आता है और लाठी दिखाकर व्याज के तौर पर सारा रुपया छीन कर ले जाता है। क्योंकि लक्ष्मी के पिताजी ने उनसे कुछ रुपए कर्ज ले रखें हैं।

लक्ष्मी अपने सुख–दुख के साथी भगवान से विनयावनत स्वर में कहती है कि उनका परिवार बहुत मुश्किल से गुजारा कर रहा है। उनकी आर्थिक हालत इतनी खराब है कि उसके लिए एक फाक भी खरीद नहीं पा रहे हैं। लक्ष्मी की मां अपनी साड़ी से उसके लिए एक फॉक सीलने बैठती है। तभी अचानक वह सूदखोर व्यक्ति आ धमकता है और दरवाजे पर लाठी प्रहार करता हुआ गरजने लगता है। लक्ष्मी की मां झूठ–मुठ में कह देती है कि लक्ष्मी के पिताजी घर से बाहर गए हैं, सात दिन बाद घर वापस लौंटेंगे। मां को झूठ बोलता हुआ देख लक्ष्मी दुखी हो उठती है। क्योंकि उनके पिताजी घर पर ही मौजूद हैं। लक्ष्मी की मां उसे गोद में लेकर कहती है कि लक्ष्मी उससे कई गुना अच्छी इनसान बनेगी, अभाव–असुविधा में भी पड़कर वह कभी झूठ नहीं बोलेगी।

लक्ष्मी मन्दिर में प्रवेश करके भगवान से ढेर सारी बातें करती है, अपनी पूरी दास्तान सुनाती है। वह भगवान से विनती करती है कि उनके पिताजी के लिए कुछ रुपए–पैसे का प्रबन्ध कर दें, ताकि उनकी समस्या दूर हो जाय। भोली लक्ष्मी अपने प्रभु से कहती है–''छोड़ो भगवान, मैंने बहुत सारी बातें कह दीं। जबकि असली बात तो कही ही नहीं। मैं इतनी मूर्ख हूं, उस दिन सपने में मैंने आपको देखा, कितनी खुश हो गई। लेकिन तुमने क्या कहा मैं समझ न पाई। तुम फिर से एक बार अपनी सुविधा से मुझे सारी बातें सपने में बताओगे–इतना ही वर मांग रही थी। और तुम पण्डित जी को इसी तरह दोपहर सुला पाते, तो मैं कितनी खुशी से तुम्हारे पास आ सकती।''[09]

मन्दिर पुजारी के खर्राटे मारना बन्द होने की आहट पाते ही लक्ष्मी चौकन्ना हो जाती

है, वहां से जल्दी चलने को उठती है। चलते–चलते चढ़ावा के दो केले पकड़कर निकल पड़ती है। बूढ़ा पण्डित की नजर लक्ष्मी पर पड़ जाती है और उसे दौड़ाने लगता है। लक्ष्मी भागती हुई एक तालाब में घुस जाती है। वह सहमी हुई है और हाथ में दो केले पकड़ी हुई है। पण्डित जी उससे दोनों केले छीन लेते हैं। लक्ष्मी के पिताजी उसे वहां से साथ पकड़कर घर ले आते हैं। लक्ष्मी को इस घटना से इतना सदमा पहुंचता है कि उसे तेज बुखार हो जाता है। वह उस बुखार से निजात नहीं पाती और मृत्यु को प्राप्त हो जाती है। कुछ दिनों बाद पण्डित जी तेज बुखार से पीड़ित हो जाते हैं। वह भगवान से पश्चाताप भरे स्वर में प्रार्थना करते हैं कि "प्रभु। अगले जन्म में यह पापी गूंगा बन कर पैदा हो।"[10]

ईश्वर विश्वासी, सरल हृदयी लक्ष्मी की मौत से पाठक का रुह कांप उठता है। बाल सुलभ मनोवृत्ति से भगवान के पास से दो केले उठा लाने की इतनी बड़ी सजा लक्ष्मी को मिलती है कि वह हमेशा के लिए ही आंख मूंद लेती है। इस दुखद स्थिति को श्री प्रमोद कुमार महान्ती के इन शब्दों से महसूस किया जा सकता है–"मन्दिर पण्डित की धैर्यहीन कटुक्ति का जो भयावह परिणाम इस कहानी में हुआ है उसे बर्दास्त कर पाना बड़ा मुश्किल है। लेकिन इसके लिए जिन्दगी भर पण्डित जी पीड़ित व सन्तप्त हुए होंगे, इसका ईशारा कहानी में मिलता है। देव शिशु कन्या लक्ष्मी। वह हमेशा के लिए हमें विचलित करने के लिए हमारी चेतना शक्ति के किसी कोने में कहीं बसी हुई है। इस कहानी को पढ़कर साहित्यिक महापात्र नीलमणी साहु ने रोते हुए कहा था–"मनोज ! तुमने लक्ष्मी को क्यों मार दिया ?"[11]

(मग्न उपत्यका) जलमग्न टापू

– मनोज दास

'जलमग्न द्वीप' या 'जलमग्न टापू' मनोज दास द्वारा रचित एक समस्या प्रधान कहानी है। उत्तम पुरुष शैली में रचित यह कहानी हमें अपनी जन्म माटी के प्रति न केवल आकर्षण पैदा करती है, बल्कि उसके लिए मर मिटने का जज्बा पैदा करती है। मनोज दास ने अपने निजी जीवन की प्रत्यक्ष अनुभूतियों को यहां कहानी की शकल दी है। लेखक का अपनी जन्मभूमि के प्रति असीम प्यार यहां उमड़ पड़ा है। आजादी के बाद आधुनिक भारत–निर्माण के सपनों को साकार करती विराट बांध परियोजना से उनके गांव समेत पूरे इलाके के कई गांव जलमग्न हो गए, डूब गए। वहां के लोगों को अपनी मग्न माटी छोड़कर दूसरी जगहों पे विस्थापित होना पड़ा। पुनर्विस्थापन का सन्ताप वहां के लोगों को झेलना पड़ा। खुद लेखक मनोज दास अपने गांव, अपनी माटी से बिछड़ने, दूर होने के दुख–सन्ताप से ग्रसित दिखाई पड़ते हैं।

मनोज दास बचपन से ही अपने पिताजी के साथ शहर में रहने लगे थे। गांव से उनका सम्बन्ध लगभग टूट चुका था, कभी कभार ही उन्हें अपने गांव में आने जाने का मौका

मिला करता था। जैसे ही उन्हें पता चला कि उनके गांव के आस पास कोई विराट बॉन्ध परियोजना बनने जा रही है, अनेक गांव समेत उनका गांव भी जलमग्न होने जा रहा है, उनका पूरा परिवार रो उठता है। उनके इंजीनियर पिताजी विचलित हो उठते हैं, उनकी मां की आंखों से आंसू थमते नहीं, बालक मनोज दास भी रो पड़ते हैं। अपनी जम्न माटी पूर्व पुरुषों की स्मृतियां, वहां के देवी–देवता सभी को याद करते हुए परिवार के लोग वेदनामय हो उठते हैं।

'विराट बांध परियोजना' से गावं तथा आस पास का पूरा इलाका डूबने की खबर पाते ही गांव के लोग शहर आकर लेखक के पिताजी के सामने अपनी जन्मभूमि के हवा पानी, माटी, खेत खलिहान, पेड़–पौधे के प्रति स्नेह–प्रेम जाहिर करने लगते हैं। अपने अंचल की गौरव गाथा, हवा–पानी के साथ मिले हुए पूर्व पुरुषों की यादें तथा देवी–देवताओं की दैवी शक्ति, खेतों की उर्वरा शक्ति के दास्तान सुनाने लगते हैं। गांव के लोग समूह स्वर में कहते हैं–"सबकुछ जल गर्भ में विलीन हो जाएंगे बाबू ? हम लोग कितने अभागे हैं, तुम्हारे जैसे होनहार बेटा पैदा करके भी प्रकृति प्रदत्त जन्ममाटी छोड़ना पड़ेगा ?"[12] वयोवृद्ध लोग अपनी–अपनी आन्तरिक वेदना व्यक्त करके आंखों से आंसू पोछने लगते हैं।

मनोज दास के पिताजी गांव वालों को सान्त्वना देते हुए कहते हैं कि यही परिवर्तन का नियम है। हमेशा सारी बातें एक जैसी नहीं होती। दुनिया परिवर्तनशील है, वह हमेशा बदलती रहती है। सरकार की विकासोन्मुखी योजनाओं का मुख्य अंग है यह विराट जल परियोजना। इससे प्रदेश के बड़ी संख्या के किसानों को सिंचाई के लिए पानी मिल सकेगा, सूखा–अकाल की स्थिति से मुक्ति मिल सकेगी। उपर से सरकार विस्थापितों के लिए मुआवजा के साथ–साथ रहने बसने के लिए गांव बसाने का आस्वासन भी दे रही है। फिर भी किसानों का मन नहीं मानता, वे अपनी माटी मां से दूर होना नहीं चाहते।

गांव के लोग इस परियोजना के विरोध में सरकार के खिलाफ मोर्चाबन्दी करते हैं। लेखक के शब्दों में, "गांव में सभा–समिति पंचायत बैठने के बाद लोगों ने दाल–चावल रासन सामान पकड़ कर शहर में आकर शोभा यात्रा निकाली थी। वह एक दयनीय दृश्य था। कार या मोटर सायकिल नजदीक आ जाने पर लोग चौंक जाते थे। भीगे हुए माचिस के तिल की तरह जलने से पहले ही बूझ जाने जैसे उनके नारे अभ्यास के बिना उच्चरित होने से पहले ही बन्द पड़ जाते थे। मजबूत नेतृत्व की कमी की वजह से उनका आन्दोलन ठप हो गया था। अन्त में परियोजना निश्चित रुप से कार्यकारी होने की जानकारी पाकर आन्दोलनकारियों ने अपना आन्दोलन बन्द कर दिया था।"[13]

आखिर अंचल वासियों के विरोध के बाबजूद डैम का निर्माण हो ही गया। लोगों को अपनी माटी–मां से दूर जाकर नई जगहों में विस्थापित होना पड़ा, पुर्वविस्थापन यानी 'री–हेबिलिटेशन' का दंश उन्हें भोगना ही पड़ा। डैम निर्माण के तीन साल बाद डैम के बीचो

बीच एक टापू में पिकनिक मनाने की योजना से लेखक के पूरे परिवार को अपनी जन्मभूमि से तादात्म्य स्थापित करने का मौका मिलता है। पूरी एक टीम उस जलमग्न टापू में पिकनिक मनाने के लिए आती है। लेखक अपने निजी अनुभव व्यक्त करते हुए लिखते हैं–''हम लोग पहाड़ के उपर चढ़ने लगे। पिताजी को अनेक लोग और अनेक लोगों को पिताजी ने प्रणाम किया। मुझे अनेक लोगों ने स्वागत किया और पिताजी को भी। मैंने कुछ लोगों को थोड़ा बहुत पहचाना भी। मां के पास जाकर कुछ वयोवृद्ध लोगों ने पिछले सात साल की वियोग व्यथा पर आंसू बहाए। अब तक कितने लोग दूसरी दुनिया को चले गए हैं, उसका भी हिसाब–किताब उन्होंने लगाया।''[14]

शाम होते–होते अचानक मौसम बदलने लगा, आसमान में बादल घिरने लगे, तेज हवा बहने लगी। बिगड़ते मौसम के मद्देनजर लोग वहां से जल्द ही निकल जाने के लिए तत्पर हो उठते हैं और नाव पकड़कर चले आते हैं। पर उस निर्जन टापू पर एक अबोलकरा गूंगा व्यक्ति रह जाता है। वह जीद पकड़ बैठता है कि भले ही वह वहां मर जाएगा पर अपनी माटी मां को छोड़कर नहीं आएगा। रात को तेज बारिश होती है, साथ में तेज हवा भी बहती है। लेखक के पिताजी का मन नहीं मानता, इस भयानक परिस्थिति में रात को नाव पकड़कर अबोलकरा के पास पहुंचकर सही सलामत उसे उस टापू से निकाल लाते हैं, उसकी जान बचा लेते हैं।

पिताजी उस व्यक्ति को साथ में लाकर कहते हैं–''उसे कपड़ा बदलने के लिए कुछ दो, धोती, साड़ी कुछ भी। उस आलमारी पर एक कम्बल है, लाके दो। जब पता चला टापू का डूबना निश्चित है, लंच पकड़कर गया। तब तक मन्दिर का शीर्ष भाग अदृश्य हो चुका था। सिर्फ एक पत्थर और ये महाशय बचे थे। ये बिना रोक–टोक के चले आए। वापसी में इन्जन खराब हो गया। हादसे से बाल–बाल बचे। मैं अभी आया, तुम लोग खाना खालो।''[15] इतना कहकर पिताजी चले गये। मां ने उस व्यक्ति को खाने को दिया। पिताजी शान्ति से आराम करने लगे थे। लेखक और उनकी बहन दोनों ऐसे नेक इनसान को पिताजी के रुप में पाकर खुद को खूब किस्मत महसूस कर रहे थे।

वास्तव में यह कहानी मनोज दास के यथार्थ जीवन अनुभव का जीवन्त दस्तावेज है। यह कहानी गांव–देहात के लोगों के अपनी माटी मां के प्रति प्रेम को शतसः जाग्रत कराती है। ग्रामीण लोगों में अपनी जन्म भूमि के प्रति इतना प्रेम होता है कि वहां की धूल मिट्टी को अपने सीने में लगाकर परम आनन्द प्राप्त करते हैं। अबोलकरा एक ऐसा ही ग्रामीण व्यक्ति है जो एकान्त रुप से मग्न माटी या मग्न टापू में रहने को तैयार है, चाहे वहां उसकी जान हो क्यों न चली जाय। उसकी बूढ़ी मां और एक कुत्ता, एक बिल्ली सब भले ही वहां मर गए हों, फिर भी अपनी जन्म भूमि से इतना लगाव है कि वहां से हिलने को तैयार नहीं है। इस कहानी में विस्थापन की पीड़ा को श्री चन्द्रशेखर रथ के इन शब्दों में भली भांति

समझा जा सकता है–"मग्न उपत्यका यानी टापू से विस्थापित लोग अपने प्रभावहीन प्रतिवाद के बावजूद जन्म माटी का मोह तोड़ न पाकर, आकुल व्याकुल होकर वहां की धूल–मिट्टी में लेटने के बाद सब इधर उधर बिखर जा रहे हैं। जल प्लावन के समय घर बार, पेड़–पौधे, पहाड़–पर्वत जलमग्न होते समय गांव से प्रेम–स्नेह करने वाले लोग जान बचाकर भाग जाते हैं।"[16]

कैदी

– सुरेन्द्र महान्ती

'कैदी' सुरेन्द्र महान्ती की सामाजिक–समस्या प्रधान कहानी है। आजादी के बाद के भारतीय जन जीवन के शहराभिमूखी होने तथा ग्राम से पलायन करने की भयावह समस्या का सूक्ष्म चित्रण यहां हुआ है। बेरोजगारी की समस्या से जूझते गांव–देहात के भूमिहीन मजदूर लोग रोजी रोटी की तलाश में शहर की ओर पलायन करने की मजबूरी दिखाते हैं। आजादी के बाद सरकार जब बेरोजगारी दूर करने के लिए कोई ठोस कदम उठाने की हिम्मत नहीं जुटा पाई तो लोग अपनी नई सरकार के प्रति असन्तोष व्यक्त करने लगे। लोगों में नाराजगी दिखाई देने लगी, आजादी का मकसद फीका पड़ने लगा। बेरोजगारी, भुखमरी की मार झेलते हुए लोग अनैतिक कार्य करने तथा शहर जाकर काम तलाशने की जद्दोजहद से जूझने के लिए मजबूर होते हैं।

बेरोजगारी व भुखमरी की समस्या को फोकस करनेवाली यह कहानी एक ऐसे परिवार की त्रासदी का सूक्ष्म निरीक्षण करती है, जो दो जुन की रोटी के लिए तरसता रह जाता है। दासिया और चंपी दोनों पति–पत्नी इस कहानी के पात्र हैं। कुसुमपुर गांव का निवासी दासिया अपनी खूबसूरत पत्नी चंपी के साथ सुखद वैवाहिक जीवन जीता है। वह चंपी से बेहद प्यार करता है। वह गांव में रहकर जमींदारों–किसानों के खेत में मेहनत–मजदूरी करके सुखमय जीवन जीना चाहता है। वह अपनी छोटी सी झोपड़ी में फूल की तरह दमक उठने वाली पत्नी चंपी और नन्हीं बच्ची के साथ गुजर–बसर करता था।

अपने बाप दादे के जमाने से बीघा भर जमीन पर खेती करते हुए दासिया खुशी–खुशी जीवन बीता रहा था। उसके लिए सारी दुनिया किसी रंगीन तस्वीर की तरह थी। टूटी झोपड़ी थी उसकी स्वर्ग की अलकापुरी। सारी दुनिया उसके लिए रंगमहल थी।"[17] दासिया अपने छोटे से परिवार के साथ रुखा–सूखा खाकर सुख–दुख बांटकर गुजारा करता था। पर अचानक एक दिन उसकी जिन्दगी में आफत टूट पड़ती है। उसके सुख–दुख के संसार में दुख के काले बादल मण्डराने लगते हैं। गांव के महाजन के यहां से ताकीद आ जाती है कि पांच सौ रुपए का मूल–व्याज समेत चुकता करना है। दासिया का सर चकराने लगता है, दिन में उसे तारे दिखााई देने लगते हैं। महाजन के कर्ज से मुक्त होने के लिए

दासिया चंपी को छोड़कर शहर चला जाता है।

कलकत्ता में जाकर दासिया काम की तलाश में भटकता फिरता है। वहां उसे कहीं भी अच्छा काम नहीं मिल पाता। वह काम के लिए दर–दर की ठोकरें खाता हुआ अपनी किस्मत को कोसने लगता है। भूखा–प्यासा वह यहां से वहां चक्कर काटता रहता है। शहर के बाबू–भैया लोग ऐसो आराम की जिन्दगी जी रहे हैं, सिगरेट का धुआं उड़ाते हुए गुजर रहे हैं। शहरी लोगों के इस बर्ताव से नाखुश दासिया ईश्वर के ऐसे पक्षपात पूर्ण बर्ताव से विद्रोही हो उठता है। दासिया अपनी पत्नी को याद करने लगता है। ''चंपी की बातें याद आती हैं उसे। उसे स्मरण हो आती है ग्रामीण जीवन की बातें। प्यार की प्रतिमूर्ति है चंपी, इस बोझिल चंपी को जाने कितने कष्ट दिए हैं।''[18]

दासिया के कलकत्ता चले जाने के बाद चंपी गांव में अकेली पड़ जाती है। दासिया शहर जाते वक्त दो अन्ना दे गया था, उससे कितने दिनों तक गुजारा चलता। वह भूख की ज्वाला से परेशान होकर कुल–मर्यादा भुलाकर दूसरों के पास काम ढूंढ़ने लगी। आखिर उसे जमींदार के घर में काम मिला, जो हमेशा चंपी पर बुरी नजर डाले रहता है। भूख की आग मिटाने के लिए चंपी मजबूरी में जमींदार के घर काम करती है। चंपी की विवशता व्यक्त करते हुए लेखक लिखते हैं–''कहीं कोई नहीं मिला तो चंपी ने जमींदार के घर बर्तन धोने का काम ले लिया। दिनभर हड्डी तोड़ मेहनत के बाद पल भर के लिए बैठी रहती तो भी दासिया की स्मृति उसके हृदय को व्यथित कर डालती। दासिया की चिन्ता से वह उद्वेलित होती। जाने कब उसे नींद आ जाती। जाने कितनी रातें वह गुजार देती दासिया की चिन्ता में डूबकर।''[19]

जमींदार चंपी को घर में नौकरानी के तौर पर रखकर उसका यौन शोषण करना चाहता है। चंपी की खूबसूरती देखकर जमींदार पागल हो उठता है, उसके साथ जबरदस्ती करने की कोशिश करता है। चंपी इस बेइज्जती को सह नहीं पाती और खुदकुशी करके अपनी प्राण लीला समाप्त कर डालती है। उधर दासिया कलकत्ता में काम न मिल पाने से दर–दर की ठोकरें खा रहा है। वहां से निराश होकर वह गांव की तरफ वापस लौटने का निश्चय करता है। गांव आकर वह अपने घर में पहुंचता है। उसकी झोपड़ी में चंपी को न देखकर वह सोच में पड़ जाता है कि आखिर चंपी गई कहां ? उसके दोस्त से पता चलता है कि चंपी ने आत्म हत्या कर ली है। जमींदार की काली करतूत की जानकारी मिलते ही दासिया गुस्से से आग बबुला हो उठता है और जमींदार की हत्या कर देता है। दासिया को जमींदार की हत्या के जुर्म में उम्र कैद की सजा हो जाती है।

गांव वापसी के बाद दासिया की मानसिक स्थिति के चित्रण में लेखक लिखते हैं–''गांव में पहुंचकर दासिया ने देखा कि उसकी झोपड़ी में सूनापन पसरा हुआ है। चंपी उसे कहीं नहीं मिली। दासिया के हृदय में सूनापन भर गया। गांव में यहां से वहां दौड़ता

रहा पागल की तरह। बचपन का दोस्त मिला। उससे पता चला कि उसकी प्यारी चंपी भूख–पीड़ा से व्यथित होकर महाजन की नौकरानी बनी। महाजन का अत्याचार सहन न कर पाई। आत्म हत्या कर ली। कंधे पर लाठी लादे दासिया ने दौड़ लगाई महाजन के घर की ओर। अपने दुबले हाथों की पस्त ताकत से उसने महाजन की जीवन लीला समाप्त कर दी।"[20]

महाजन की हत्या के जुर्म की सजा काटता हुआ दासिया जेल की काल कोठरी में दिन गिन रहा है। उसे पूरे बारह बरस उसी काल कोठरी में काटने होंगे। आखिर दासिया समझ ही नहीं पाता है कि उसे सजा क्यों हुई है, वह कैदी क्यों बन गया है। जबकि उसने तो एक पापी का नाश किया है, जिसने उसकी चंपी को आत्म हत्या के लिए विवश कर दिया। यहां लेखक हमारे सामने कई सवालिया निशान छोड़ जाते हैं। बेरोजगारी, भुखमरी की मार झेलना दासिया और उसकी पत्नी चंपी की विवशता है। पर सबसे बड़ी विवशता कानून–व्यवस्था–दोष की है। सुरेन्द्र महान्ती जी यहां हमारी कानून–व्यवस्था के लचीलेपन को सख्त मजबूत करने की हिदायत देते हैं।

बाघ

– प्रतिभा रॉय

डॉ. प्रतिभा रॉय आजादी के बाद की प्रातिभ कथाशिल्पी हैं, जिनकी कथा–कृतियां ओड़िशा प्रदेश ही नहीं भारतीय ग्राम जीवन के जीवन्त दस्तावेज हैं। ओड़िशा के गांव–देहात के लोगों के जीवन प्रसंगों को लेकर लिखी गई आपकी कथा–कृतियां ग्रामीणों की विविध जीवन समस्याओं का चित्रण करती हैं। 'बाघ' आपकी ऐसी ही एक कहानी है, जिसमें एक सरल प्राण ग्रामीण को बदले की भावना ने बाघ जैसा हिंस्रक बना दिया है कि वह नमक हलाली करने को आतुर हो उठता है। एक नौकर अपने मालिक के प्रति इतना बेइमान इसलिए हो जाता है कि उसकी लाड़ली बेटी की मौत का जिम्मेदार उसका मालिक है।

'बाघ' कहानी की शुरुआत अगणी प्रधान के जेल से रिहा होने से होता है। अगणी प्रधान जेल से रिहा होकर अपने गांव की ओर रुख करता है। गांव में प्रवेश करते ही लोग उसे हत्यारा समझकर उस पर पत्थर बाजी करने लगते हैं। वहीं एक इमली के पेड़ के नीचे बैठकर अगणी अपना पूरा जीवन इतिहास याद करने लगता है। अतीत की स्मृतियों में खोया हुआ अगणी जो सोचता है, वही इस कहानी की कथा का रुप धारण किया हुआ है। अगणी प्रधान गधा जैसा सरल निष्कपट व्यक्ति किस तरह बाघ जैसा बन जाता है और अपने ही हाथों से पाले–पोसे हुए एक बच्ची, जो अपने मालिक की बेटी है की हत्या करने पे उतारु हो जाता है, यह घटना पाठक के मन को झकझोर के रख देता है।

अगणी प्रधान अपने मालिक बीरवर सामन्त का वफादार नौकर है। वीरवर सामन्त का

नमक खाकर वह बड़ा हुआ है। उसकी बेटी महुली के साथ वह खुशी से जिन्दगी बसर कर रहा होता है। एक दिन मालिक अगणी की बेटी महुली का बलात्कार कर देता है और फिर हत्या करके अपनी पाशविक प्रवृत्ति का परिचय दे डालता है। अगणी को अपनी बेटी के हत्यारे के बारे में सब कुछ पता था, पर पैसे के अभाव में सबूत न जुटा पाने के कारण बीरवर सामन्त बाइज्जत बरी हो जाता है। अगणी बदले की भावना में आकर अपने मालिक वीरवर सामन्त की बेटी मीना की हत्या करने पर विवश हो जाता है। वह बाघ की तरह हिंस्रक पशु बनकर मीना को मिटा देना चाहता है, ताकि वीरवर को भी पता चले कि बेटी खोने का दर्द क्या होता है। पर अगणी का इनसानी दिल लाख कोशिश के बावजूद उसे हैवान नहीं बनने देता। वह मीना की हत्या नहीं कर पाता, अपने ही पंझे से खुद के शरीर को लहू लुहान कर डालता है।

अगणी प्रधान की मानसिक स्थिति को इन शब्दों से समझा जा सकता है–''मन ही मन हंस रहा था अगणी। सबूतों के अभाव में वही सिद्ध कर सकता है, निरपराध साबित वही हो सकता है जिसके पास लाल आंखें दिखाने की ताकत है, लाल पानी पीने के लिए रुपए हैं। मेरे पास है भी क्या ? रसोई में हण्डिया उल्टी पड़ी है। तीन पुश्तों से गुलामी ही पेशा है। मालिक की कृपा से बाप–दादा का गुजारा हुआ, अब मेरा। मालिक तो मालिक ही होता है।''[21] अगणी धर्म भीरु, ईमानदार, सच्चा स्वामी भक्त है। वह सपने में भी अपने मालिक से बेवफाई नहीं कर सकता था। अपनी बेटी समान मीना के प्रति उसके मन में काम–वासना सपनें में भी जाग नहीं सकती थी। केवल प्रतिशोध की भावना ने उसे खूंखार बाघ बना दिया था, उसके लिए अप्रत्याशित था। वह तो महुली और मीना में कोई फर्क ही नहीं समझता था।

वीरवर सामन्त ने महुली का बलात्कार फिर हत्या करके अपनी हैवानियत का परिचय दिया था। कानून की आंखों में धूल झोंककर उसने अपनी तरफ से ऐसी सफाई पेश की कि कोर्ट से वह बाइज्जत बरी हो गया। उसने गांधी टोपी पहनकर गांधीवादी होने का दिखावा करके कोर्ट के सामने बयान दिया था, ''मैं गांधीवादी, विनोबा पंथी, धर्मप्राण व समाज सेवी हूं। पिछड़े वर्ग की महिलाओं के उत्थान हेतु प्रतिष्ठित स्वयं सेवी संस्था 'सबला' का मैं प्रतिष्ठापक अध्यक्ष हूं। अपने पुराने नौकर अगणी की महुली का पिण्ड मेरे अन्न से निर्मित है। मेरी बेटी मीना की वह सेवा करती थी। हमारी जूठन खाकर बड़ी हुई थी। महुली मेरे लिए बेटी के समान है। मीना की तरह वह भी मुझे बाबा पुकारती थी। मुझ जैसा धर्मात्मा समाज सेवी व गांधीवादी ऐसा दुष्काण्ड भला कैसे कर सकता है ?''[22]

वीरवर सामन्त को बाइज्जत बरी होता हुआ देख अगणी आश्चर्य चकित हो जाता है। वह देश की कानून व्यवस्था पर अफसोस व्यक्त करने लगता है कि सबूत के अभाव में, पैसे के अभाव में वीरवर को सलाखों के पीछे पहुंचाने में वह कैसे नाकामयाब रह जाता है।

वीरवर सामन्त अगणी की बेटी का रुधिर पान करने के बाद भी शान्त नहीं रह जाता, आगे भी उसके परिवार का शोषण करना चाहता है। इसीलिए वह अगणी को कुछ रुपए देते हुए उसकी पीठ थपथपाते हुए कहता है–'' मैं जानता हूं, अगणी, विनाश काल में विपरित बुद्धि हो जाती है। तभी तो तुमने इतने बड़े स्वामी भक्त होते हुए भी किसी गैर के बहकावे में आकर इतल्ला कर दी। जिस पेड़ का सहारा हो, उसी की जड़ पर कुल्हाड़ी मारना सिवाय बेवकूफी के अलावा और क्या हो सकता है ? महुली मरकर घास उगने लगी है। अभी भी तुम्हारे बहू–बेटे हैं। उन्हें तो जीना है। ईश्वर न करे, अगर तुम उन्हें प्यारे भी हो गये तो तुम्हारे बच्चों को नौकर बनाकर रखने में मुझे कोई एतराज नहीं है। कुत्ता इनसान को काट ले, पर इनसान तो कुत्ते को नहीं काटेगा ना।''[23]

अगणी के अन्दर जो आग लगी थी वह प्रतिशोध लिए बिना कैसे शान्त हो सकती थी। वह केवल उचित मौके की तलाश में था कि कब उसे मौका मिले और अपनी बेटी महुली की मौत का बदला ले सके। आखिर वह मौका आ ही गया। वीरवर सामन्त और उसकी पत्नी दोनों मीना देवी को घर में अकेली छोड़कर बाहर गए हैं। इस मौके का फायदा उठाता हुआ अगणी खूंखार शेर के रुप में अपना हुलिया बना लेता है और मीना पर टूट पड़ता है। मीना को वह अपनी बेटी की तरह जानता था, उसने अपने ही हाथों से उसे बड़ा किया था। पर इन्तकाम की ज्वाला में जलता हुआ अगणी यह सब कुछ भूल जाना चाहता है। मीना अगणी चाचा को इस भयानक रुप में देखकर दंग रह जाती है। वह अगणी से जान की भीख मांगती है, अपने कपड़े उतारकर खुद को उनके हवाले कर देती है, पर अगणी इतना जानवर नहीं बन सकता कि अपनी बेटी समान मीना के साथ दुष्कर्म करे। वह मीना के नंगे बदन पर साड़ी ढंकता हुआ गुस्से से अपना शरीर खुद नोंच डालता है।

तब तक मालिक–मालकिन और गांव के कुछ लोग आंगन में इकट्ठे हो जाते हैं। पुलिस अगणी को गिरफ्तार कर लेती है। सभी लोग अगणी की इस नमक हलाली पर थुकने लगते हैं। उस पर ईट–पत्थर की बारिश करने लगते हैं। कोर्ट में अपना जुर्म कबूलता हुआ अगणी कहता है–''हां, बदले की आग मेरे अन्दर भड़क रही थी। उसी आग को बुझाने के प्रयास में मैं जल गया हूं, जलकर राख हो गया हूं। जिन हाथों से मीना बेटी की परिवरिश की थी, उन्हीं हाथों से उसे मारा–पीटा। उसे मुर्छित कर दिया। इसके अलावा और कुछ नहीं। चाहे मुझे जो सजा दे दें।''[24] अगणी पश्चाताप की आग में जल रहा है कि उसने अपनी बेटी समान मीना को झूठा बाघ बनकर खामखा डराया, उसे तो असली शेर बनकर गुनेहगार मालिक को नोंचना था, उसको मिटा देना था। वह सहर्ष रुप से उम्र कैद की सजा कबूल कर लेता है, क्योंकि उसने प्रकृति के नियम को तोड़ा है, इनसान होकर बाघ बनने की दुष्टता की है तो दुष्परिणाम तो भोगना ही पड़ेगा।

अगणी निरपराधी होकर भी उम्र कैद की सजा भुगतता है। दूसरी तरफ उसका

मालिक वीरवर सामन्त महुली का बलात्कार एवं हत्यारा होकर भी बाइज्जत बरी होकर इज्जतदार बनकर प्रतिष्ठित जीवन जीता है। उम्र कैद की सजा खत्म करके अगणी अपने गांव की ओर आता है। लेखिका के शब्दों में–"जेल में रहकर उसके अन्दर का झूठा बाघ मरकर राख हो गया होगा। अब तो उसे बैल बनाना ही है। चुप चाप कोड़े खाने हैं। तलुवे सहलाने हैं। समाज के इस नियम को मान लेने में कोई गम नहीं होना चाहिए। चौदह सालों तक उसने खून–पसीना एक कर दिया। आंसू बहाकर झूठे बाघ को मार डाला। अब वह लौट रहा है गांव वालों की सेवा करने के लिए, भगवान का नाम लेकर अन्तिम जीवन जीने के लिए।"[25]

गांव के छोर पर पहुंचते ही लोग ईट–पत्थर से मार–मार कर लहूलुहान कर डालते हैं। उसे पापी समझकर गांव में घुसने नहीं देते। बेचारा अगणी वही इमली के पेड़ के नीचे जमीन पर लेट जाता है। आज वह चैन की नींद सो रहा है, ऐसी नींद उसे कभी नसीब नहीं हुई थी। उसकी चमड़ी फटी हुई है, बाघ के चमड़े की तरह। उसके लहूलुहान शरीर से जो इन्सानी खून की गंध निकल रही है, उसे वहां बैठे हुए कुछ बैल महसूस करने लगे हैं, कोई इन्सान नहीं। निरपराधी, सरल हृदयी अगणी को भले ही गांव के लोग समझ नहीं पाते, पर उस गांव के बैल तो समझ पाते हैं। कहानी की शुरुआत जहां से हुई थी, खत्म भी वहीं आकर होता है। लेखिका डॉ. प्रतिभा रॉय के कथा–कौशल की यही बहादुरी है। जहां से शुरु वहीं से खत्म, जितनी आकर्षक उतनी ही संवेदनशील।

डूब

– कुमार हसन

'डूब' यानी वह इलाका जो बांध परियोजना यानी 'डैम प्रोजेक्ट' के तहत जलमग्न हो जाता है, डूब जाता है, वहां के लोगों को घर–बार, जमीन–जायदाद, आत्मीय स्वजन सबकुछ यानी अपनी माटी–मां छोड़कर कहीं अजनबी इलाके में विस्थापित होना पड़ता है। आधुनिकता के नाम पर विस्थापन की समस्या से जूझते लोगों की आत्मिक पीड़ा को उकेरती कुमार हसन की कहानी 'डूब' वाकई पाठक को रुला के रख देती है। विश्वप्रसिद्ध हीराकुद बांध परियोजना की विस्थापन की करुण कहानी बयां करती यह कहानी विस्थापन का दंश झेले हुए कुमार हसन ने जन आन्दोलन के जन नेता श्री प्रसन्न कुमार पण्डा को समर्पित किया है।

बहु उद्‌देश्यीय 'हीराकूद बांध परियोजना' विश्व की एक बड़ी परियोजना है, जो ओड़िशा प्रदेश के कई जिलों में सिंचाई का साधन मुहैया कराकर किसानों के जीवन में सुख–समृद्धि लाने में मील का पत्थर साबित हुई है। पर इस परियोजना से किसानों को, लोगों को जो नुकसान उठाना पड़ा है, विस्थापित होना पड़ा है, उसका खुलासा बड़ी

तटस्थता से हुआ है। लेखक ने अपने निजी जीवनानुभवों को कहानी की सकल दी है और माटी–मां के प्रति अटूट रिश्ते को टूटते–बिखरते हुए देखकर दुख झेला है। लोगों को अपनी जन्म माटी से अलग होने रोते–बिलखते लेखक ने जो देखा है, उसी को यहां हमारे सामने रखा है, उनका दुख–दर्द बांटा है।

बादीमाल गांव के किसान बड़ी जतन से गन्ने की खेती करते हैं। गन्ने की फसल उनकी धुरी को मजबूती प्रदान करती है। ठंड के दिनों में किसान लोग गन्ने की कटाई–पेराई में व्यस्त हैं। झारकू दादा भोर से ही कोल्हू में गन्ना पेरते हुए लोक गीतों की बौछार करने लगे हैं। अभी सुबह हुई नहीं है, बादीमाल की झाड़ियों से जंगली जानवरों की आहट सुनाई पड़ रही है। भोकलो चाचा कोल्हू में गन्ना पेड़ रहा है। टीना, बाल्टी, सुराही में कचरस भर रहा है। गन्ने के खोइया को एक तरफ से निकालकर इकट्ठा करने लगा है। बोड़ो दादा गुड़ की चक्की के पास बैठकर हाथ–पांव सेंकते हुए परखने लगे हैं कि गुड़ तैयार हुआ या नहीं।

पितेई के चाचा वही चरखाशाल में गुड़ बनाने में लगे हुए हैं। मणी चौकीदार थाने के लिए सुबह–सुबह निकल पड़ा है। पितेई दादा के पूछने पर मणी चौकीदार कहने लगता है–''बात क्या है कि चाचा ! डूब इलाके के चौकीदार, पुजारी व दूसरे लोग, जिन्हें भरपाई के लिए रुपए–पैसे, जमीन–जायदाद कुछ भी न मिला था, सरकार उन्हें कुछ देना चाहती है। इसलिए थानेदार ने बुलाया है। थाना जा रहा हूं जरा।''[26] बादीमाल के भुलकिया फूफा, मुनचू, नरेन सरीखे लोग सरकार के खिलाफ प्रसन्न पण्डा की लड़ाई की प्रशंसा करते हैं। सरकार की जनता विरोधी नीति का जीक्र करते हुए नरेन कहता है –''सरकार ने तो हमें कोल्हू की तरह पेर दिया रे। हमारी जिन्दगी को गन्ना बना दिया। कोई चूं तक नहीं कर सका। हमारी तकलीफ किसी ने न समझी। किसी को कुछ पता न चलने दिया।''[27]

हीराकुद बांध पश्चिम ओड़िशा की जीवन रेखा माना जाता है। इस बांध से यहां के करोडों किसानों को लाभ हुआ है। पर बांध निर्माण में लाखों किसानों को नुकसान भी उठाना पडा है। सम्बलपुर इलाके के नेता इस परियोजना की सरकारी रिपोर्ट को जानने समझने के लिए मैसूर के मशहूर इंजीनियर रंगैया जी को बुलाते है। रंगैया जी ने हीराकूद बांध निर्माण को जन हितैषी कम नुकसान देह ज्यादा बताया। इसके समर्थन में प्रसन्न पण्डा,शरधा कर सूपकार, जनार्दन पुजारी, रामाधीन बिरतिया राजाराम दूबे और अनेक नेता जन आन्दोलन खडा करते है। बुधराम बाबू सरकार का विरोध करते हुए एम.एम. ए से इस्तीका दे देते है। लेकिन लक्ष्मी नारायण बाबू जैसे अवसरवादी नेता के पलट जाने से सारा खेल बिगड़ जाता है। आजाद देश की कांग्रेस सरकार ने सम्बलपुर इलाके के लोगों को पानी में डुबो दिया सब कुछ स्वाहा हो गया।

भुलकिया फूफा की स्मृति में अपना छोटा सा गांव तरोताजा होने लगा। वहां की

उपजाउ जमीन,बरसात के दिनों में काश फूल, घुड़दाना की बेल सब कुछ उसे याद आने लगे। फूफा जी, माखनू दादा, लकडू, टंगनू, दादा सभी लोग गन्मा काटने और पेड़ने व्यस्त हैं। आपसी बात चीत में वे लोग हीराकूद बांध के लिए पण्डित नेहरु को जिम्मेदार मानते हैं। पण्उित नेहरु जी के आधुनिक भारत निर्माण के सपनों को साकार करती यह परियोजना ने ओड़िया के कितने किसानों ग्रामीणों को बेघर करने का काम किया है, वहां के लोग ही जानते हैं।

हीराकूद बांध के डूब इलाके के लोगों ने अपने गांव, अपनी जन्मभूमि को बचाने के लिए स्वराजी नेताओं, कांग्रेसी नेताओं के हाथ–पांव पकड़ते हुए गुहार लगाई। विनती करते हुए उन्होंने कहा– ''हमें अपने गांवों को, खेती बाड़ी को मत डुबाओ। यह मिट्‌टी नहीं हमारी मां है। यहां हमारे देवी देवता है,मन्दिर टुंगी है। पूर्वजों की श्मशान भूमि भी है, यहां जन्म–कर्म, शादी–व्याह सब कुछ हुआ है। इसी गांव में इसकी धूल मिट्‌टी में खेल कूद कर नाचते गाते बड़े हुए हैं। हमारी सन्तानें यहीं पैदा हुई हैं, पली बढ़ी हैं। हम लोग यहीं मरना चाहते हैं। यह हमारे बाप दादाओं का घर आंगन है। यही हमार स्वर्ग है, हमारा वैभव है। यह डूब जाए तो हम भी डूब जाएंगे। पर हमारी सुनता कौन है। हम लोग तो दांत दबाकर खामोश पड़े हुए हैं।''[28]

आखिर हीराकूद बांध निर्माण कार्य शुरु हुआ। एक एक करके गांव उजड़ने लगे। लोग अपना गांव छोड़कर दूर दराज के गांव में जाकर विस्थापित होने लगे। सरकार की तरफ से जो मुआवजे दिए जा रहे थे, वह किसानों तक बड़ी मुश्किल से पहुंचपा रहे थे, रास्ते में ही बाबू भैया लोग हड़प जा रहे थे । लोग अपना बोरिया बिस्तर उठाकर आंखों में आंसू लिए किसी अजनबी जगह में चले जा रहे थे । ऐसा लग रहा था मानो देश का दूसरा विभाजन हो रहा है। लोग अपना मुल्क छोड़कर परदेश में बसने के लिए जा रहे थे। जो लोग घर गांव छोड़ने के लिए तैयार नहीं हुए, डटे रहे, उन्हें कांग्रेस सरकार के पुलिस कर्मी जोर जबरदस्ती गाड़ी पे लादकार गांव खाली करने लगे थे गांव में अब सन्माटा छाने लगा था, अजीब सा खालीपन महसूस होने लगा था।

''कोई किसी को नमस्ते कर रहा है। कोई किसी का पांव छू रहा है। कोई कह रहा है– ऐ जी भुला मत देना। याद रखना। इतने ही दिनों की भेंट लिखी थी नसीब में । अब एक ही गांव में एक ही माता के सन्तान थे हम लोग। कितनी यादें जुड़ी हुई हैं मन में। कहने बेठैंगे तो नदी की रेत भी कम पड़ जाएगी। महाभारत छोटा पड़ जाएगा। पर आज नसीब ने हमें अलग कर दिया। दूर फेंक दिया । पता नहीं किसी के सुख दुख के साथी बन पाएंगे या नहीं। दोष गुनाह जो भी हुआ हो माफ कर देना। मन में मत रखना। जा रहे हैं। जिन्दा रहे तो फिर कभी मेल मुलाकात होगी।''[29]

कोल्हू शाल में बादीमाल के लोग इकट्‌ठे होकर अपनी बदकिस्मती पर रोने लगे हैं।

स्वयं कहानीकार इस विस्थापन के संताप से पीड़ित हैं। राजन के मुख से सरकार की भ्रष्टनीति से पीड़ित जनता के दुख दर्द की कहानी सुनकर लेखक और भी चिन्तित हो उठते हैं। प्रसन्न पण्डा द्वारा किए गए जन आन्दोलन के फल स्वरुप राज्य सरकार ने भूमि अधिग्रहण बील लागू किया, पर क्षतिपूर्ति का जो प्रावधान हुआ वह भीख के बराबर था। सरकार की इस भ्रष्टनीति के प्रति नाराजगी व्यक्त करते हुए स्वयं लेखक लिखते हैं–''इस सरकार ने हीराकूद बांध में बीसों गांवों के छत्तीस हजार परिवारों को ऐसे पेर दिया कि हमारा सारा रस चूसकर खाईया की तरह हमें फेंक दिया। कभी अपना भी घर–द्वार, गांव–मुहल्ला, जमीन–जायदाद, पेड़–पौधे सब कुछ था। पर आज, आज हमारा अपना कुछ भी नहीं। शून्य, शून्य, शून्य..... ।''[30]

हीराकूद बांध को बने हुए आज सत्तर साल हो चुके। हीराकूद के पानी से पश्चिम ओंड़िशा के किसानों के खेतों में दुफसली खेती तो होती है पर जिन लोगों को अपना घर–द्वार, जमीन–जायदाद, नाता–रिश्ता सब कुछ छोड़कर दूर दराज के गांव शहर में बसना पड़ा है, उन्हें आज तक मुआवजा नहीं मिल पाया है। और न ही कभी मिलेगा। हीराकूद बांध का पानी आज किसानों के खेतों में कम उद्योगपतियों के उद्योग में ज्यादा पहुंच रहा है। छत्तीसगढ़ सरकार दारा महानदी पर कई बैराज बना देने से हीराकूद बांध में पानी की कमी की समस्या भी दिखाई देने लगी है। जो भी हो यह 'डूब' कहानी केवल बादीमाल ही नहीं पूरे डूब इलाके के लोगों की विस्थापन की समस्या को उजागर करती है। उन विस्थापितों के प्रति गहरी मानवीय संवदेना व्यक्त करती है।

स्वातंत्र्योत्तर ओड़िया कथा साहित्य के क्षेत्र में ग्रामीण संस्कृति को उजागर करने वाली कथा कृतियों में मनोज दास की 'समुद्र की प्यास', 'लक्ष्मी का अभिसार' और 'जलमग्न द्वीप' कहानियां मार्मिक बन पड़ी हैं। शुभ्रा के साथ जो यौन उत्पीड़न होता है वह अत्यन्त दर्दनाक है। इनसानियत का सर शर्म से झूक जाता है। लक्ष्मी के साथ मन्दिर के पुजारी का दुर्व्यवहार सहने लायक नहीं है। अबोलकरा का जन्म माटी के प्रति आकर्षण तथा मोह हमें झकझोर के रख देता है।

सुरेन्द्र महान्ती की 'कैदी' का दासिया अपनी पत्नी चंपी के कातिल जमींदार की हत्या करके जेल में कैदी के रुप में जहालत भरी जिन्दगी जीता है। प्रतिभा रॉय की 'बाघ' का अगणी पधान अपनी इकलौती बेटी महुली की हत्या का बदला लेने के लिए हत्यारे वीरवर सामंत की बेटी मीना की हत्या करने की कोशिश कर बैठता है, पर इतना घृणित कार्य उसके हाथों हो नहीं पाता। बेटी की हत्या के इन्तकाम ने उसे बाघ जैसा खूंखार बना दिया है। कुमार हसन की 'डूब' कहानी हीराकूद बांध प्रभावित बादीमाल गांव की दहशत भरी जिन्दगी की मूक साक्षी है।

संदर्भ ग्रन्थ सूची –

01. मनोज्ञ मनोज गल्पमाला, सं. विजयानन्द सिंह,, पृष्ठ –02
02. मनोज्ञ मनोज गल्पमाला, सं. विजयानन्द सिंह,, पृष्ठ –12
03. मनोज्ञ मनोज गल्पमाला, सं. विजयानन्द सिंह, पृष्ठ –14
04. मनोज्ञ मनोज गल्पमाला, सं. विजयानन्द सिंह, पृष्ठ –14
05. मनोज्ञ मनोज गल्पमाला, सं. विजयानन्द सिंह, पृष्ठ –16
06. मनोज्ञ मनोज गल्पमाला, सं. विजयानन्द सिंह, पृष्ठ –44
07. मनोज्ञ मनोज गल्पमाला, सं. विजयानन्द सिंह, पृष्ठ –45
08. मनोज्ञ मनोज गल्पमाला, सं. विजयानन्द सिंह, पृष्ठ –46
09. मनोज्ञ मनोज गल्पमाला, सं. विजयानन्द सिंह, पृष्ठ –47
10. मनोज्ञ मनोज गल्पमाला, सं. विजयानन्द सिंह, पृष्ठ –48
11. मनोज्ञ मनोज गल्पमाला, सं. विजयानन्द सिंह, पृष्ठ –51
12. मनोज्ञ मनोज गल्पमाला, सं. विजयानन्द सिंह, पृष्ठ –196
13. मनोज्ञ मनोज गल्पमाला, सं. विजयानन्द सिंह, पृष्ठ –197
14. मनोज्ञ मनोज गल्पमाला, सं. विजयानन्द सिंह, पृष्ठ –199
15. मनोज्ञ मनोज गल्पमाला, सं. विजयानन्द सिंह, पृष्ठ –203
16. मनोज्ञ मनोज गल्पमाला, सं. विजयानन्द सिंह, पृष्ठ –203
17. ओड़िया की प्रगतिशील कहानियां, अरुण होता, पृष्ठ–27
18. ओड़िया की प्रगतिशील कहानियां, अरुण होता, पृष्ठ–28
19. ओड़िया की प्रगतिशील कहानियां, अरुण होता, पृष्ठ–28
20. ओड़िया की प्रगतिशील कहानियां, अरुण होता, पृष्ठ–29
21. ओड़िया की प्रगतिशील कहानियां, अरुण होता, पृष्ठ–101
22. ओड़िया की प्रगतिशील कहानियां, अरुण होता, पृष्ठ–102
23. ओड़िया की प्रगतिशील कहानियां, अरुण होता, पृष्ठ–103
24. ओड़िया की प्रगतिशील कहानियां, अरुण होता, पृष्ठ–107
25. ओड़िया की प्रगतिशील कहानियां, अरुण होता, पृष्ठ–107
26. ओड़िया की प्रगतिशीलकहानियां, अरुण होता, पृष्ठ–136

27. ओड़िया की प्रगतिशील कहानियां, अरुण होता, पृष्ठ–137
28. ओड़िया की प्रगतिशील कहानियां, अरुण होता, पृष्ठ–140
29. ओड़िया की प्रगतिशील कहानियां, अरुण होता, पृष्ठ–143
30. ओड़िया की प्रगतिशील कहानियां, अरुण होता, पृष्ठ–147

6. स्वातंत्र्योत्तर हिन्दी कहानियों में ग्राम जीवन

आजादी हासिल होने के बाद जिस तरह से हिन्दी उपन्यास के क्षेत्र में विराट बदलाव दिखाई पड़ता है उसी प्रकार हिन्दी कहानी की रुप–संरचना में भी परिवर्तन देखने को मिलता है। आजादी के बाद कहानीकारों का ध्यान गांव परिवेश की ओर संकेन्द्रित होने लगता है और गांव–देहात के लोगों के जीवन प्रवाह को लेकर कहानियां लिखने का सिलसिला चल पड़ता है। आजाद हिन्दुस्तान की पहली सरकार की सोच ग्रामीण भारत निर्माण के जरिए राष्ट्र निर्माण की तरफ बढ़ने लगी। कथाकारों का ध्यान भी इसी ओर केन्द्रित होने लगा और गांव की जीवन समस्याओं तथा जीवन प्रसंगों को लेकर प्रभावी कहानियां लिखने का उपक्रम शुरु हुआ।

स्वतंत्रता के पश्चात के हिन्दी कहानीकारों में फणीश्वरनाथ रेणु, नागार्जुन, भीष्म साहनी, मार्कण्डेय सरीखे कथाकार अपनी सार्थक कथाकृतियों के साथ हिन्दी कथा साहित्य जगत में पादुर्भूत होते हैं। रेणु जी की 'पंचलाईट', 'लालपान की बेगम' और 'तीसरी कसम उर्फ मारे गए गुलफाम' कहानियों में बिहार प्रान्त के ग्रामीण अंचलों की जीवन कथा चित्रांकित है। नागार्जुन द्वारा रचित 'ममता', 'जेठा' और 'भूख मर गई थी' में भी बिहार प्रदेश के गांव–देहात की सामाजिक जीवन समस्याएं पूरी शिद्दत से रुपांकित हैं।

भीष्म साहनी द्वारा प्रणीत 'नीली आंखें', 'गंगो का जाया' तथा 'डायन' गांव परिवेश के यथार्थ जीवन दर्शन को चित्रित करती सार्थक कथाकृतियां हैं। इन कहानियों में पंजाब प्रदेश के ग्रामीण जीवन प्रसंगों की मार्मिक अभिव्यक्ति हुई है। मार्कण्डेय की 'गुलरा के बाबा', 'महुए का पेड़','दौने की पत्तियां' और 'हंसा जाई अकेला' कहानियां गांव के लोगों के सात्विक–धार्मिक स्वभाव एवं आत्मीयता–बोध को साकार करती हैं।

'पंचलाईट'

–फणीश्वरनाथ रेणु

'पंचलाईट' फणीश्वरनाथ रेणु जी की एक समस्या प्रधान कहानी है। इस कहानी में बिहार प्रान्त के किसी गांव विशेष का सामाजिक जीवन दर्शन चित्रित है। गांव देहात में पंचायतों एवं पंचों की यथार्थ स्थिति का सफल चित्रण इस कथाकृति में हुआ है। आंचलिक हिन्दी कथा साहित्य के प्राण प्रतिष्ठाता रेणु की इस कथाकृति में गांव की पंचायती व्यवस्था की सच्चाई चित्रित है। गांव में पंचों ने जुरमाने से सामूहिक हित के लिए सामान खरीदकर गांव की तरक्की की मनसा बनाई है। महतो टोली के पंचों ने रामनवमी के अवसर पर एक पेट्रोमैक्स खरीदा है। गांव में कुल मिलाकर आठ पंचायतें हैं। हरेक जाति–बिरादरी की अपनी–अपनी सभा चट्टी है। पंचों ने जुरमाने के रुपए से दरी, जाजिम, सतरंजी, पेट्रोमैक्स

आदि खरीद कर अपना काम निकाला है।

महतो टोली के पंचों द्वारा खरीदे जाने पर दूसरी टोली के लोग जल उठते हैं। महतो टोली के पंच एक साथ पंचलाइट खरीदकर बक्से में पैक करके बड़ी शान से गांव में प्रवेश करते हैं। ब्राह्मण टोली के फुंटगी महतो टोली के लोगों को नीचा दिखाने के लिए पूछ बैठते हैं– कितने में लालटेन खरीद हुआ महतो?''[01] पंचायत के छड़ीदार, सरदार सभी लोग शाम को इकट्ठे हो जाते हैं। महतो टोली के औरत–मर्द, बच्चे–बूढ़े सभी काम काज छोड़कर पंचलैट देखने के लिए दौड़ आते हैं। टोले की कीर्तन मण्डली के मूलगैन मुखिया गायक ने भगतिया पच्छकों को समझाकर कहा– ''देखो आज पंचलैट की रोशनी में कीर्तन होगा। बेताले लोगों के पहले ही कह देता हूं, आज यदि आखर धरने में डेढ़ बेढ़ हुआ, तो दूसरे दिन से बैकाट।''[02]

टोली के सभी लोग सभा चट्टी में इकट्ठे होते हैं। रुदल साह बनिए की दुकान से तीन बोतल किरासन तेल लेकर आता है। अब सवाल यह खड़ा हो जाता है कि पंचलैट को जलाएगा कौन। महतो टोले के लोग नहीं चाहते कि दूसरी पंचायत से आदमी बुलाकर पंचलाइट जलाया जाय, क्योंकि इससे उनकी इज्जत मिट्टी में मिल जाएगी, लोग उन्हें हसेंगे, मजाक उड़ाएंगे। एक नौजवान आकर कहने लगता है–''राजपूत टोली के लोग हंसते–हंसते पागल हो रहे हैं। कहते हैं, कान पकड़कर पंचलैट के सामने पांच बार उठो बैठो, तुरन्त जलने लगेगा।''[03]

गुलरी काकी की बेटी मुनरी मन ही मन एक बात सोच रही है कि गोधन को बुलाने पर झट से पंचलैट जला देता, लेकिन पंचायत ने उसका हुक्का पानी बन्द कर दिया है। मुनरी की मां ने शिकायत की थी की गोधन उनकी बेटी मुनरी को देखकर सिनेमा गीत ''हम तुमसे मोहबत करके सलम'' गाता है और आंख मारता है। इसीलिए पंचों ने उसे बॉयकाट कर दिया है। मुनरी पंचों के सामने कुछ बोल नहीं पा रही है। अपनी जाति बिरादरी की प्रतिष्ठा का खयाल करते हुए सभी लोग निर्णय लेते हैं कि गोधन को बुलाया जाय, वही पंचलैट जला सकता है। सरदार जी कहते हैं– ''जाति की बंदिश क्या, जबकि जाति की इज्जत ही पानी में बही जा रही है। क्यों जी दीवान।'' [04]

गुलरी काकी उठकर गोधन को बुला लाती है। गोधन काकी की बात को न काट कर वहां आता है। गोधन देखता है कि स्पिरिट नहीं है, बिना स्पिरिट के पैट्रोमैक्स जलेगा कैसे। वह गरी तेल की सहायता से पंचलैट जला देता है। पंचलैट की रोशनी से पूरा परिवेश जगमगा उठता है। पंचलाइट की रोशनी से सारी टोली जगमगा उठती है और कीर्तनिया लोग एक स्वर में कहने लगते हैं–महावीर स्वामी की जय। लेखक के शब्दों में यदि कहें –''महावीर स्वामी की जय–ध्वनि के साथ कीर्तन शुरु कर दिया। पंचलैट की रोशनी में सभी के मुस्कुराते हुए चेहरे स्पष्ट हो गए। गोधन ने सबका दिल जीत लिया।

मुनरी ने हसरत भरी निगाह से गोधन की ओर देखा। आंखें चार हुईं और आंखों ही आंखों में बातें हुईं—कहा सुना माफ करना। मेरा क्या कुसूर।''[05]

पंचलाईट के जलने से पूरी महतो टोली के लोगों के चेहरों पर मुस्कुराहट छा जाती है। गोधन ने आज पूरे मुहल्ले की लाज रख दी, नाक कटने से बचा लिया। महतो टोली के लोगों की इज्जत बचानेवाला लड़का गोधन के प्रति पंच अपनी गलती स्वीकारते हैं और उस पर सारी पाबन्दियां हटाने का निश्चय करते हैं। मुनरी अपने प्यार को पाकर खुश हो जाती है। उसकी मां भी गोधन के प्रति स्नेह रखती हुई रात को भोजन करने की दावत देती है। गांव के लोगों में जागृति आती है और प्रेम का महत्व समझ पाते हैं। प्राचीन रुढ़ीवादी—दकियानुसी परंपरा त्यागकर गांव के लोग आधुनिक जीवन शैली अपनाने का आग्रह करते हैं।

लालपान की बेगम

—फणीश्वरनाथ 'रेणु'

'लालपान की बेगम' रेणु जी की एक आंचलिक कहानी है, जो हमें बिहार प्रान्त के ग्राम जीवन से परिचित कराती है। बिहार प्रान्त की ग्राम संस्कृति इसमें साकार हो उठी है। यहां बिरजू की मां यानी लाल पान की बेगम की मानसिक स्थिति का बहुत ही सूक्ष्म चित्रण हुआ है। वहां का एक परिवार आर्थिक दुरावस्था की चपेट में आकर मेले में नाच देखने की जद्दो जहद में फंसा हुआ है। ''क्यों बिरजू की मां, नाच देखने नहीं जाएगी क्या ?'' इस वाक्य ने बिरजू की मां के खून खौल दिया है। जंगी की पतोहू और मखनी फुआ दोनों बिरजू की मां से जलती हैं। वे दोनों बिरजू की मां की बेइज्जती करने की ताक में रहती हैं। बिरजू की मां को गांव की औरतें लाल पान की बेगम कहकर चिढ़ाती हैं। जंगी की पतोहू उनसे नहीं डरती, मुंह से जवाब दिया करती है।

मखनी फुआ पानी भरती हुई गांव की औरतों के साथ बतियाती हुई कहती है—''जरा देखो तो बिरजू की मां को। चार मन पाट का पैसा क्या हुआ है, धरती पर पावं ही नहीं पड़ते। निसाफ करो। खुद अपने मुंह से आठ दिन पहले से ही गांव की अली—गली में बोलती फिरी है, हां बिरजू के बप्पा ने कहा है, बैलगाड़ी पर बिठाकर बलरामपुर का नाच दिखा लाउंगा। बैल अब अपने घर है, तो हजार गाड़ी मंगनी मिल जाएगी।''[06] जंगी की पतोहू मुंह जोर औरत है, रेलवे स्टेशन के पास की बेटी है। तीन ही महीनों में ससुराल की सभी औरतों से एकाध मोर्चा ले चुकी है। उसका ससुर जंगी दागी चोर है, सी—किलासी है। उसका पति रंगी कुर्मा टोली का नामी लठैत है। इसीलिए जंगी की पतोहू हमेशा औरतों से, मर्दो से लड़ने—झगड़ने के लिए सींग खुजाती फिरती है।

बिरजू की मां अपने पति पर बिगड़ती हुई झल्ला रही है। बिरजू अपनी मां से गुड़ की

जीद करता है और चम्पिया दुकान से देरी पर आने के कारण मां की झिड़कियां खाकर बैठी है। बिरजू की गुड़ की जीद करने पर उसकी मां झल्लाती हुई कहती है– ''एक रत्ती क्यों, उठाके बर्तन को फेंक आती हूं पिछवाड़े में, जाके चाटना। नहीं बनेगी मिठी रोटी। मीठी रोटी खाने का मुंह होता हे। बिरजू की मां ने उबले शंकरकन्द का सूप रोती हुई चम्पिया के सामने रखती हुई कहती है– बैठके छिलके उतार नही तो अभी....।''[07] सूर्यास्त हो चुका है, अभी तक बिरजू के बप्पा गाड़ी लेकर नहीं आए हैं। चम्पिया बताती है कि कोयरीटोले में किसी ने गाड़ी नहीं दी इसीलिए बप्पा मलदिहा टोली के मियां जान की गाड़ी लाने गए हैं। गाड़ी न मिलने की खबर सुनते ही बिरजू की मां का चेहरा उतर जाती है। बिरजू की मां के बाबू पर बिगड़ती है और दोनों बच्चों को लेकर सोने को चली जाती है। बिरजू चुप–चाप चम्पिया से कहता है–''हम लोग नाच देखने नहीं जाएगें? गांव में एक पंछी भी नहीं है। सब चले गए।''[08] बिरजू और चम्पिया दोनों नाच देखने नहीं जा पाने के दुख से आंसू बहाने लगते हैं।

बिरजू की मां गुस्से से जल रही है। वह चम्पिया को ढिबरी बुझाकर, खपच्ची गिराकर सो जाने को कहती है। बप्पा बुलाएं तो जवाब न देने को भी कहती है। बिरजू की मां मन ही मन कुढ़ रही है– भला आदमी रे भला आदमी। मुंह देखो जरा इस मर्द का। वह दिन–रात मंझा न देती तो ले चुके थे जमीन। रोज आकर माथा पकड़कर बैठ जाएं, मुढ़े जमीन नहीं लेनी है बिरजू की मां, मजूरी ही अच्छी। जवाब देती थी बिरजू की मां खूब सोच समझके, छोड़ दो, जब तुम्हारा कलेजा ही थिर नहीं होता है तो क्या होगा? जोरु जमीन जोर के, नही तो किसी और के।''[09] बिरजू की मां अब नाच देखने जाने की सारी आशा छोड़कर सोने की कोशिश कर रही है। तभी बैल गाड़ी की आवाज सुनाई पड़ी। बिरजू के बप्पा गाड़ी लेकर आ गए हैं।

बिरजू के बप्पा अपनी पत्नी का गुस्सा कम करने के लिए कहते हैं– नाच अभी शुरु नहीं हुआ होगा। अभी अभी बलरामपुर के बाबू की संपनी गाड़ी मोहनपुर होटिल बंगला से हाकिम को लाने गई है। इस साल आखिरी नाच है। पंचसीस टट्टी में खोंस दे, अपने खेत का है।''[10] बिरजू की अम्मा धान की बात सुनते ही उछलती हुई आंगन में आ जाती है और आस–पड़ोस की जंगी की पतोहू, मखनी फुआ, सुनरी सभी को समेट कर बलरापुर में नाच देखने के लिए देर रात निकल पड़ती है। बिरजू की मां आज लाल रंग की साड़ी, सिन्दुर का लाल टीका, असली चांदी का मांग टीका पहनी हुई है। बिरजू के बप्पा उन्हें देखते ही रह जाते हैं, आज वह तो नाच की लाल पान की बेगम की तरह सुन्दर दिख रही है।

जंगी की पतोहू, लरेना की बीबी, राधे की बेटी सुनरी तीनों गाड़ी के पास आ गई। बिरजू की मां ने तीनों को प्यार से गाड़ी पर बिठा दिया। सभी लोग बैलगाड़ी पर सवार होकर बलरामपुर की ओर रवाना होने लगे। गाड़ी गांव से बाहर धान के खेतों से होकर जाने

लगती है। कार्तिक महीने की शुभ्र चांदनी खिली हुई है। धान के झरते फूलों की सुगन्ध चारो तरफ फैल रही है। सभी औरतें बीड़ी पीने लगती है और धीमी आवाज में बैसकोप के गीत गुनगुनाने लगती हैं। बिरजू की मां लाली साड़ी के किनार से घुंघट हटाकर निहारती है और सोचती है कि वह वाकई लाल पान की बेगम की तरह सुन्दर है, जंगी की पतोहू उसे लाल पान की बेगम कहती है तो ठीक ही कहती है, क्योंकि वह लाल पान की बेगम की तरह सुन्दर है।

तीसरी कसम उर्फ मारे गये गुलफाम

–फणीश्वरनाथ 'रेणु'

'तीसरी कसम उर्फ मारे गये गुलफाम' रेणु जी की एक बड़ी कहानी है, जिसमें लघु उपन्यास का आभास होता है। यह एक घटना प्रधान कहानी है जो बड़े कलेवर में प्रस्तुत है। इसमें गांव देहात के एक गाड़ीवान की जीवन तरंग उद्भासित है। गाड़ीवान हिरामन का सामाजिक–सांस्कृतिक जीवन मनोवैज्ञानिक शैली में चित्रित है। फॉरबीसगंज का मशहूर गाड़ीवान हिरामन पूरे इलाके में चर्चित है। वह बैलगाड़ी की सवारी करके अपना गुजारा करता है। वह एक ईमानदार व्यक्ति है, जो कभी भी कोई गलत काम नहीं करता। ईमानदारी ही उसकी लोकप्रियता की परिचायक है। पूरे इलाके के लोग बैलगाड़ी की सवारी के लिए हिरामन को ढूंढ़ते हैं, उन्हीं की बैलगाड़ी को भाड़े पर लेते हैं।

हिरामन ने दो कसमें खा रखी हैं– एक चोरी माल की सवारी नहीं करेंगे और दूसरी बांश की भाड़ेदारी नहीं करेंगे। कहानी के अंत में देखते हैं कि हिरामन एक और कसम–तीसरी खाता है कि किसी कंपनी की औरत हिराबाई जैसी मशहूर कलाकार को अपनी गाड़ी में नहीं बिठाऐंगे। हिरामन एक बार पुलिस की गिरफ्त में आने से बाल–बाल बचता है। बीसों गाड़ियों के साथ हिरामन भी भाड़े पर सामान ढो रहा है। रात को अचानक दारोगा गाड़ियां रोक देता है, छान बीन होती है। मुनीम जी पांच हजार तक रुपए देने की सिफारिश करते हैं, पर वह नहीं मानते और लोगों को गिरफ्तार करने का आदेश देते हैं। हिरामन किसी भी तरह से पुलिस की गिरफ्त से बचना चाहता है। वह बैलों को गाड़ी से खोलकर जंगल की झाड़ियों की तरफ जान बचाकर भागता है।

लेखक के शब्दों में–"एक दो तीन। तीन–चार गाड़ियों की आड़। हिरामन ने फैसला कर लिया। उसने धीरे से अपने बैलों के गले की रस्सियां खोल लीं। गाड़ी पर बैठे–बैठे दोनों को जुड़वां बांध दिया। बैल समझ गये उन्हें क्या करना है। हिरामन उतरा, जुती हुई गाड़ी में बांस की टिकटी लगाकर बैलों के कंधों को बेलाग किया। दोनों के कानों के पास गुदगुदी लगा दी और मन ही मन बोला, चलो भैयन, जान बचेगी तो ऐसी–ऐसी सग्गड़–गाड़ी बहुत मिलेगी एक–दो–तीन। नौ–दो–ग्यारह।"[11] उसी दिन से हिरामन ने

कसमें खाईं कि चोरी चमारी माल और लादने का काम नहीं करेंगे। चाहे कोई उसे पचास रुपए भी किराया क्यों न दे, उसे ऐसी गलती नहीं करनी है।

हिरामन फारबिसगंज से मोरंग तक का भाड़ा ढोते ढोते गाड़ी ही चकनाचुर कर डालते हैं। गाड़ी के बुरी तरह से टूट जाने की वजह से वह कई वर्षों तक बैलों को अधिकारी में जोतता है। किराये का आधा गाड़ी वाले का तो आधा बैल वाले का। एक बार हिरामन को एक अच्छा मालदार काम मिला। किसी सर्कस वाले के बाघ की गाड़ी ढोने का ऐलान सर्कस कम्पनी के मैनेजर ने गाड़ीवान पट्टी में किया। पूरे सौ रुपए किराए मिलेंगे। चम्पा नगर से फारबिसगंज मेले में आने के लिए बाघ गाड़ी ढोने का काम हिरामन ले लेता है, क्योंकि उसे पैसे की सख्त जरुरत है। हिरामन अपने बैलों की पीठ सहलाते हुए कहता है–''देखो भैयन, ऐसा मौका फिर हाथ न आएगा। यही मौका है अपनी गाड़ी बनवाने का। नहीं तो फिर आधे दारी। अरे, पिंजड़े में बन्द बाघ का क्या डर ? मोरंग की तराई में दहाड़ते हुए बाघों को देख चुके हो। फिर पीठ पर में तो हूं।''[12]

हिरामन को बाघगाड़ी के भाड़े से नकद सौ रुपए मिले और उपर से चाय बिस्किट रास्ते भर बन्दर, भालू और जोकर का तमाशा भी देखने को मिला। आज उसे एक जनानी सवारी मिली है। मानो आज उसकी गाड़ी पर कोई औरत नहीं चम्पा का फूल सवार हो। गाड़ी फूलों की खुशबू से मह–मह महक रही है। मथुरा मोहन नौटंकी कंपनी में लैला का रौंल करनेवाली हीराबाई को आज गाड़ी पे सवारी बनाने का सौभाग्य हिरामन को मिला है। हिरामन लगातार सात–आठ वर्षों तक नौटंकी थिएटर या बॉयस्कोप सिनेमा वालों की लादनी लादता आ रहा है, पर कभी इसका आनन्द कभी नहीं ले सका है। हीराबाई को गाड़ी पे बिठाकर वह बैल हांकने लगा। हिरामन परदा उठाकर हीराबाई से कहता है –'' देखिए यही है तेगछिया। दो पेड़ जटामासी बड़े हैं और एक .... उस फूल का क्या नाम है, आपके कुरते पर जैसा फूल छपा हुआ है, खूब महकता है, दो कोस दूर तक गंध जाती है, उस फूल को खमीरा तम्बाकू में डालकर पीते भी हैं लोग।''[13]

हिरामन अपने दोनों बैलों के साथ मानवीय बर्ताव करता है। वह दोनों उसके लिए बैल नहीं जानवर की सकल में दो इनसान हैं। उन दोनों बैलों को वह अपने बेटे– भाई की तरह रखता है। दोनों बैल उसके सुख–दुख के साथी हैं, उसकी आमदनी के जरिए हैं। हीराबाई को फॅारबिसगंज से मोरंग तक का लम्बा सफर तय करते हुए बैलों का हौसला बंधाते हुए हिरामन कहता है–''एक कोस जमीन। जरा दम बांधकर चलो। प्यास की बेला हो गई न। याद है उस बार तेगछिया के पास सरकस कम्पनी के जोकर और बन्दर नचाने वाले साहब में झगड़ा हो गया था। जोकरवा ठीक बन्दर की तरह दांत किटकिटाकर किकियाने लगा था... न जाने किस–किस देस मुलुक के आदमी आते हैं।''[14] हिरामन गाड़ी आगे बढ़ाता हुआ बहुत दूर आगे निकल पड़ता है। सुबह होते–होते वह नित्यकर्म के लिए बाहर चला

जाता है। हीराबाई भी अपना नित्यकर्म संपन्न करके गाड़ी पर बैठ जाती है। हिरामन उनके लिए कुछ नाश्ते का प्रबन्ध करता है। हीराबाई की खूबसूरती उसे अपनी तरफ खींचने लगती है, वह उसे देखकर अत्मीयता भरी खुशी महसूस करता है। हिरामन बैलों को हांकता हुआ गाड़ी आगे बढ़ाता है और गीत गाने लगता है–

"सजन रे झूठ मति बोलो, खुदा के पास जाना है।
नहीं हाथी, नहीं घोड़ा, नहीं गाड़ी–
वहां पैदल ही जाना है, सजन रे......।"[15]

हिरामन गाड़ी हांकता हुआ कई तरह के गाने गाता रहता है ताकि रास्ते का फासला पता न चले। उसके दोनों बैलों को भी गीत सुनकर बड़ा आनन्द आता होगा, वे भी गीतों की लय में अपनी लय मिलाकर कदमताल करते आगे बढ़ते हैं। वह महुआ घटवारिन गीत गाते समय भाव विभोर हो जाता है। महुआ घटवारिन का गीत गाते समय हिरामन की आंखें छलछला जाती हैं। वह बैलों को तेज चलने को कहता है ताकि सूरज डूबने से पहले ननपुर पहुंच जाय। फारबिसगंज पहुंचने की जल्दी हीराबाई को नहीं थी, क्योंकि उसे हिरामन पर पूरा भरोसा हो गया है। महुआ घटवारिन की कथा हिरामन के मुख से सुनकर हीराबाई की आखें छलछला जाती हैं।

"हिरामन का बहुत प्रिय गीत है यह। महुआ घटवारिन गाते समय उसके सामने सावन भादों की नदी उमड़ने लगती है। अमावस्या की रात और घने बादलों में रह–रह कर बिजली चमक उठती है। उसी चमक में लहरों से लड़ती हुई बारी–कुमारी महुआ की झलक उसे मिल जाती है। सफरी मछली की चाल और तेज हो जाती है। उसको लगता हे, वह खुद सौदागर का नौकर है। महुआ कोई बात नहीं सुनती। परतीत करती नहीं। उलटकर देखती भी नहीं। और वह थक गया है, तैरते–तैरते।"[16] महुआ घटवारिन और उसकी विरह वेदना की कथा सुनकर हीराबाई और हिरामन के बीच एक अजीब सा आकर्षण पैदा हो जाता है। ननपुर से होकर फॉरबिसगंज पहुंचकर हिरामन और उसके दोनों बैलों ने चैन की सांस ली।

हिरामन ने अपनी गाड़ी को तिरपाल से ढंक रखा है। किसी की नजर हीराबाई पर ने पड़े, इसीलिए उसने ऐसा प्रबन्ध किया है। सुबह होते है नौंटकी कम्पनी के मैनेजर से बात करके हीराबाई भर्ती हो जाएगी। मेले में नौटंकी वालों की खूब जमती है, बहुत पैसा कमाते हैं, नौटंकीवाले। हिरामन को उसके गाड़ीवान साथी पूछते हैं कि इस बार किस नौटंकी कम्पनी की लादनी लादने को मिली है उसे। हिरामन अपने साथियों को चुपके से हीराबाई के बारे में बताता है कि नौटंकी कम्पनी की नाचनी है, जो तिरपाल के अन्दर छुपी बैठी है। "गांव समाज के गाड़ीवान, एक दूसरे को खोजकर, आस पास गाड़ी लगाकर बासा डालते

हैं। अपने गांव के लाल मोहर, धुन्नीराम और पलटदास जैसे गाड़ीवानों के दल को देखकर हिरामन अचकचा गया। उधर पलटदास टप्पर में झांककर भड़का। मानो बाघ पर नजर पड़ गई। हिरामन ने इशारे से सभी को चुप किया। फिर गाड़ी की ओर कनखी मारकर फुसफुसाया–"चुप। कम्पनी की औरत है, नौटंकी कंपनी की।"[17]

हीराबाई "दि रौता संगीत नौटंकी" कम्पनी में गुलबदन के रुप में काम करनेवाली है। मिस हीरादेवी की चर्चा सभी तरफ होने लगती है। मथुरा मोहन कम्पनी में काम करनेवाली मिस हीरादेवी अबकी बार रौता कम्पनी में काम करने जा रही है। कम्पनी में शामिल होने से पहले हीरादेवी भाड़े का पैसा पूरे पांच रुपए और उपर से पचास पैसे बक्सिस देती है। हीराबाई कल सुबह नौटंकी देखने के लिए गेट पास ले लेने की बात कहकर अन्दर चली जाती है। हिरामन असमंजस में पड़ जाता है कि वह नौटंकी देखे या नहीं। नौटंकी की नाच देखते समय तीनों को ऐसा लग रहा था कि गुलबदन हीराबाई उन्हीं को देख रही है। नाच देखने के बाद तीनों ही अपने–अपने बसेरे में चले जाते हैं।

मथुरा मोहन कम्पनी छोड़कर आई हुई हीराबाई को ढूंढ़ते हुए गुण्डे 'रौता संगीत कम्पनी' में आते हैं। हीराबाई किसी भी तरह से गुंडों से खुद को बचाकर वहां से भाग निकलती है। हीराबाई कुछ रुपए हिरामन को देती हुई एक कम्बल खरीद लेने को जब कहती है हिरामन का मन भर आता है। हीराबाई चंचल हो गई और बोलने लगी–"हिरामन, इधर आओ अन्दर। मैं फिर लौटकर जा रही हूं मथुरा मोहन कम्पनी में। अपने देश की कम्पनी है। बनैली मेला आओगे न ?"[18] हिरामन चुप चाप खड़े होकर हीराबाई को देखता ही रह जाता है, कुछ भी बोल नहीं पाता। हिरामन ने उसे सुरक्षित रेलवे स्टेशन तक पहुंचा दिया है, इसीलिए सन्तुष्ट होकर हीराबाई बक्सिस के तौर पर कुछ देना चाहती है। हिरामन के फीके चेहरे को देखकर हीराबाई कहती है कि महुआ घटवारिन को सौदागर ने खरीद लिया है, इसीलिए उसका चेहरा मुरझा गया है।

हीराबाई गाड़ी पर सवार हो जाती है। गाड़ी सीटी बजाकर चलने को होती है। स्टेशन से बाहर हिरामन अपनी गुलबदन हीराबाई को देखकर अन्दर ही अन्दर टूटता जा रहा है। हीराबाई भी रेल सीट पर बैठकर हिरामन को प्यार भरी नजर से देख रही है टुकुर–टुकुर। "छी–ई–ई–छक्क। गाड़ी हिली। हिरामन ने अपने दाहिने पैर के अगूंठे को बाएं पैर की एड़ी से कुचल दिया। कलेजे की धड़कन ठीक हो गई। हीराबाई हाथ की बैगंनी साफी से चेहरा पोंछती है। साफी हिलाकर ईशारा करती है....... अब जाओ। आखिरी डिब्बा गुजरा, प्लेट फॉर्म खाली, सब खाली.....खोखले माल गाड़ी के डिब्बे। दुनिया ही खाली हो गई मानो। हिरामन अपनी गाड़ी के पास लौट आया।"[19]

हिरामन का मन भर गया। उसने निश्चय किया कि अब घर लौट चलेगा। लाल मोहर समझाने पर भी हिरामन मेले में रुकने को तैयार नहीं है। वह समझने लगा है कि

बिना हीराबाई के खाली–खोखले मेले में आखिर क्या रखा है। वह घर की ओर लौटते समय महसूस करता है कि गाड़ी पर अभी चम्पे के फूल की महक चारो तरफ फैल रही है। वह पीछे से किसी की आवाज सुनता है। पीछे मुड़ कर देखता है कि कुछ भी नहीं केवल सन्नाटा, अन्धेरा छाया हुआ है।

''उसने उलटकर देखा, बोरे भी नहीं, बांस भी नहीं, बाघ भी नहीं, परी.... देवी... मीता... हीरादेवी.... महुआ घटवारिन.... कोई नहीं। मरे हुए मुहूर्तो की गूंगी आवाजें मुखर होना चाहती हैं। हिरामन के होंठ हिल रहे हैं। शायद वह तीसरी कसम खा रहा है– कंपनी की औरत की लादनी....।'' हिरामन अचानक अपने दोनों बैलों को झिड़कियां देते हुए, दुआली से पीटते हुए कह उठता है–''रेलवे लाईन की ओर उलट–उलट कर क्या देखते हो ?'' दोनों बैल कदम खोल कर चाल पकड़ते हुए दौड़ने लगते हैं। हिरामन गुनगुनाने लगता है–''अजी हां, मारे गए गुलफाम....।''[20] हिरामन तीसरी कसम खाता है कि वह फिर कभी नौटंकी कम्पनी की औरत हीराबाई की सवारी नहीं लादेगा अपनी गाड़ी में, क्योंकि किसी की जुदाई इससे बढ़कर दर्दनाक क्या हो सकती है ?

रेणु जी की कहानियों की खूबियां तराशते हुए मोहन गुप्त जी लिखते हैं–''फणीश्वरनाथ रेणु की कहानियां हमें एक ऐसे हिन्दुस्तान की अन्तर्यात्रा पर ले जाती हैं, जो अभाव, अज्ञानता, अन्धविश्वास, मजबूरी और बेबसी से घिरा है। लेकिन इस सबके बावजूद बल्कि साथ–साथ जिसमें जीने, भरपुर रस–रंग और फड़क के साथ जीने की ललक है। यह ललक ही रेणु की रचना–भागीरथी का उद्‌गम–स्थल–गोमुख है।''[21]

ममता

–नागार्जुन

आंचलिक हिन्दी उपन्यास के जन्मदाता बाबा नागार्जुन एक कुशल कहानीकार के रुप में भी प्रतिष्ठित हैं। आपने उत्तरी बिहार के दरभंगा जिला के ग्रामांचल को लेकर न सिर्फ उपन्यास लिखे हैं, अनेक कहानियां भी लिखी हैं। आपकी कहानियों में ग्राम जीवन की विसंगतियां, विषमताएं, विद्रुपताएं बड़ी मार्मिकता से चित्रित हैं। आपके द्वारा रचित 'ममता' कहानी एक मातृहीन बालक का अभावग्रस्त जीवन चित्र खींचता है। मां की ममता से वंचित बुलो अपनी चाची पदमसुन्दरी की गोद में पलता–बढ़ता है, अपनी चाची से ही अपार स्नेह पाता है। बुलो दस वर्ष का बालक है। बचपन में वह मां की ममता के लिए तरसता रहता है। अपने बाल सुलभ आचरण से वह चाची के दिए हुए पैसों से अपने लिए चीजें खरीद लेता है तो चाची के क्रोध का भाजन बनता है।

बुलों के बालसुलभ आचरण के बारे में कहानीकार लिखते हैं–''दशसाला, समझाए, संजीदा अपनी उम्र के और लड़कों की अपेक्षा कुछ विलक्षण प्रकृति का कभी किसी ने बुलो

को उधम या शोरगुल मचाते नहीं देखा।"[22] बुलो अपनी चाची द्वारा दी हुई इकन्नी को तीन पैंसे में बेच डालता हे। उनमें से दो पैंसों का नमक लाता है और एक पैसे का दो कटहल कौआ ले आता है। वह बड़े ही चाव से कटहल– कौए को खाता है। जबकि चाची ने उसे काली मिर्च के लिए पैसे दिए थे। घर आने पर जब चाची उसे काली मिर्च के बारे में पूछती है तो वह भूल जाने का बहाना बनाता है। चाची भड़क गई और बुलो को दो चपत लगा बैठीं। बुलो रोने लगता है।

बुलो अपने दोस्तों के साथ खेलता है, कहीं बाहर घुमने फिरने जाता है, मेला,उत्सव देखने जाता है। दूसरे बच्चों की भांति वह भी कुछ खरीदना चाहता है, अपना शौक पूरा करना चाहता है, पर आर्थिक तंगी के चलते कुछ खरीद नहीं पाता। उसका दोस्त नरेन्द्र बाजार से बहुत सारी चीजें खरीदता है। उसे देखकर बुलो का मन भी बहुत कुछ खरीदने को तड़प उठता है। लेकिन गरीबी और अभाव के कारण वह कुछ भी खरीद नहीं पाता। वह अपनी गरीबी से तंग आकर नरेन्द्र से कहने लगता है–"यार मेरा भी बाप पूरब–पश्चिम कहीं कमाता होता और प्रत्येक महीने मनीआर्डर भेजता होता तो मैं भी संढी की तीर–कमान लेकर रामलीला के रावण को मारे जाता ही।"[23]

बुलो अपनी चाची पदमसुन्दरी के साथ अभावग्रस्त जीवन जीता है। उनकी आर्थिक स्थिति इतनी खराब है कि बुलो के लिए कुछ भी खरीद नहीं पाते। बुलो बच्चा है, उसका मन करता है कि दूसरे बच्चों की तरह वह भी कुछ खरीदे, पर उसकी इच्छा पूरी नहीं हो पाती। चाची पदम सुन्दरी की इन बातों से उनकी आर्थिक दुरावस्था का आकलन लगाया जा सकता है–"पदमपुरी को पीछे भारी अफसोस हुआ दूसर लड़के की कहीं ऐसी दुर्गती की जाती है ? सो भी क्या तो एक घिसी और बहरी इकन्नी के लिए ? हा नारायण ?"[24] चाची और बुलो दोनों ही यहां पाई–पाई के मोहताज हैं।

स्वयं नागार्जुन को मातृस्नेह से वंचित होना पड़ा था। बचपन में ही उनकी माता स्वर्ग सिधार गई थी, इसीलिए चाची की गोद में उनका लालन–पालन हुआ था। उन्होंने मां के आंचल की ममता, प्यार, दुलार के लिए बचपन में तरसा था, इसीलिए इस कहानी में लेखक ने अपना जीवन अनुभव प्रत्यक्ष रुप से हमारे सामने सेयर किया है। कहानी में एक जगह पर मां के बारे में बुलो की मानसिक दशा का चित्रण करते हुए लेखक ने लिखा है, "मां की सकल सूरत याद आते ही फिर बुलो का कलेजा फटने लगा। माथे को घुटनों के बीच डालकर बुलो फिर रोने लगा।"[25]

जेठा

–नागार्जुन

बाबा नागार्जुन की दूसरी प्रमुख कहानी 'जेठा' भी मातृस्नेह से वंचित एक बच्चे की

त्रासदीमय जिन्दगी को उद्घाटित करती है। कहानी का नाायक जेठानन्द मां की ममता के लिए तड़प उठता है। वह मातृहीन है, बचपन से ही उनकी मां उसे छोड़कर चली गई। चार साल की उम्र में ही मां के चले जाने से जेठानन्द मौसा–मौसी के पास रहता है। बाप के मर जाने के बाद उनकी मां ने एक बनिये से दूसरी शादी कर ली और जेठा को छोड़कर चली गई। वह अपनी मां से नफरत करता है, उसे गालियां देता है, क्योंकि उसकी मां ने उसे छोड़कर अपने सुख के लिए दूसरे मर्द से शादी कर ली। मां ने जेठा की जिन्दगी धूलिसात कर दी उसे बर्बाद करके रख दिया।

जेठा अपनी भगौड़ी मां के प्रति आक्रोश भरे स्वर में कहता है–''राक्षसी, चुडैल कहीं की। पिछले पन्द्रह वर्षों से वह अपना जीवन अपमान और लांछन, ग्लानि और विषाद में जी रहा है। उसे लगता है कि उसे ऐसा जीवन जीने के बजाय अब तक आत्महत्या करनी चाहिए थी, पागल हो जाना चाहिए था, लेकिन ऐसा नहीं हुआ। इतने सारे जीवन के अभावों और समस्याओं के बीच भी वह अपना जीवन जी रहा है।''[26]

जेठा की मां जब दूसरी शादी कर लेती है, जेठा उनसे अलग हो जाता है। दोनों मां बेटे के बीच दूरियां बढ़ जाती हैं। जेठा की मां एक बनिए से शादी करके सुखद जीवन जीती है। उसके इस अनैतिक आचरण के लिए जेठा अपना सम्बन्ध उनसे तोड़ देता है। मां–बेटे दोनों अलग हो जाते हैं, परिवार टूट जाता है। जब जेठा की मां की मौत हो जाती है, तब भी जेठा को दुख नहीं लगता। क्योंकि मां के अनैतिक व्यवहार के चलते पिछले पन्द्रह वर्षों से वह शर्मनाक जीवन जी रहा है। वह अन्दर ही अन्दर घुटन भरा जीवन जी रहा है। समाज के इस विकृत जीवन प्रसंग को वही समझता है, जिस पर बीतती है। यहां एक मां अपनी ममता और प्रेम के अन्तर्द्वन्द्व में फंस गई है। दाम्पत्य जीवन के सुख के लिए उसे अपनी ममता का गला घोटना पड़ता है।

भूख मर गई थी

–नागार्जुन

'भूख मर गई थी' नागार्जुन की तीसरी प्रमुख कहानी है जो ग्राम जीवन की त्रासदी चित्रित करती है। ग्रामीण परिवेश की गरीबी–बेबसी एवं लाचारी का नग्न रुप यहां पूरी मानवीय संवेदना से चित्रित हुई है। एक गरीब बूढ़े व्यक्ति की अभावग्रस्त जिन्दगी के चित्रण में कहानीकार पूर्णतः सफल हुआ है। उस बूढ़े व्यक्ति की जिन्दगी इतनी दयनीय है कि उदरपूर्ति के लिए वह किसी भी हदतक नीचे गिरने को तैयार है। वह अपनी दहशत भरी जिन्दगी से हमें अवगत कराता हुआ कहता है–''मजबूरियों में पहले तो हम खुद ही जमीन बेच–बेचकर खाते रहे, बाद में धरती माता भी हमेशा के लिए रुठ गई। ऋतुओं ने धोखा देना शुरु कर दिया, आकाश से मेघ एकदम गायब हो गये।''[27]

कहानी का नायक बृद्ध ब्राह्मण परिवार से ताल्लूक रखता है। एक जमाने में उनके पास धन संपत्ति भरी हुई थी। उसके पिताजी दस बीघा जमीन छोड़ गए थे। लेकिन उस व्यक्ति ने धीरे–धीरे करके अगले पन्द्रह–बीस वर्षों में सारी जमीन बेच डाली। उसका बेटा पुलिस विभाग में नौकरी करता है, जो दुर्भाग्य से डाकुओं की मुड़भेठ में मारा जाता है। रोजी रोटी का कोई जरिया ने होने के कारण वह व्यक्ति जमीन बेचकर भरण–पोषण करने लगता है। आखिर सारी जमीन–जायदाद खत्म हो जाने के बाद उसे अपने मृत बेटे की पत्नी यानी बिधवा बहू को देह व्यवसाय के दल–दल में धकेलना पड़ता है। गरीबी और बेबसी से वह इतना तंग आ जाता है कि अपने घर की इज्जत को सरे आम बाजार में बेचने के लिए मजबूर हो जाता है।

जीवन के अन्तिम पड़ाव में अपनी बहू को पापाचार के लिए धकेलनेवाला एक मजबूर ससुर अपनी विवशता इन शब्दों में व्यक्त करता है–"बहू के बारे में क्या बताउं बाबू जी। मैंने ही उसे कुकर्म के लिए प्रेरित किया। हां, मैंने जान बूझकर पड़ोस के एक युवक से उसका संपर्क बढ़ने दिया। "बुभुक्षितं किं न करोति पापं"– भूखा क्या न करता। चार–चार बेटों में भट्ठी सुलग रही थी।"[28] परिवार में बूढ़े व्यक्ति की बुढ़िया बहन, पोते–पोती और विधवा बहू–कुल मिलाकर चार लोग रहते हैं। सातवीं क्लास में पढ़ाई कर रहा एक पोता अपनी मां की ओछी हरकत बर्दाश्त नहीं कर पाता और घर छोड़कर भाग जाता है। वृद्धावस्था में वह अपने पोते को ढूंढ़ता फिरता है, पर कहीं भी उसका पता नहीं चल पाता। उसकी गरीबी ने ही उसे इस हालत में लाकर खड़ा कर दिया है। वह हालात के सामने मजबूर होकर पारिवारिक जीवन का सन्ताप बुढ़ापे की अवस्था में भोगने को मजबूर हो रहा है।

पारिवारिक–सामाजिक संबन्धों में अर्थ की निर्णायक भूमिका इस कहानी में स्पष्ट हुई है। एक बूढ़े ससुर के सामने गरीबी इस कदर हावी हो जाती है कि अपनी ही बेटी समान बहू को पर–पुरुष के साथ शारीरिक संबन्ध रखने का आग्रह करना पड़ता है। पेट की भूख उसे इस कदर पशुतुल्य बना देता है कि अपनी ही बहू की इज्जत आबरु बेचने के लिए वह कुण्ठित नहीं होता। वह खुद इस घृणित विषय का खुलासा करता हुआ कहता है–"पड़ोसी युवक जमसेदपुर से पन्द्रह दिनों की छुट्टी में गांव आया था। ओवर्सियर है, बीस–पचीस हजार तो पीट ही चुका है। हमारी पुत्रवधू और उसमें भाभी–देवर का रिश्ता तो था ही। मगर इस महंगाई और अकाल ने रिश्ते में गाढ़ा रंग घोल दिया। मैं गूंगा और अपंग बनकर जमाने का करिश्मा देखता रहा और वह बेचारी अपनी इज्जत का सौदा करती रही, चार–चार मुंहों के हवन–कुण्ड में जैसे–तैसे अनाज की समिधा डालती रही।"[29]

सामाजिक व्यवस्था–दोष की चपेट में आकर यह परिवार दहशत भरी जिन्दगी जीने के लिए मजबूर है। घर के कमाउ जवान बेटे की मौत से परिवार की धुरी इतनी खराब हो जाती है कि विधवा औरत को अनैतिक शारीरिक सम्बन्ध रखना पड़ता है, ताकि उसके

परिवार की गाड़ी आगे बढ़ सके। एक अन्धनंगा बूढ़ा व्यक्ति अपनी जिन्दगी से तंग आकर कह उठता है–"सरकार मुझको क्या होगा ? मैं बड़ा कठजीव हूं। यमराज को मुझसे भय लगता है। मृत्यु मुझसे दूर–दूर भागती फिर रही है। लेकिन मैं इन्हें छोड़ूंगा नहीं। पिछले ग्यारह महीनों से मैं मृत्यु के पीछे पड़ा हूं, उसे पकड़ना चाहता हूं। वह चालाक बाघिन की तरह बार–बार मुझे धोखा दे जाती है।"[30] एक वयोवृद्ध व्यक्ति अपने जीवन–संग्राम में हार मानकर मौत को गले लगाने को कब से मौत के दरवाजे पर दस्तक दे रहा है, पर उसे मौत नसीब नहीं हो पा रही है।

बाबा नागार्जुन की कहानियों की उत्कृष्टता सिद्ध करते हुए डॉ. तेजा सिंह कहते हैं–"प्रगतिशील चेतना संपन्न कथाकार नागार्जुन कविता, उपन्यास की भांति कहानियों में समाज का व्यापक चित्रण नहीं कर सके हैं और न ही व्यापक स्तर पर सामाजिक विषमताओं, अन्धविरोधों को ही अपनी कहानियों में अभिव्यक्ति कर सके हैं। विषय वस्तु की दृष्टि से इनकी कहानियां कमजोर और साधारण है। समाज में हो रहे व्यापक बदलाव को और उनमें अन्तर्निहित अर्न्तविरोधों को व्यापकता और गहराई से वे दिखा नहीं पाए हैं। कुछ कहानियां सामाजिक समस्याओं को स्पर्श मात्र करके रह जाती हैं।"[31]

नीली आंखें

–भीष्म साहनी

कथा सम्राट मुंशी प्रेमचन्द के बाद यथार्थ जगत की कहानियों के साथ भीष्म साहनी आधुनिक हिन्दी कथा साहित्य जगत में अवतरित होते हैं। हिन्दी कहानी के क्षेत्र में ग्राम जीवन की सच्चाई को लेकर आपने सार्थक कहानियां रची हैं। 'नीली आंखें' साहनी जी की एक समस्या प्रधान कहानी है, जिसमें प्रेम विवाह की बिड़म्बनाओं का उद्‌घाटन हुआ है। राजो कहानी की नायिका है। राजो अपने प्रेमी के साथ गांव से भागकर प्रेम विवाह करती है।अपनी जाति–बिरादरी की जाति प्रथा के विरुद्ध जाकर मुस्लिम लड़की राजो एक युवक से प्यार करती है और घर से भागकर शादी कर लेती है। दोनों ही गांव की वैवाहिक मान्यताओं को तोड़कर अन्तर्जातीय विवाह करके शहर चले जाते हैं। आर्थिक अभाव से जूझते दोनों प्रेमी समाज के अमानवीय अत्याचार के शिकार होते हैं।

राजो सत्रह–अठारह वर्ष की ग्रामीण मुस्लिम युवती है, जो बहुत खूबसूरत है। उसकी आंखें नीली हैं, जो बहुत खूबसूरत दिखाई देती है। वह नीले आसमान की तरह स्वच्छ, पवित्र है, पर उसकी आंखों की सुन्दरता ही उसके दुख का कारण बनती है। राजो निम्न मध्यम वर्गीय परिवार की शोषित, उत्पीड़ित, लांछित नारी है, जो अपने वर्ग का प्रतिनिधित्व करती है। वह अपने मुस्लिम समाज का विद्रोह करके दूसरी बिरादरी के लड़के से प्रेम विवाह करती है। राजो और उसके प्रेमी–पति दोनों रोजी रोटी के लिए शहर–पलायन

करते हैं। शहर में रोजी रोटी की तलाश में दर–दर की ठोकरें खाते फिरते हैं, उन्हें कहीं भी काम नहीं मिल पाता।

काम की तलाश में भटकते–भटकते राजो और उसके पति बुरी तरह से निराश हो जाते हैं। अचानक एक दिन भूख और कमजोरी से उसके पति के पेट में बहुत दर्द होता है। वह दर्द के मारे चीख उठता है। रुपए–पैसे के अभाव में राजो अपने पति को एक खैराती अस्पताल में भर्ती कराती है, जहां उसे अपने पति के साथ अन्दर रहने की इजाजत नहीं देते। रात भर वह अपने पति की सही सलामती की दुआ मांगती बाहर पड़ी हुई होती है। राह चलते लोग राजो को गलत निगाह से देखते हैं। रात के अन्धेरे में शराब के नशे में धूर्त लोग उसके पीछे पड़ जाते हैं। वह अपनी इज्जत–आबरु बचाने के लिए इस गली से उस गली में भागती फिरती है। शहर के लोगों की पाशविक वृत्ति से तंग आकर राजो अपने पति के साथ गांव वापस चली आना चाहती है। पर उसका पति उसे शहर में ही कुछ दिन ठहरने तथा मांग कर खाने की सलाह देता है।

शहर में नीली आंखों वाली राजो को कौन सहारा देता, कौन सहानुभूति व्यक्त करता। उल्टा शहर के लोग उसे गलत नजर से देखते हैं और उसकी बेबसी का फायदा उठाना चाहते हैं। दाढ़ीवाला सज्जन व्यक्ति हो या कोई फौजी, अधेड़ उम्र का कोई बहरा हो या कोई और, हर कोई उसे कामुक दृष्टि से निहारता है। लाख कोशिश के बावजूद राजो अपनी नीली आंखें कामुक लोगों की बुरी नजर से बचा नहीं पाती। आखिर एक काम पिपासु फौजी राजो की सुन्दर आंखें देख कर अपने साथी से कहता है–"चीज अच्छी है, करुं सिफारिश तेरी ? सस्ते में काम हो जाएगा। जालिम की आंखें हैं कि बस.....।"[32] एक लाचार औरत के प्रति शहर के किसी भी व्यक्ति में सहानुभूति नहीं जगती, सभी लोग उसे गलत निगाह से देखते हैं। उसकी विवशता का नाजायज फायदा उठाते हुए लोग अपनी हवस का शिकार बनाना चाहते हैं।

राजो की तरह उसका पति भी लाचार–बेबस है। वह शहर में नौकरी की तलाश में जाता है, पर नौकरी नहीं मिल पाती। उसे दर–दर की ठोकरें खानी पड़ती है, भूखा पेट सोना पड़ता है। भूख और कमजोरी से उसकी तबियत खराब हो जाती है। राजो उसकी सेवा तो करती है, पर वहां के शराबी लोगों की कुत्सित व्यवहार से तंग आकर घर वापस चला आना चाहती है। उसका पति अपनी लाचारी व्यक्त करता हुआ एक अपरिचित व्यक्ति से गिड़गिड़ाता है–"बाबू साहब, इसे समझाओ, अपना देश होता तो दूसरी बात थी, परदेस में मुझे यूं छोड़े जा रही है, मैं इसे कहां ढूढूंगा ?"[33] वह इतना बेबस हो चुका है कि अपनी पत्नी की सुरक्षा नहीं कर सकता, दो वक्त की रोटी का इन्तजाम नहीं करा सकता। राजो की नीली आंखों की खूबसूरती उसके लिए अभिशाप बन जाती है, जो अपनी इज्जत बचाने के लिए इधर से उधर भागती फिरती है।

गंगो का जाया

–भीष्म साहनी

'गंगो का जाया' एक समस्या प्रधान कहानी है, जो एक निर्धन परिवार की गरीबी का सफल चित्रांकन करती है। गंगो कहानी की मुख्य पात्र है और उसी की चारो तरफ कहानी चक्कर काटती है। गंगो का परिवार तत्कालीन सामाजिक व्यवस्था दोष का ऐसा शिकार है जो कमरतोड़ मेहनत के बावजूद दो वक्त की रोटी के लिए तरसता रहता है। एक तरफ यह परिवार अपनी आर्थिक दुर्दशा से परेशान है तो दूसरी पूंजीपति वर्ग की उपेक्षा, घृणा से त्रस्त है। गंगो एक गरीब मजदूरनी है। वह घर निर्माण में मजदूरी करती है। वह गारा और इंट ढोने का काम करती है। वह अपने पति घीसा और छह वर्ष के बेटे रीसा के साथ रहती है। वह गर्भवती है, इसीलिए सामान उठाने का काम ठीक से कर नहीं पाती। ठेकेदार गंगो को कई अपशब्द कहता है और काम से भी निकाल देता हे।

ठेकेदार उसे कहता है कि "पहले पेट खाली करके आओ, फिर काम मिलेगा।"34 गंगो के लिए गर्भवती होना मुसीबत बन जाती है। वह काम से निकाल दी जाती है, जिससे रोजी रोटी के लिए उसे भटकना पड़ता है। वह गर्भवती होने की खुशी महसूस नहीं कर पाती, क्योंकि उसे रोजी रोटी की चिन्ता सताने लगती है। उसके पति घीसा का काम भी छूट गया है। दोनों पति–पत्नी बेरोजगार होकर घर में पड़े हुए हैं। छह वर्ष का नन्हा बालक रीसा, जो कभी दिन भर खेलता–दौड़ता रहता था, अब भूख से घर के आस पास ही खेलता है। घर की रोजी रोटी चलाने के लिए उसे बूट पॉलिश करनी पड़ती है। घीसा अपने बेटे रीसा के मना करने के बावजूद काम पर भेजता है, क्योंकि घर में कई दिनों से चूल्हा नहीं जल पा रहा है।

अचानक एक दिन रीसा बूट पॉलिश करने वाले अपने दोस्तों के साथ कहीं खो जाता है। गंगो अपने बेटे के वापस आने की राह देखती रहती है। लेकिन रीसा घर वापस नहीं आता। बेटे के खो जाने के गम में गंगो दिन रात आंसू बहाती रहती है। घीसा उसे आस्वासन देता हुआ कहता है, "मरेगा नहीं, घीसा का बेटा है, कभी न कभी तुझे मिलने आ जाएगा।"[35] गंगो का मन पूरी तरह से टूट जाता है, वह अपने बेटे रीसा के लिए व्याकुल हो उठता है। उसके पेट का बच्चा अन्दर करवट बदलने लगता है। गंगो अफसोस भरी आवाज में बोल उठती है– "यह जन्म लेने के लिए इतना बेचैन क्यों हो रहा है।"[36] गंगो की सारी आन्तरिक वेदना यहां फूट पड़ती है। समाज द्वारा गंगो को जो उत्पीड़न, मार्मिक वेदना दी जा रही है, वह अत्यन्त हृदय विदारक है। जब एक नारी अपने परिवार के साथ मेहनत मजदूरी न कर सके, उस परिवार को रोजगार न मिल सके और रोजी रोटी का प्रबन्ध न हो सके तो आजादी किस काम की। आजाद देश की सरकार जनता के लिए क्या कुछ कर रही

है ? जबकि गरीबों को दो वक्त की रोटी नसीब नहीं हो पा रही है।

घीसा एक लाचार–बेबस पति के रुप में हमारे सामने आता है। वह अपने परिवार का भरण–पोषण नहीं कर पाता। अपनी पत्नी का खयाल नहीं रख पाता और न ही अपने नन्हे बेटे को उसका बचपन दे पाता है। जब गांगो रीसा को काम पे भेजने से मना करती है, तब घीसा उसका विरोध करता हुआ कहता है– ''मुझे कौन काम सिखाने आया था ? सभी गलियों में ही सिखते हैं।''[37] रीसा गलियों में बूट पॉलिश के लिए घुमता हुआ रास्ता भूल जाता है। वह रोने लगता है, पर उसके आंसू पोछनेवाला कोई नहीं है। वह रोता हुआ अपने दोस्तों के साथ वही फूटनाथ पर सो जाता है, घर वापस नहीं पहुंच पाता। गरीबी की चक्की में पिसता एक नन्हा बालक खेलने कूदने की उम्र में बूट पॉलिश करता है। हालात ने उसके हाथों में कलम की जगह ब्रश पकड़ा दिया है। हमारे देश की कैसी बिड़म्बना है कि एक बच्चा अपने हक के लिए रो रहा है और उसका हक दिलाने के लिए कोई नहीं है। क्या आजादी का यही मकसद था ?

डायन

–भीष्म साहनी

'डायन' गांव देहात के निम्न मध्यम वर्गीय परिवार के नारी समाज की अन्धश्रद्धा पर कुठाराघात करने वाली सशक्त कहानी है। अन्धश्रद्धा या अन्धविश्वास किस तरह नारी जीवन को नारकीय बना देता है, इसका जीता जागता रुप खड़ा करती है–यह कहानी। ग्रामीण परिवेश में जिन्दगी जी रही औरतें अन्ध विश्वास की शिकार होकर किसी औरत को डायन करार देकर उसकी दुश्मन बन जाती हैं। एक सास अपनी बहू को डायन मानकर उसे कई तरह की यातनाएं देती है, उसे कष्ट पहुंचाती है। यहां एक औरत ही दूसरी औरत की दुश्मन बनी हुई है। सास अपनी बहू को जब नापसन्द करती है, उसकी बदसूरती रास नहीं आती तो डायन करार देकर घर से निकाल भगाना चाहती है। घर में अनचाही बहू जब आ जाती है तो सास उसे डायन करार दे देती है। घर में कुछ भी अप्रिय घटना घटने पर सारी गलतियां बहू के सिर पर मढ़ देती है। मां का पात्र निभाने वाली सास कहती है– ''डायन ने अपना काम शुरु कर दिया है, अब वह घर के अन्दर घुस आई है, एक–एक करके सबको खाएगी।''[38]

कुसंस्कार तथा अन्धविश्वास से ग्रस्त मां जादू–टोना में विश्वास रखती है। जब उसका पति बीमार पड़ता है, सबसे पहले पीर–फकीर के पास जाती है, फिर मौलवी के पास ताबीज बनाकर पहनाती है। जब इन टोना टोटका से, झांड़ फूंक से उसका पति ठीक नहीं होता तो वह अपनी किस्मत को कोसती हुई कहती है–''वह दिन ही बुरा चढ़ा था। ऐन चौराहे के बीच कोई टोना कर गया था। चार इंटों को घेरा, उस घेरे के अन्दर टिमटिमाता

दिया और थिगलियों का बना पुतला, सिर पर के बाल नुचे हुए, और अंग अंग पर लाल रंग के धब्बे और आस पास टूटी हुई ठीकरियां।"[39] अपने पति के बीमार होने की घटना को अपशकुन मानकर सास बहू पर रोष व्यक्त करती रहती है।

मां खुद अपनी बहू को जितनी सताती है, उपर से अपने छोटे बेटे को भी उसके खिलाफ भड़का देती है। वह उसके अन्दर यह बात पूरी तरह से भर देती है कि उसकी भैजाई डायन है। छोटा बेटा भी अपनी मां की बातों में आकर भाभी को डायन समझ बैठता है। वह अपनी भौजी के बारे में कहता है कि, "मां को व्याह से पहले ही पता चला गया था। वह डायन ही थी। सांवले रंग की चौड़ी काठी वाली औरत। चौड़े–चौड़े पैरों में नीली–नीली सी चमक रहती है।"[40] मां पूर्वजन्म में विश्वास करती है। वह इसे पूर्व जन्म का फल मानकर कहती है कि निश्चय ही पूर्व जन्म में बहू के साथ दुर्व्यवहार किया होगा, इसीलिए इस जन्म में उसे दुख दे रही है। वह जादू टोना बन्द कर देती है और अपनी किस्मत के भरोसे जिन्दगी जीती है। ओझा के भस्मी छिड़कने के बाद बहू की डायन भाग जाती है और बहू के साथ घर के सभी लोग अच्छे बर्ताव करने लगते हैं, तब वह बहू को आशीर्वाद देती है कि दूधो नहाओ पूतो फलो। सती सुहागन रहो।"[41]

कहानी का दूसरा प्रमुख पात्र बापू सरल, सहज व्यक्तित्व वाला व्यक्ति है। वह अपनी आटे–दाल की दुकान पर रहता है, दुकान चलाता है। सुबह शाम भगवान के पूजा–पाठ में लगा रहता है। दुकान पर बैठकर राह चलते लोगों को चुपचाप देखता रहता है। बापू अपनी पत्नी की कठ पुतली बना हुआ है। वह अपनी पत्नी के सामने अपनी जुबान खोल नहीं पाता। मां अपने पति यानी बापू को छोटी बहू की देखभाल में रखकर अजमेर एक मौलवी के पास जाती है। वह मौलवी के सामने पांच सौ के नोट रखकर उस डायन से अपने पति को बचा लेने की गुहार लगाती है। मौलवी मां को समझाते हैं कि उसके पति को बचे ओट की रोटी खिलाने और कच्ची घानी का तेल मालिश करे। जब मां अपनी बहू डायन को अजमेर के जियाराम मुंशी की बेटी बताती है तो, मौलवी गुस्से में आकर रुपए उसके मुंह पर मारकर वहां से चले जाने की धमकी दे डालता है।

मां वहां से वापस आकर मौलवी द्वारा बताए हुए उपायों का उपचार तो करती है, पर उसे अधूरा–अधूरा सा लगता है। वह खुद को कोसती हुई कहती है, "मौलवी उपाय बता रहा था, मैं मुंह जली बीच में बोल पड़ी। मैं बोलती नहीं, उसका उपाय तो सुन लेती"[42] अजमेर से लौटने के तेरह दिन बाद छोटी बहू स्टोव फटने से जल मरती है। मां सोचती है कि यह डायन की करतूत है। वह अजमेर में मौलवी के पास गयी थी, इसीलिए डायन ने बदला लिया। अपनी बड़ी बहू डायन के डर से मां हीमारपुर चली जाती है और ओझा से भस्मी लेकर आती है। उसी भस्मी से बड़ी बहू की डायन भाग खड़ी होती है। बापू की तबियत ठीक होने लगती है, दुकान के सामने से कुबड़ा हट जाता है, दुकान अब पहले की

तरह चलने लगती है। एक दिन मां भाण्डे की अलमारी बहू के सामने खोलकर सभी भाण्डे उसे सौंप देती है।

नारी संवेदनशील होती है और यही संवेदनशील–भावुकता उसे अन्धश्रद्धा के करीब खींच लाती है। नारी हमेशा भगवान से, दूसरे देवी–देवताओं से, जादू टोना से डरती है और किसी के बहकावे में आकर गलत कर्म करने लगती है। मां के साथ यही हुआ है। वह अन्धश्रद्धा की शिकार होकर अपनी ही बहू को डायन समझ बैठती है, उसे कई तरह की यातनाएं देती है। लेकिन आखिरकार बहू के प्रति स्नेह भाव रखती हुई सुख समृद्धि का आशीर्वाद देती है। वह अपने किए पर पश्चाताप करती है और अपनी बहू को बेटी तुल्य सम्मान देती हुई खुशी से झूम उठती है।

कथाकार भीष्म साहनी की कहानियां न केवल सामाजिक–वैयक्तिक समस्याओं का अंकन करती है, वरन उनका समाधान तलाशती है। उनकी कहानियां सामाजिक विसंगतियां संकीर्णताओं तथा विषमताओं से निराश पलायनवादी रुख न अपना कर उनके कारणों को ढूंढ निकालने का काम करती है। भीष्म साहनी की कहानियों की खूबियां बखानते हुए श्री रमाकान्त श्रीवास्तव लिखते हैं–''स्वाधीनता आन्दोलन, स्वतंत्रता प्राप्ति, सांप्रदायिक दंगे, विदेशी आक्रमण, पूजीवादी शिकंजे, गड़बड़ाते जीवन मूल्य, वर्गघृणा का फैलाव, अफसरशाही, दोगली राजनीति ,सस्ती नेतागिरी हमारे इतिहास के हिस्से हैं। इन तमाम त्रासदियों के अन्तःसूत्रों की पहचान सही लेखन के लिए जरुरी शर्त है और भीष्म साहनी का लेखन उसे पूरा करता है। पूंजीवादी सभ्यता में पनपती विषमता, अमानवीयता, शोषण और चरित्र संकट के विरुद्ध किसी प्रकार का फार्मूलाबद्ध रुमानी दृष्टिकोण न रखकर उनके विद्रूप को उजागर करने का काम भीष्म साहनी की कहानियां करती हैं।''[43]

मुंशी प्रेमचन्द के व्यक्तित्व से प्रभावित भीष्म साहनी की साहित्य प्रतिभा डॉ. नामवर सिंह के शब्दों में इस तरह व्यक्त हुई है–''भीष्म जी नयी कहानी के दौर के उन कहानीकारों में एक थे, जिन्होने अपने समकालीन मोहन राकेश, राजेन्द्र यादव, कमलेश्वर मार्कण्डेय, निर्मल वर्मा, शेखर जोशी आदि की अपेक्षा भारतीय जीवन, उसकी विसंगतियों, विडम्बनाओं, उसके संघर्ष और त्रासदी को शिद्दत के साथ अभिव्यक्त किया है।''[44] भीष्म साहनी जी की कहानियां सीधी ग्राम जीवन से जुड़ी कहानियां हैं। उनकी कहानियां अपने समय के सरोकारों से रुबरु होती हुई मानवीय संवेदनाओं, रागात्मक संबन्धों और जीवन–परिदृश्य को यथार्थ के धरातल पर प्रस्तुत करती है।

गुलरा के बाबा

–मार्कण्डेय

स्वातन्त्रोत्तर हिन्दी कहानी साहित्य को ग्रामीण जीवन दर्शन से जोड़ने एवं यथार्थ की भूमि प्रदान करने में कथाकार मार्कण्डेय का विशेष योगदान रहा है। प्रेमचन्द कथा परंपरा की ग्राम जीवन समस्याओं को यथार्थ की जमीन पर उतारने में आपने भी माकूल भूमिका निभाई है। एक प्रगतिशील रचनाकार के रुप में आपने ग्राम परिवेश की सच्चाई को जो कलात्मक कथाशिल्प प्रदान किया है, वह अभिनव है। आपने सात कहानी संग्रहों में कुल बासठ कहानियां संकलित की हैं, जिनमें आधिकतर कहानियां ग्राम परिवेश पर आधारित हैं। ग्राम जीवन के सफल चित्रकार के रुप में आपने अपनी कहानियों में ग्राम परिवेश के विविध राग–रंगों और ग्रामीण जन–जीवन को उकेरा है। आप ग्रामीण संवेदना के कथाकार हैं, अतः आपकी कहानियां ग्राम जनों के प्रति गहरी मानवीय संवेदनाओं से भरपूर हैं।

मार्कण्डेय जी की 'गुलरा के बाबा' पहली कहानी है, जो इलाहाबाद के महाविद्यालयीन विद्यार्थी जीवन काल में लिखी गई थी। यह आदर्शवादी ढंग की चरित्र प्रधान कहानी है, जिसमें गांव के एक वृद्ध पुरुष को नायक बनाया गया है। गुलरा नामक बाग के बाबा के चरित्र में आदर्श गुण मौजूद हैं। वह पेड़–पौधे एवं जंगल सुरक्षा के काम में खुद को नियोजित किए हुए हैं। पूरे गांव के लोग बाबा के आकर्षक व्यक्तित्व से प्रभावित हैं। बाबा के आकर्षक व्यक्तित्व के बारे में लेखक लिखते हैं–"पूरे पंच हथे जवान, भीट ऐसी छाती, और हाथी की सूंड जैसे हाथ, बड़ी बड़ी तेज आंखें, लोग हनुमान कहते थे, बाबा को, हनुमान।"[45] वह गुलरा बाग की रखवाली करते हैं, वहां के पेड़ पौधे की देख रेख करते हैं।

बाबा अपने समय के मशहूर पहलवान रह चूके हैं। अब बुढ़ापे की अवस्था में भी कोई उनसे पंगा लेने की हिम्मत नहीं करता। एक दिन चैतू नामक पहलवान बाग में सरपत काटने आता है जो हाल ही में बनारस के मशहूर पहलवान झग्गा को हराया है। बाबा के मना करने के बाबजूद चैतू जब सरपत काटने से बाज नहीं आता, बाबा उसे कुश्ती के लिए आह्वान करते हैं। उसे ललकारते हुए बाबा कहते हैं–"यदि तुम मेरा गठ्ठा टेढ़ा कर दोगे तो मैं कभी जबान नहीं खोलूंगा और यदि नहीं तो तुम कल से यहां दिखाई न पड़ना।"[46]

इस मुकाबले में गुलरा के बाबा विजयी होते हैं। पूरे गांव तथा आस पास के इलाके में बाबा की ताकत की तारीफ होने लगती है। पर बाबा इस जीत को तबज्जो ही नहीं देते, वह तो फागुन के दूसरे पखवारे के अतीत की यादों में खो जाते हैं। लेकिन बाबा का छोटा भाई देवी सिंह गुस्से में आकर चैतु की टांग तोड़ डालता है। सामन्ती संस्कार में पले बढ़े होने के बावजूद दोनों भाइयों में इतना फर्क है कि एक प्रतिद्वंद्वी को भी छोड़ देता है और दूसरा उसकी टांग तोड़कर ही रहता है। जैसे ही बाबा को इसकी खबर लगती है, परोसा हुआ खाना छोड़कर दुकान से अम्मा, हल्दी आदि दवाएं लेकर सीधे दलितों की बस्ती में चैतू

के घर पहुंच जाते हैं और उसकी सेवा सुश्रूषा में जुट जाते हैं। चैतू के घर के टूटे बिखरे छप्पर को देखकर बाबा द्रवित हो उठते हैं। अगले ही दिन पच्चीस मजदूर लगाकर घर के छप्पर की मरम्मत के लिए सरपत भेजने का बन्दोबस्त भी करते हैं।

बाबा को अपने चेले सुखई से पता चलता है कि चमेलिया ठाकुर के चबूतरे पर महफिल सजा रही है। चमेलिया की महफिल में बाबा भी सरीक होते हैं। वहां चमेलिया नृत्य करके लोगों का मनोरंजन करती है। बाबा से रुपए अर्ज करती है और न चाहते हुए भी बाबा उसे रुपए–पैसे देते हैं, पर शर्त रखते हैं कि–''रुपए ले जा चमेली, पर इसे कर्ज समझना।''[47] चमेलिया बाबा की ओर प्रेम भरी नजर से देखती और तीखी हंसी के साथ वहां से ओझल हो जाती है। चमेलिया हमेशा बाबा के प्रति वासना भरी दृष्टि से देखती है। वह स्थिर–गंभीर दिखाई पड़ते हैं, उसके प्रति आकर्षित दिखाई नहीं पड़ते। आखिर एक दिन चमेलिया गांव छोड़कर चले जाने का निश्चय करती है। वह सज–धज कर बगीचे में आती है, जहां बाबा अन्धेरा छा जाने तक कसरत करते हैं। बाबा के पूछने पर वह यहां क्यों आई है, चमेलिया उत्तर देती है कि वह उनका कर्ज चुकाने आई है।

बाबा उस पर क्रोधित हो उठते हैं और कहते हैं– ''जा चमेलिया तेरी आंखों का दोष मिट जाएगा।''[48] चमेलिया की आंखें चकरा गईं, उसका रोम–रोम कांप उठा। उसी साल बेचारी की आंखें चली गईं, वह अन्धी हो गई। बाबा चैतू की सेवा करके, टूटे हुए पैर की अच्छी मरम्मत करके ठीक कर देते हैं और उसके घर को भी सजाड़ देते हैं। इस कार्य से बाबा आदर्श व्यक्ति के रुप में खड़े पाए जाते हैं। बाबा के सेवा भाव देखकर चैतू प्रसन्नचित्त मुद्रा में 'बाबा' कह उठता है और रो पड़ता है, उसकी आंखों से अनायास खुशी के आंसू निकल पड़ते हैं।

प्रस्तुत कहानी गुलरा के बाबा का चरित्रांकन करती है, जो गांव के लोगों और प्रकृति सेवा के लिए समर्पित है। यह एक कहानी न होकर एक रेखाचित्र लगता है, जो बाबा के आदर्श चरित्र का रेखाचित्र खींचता है। बाबा के चरित्र के औदार्य, नैतिक मूल्य, सेवाभाव के साथ शौर्य–पौरुष का सफल रुपांकन यहां हुआ है। प्रख्यात समालोचक डॉ.नामवर सिंह के अनुसार–'' 'गुलरा के बाबा' जैसा सशक्त व्यक्ति केवल चरित्र नहीं बल्कि आज की ऐतिहासिक शक्ति का प्रतीक है।''[49]

महुए का पेड़

–मार्कण्डेय

'महुए का पेड़' मार्कण्डेय जी की दूसरी सशक्त कहानी है। यह कहानी एक गरीब औरत की दर्द भरी कथा सुनाती है। यह लेखक के निजी जीवन प्रसंग पर आधारित यथार्थवादी कहानी है। दुखना इस कहानी की मुख्य पात्र है, जो लेखक की पड़ोसन है।

उनकी माता दुखना के प्रति हमेशा सहानुभूति व्यक्त करती है। दुखना एक गरीब–निर्धन, लाचार बूढ़ी औरत है, जिसके पास केवल एक झोपड़ी, एक–दो बर्तन, मिट्टी की गगरी और झोपड़ी के सामने लहराता एक महुए का पेड़। यही उसकी कुल संपत्ति है। दुखना ने अपने बच्चे की तरह उस पेड़ को बड़ा किया है। उसके साथ उसका मां–बेटे का रिश्ता है। महुआ पेड़ ही दुखना का इकलौता सहारा है।

गांव के जमींदार ने दुखना की सारी जमीन हड़प ली है। अब जमींदार की नजर उसकी झोपड़ी और महुए के पेड़ पर है। लेकिन दुखना किसी भी कीमत पर पेड़ को बेचने को तैयार नहीं है। लेखक के शब्दों में, ''महुए का पेड़ दुखना के लिए वह पेड़ ही सबकुछ है। महुए के पेड़ से उसका बड़ा निकट संबन्ध है। उसे दुखना ने अपने हाथ से लगाया है, सींचा है और देख रेख कर इतना बड़ा किया है। अब उसके विशाल पौरुष की छाया के नीचे अपने रक्षित समझती है।''[50]

दुखना दिन रात उस पेड़ की देखभाल में लगी रहती है, जैसे एक मां अपनी सन्तान की देख रेख में लगी रहती है। वह उस पेड़ से कभी दूर नहीं जाती, क्योंकि ठाकुर की कुदृष्टि उस पेड़ पर लग गई है। ठाकुर किसी भी तरह से पेड़ को हथियाना चाहता है, इसकी चिन्ता दुखना को सताए रहती है। रात के समय महुए के पेड़ का सौन्दर्य और सान्निध्य उसके लिए बड़ी ही आनन्दप्रद होता है। ''रात को जब उजली, धुली चांदनी की चादर धरती पर फैल जाती और उस विशाल महुए की नंगी–नंगी डालें और उनमें से निकली हुई नन्हीं–नन्हीं, बिना पत्ते की टहनियों की झोपों से एक–एक फूल टपकता तो दुखना को लगता जैसे रेशम की पतली धारियों से स्वर्ग के दून उसके आगे मोतियों की वर्षा कर रहे हो। वह एक टक बहुत ही प्यारी आंखों से देखती देखती देर तक अपनी मड़ई के आगे बैठी रहती।''[51]

ठाकुर उस पेड़ को हथियाने के लिए कई तरह की तिकड़म रचता है कभी उसके उंटहारे पेड़ की टहनियों को तोड़ लेते हैं तो कभी उसका बेटा दुखना को अनाब–शनाब बकता है। एक दिन उंटहारे का विरोध करने पर वह दुखना को धकेल देता है और बेचारी वहीं जमीन पर गिर जाती है, कलप–कलप कर रोने लगती है। दुखना जीवन के अन्तिम पड़ाव में तीर्थयात्रा करके पुण्य अर्जित करना चाहती है। हरखू की मां के समझाने पर वह तीर्थयात्रा के लिए राजी हो जाती है और अपने रिश्तेदार के पास पैसे के इन्तजाम के लिए चली जाती है। ठाकुर दुखना को गांव छोड़कर चली गई या मर गई समझकर महुए के पेड़ को कटवा देता है। तीन दिन बाद जब दुखना घर वापस आती है, अपने बेटे समान महुए के पेड़ के कटे हुए छितराए हुए डाल पत्तों को देखकर इतना दुख–संतप्त हो उठती है कि कुछ भी नहीं कह पाती। जैसे कोई मां अपने बेटे की मौत का सदमा बर्दास्त नहीं कर पाती, वह निश्चल,निस्तब्ध हो जाती है, वैसे ही दुखना भी निस्तब्ध हो जाती है। वह किसी को

बिना कुछ कहे चुप चाप तीर्थयात्रा के लिए निकल पड़ती है क्योंकि उसका घर–संसार सबकुछ आज उजड़ गया है, उसका इकलौता सहारा महुआ पेड़ ही नहीं रहा तो वह उस गावं में रहकर क्या करेगी।

यह कहानी ग्राम संस्कृति के एक मार्मिक पक्ष का उद्‌घाटन करती है। ग्राम जनों के पशु–पक्षी पेड़–पौधे के प्रति जो लगाव होता है, वह किसी इनसानी रिश्ते से काम नहीं होता। दुखना के लिए महुआ पेड़ उसकी जिन्दगी है, जबकि ठाकुर की कुदृष्टि महुआ पेड़ की लकड़ी से मुनाफा कमाना है। विशिष्ट समालोचक श्रीपत रॉय के शब्दो में, ''प्रस्तुत संग्रह की शीर्षक कहानी मुझे बहुत प्रिय है। बात उसमें कुछ नहीं है, पर उसके कहने का ढंग इतना सुन्दर है कि वह हृदय को छू लेती है, हृदय को हिला देती है। दुखना के चरित्र के अन्दर से जैसे हमारी समस्त त्रस्त एवं पद दलित नारी जाति का स्वर मुखरित हो उठा है। उसकी याद बड़ी देर तक इन पर छायी रहती है। जैसे पावस की वायु हीन घुटन, दुखना की व्यथा, उसकी विवशता जैसे सभी को बना देती है।''[52]

दौने की पत्तियां

–मार्कण्डेय

'दौने की पत्तियां' कहानी आजादी के बाद के भारतीय समाज के भ्रष्टाचार और घुसखोरी की समस्याओं पर पहल करती है। आजादी के बाद भ्रष्टाचार किस कदर देश में जड़ जमाने लगता है, राजनेता और अधिकारी भ्रष्टाचार की गिरफ्त में आ जाते हैं और आम जनता का शोषण करते हैं, उसकी जीती जागती तस्वीर यहां खींची गई है। आजादी के पहले दशक में विकास के नाम पर जो पंचवर्षीय योजना जनहित की मकसद से चलाई गई वह महज दिखावा बन कर रह गई, आम जनता का लाभ उससे कुछ न हो सका, वह केवल अमीरों, पूंजीपतियों की स्वार्थ पूर्ति का जरिया बन कर रह गई, इस बात का खुलासा यहां हुआ है।

कथा नायक भोला कोईरी एक गरीब और मेहनती किसान है। भोला ने कमर तोड़ मेहनत करके पेट काट कर एक बीघा जमीन खरीदी है। उसने खून–पसीना बहाकर उस जमीन को उपजाउ बनाया है, ताकि वहां सोने की फसल लहलहा उठे। गांव में इस जमीन को 'गांव की दुलहिन' के नाम से सम्बोधित किया जाता है। प्रथम पंचवर्षीय योजना के तहत गांव में नहर–निर्माण हुआ, ताकि वहां की खेती में पानी की सिंचाई हो सके। गांव के प्रतिष्ठित अमीर व्यक्ति तिवारी के खेत पर आकर नहर का काम रुक गया। क्योंकि तिवारी अपना खेत नहर के लिए देने को तैयार नहीं है। तिवारी किसी भी तरह से अपना खेत बचाना चहते हैं। वह मिनीस्टर को सिफारिश करके और इन्जीनियर को एक हजार के साथ मुर्रा भैंस की घूस देकर नहर की दिशा बदलवा देते हैं।

भोला कोईरी की उस इकलौती जमीन से होकर नहर तैयार करके उसका सबकुछ छीन लिया जाता है। पांच वर्षों की कड़ी मेहनत और पेट काट कर, भूखा रहकर जिस जमीन को भोला ने तैयार किया था, वह जब नहर में चली जाती है तो भोला पागल हो जाता है। उसका फसल से भरा खेत देखते ही देखते नहर के लिए खुद जाता है।'' ठीक नहर की ही नाप का खेत भोला ने अपना पेट काटकर पांच वर्षों में खरीद था। वह समझ नहीं पाता है कि उसकी नन्हीं सी दुनिया को किसने उजाड़ दिया।''[53]

भोला समझ जाता है कि यह सबकुछ तिवारी का किया धरा है। वह तिवारी को मारने का निश्चय कर बैठता है, किन्तु दूसरे ही क्षण वह तिवारी को निर्दोष मानकर इन्जीनियर को मारने की ठान लेता है। भोला सोचने लगता है, ''इसने तो अपना खेत बचाया है। सब अपनी जमीन बचाने की कोशिश करते हैं। सबके अपने स्वार्थ..... पर न्याय ? न्याय तो अफसर करते हैं न।''[54] भोला सारा दोष इन्जीनियर पर डाल देता है और उसे मौत के घाट उतारने के लिए उसके घर में पहुंचता है। सामने चारपाई पर इन्जीनियर की बीबी सो रही थी। उसके माथे की बिन्दिया देखकर वह कांप जाता है, उसे अपनी पत्नी की याद आ जाती है और अचानक उसकी सोच बदल जाती है। वह सोचने लगता है कि इसके लिए सरकार जिम्मेदार है, फिर सोचता है कि सरकार को क्या पता कि उसने पेट काटकर जमीन तैयार की है। इसी असमंजस में पड़कर तय नहीं कर पाता कि असली कसूरवार कौन है ? तभी उसे चोर हत्यारा समझकर लोग पकड़ लेते हैं।

आजादी के बाद पहली पंचवर्षीय योजनाएं ''संपन्नों के लिए वरदान और विपन्नों के लिए अभिशाप'' बन कर रह गई। इसी उक्ति को चरितार्थ करती यह कहानी गरीब किसानों की विवशता को उजागर करती है। एक भूमिहीन किसान भोला के भोलेपन और उसके आवेश को प्रस्तुत करती यह कहानी ग्राम जीवन की सच्चाई बयां करती है। डॉ. विवेकी रॉय के अनुसार, ''यह सत्य है कि युग–युग की सूखी धरतीमाता की पीड़ा..... मानवता की मर्म वेदना देखते हुए भोला कोईरी का यह बलिदान नगण्य है। किन्तु उसके साथ जो त्रासदी के क्रूर भ्रष्टाचार का अमानवीय षड़यन्त्र जुड़ा है। वह गंभीर मानवीय अनविक्षा की आकांक्षा रखता है।''[55]

हंसा जाई अकेला

–मार्कण्डेय

'हंसा जाई अकेला' आजादी के बाद के गांव परिवेश में ठाकुर जमींदार के आतंक का खुलासा करती है। आजाद देश की पहली सरकार ने ग्राम जीवन में खुशहाली लाने के लिए जो भी सकारात्मक कदम उठाया, उसका उल्टा ही परिणाम सामने आया। जमींदार–महाजनों का अत्याचार खत्म नहीं हुआ बल्कि और भी भयानक हो गया। गांव के किसान–मजदूर

जमींदारों, ठाकुरों तथा भ्रष्ट सरकारी अधिकारियों के भ्रष्टाचार के चंगुल में फंस गए। इस कहानी पर डॉ. परमानन्द श्रीवास्तव की टिप्पणी गौरतलब है –''हंसा जाई अकेला' की भाव भूमि 'महुए का पेड़' से पृथक है। अत्यन्त सहज शिल्प में कही गई इन कहानियों में मार्कण्डेय ने गांव के जीवन का नया धरातल छूने का प्रयत्न किया है।''[56]

कहानी का प्रमुख पात्र रतौंधी का मरीज है, इसीलिए रात को वह कहीं नहीं जाता, घर पर ही रहता है। अचानक एक दिन मजगवां का दंगल उसे खींच कर ले जाता है। गांव के कई लोगों के साथ हंसा भी चला गया। वापसी में काफी देर हो गई, अन्धेरा छा गया था। हंसा लोगों की भीड़ में बीचो बीच था। रतौंधी के कारण उसे कुछ भी नहीं सूझ रहा था। अचानक रास्ते में एक जवान औरत से वह टकरा जाता है और वह औरत उसकी बाहों में आ जाती है। वह औरत घबरा कर चिल्लाने लगती है, लोग दौडते हुए आते हैं, और हंसा किसी भी तरह से वहां से दौडता हुआ भाग निकलता है। मेहरारु हंसा के लिए एक सपना थी, लेकिन आज अचानक एक औरत को अपनी बाहों में पाकर वह रोमांचित हो उठता है। उसे एक सुखद अनुभूति होने लगती है।

हंसा एक गांधीवादी, कांग्रसी नेता है, और गांव की राजनीति से जुड़ा हुआ है। पूरे गांव के लोगों के लिए वह एक तमाशा है, पर अनजाने में ही सही कांग्रसी स्वयं सेविका सुशीला से उसे प्यार हो गया है। वह सुशीला का साहचर्य पाकर गांव की रामलीला में पिछड़ी जाति के लोगों को राक्षस की भूमिका ही मिलने के विरोध में तूफान खड़ा कर देता है। हंसा आम पंचायती चुनाव में विरोधी पक्ष के बाबू साहब को हरा कर गांव के सरपंच बन जाता है। पर सुशीला की अचानक मौत हो जाने से उसे बड़ा धक्का पहुंचता है। सुशीला की मौत ने हंसा की जिन्दगी की दिशा ही बदल दी है। अब वह गांव की प्रगति और सामाजिक–आर्थिक स्वतन्त्रता की लड़ाई से हटकर बिखर जाता है। इस सदमे से वह उबर नहीं पाता, मानसिक सन्तुलन खो बैठता है। चारो तरफ जमींदारों–पूंजीपतियों के अन्याय–अत्याचार देखकर वह टूट जाता है, हार मान लेता है।

लेखक हंसा की मानसिक स्थिति का चित्र खींचते हुए लिखते हैं–''वैसे अब भी कभी कभी आजादी लेने की कसमें खाता है। उसके तमतमाए हुए चेहरे की नसें तन जाती हैं और वह अपना बिगुल फूंकता हुआ कभी धान के खेतों, कभी इख, कभी मकई के खेतों की मेड़ पर घूमता हुआ गाया करता है–हंसा जाई अकेला, ई देहिया ना रही.....।''[57] अपने दर्दिले गीतों से गांव भर के लोगों की आंखों में आंसू भरनेवाला हंसा खुद अपने जीवन को दुख–संताप से उबार नहीं पाता, दुखभरा जीवन जीने के लिए मजबूर है। हंसा की जीवनगाथा बड़ी मार्मिकता से यहां चित्रित है। इस कहानी के हवाले से डॉ. विवेकी रॉय लिखते हैं–'' 'हंसा जाई अकेला' कहानी स्वातन्त्रोत्तर प्रथम दशक की उभरती निराशाजनक परिस्थितियों के प्रति गंभीर विक्षोभ की अभिव्यक्ति है। भ्रष्टाचार, शोषण और असुरक्षा की

गहनता मोहभंग की स्थिति तक पहुंच जाती है।"[58]

आजादी के बाद की हिन्दी कहानियों में जो देश की तस्वीर खींची गई है वह गांव के लोक जीवन की ऐसी सच्चाई है जो हमें उन जीवन जिज्ञासाओं से रुबरु कराती है। सन सैंतालीस की आजादी महज राजनीतिक आजादी बनकर रह गई थी, सामाजिक–सांस्कृतिक–आर्थिक आजादी नहीं बन सकी थी। गांधीजी ने जिस संपूर्ण स्वराज्य का सपना देखा था वह महज सपना बनकर रह गया था, साकार रुप धारण नहीं कर पाया था। देश के गांव देहात के लोक जीवन में कोई प्रोन्नति व सुधार नहीं हो पाई थी। गांव के लोग उसी गरीबी, लाचारी, दुर्व्यवस्था के शिकंजें में कसे हुए थे। गांव की इसी तस्वीर को हिन्दी के कहानीकारों ने पूरी शिद्दत से उभारा है।

रेणु जी की कहानियों के गोधन, बिरजू की मां, हिरामन जैसे चरित्र ग्राम जीवन को सुरम्य बनाने में कामयाब हासिल किए हुए हैं। गोधन पंचलाईट यानी पैट्रोमैक्स जलाकर न केवल महतो टोली की इज्जत बचा लेता है बल्कि मुनरी से प्रेम व शादी करने का निश्चय करके लोक जीवन में आधुनिक जीवन शैली की शुरुआत करता है। बिरजू की मां बलरामपुर में नाच देखने जाने की खुशी में आपसी दुश्मनी भुलाकर जंगी की पतोहू को अपनी गाड़ी पर बिठा लेती है और खुशी से झूम उठती है। हिरामन गाड़ीवान अपनी गाड़ी में हरिमोहन कंपनी की कलाकार हीराबाई को सवार कराता है । महुआ घटवारीन की कथा के माध्यम से उसे हीराबाई से प्रेम हो जाता है और उससे बिछुड़जाने के बाद वह तीसरी कसम खाता है कि आगे वह किसी जनाना की सवारी नहीं करेगा।

नागार्जुन की कथा कृतियों के बुलो, जेठा, वृद्ध ब्राह्मण आदि पात्र सामाजिक व्यवस्था–दोष से पीड़ित हैं। बुलो और जेठा दोनों ही मातृस्नेह से वंचित बालक हैं। दोनों ही मां की ममता के लिए तरसे रहते हैं और अपनी गरीबी की तंग हालत से त्रस्त रहते हैं। वृद्ध ब्राह्मण और उसके परिवार के बच्चों की क्षुधाग्नि इस कदर उन्हें जला डालती है कि एक ससुर अपनी बहू यानी घर की इज्जत को सरे आम बाजार में निलाम कर डालता है।

भीष्म साहनी के राजो, गंगो, कोई सास–बहू जैसे पात्र हालात के सामने मजबूर हो जाते हैं, हालात को मजबूर नहीं कर पाते। राजो की खूबसूरती उसके लिए अभिशाप बन जाती है, क्योंकि वह गरीब औरत है। वह अपनी खूबसूरती को बचाने की पूरी कोशिश करती है पर बचा नहीं पाती, अमीरों की हवस की शिकार आखिर हो ही जाती है। गंगो अपनी गरीबी की मार झेलती हुई थक जाती है और अपने इकलौते बेटे की परिवरिश नहीं कर पाती। सास–बहू की टकरार की वजह से बहू डायन करार दे दी जाती है और दहशत भरी जिन्दगी जीने को मजबूर हो जाती है।

मार्कण्डेय के गुलरा का बाबा, हंसा, दुखना, भोला कोईरी सरीखे चरित्र दलित वर्ग

का प्रतिनिधित्व करते हैं। बाबा एक आदर्श चरित्र है जो अपने प्रतिद्वन्दी की सेवा–सहायता करके अपना इनसानी फर्ज निभाता है। हंसा विरोधी ताकत के खिलाफ लड़ता हुआ हार जाता है क्योंकि वह इस न्याय की लड़ाई में अकेला पड़ जाता है। दुखना अपने महुए के पेड़ को जमींदार के चंगुल से बचा नहीं पाती और अपनी फूटी किस्मत पर आंसू बहाती है। उसके आंसू पोंछने वाला कोई नहीं है, सिवाय उस महुए के पेड़ की सूखी डगालियों के। भोला कोईरी अपनी थोड़ी सी जमीन को बचा नहीं पाता है और जमींदार की हत्या करने की कोशिश के जुर्म में जेल चला जाता है। इन तमाम कहानियों में ग्राम जीवन की जो तस्वीर उभरकर सामने आती है वह स्वस्थ–उन्नत तस्वीर नहीं है बल्कि सामाजिक व्यवस्था–दोष को झेलती हुई, हारी हुई, विवश हुई, लाचार तस्वीर है। इस तस्वीर को तुरन्त बदलने की जरुरत है। तभी एक स्वस्थ ग्राम समाज का निर्माण हो सकता है और वही सही मायने में भारत का ग्राम स्वराज होगा।

संदर्भ ग्रन्थ सूची–

01. प्रतिनिधि कहानियां, फणीश्वरनाथ रेणु, पृष्ठ –40
02. प्रतिनिधि कहानियां, फणीश्वरनाथ रेणु, पृष्ठ –41
03. प्रतिनिधि कहानियां, फणीश्वरनाथ रेणु, पृष्ठ –42
04. प्रतिनिधि कहानियां, फणीश्वरनाथ रेणु पृष्ठ –43
05. प्रतिनिधि कहानियां, फणीश्वरनाथ रेणु, पृष्ठ –44
06. प्रतिनिधि कहानियां, फणीश्वरनाथ रेणु, पृष्ठ –51
07. प्रतिनिधि कहानियां, फणीश्वरनाथ रेणु, पृष्ठ –52
08. प्रतिनिधि कहानियां, फणीश्वरनाथ रेणु, पृष्ठ –54
09. प्रतिनिधि कहानियां, फणीश्वरनाथ रेणु, पृष्ठ –55
10. प्रतिनिधि कहानियां, फणीश्वरनाथ रेणु, पृष्ठ –56
11. प्रतिनिधि कहानियां, फणीश्वरनाथ रेणु, पृष्ठ – 112
12. प्रतिनिधि कहानियां, फणीश्वरनाथ रेणु, पृष्ठ – 113
13. प्रतिनिधि कहानियां, फणीश्वरनाथ रेणु, पृष्ठ – 125
14. प्रतिनिधि कहानियां, फणीश्वरनाथ रेणु, पृष्ठ – 131
15. प्रतिनिधि कहानियां, फणीश्वरनाथ रेणु, पृष्ठ – 132
16. प्रतिनिधि कहानियां, फणीश्वरनाथ रेणु, पृष्ठ – 133

17. प्रतिनिधि कहानियां, फणीश्वरनाथ रेणु, पृष्ठ – 137
18. प्रतिनिधि कहानियां, फणीश्वरनाथ रेणु, पृष्ठ – 144
19. प्रतिनिधि कहानियां, फणीश्वरनाथ रेणु, पृष्ठ – 145
20. प्रतिनिधि कहानियां, फणीश्वरनाथ रेणु, पृष्ठ – 146
21. फणीश्वरनाथ रेणु, प्रतिनिधि कहानियां'', भूमिका
22. चुनी हुई रचनाएं, खण्ड–3, नागार्जुन, पृष्ठ –253
23. चुनी हुई रचनाएं, खण्ड–3, नागार्जुन, पृष्ठ –254
24. चुनी हुई रचनाएं, खण्ड–3, नागार्जुन, पृष्ठ –255
25. चुनी हुई रचनाएं, खण्ड–3, नागार्जुन, पृष्ठ –256
26. चुनी हुई रचनाएं, खण्ड–3, नागार्जुन, पृष्ठ –257
27. चुनी हुई रचनाएं, खण्ड–03 नागार्जुन, पृष्ठ –270
28. चुनी हुई रचनाएं, खण्ड–3, नागार्जुन, पृष्ठ –271
29. चुनी हुई रचनाएं, खण्ड–3, नागार्जुन, पृष्ठ –271
30. चुनी हुई रचनाएं, खण्ड–3, नागार्जुन, पृष्ठ –268–269
31. नागार्जुन का कथा साहित्य, तेजा सिंह, पृष्ठ–178,
32. गंगो का जाया, भाग्यरेखा, भीष्म साहनी, पृष्ठ–66
33. गंगो का जाया, भाग्यरेखा, भीष्म साहनी, पृष्ठ–65
34. गंगो का जाया, भाग्यरेखा, भीष्म साहनी, पृष्ठ–81
35. गंगो का जाया, भाग्यरेखा, भीष्म साहनी, पृष्ठ–87
36. गंगो का जाया, भाग्यरेखा, भीष्म साहनी, पृष्ठ–87
37. गंगो का जाया, भाग्यरेखा, भीष्म साहनी, पृष्ठ–88
38. डायन, भाग्यरेखा, भीष्म साहनी, पृष्ठ–20
39. डायन, भाग्यरेखा, भीष्म साहनी, पृष्ठ–11
40. डायन, भाग्यरेखा, भीष्म साहन, पृष्ठ–10
41. डायन, भाग्यरेखा, भीष्म साहनी, पृष्ठ–32
42. डायन, भाग्यरेखा, भीष्म साहनी, पृष्ठ–25
43. भीष्म साहनी : व्यक्ति और रचना, राजेश्वर सक्सेना, प्रताप ठाकुर, पृष्ठ–95
44. कहानी के नए प्रतिमान, नामवर सिंह, पृष्ठ–67
45. प्रतिनिधि कहानियां, गुलरा के बाबा, मार्कण्डेय, पृष्ठ–03
46. प्रतिनिधि कहानियां ,गुलरा के बाबा, मार्कण्डेय, पृष्ठ–04
47. प्रतिनिधि कहानियां ,गुलरा के बाबा, मार्कण्डेय, पृष्ठ–04
48. प्रतिनिधि कहानियां ,गुलरा के बाबा, मार्कण्डेय, पृष्ठ–05

49. नई कहानीः सन्दर्भ और प्रकृति, नामवर सिंह, पृष्ठ–72
50. प्रतिनिधि कहानियां,महुए का पेड़, मार्कण्डेय, पृष्ठ–07
51. प्रतिनिधि कहानियां, महुए का पेड़, मार्कण्डेय, पृष्ठ–16
52. श्रीपत रॉय, आकाशवाणी, इलाहाबाद से दिए गए भाषण दि. 26–12–1955
53. प्रतिनिधि कहानियां दौने की पत्तियां, मार्कण्डेय, पृष्ठ–203
54. प्रतिनिधि कहानियां दौने की पत्तियां, मार्कण्डेय, पृष्ठ–203
55. स्वातन्त्र्योत्तर हिन्दी कथा साहित्य और ग्राम जीवन, पृष्ठ– 194
56. युग चेतना, जनवरी, 1958, पृष्ठ– 57–58
57. प्रतिनिधि कहानियां, हंसा जाई अकेला, मार्कण्डेय, पृष्ठ–221
58. स्वातन्त्र्योत्तर हिन्दी कथा साहित्य और ग्राम जीवन, पृष्ठ–160

आधार ग्रन्थ सूची

ओड़िया

01. बन गहनर तले– कान्हुचरण महान्ती
02. का–कान्हुचरण महान्ती
03. माटी माटल– गोपीनाथ महान्ती
04. दिग दिहुड़ी– गोपीनाथ महान्ती
05. कालान्तर –सुरेन्द्र महान्ती
06. एई गां एई माटी–विभूति पटनायक
07. वधू निरुपमा – विभूति पटनायक
08. चपल छन्दा– विभूति पटनायक

हिन्दी

01. मैला आंचल – फणीश्वरनाथ रेणु
02. परती परिकथा– फणीश्वरनाथ रेणु
03. बलचनमा– नागार्जुन
04. वरुण के बेटे– नागार्जुन
05. नई पौध – नागार्जुन
06. पानी के प्राचीर – रामदरश मिश्र
07. जल टूटता हुआ– रामदरश मिश्र
08. सागर, लहरें और मनुष्य –उदय शंकर भट्ट

सहायक ग्रन्थ सूची

हिन्दी

1. आज के लोकप्रिय कवि नागार्जुन, प्रभाकर माचवे, राजपाल एण्ड सन्स, दिल्ली, 1990
2. आधुनिक हिन्दी साहित्य और वर्ग संघर्ष, केशव चन्द्र शर्मा, ज्ञान प्रकाशन कानपुर, 1995
3. आँचलिक कथा प्रयोग, नीलम मैग़जीन गर्ग, ज्ञान प्रकाशन, कानपुर, 2004
4. आँचलिक उपन्यासों में ग्राम्य जीवन, उत्तम भाई पटेल, क्वालिटी बुक्स डिस्ट्रीव्युटर्स एन्ड पब्लिसर्स, कानपुर, 1999
5. आँचलिक और हिन्दी उपन्यास, नगीना जैन, अक्षर प्रकाशन प्रा.लि. नई दिल्ली, 1976
6. उपन्यासकार नागार्जुन, बाबूराम गुप्त, श्याम प्रकाशन, कानपुर 1984
7. उदय शंकर भटट : व्यक्ति और साहित्यकार, शिवदान सिंह चौहान, विकास प्रकाशन कानपुर, 2012
8. ओड़िया की प्रगतिशील कहानियां, अरुणा होता, क्लासिकल पब्लिसिंग कम्पनी, नई दिल्ली, 2013
9. कथाकार नागार्जुन और बाबा बटेसर नाथ, अर्जुन जानू घरत, अतुल प्रकाशन, कानपुर, 1997
10. कथाकार रामदरश मिश्र, सूर्यदीन यादव, इन्द्रप्रस्थ प्रकाशन, दिल्ली, 1997
11. कहानी के नए प्रतिमान, नामवर सिंह, राजकमल प्रकाशन, नई दिल्ली, 2004
12. ग्रामीण समाज शास्त्र : साहित्य के परिप्रेक्ष में, विश्वंभर दयाल गुप्त, सीता प्रकाशन, मोती बाजार, हाथरस, 1970
13. नागार्जुन की चुनी हुई रचनाएं, खण्ड–3, राजकमल, प्रकाशन नई दिल्ली, 1984,
14. नागार्जुन का कथा साहित्य, तेजा सिंह, संभावना प्रकाशन, हापुड़. 1982
15. नागार्जुन का उपन्यास शिल्प, कंचना सिंह, जिज्ञासा प्रकाशन, पटना प्र. सं.–2002
16. नागार्जुन का रचना संसार, विजय बाहदुर सिंह, संभावना प्रकाशन, हापुड़, 1990
17. नागार्जुनः मेरे बाबूजी– शोभाकान्त, सं सुरेन्द्र चन्द्र त्यागी, वाणी प्रकाशन, कानपुर, 2005.
18. नागार्जुन –रचना संचयन, सं राजेश जोशी,केन्द्रीय साहित्य अकादमी, नई दिल्ली, 2005
19. नागार्जुन के नारी पात्र, अर्जुन जानू घरत, शब्द शक्ति प्रकाशन, कानपुर, 1990
20. नागार्जुन साहित्य : विविध दृष्टिकोण, सं. रेखा शर्मा ,मिलिन्द प्रकाशन हैदराबाद, 2007
21. नागार्जुन का गद्य साहित्य, आशुतोष राय, लोक भातीय प्रकाशन, इलाहाबाद, 2006

22. नागार्जुन : प्रतिनिधि कविताएँ, सं. नामवर सिंह, वाणी प्रकाशन, नई दिल्ली, 1987
23. नागार्जुन : रचना प्रसंग और दृष्टि, सं. राम निहार गुंजन, लोक भारतीय प्रकाशन, इलाहबाद, 2001
24. नागार्जुन : चुनी हुई रचनाएँ– 1, सं. शोभाकान्त मिश्र, वाणी प्रकाशन, नई दिल्ली, द्वि. संस्करण, 1999
25. प्रगतिवाद और हिन्दी उपन्यास, प्रभास चन्द्र शर्मा, विकास प्रकाशन कानपुर, 1996
26. प्रतिनिधि कहानियां, फणीश्वरनाथ रेणु, सं. मोहन गुप्त, राजकमल, प्रकाशन नई दिल्ली, 1984,
27. प्रतिनिधि कहानियां, मार्कण्डेय राजकमल, प्रकाशन नई दिल्ली, 1984,
28. भाग्यरेखा, सं. भीष्म साहनी, राजकमल, प्रकाशन नई दिल्ली, 1984,
29. भीष्म साहनी : व्यक्ति और रचना– राजेश्वर सक्सेना, प्रताप ठाकुर, वाणी प्रकाशन, नई दिल्ली, 1990
30. महिला उपन्यासकारों के उपन्यासों में बदलते सामाजिक संदर्भ, शीला प्रभा वर्मा, विद्या विहार प्रकाशन, कानपुर, 1987
31. रामदरश मिश्र के उपन्यासों में ग्रामीण परिवेश, अनिल विश्वनाथ काले, चिन्तन प्रकाशन, कानपुर, 2007
32. डॉ. रामदरश मिश्र के उपन्यासों में चित्रित कृषक जीवन, कुट्टे धनाजी सुभाष, विकास प्रकाशन, कानपुर, 2012
33. रामदरश मिश्र के उपन्यास साहित्य में सांस्कृतिक चेतना, गीता यादव, ज्ञान प्रकाशन, कानपुर, 2011
34. रामदरश मिश्र की सृजन यात्रा, महावीर सिंह चौहान, वाणी प्रकाशन दिल्ली, 1991
35. रामदरश मिश्र के उपन्यासों में यथार्थ, झेड़.एम. जंधाले. विकास प्रकाशन कानपुर, 2006
36. समकालीन हिन्दी कथा साहित्य में जन चेतना, अरुणा लोखंड़े, विकास प्रकाशन, कानपुर, 1996
37. समकालीन हिन्दी साहित्य : आलोचना और चुनौती, बच्चन सिंह, वाणी प्रकाशन, दिल्ली, 1991
38. साठोत्तरी हिन्दी उपन्यास, पारुकान्त देसाई, अभय प्रकाशन, कानपुर, 2005
39. साहित्यालोचन, श्यामसुन्दर दास, इण्डियन प्रेस, इलाहाबाद, वि.सं. 2014
40. साहित्य और संस्कृति, देवराजअमन प्रकाशन, कानपुरा, प्र. सं. 2006
41. साहित्य और सामाजिक सन्दर्भ, शिव कुमार मिश्र अभय प्रकाशन, कानपुर, 2005
42. साहित्य विवेचन– क्षेमचन्द सुमन और योगेन्द कुमार मलिक, आत्माराम एण्ड सन्स, नई दिल्ली, 1968

43. स्वातन्त्र्योत्तर हिन्दी उपन्यासों में युगबोध, लालसाहब सिंह, अभय प्रकाशन, कानपुर, 2005
44. स्वातन्त्र्योत्तर हिन्दी उपन्यासों का शिल्प विकास, राधेश्याम कौशिक, मंगल प्रकाशन, जयपुर, 1976
45. स्वातन्त्र्योत्तर हिन्दी उपन्यासों में ग्रामीण यथार्थ एवं समाजवादी चेतना, सुरेन्द्र प्रताप भावना प्रकाशन, दिल्ली, 1980
46. स्वातन्त्र्योत्तर हिन्दी कथा साहित्य में ग्राम जीवन– विवेकी राय, लोक भारती प्रकाशन, इलाहाबाद,, 1980
47. स्वातन्त्र्योत्तर हिन्दी उपन्यास साहित्य की सामाजिक चिन्ता, कुसुम रॉय, इलाहाबाद, 1974, चिन्तन प्रकाशन, कानपुर, 2007
48. स्वातन्त्र्योत्तर हिन्दी उपन्यास और ग्राम चेतना, ज्ञान चन्द्र गुप्त, अभिनव प्रकाशन, दिल्ली, 1974
49. स्वातन्त्र्योत्तर हिन्दी उपन्यास और ग्राम्य चेतना, पुरन जोशी, अभिनव प्रकाशन, दिल्ली, 1975
50. स्वातन्त्र्योत्तर आंचलिक उपन्यास, शुभाषिनी शर्मा, वाणी प्रकाशन, नई दिल्ली, 1984
51. हिन्दी उपन्यास : एक अन्तर्यात्रा, राम दरश मिश्र, राज कमल प्रकाशन, नई दिल्ली, 1968
52. हिन्दी वाङमय : बीसवीं शताब्दी, नगेन्द्र, मयूर पेपर बेग्स, नोएडा, न. सं.–1998
53. हिन्दी साहित्य, हजारी प्रसाद द्विवेदी, अतरचन्द कपूर एण्ड सन्स, दिल्ली, 1952
54. हिन्दी के आंचलिक उपन्यास, विद्याधर द्विवेदी, चिन्तन प्रकाशन, कानपुर, 2007
55. हिन्दी के आंचलिक उपन्यास, प्रेमकुमार, चिन्तन प्रकाशन, कानपुर, 2006
56. हिन्दी के आंचलिक उपन्यास, सं. रामदरश मिश्र. चिन्तन प्रकाशन, कानपुर, 2006
57. हिन्दी उपन्यासों में ग्राम समस्याएँ, ज्ञान अस्थाना, जवाहर पुस्तकालय, मथुरा, 1979
58. हिन्दी के आंचलिक उपन्यासों में पुरुष, संध्या मेरिया, चिन्तन प्रकाशन, कानपुर , 2005
59. हिन्दी के आंचलिक उपन्यासों में सामन्तवाद, कमला गुप्ता, अभिनव प्रकाशन, नई दिल्ली, 1979,
60. हिन्दी उपन्यास की प्रवृत्तियाँ, शशिभूषण सिंहल, जवाहर पुस्तकालय, मथुरा, 1989
61. हिन्दी उपन्यास : सामाजिक सन्दर्भ, बालकृष्ण गुप्त, अमन प्रकाशन, कानपुर, 1996
62. हिन्दी के सात उपन्यास, सरजू प्रसाद मिश्र, नन्द किशोर एण्ड सन्स, वाराणसी, 1978
63. हिन्दी उपन्यासों का शास्त्रीय विवेचन, महावीर मल लोढ़ा, पंचशील प्रकाशन, कानपुर, 1999
64. हिन्दी उपन्यास कला, राम लखन शुक्ल, सन्मार्ग प्रकाशन, दिल्ली, प्र.सं– 2005
65. हिन्दी कथा साहित्य में ग्रामीण चेतना, शिवाजी सांगोले, समता प्रकाशन, कानपुर, 2006

ओड़िया

1. आम कथा साहित्यर कथा ओ रम्य रचना, महापात्र नीलमणी साहू, ओड़िशा बुकष्टोर, कटक, 1985
2. अस्तित्वबादर मर्मकथा–शरत कुमार महान्ती, अग्रदूत प्रकाशनी कटक, 1977
3. आधुनिक ओड़िया कथा साहित्य, नरेन्द्र नाथ मिश्र, ओड़िया साहित्य एकाडेमी, भुवनवेश्वर, 1982
4. आसंता कालीर साहित्य, प्राणनाथ पटनायक, प्रकाशक मंजरी पटनायक, साहित्य एकाडेमी, भुवनेश्वर, 1970
5. उत्कलीय संस्कृति अतीत ओबर्तमान, खगेन्द्रनाथ मलिक, फ्रेन्ड्स् पब्लिसर्स, विनोदबिहारी, कटक, 2001
6. ओड़िया साहित्यर समालोचनात्मक इतिहास, बाऊरी बन्धु कर, किताब महल, कटक, 1989
7. ओड़िया उपन्यास, कृष्णचरण बेहेरा, फ्रेन्डस् पब्लिसर्स, कटक, 1968
8. ओड़िया उपन्यासः एक दिगदर्शन, सं.–राघवानन्द नायक, मेनका प्रकाशनी, संबलपुर,1992
9. ओड़िया साहित्यरे प्रगतिवादी धारा, विजय कुमार शतपथी, ओड़िशा बुकष्टोर, बिनोदबिहारी, कटक, 1995
10. ओड़िया उपन्यास साहित्यर परिचय, सं.–पठाणी पटनायक, ओड़िया बुक ष्टोर, विनोद बिहारी, कटक, 1969
11. ओड़िया साहित्यर समाज तात्विक रूपरेख, विभूति पटनायक, ओड़िशा बुक ष्टोर, विनोद बिहारी, कटक– प्र.सं.–1990
12. ओड़िया साहित्यर इतिवृत्त, रंजिता नायक, ओड़िशा बुक ष्टोर, विनोद बिहारी, कटक 1990
13. ओड़िया उपन्यासर समाज तत्व, कैलाश पटनायक, विद्यापुरी, बालू बजाजर, कटक, 1988
14. ओड़िया साहित्य ओ आदिवासी संस्कृति, ओड़िया साहित्य एकाडेमी, भुवनेश्वर, 1981
15. ओड़िशा र सांस्कृतिक परंपरा, सं. पठाणी पटनातक एवं साथी, ओड़िशा बुक ष्टोर विनोद बिहारी, कटक, 1993
16. ओड़िया लोक साहित्य ओ लोक संस्कृति, अजय कुमार मिश्र, इण्डियन बुक डिस्ट्रिव्युटर्स, बादाम बाड़ी, कटक, 1995
17. ओड़िया साहित्यर सांस्कृतिक विकास धारा, चित्त रंजन दास, ओड़िशा बुक ष्टोर, कटक, 1968
18. ओड़िया उपन्यासरे नायक परिकल्पना, देवीप्रसन्न पटनायक, सत्यनारायण बुक स्टोर, विनोद विहारी, कटक, 2010

19. कला शक्ति, गोपीनाथ महान्ती, अग्रदूत प्रकाशन, कटल, 1973
20. कथा शिल्पी गोपीनाथंक कालजयी कृति परजा, सुरेन्द्र कुमार महारणा, साहित्य संग्रह प्रकाशन, विनोद बिहारी, कटक, 1993
21. गोपीनाथ महान्ती, बाऊरी बन्धु कर, केन्द्रीय साहित्य एकाडेमी, नुआ दिल्ली, 2005
22. गोपीनाथ परिक्रमा, सं. श्री रजनीकान्त दास, कल्चराल एकाडेमी, कटक, 1980
23. गोपीनाथंकउपन्यासरे शिल्प कला, कार्तिकेश्वर साहू, फ्रेण्डस् पब्लिसर्स, विनोद बिहारी, कटक, 1992
24. गोपीनाथंक कथा साहित्य र व्याप्ति ओ दीप्ति, सं. विजय कुमार शतपथी, डॉलिपि हेम्ब्रम, प्राची साहित्य प्रतिष्ठान, विनोद बिहारी, कटक, 2006
25 मनोज्ञ मनोज गल्पमाला सं.–विजयानन्द सिंह, विद्यापुरी कटक–2013
26. मुँ काहिँकी लेखँ– गोपीनाथ महान्ती, कटक सहयोग समिति, कटक, 1984
27. समालोचना, कुंज बिहारी दाश, विश्वभारती प्रकाशन, शन्तिनिकेतन, कलकत्ता, 1968
28. समालोचन ाः स्वर एवं स्वाक्षर, वैष्णव चरण सामल, फ्रेण्ड्स पब्लिसर्स विनोद बिहारी, कटक, 1968
29. साहित्य संधान– दाशरथी दास, अग्रदूत प्रकाशन, कटक, सं.–1991
30. स्वाधीनता परवर्ती ओड़िया उपन्यास, वैष्णव चरण सामल, फ्रेण्डस् पब्लिसर्स, कटक, 2004
31. स्वाधीनता परबर्ती ओड़िया उपन्यास, बाउरी बन्धु कर, विद्यापुरी, कटक, 2004
32. स्वाधीनता परबर्ती ओड़िया उपन्यास, नृसिंह चरण साहु,, ओड़िशा बुक ष्टोर, बिनोद बिहारी, कटक, 2011

English

1. A glimpse of Oriya Literature & its Urges-Surendra Mahanty, Indian National Congress Sarvivor (6th session)
2. Aspects of the Novel, Mirian Allot, Landon- 1975
3. A glossary for the study of English , Leet Lemon, oxford University Press, Landon-1974
4. Foundation of Indian Calture, K.M.Munshi, Bharatiya Bigyan Bhavan, Bombay, 2nd Eddition, 1965
5. Present Philosophical Tendency, R.B.Perry, Long mans Green & Co. New york-1912
6. There where trees flower, Jatindra Mohan Mohanty, International Book land, BBSR-1980
7. The English Regional Novel, Filies Bentlie Landon 1975
8. The Croft of the Novel, Colin Wilson, Victor Gillancz. Ltd. Landon, 1975
9. The Art of Fiction, William. J. Fisher, Euresia Pubishing house, New Delhi, 1965

10. The Novel Society- N. Elizabeth Monroe, The University of North Corolina Press, Chopet Hill 1st Edition, 1941

पत्र–पत्रिकाएँ

हिन्दी

1. आलोचना
2. उद्भावना
3. साहित्य शिक्षा
4. हंस
5. ज्ञान तरंगिणी
6. युग चेतना , जनवरी – 1958, पृष्ठ – 57–58
7. श्रीपत रॉय, आकाशवाणी, इलाहाबाद से दिए गए भाषण

ओड़िया

1. इस्तहार
2. कोणार्क
3. गल्प
4. जीवन रंग
5. नब पत्र
6. नब भारत
7. प्रज्ञा
8. बन फूल
9. सर्जना

लेखक–परिचय

नाम : डॉ. दयानिधि सा
माताजी का नाम : श्रीमती चन्दनबाई सा
पिताजी का नाम : श्री नेत्रानन्द सा
सहधर्मिणी का नाम : श्रीमती विनीता सा
जन्म तिथि : 02–01–1977
शैक्षणिक योग्यता : एम. ए., पीएच. डी. (हिन्दी, सेट (C.G.)
अध्यापन : सहायक प्राध्यापक व विभाग प्रमुख, (हिन्दी विभाग)
महात्मा गांधी स्नातक महाविद्यालय, भुक्ता, जिला–बरगड़ (ओड़िशा)
सदस्य : केदारनाथ साहित्य संसद, अम्बाभोना, अखिल भारतीय हिन्दी सेवा समिति,
इलाहाबाद, ओड़िशा हिन्दी सेवा समिति, बरगड़।
प्रकाशन :
पुस्तक : गोपीनाथ महान्ती और नागार्जुन के उपन्यासों में ग्राम्य जीवन (ISBN: 978- 93-81279-29-8), विकाश प्रकाशन, कानपुर, 2015
शोधपत्र / आलेख : प्रादेशिक, राष्ट्रभ्य तथा अंतर्राष्ट्रभ्य पत्र–पत्रिकाओं तथा पुस्तकों में शोधपत्र, आलेख, कविता, कहानी, का निरन्तर प्रकाशन।
मोबाईल : 91–9178281452
ई–मेल : sa.dayanidhi2011@gmail.com

www.ingramcontent.com/pod-product-compliance
Lightning Source LLC
Chambersburg PA
CBHW080619030426
42336CB00018B/3023

9781897416365